Марина Цветаева

Воспоминания о современниках

Воспоминания о современниках

Бальмонту
(К тридцатипятилетию поэтического труда)

Дорогой Бальмонт!

Почему я приветствую тебя на страницах журнала «Своими путями»? Плененность словом, следовательно – смыслом. Что такое своими путями? Тропинкой, вырастающей под ногами и зарастающей по следам: место не хожено – не езжено, не автомобильное шоссе роскоши, не ломовая громыхалка труда, – свой путь, без пути. Беспутный! Вот я и дорвалась до своего любимого слова! Беспутный – ты, Бальмонт, и беспутная – я, все поэты беспутны, – своими путями ходят. Есть такая детская книжка, Бальмонт, какого-то англичанина, я ее никогда не читала, но написать бы ее взялась: – «Кошка, которая гуляла сама по себе». Такая кошка – ты, Бальмонт, и такая кошка – я. Все поэты такие кошки. Но, оставляя кошек и возвращаясь к «Своим путям»:

Пленяют меня в этом названии равносильно оба слова, возникающая из них формула. Что́ поэт назовет здесь своим – кроме пути? Что́ сможет, что́ захочет назвать своим, – кроме пути? Все остальное – чужое: «ваше», «ихнее», но путь – мой. Путь – единственная собственность «беспутных»! Единственный возможный для них случай собственности и единственный, вообще, случай, когда собственность – священна: одинокие пути творчества. Таков ты был, Бальмонт, в Советской России, – таким собственником! – один против всех – собственников, тех или иных. (Видишь, как дорого тебе это название!)

И пленяет меня еще, что не «своим», а – «своими», что их мно-ого путей! – как людей, – как страстей. И в этом мы с тобой – братья.

Двое, Бальмонт, побывали в Аиде живыми: бытовой Одиссей и небесный Орфей. Одиссей, помнится, не раз спрашивал дорогу, об Орфее не сказано, доскажу я. Орфея в Аид, на свидание с любимой, привела его тоска: та, что всегда ходит – своими путями! И будь Орфей слеп, как Гомер, он все равно нашел бы Эвридику.

* * *

Юбилярам (пошлое слово! заменим его триумфатором) – триумфаторам должно приносить дары, дарю тебе один вечер твоей жизни – пять лет назад – 14-го мая 1920 г. – твой голодный юбилей в московском «Дворце Искусств». Слушай:

Юбилей Бальмонта
(Запись)

Юбилей Бальмонта во «Дворце Искусств». Речи Вячеслава и Сологуба. Гортанный взволнованный отрывистый значительный – ибо плохо говорит по-русски и выбирает только самое необходимое – привет японочки Инамэ. Бальмонт – как царь на голубом троне-кресле. Цветы, адреса. Сидит, спокойный и не смущенный, на виду у всей залы. Рядом, в меньшем кресле – старый Вячеслав – немножко Magister Tinte.[1] Перед Бальмонтом, примостившись у ног, его «невесточка» – Аля, с маком в руке, как маленький паж, сзади – Мирра, дитя Солнца, сияющая и напружённая, как молодой кентавр, рядом с Миррой – в пышном белом платьице, с розовой атласной сумочкой в черной руке, почти неподвижно пляшет Алина однолетка – дворцовая цыганочка Катя. А рядом с говорящим Вячеславом, почти прильнув к нему – какой-то грязный 15-летний оболтус, у которого непрестанно течет из носу. Чувствую, что вся зала принимает его за сына Вячеслава. («Бедный поэт!» – «Да, дети великих отцов...» – «Хоть бы ему носовой платок завел...» – «Впрочем – поэт, – не замечает!..») – А еще больше чувствую, что этого именно и боится Вячеслав – и не могу – давлюсь от смеха – вгрызаюсь в платок...

Вячеслав говорит о солнце соблазняющем, о солнце слепом, об огне неизменном (огонь не растет – феникс сгорает и вновь возрождается – солнце каждый день восходит и каждый день заходит – отсутствие развития – неподвижность). Надо быть солнцем, а не как солнце. Бальмонт – не только влюбленный соловей, но и костер самосжигающий.

Потом приветствие английских гостей – толстая мужеподобная англичанка – шляпа вроде кепи с ушами, мелькают слова: пролетариат – Интернационал. И Бальмонт: «Прекрасная английская гостья», – и чистосердечно, ибо: раз женщина – то уже прекрасна и вдвойне прекрасна – раз гостья (славянское гостеприимство!).

Говорит о союзе всех поэтов мира, о нелюбви к слову Интернационал и о замене его «всенародным»... «Я никогда не был поэтом рабочих, – не пришлось, – всегда уводили какие-то другие[2] пути. Но может быть, это еще будет, ибо поэт – больше

---

[1] Дословно: магистр чернил (нем.).

[2] Свои! (примеч. М. Цветаевой).

всего: завтрашний день»... о несправедливости накрытого стола жизни для одних и объедков для других. Просто, человечески. Обеими руками подписываюсь.

Кто-то с трудом протискивается с другого конца залы. В руке моего соседа слева (сижу на одном табурете с Еленой), очищая место, высоко и ловко, широким уверенным нерусским движением – века вежливости! – взлетает тяжеленное пустое кресло и, описав в воздухе полукруг, легко, как игрушка, опускается тут же рядом. Я, восхищенно: «Кто это?» Оказывается – английский гость. (Кстати, за словом гость совершенно забываю: коммунист. Коммунисты в гости не ходят, – с мандатом приходят!) Топорное лицо, мало лба, много подбородка – лицо боксера, сплошной квадрат.

Потом – карикатуры. Представители каких-то филиальных отделений «Дворца Искусств» по другим городам. От Кооперативных товариществ – какой-то рабочий, без остановки – на аго и ого – читающий, – нет, списывающий голосом! – с листа бумаги приветствие, где самое простое слово: многогранный и многострунный.

Потом я с адресом «Дворца Искусств», – «От всей лучшей Москвы»... И – за неимением лучшего – поцелуй. (Второй в моей жизни при полном зале!)

И японочка Инамэ – бледная, безумно волнующаяся: «Я не знаю, что мне Вам сказать. Мне грустно. Вы уезжаете. Константин Дмитриевич! Приезжайте к нам в Японию, у нас хризантемы и ирисы. И...» Как раскатившиеся жемчужины, японский щебет. («До свидания», должно быть?) Со скрещенными ручками – низкий поклон. Голос глуховатый, ясно слышится биение сердца, сдерживаемое задыхание. Большие перерывы. – Ищет слов. – Говор гортанный, немножко цыганский. Личико желто-бледное. И эти ручки крохотные!

«Русские хитрее японцев. У меня был заранее подготовлен ответ», – и стихи ей – прелестные.

Потом, под самый конец, Ф. Сологуб – старый, бритый, седой, – лица не вижу, но, думается – похож на Тютчева.

«Равенства нет и слава Богу, что нет. Бальмонт сам был бы в ужасе, если бы оно было. – Чем дальше от толпы, тем лучше. – Поэт, не дорожи любовию народной. – Поэт такой редкий гость на земле, что каждый день его должен был бы быть праздником. – Равенства нет, ибо среди всех, кто любит стихи Бальмонта, много ли таких, которые слышат в них нечто, кроме красивых слов, приятных звуков. Демократические идеи для поэта – игра, как монархические идеи,[3] поэт играет всем. Единственное, чем он не играет – слово».

---

[3] «Доигрались» – Блок и Гумилев (примеч. М. Цветаевой).

Никогда не рукоплещущая, яростно рукоплещу. Ф. Сологуб говорит последним. Забыла сказать, что на утверждение: «Равенства нет» – из зала угрожающие выкрики: «Неправда!» – «Как кому!»

Бальмонт. Сологуб. Сологуб Бальмонта не понял: Бальмонт, восстающий против неравенства вещественного и требующий насыщения низов – и Сологуб, восстающий против уравнения духовного и требующий раскрепощения высот. Перед хлебом мы все равны (Бальмонт), но перед Богом мы не равны (Сологуб). Сологуб, в своем негодовании, только довершает Бальмонта. – «Накормите всех!» (Бальмонт) – «И посмотрите, станут ли все Бальмонтами» (Сологуб). Не может же Сологуб восставать против хлеба для голодного, а Бальмонт – против неба для отдельного. Так согласив, рукоплещу обоим. Но – какие разные! Бальмонт – движение, вызов, выпад. Весь – здесь. Сологуб – покой, отстранение, чуждость. Весь – там. Сологуб каждым словом себя изымает из зала, Бальмонт – каждым себя залу дарит. Бальмонт – вне себя, весь в зале, Сологуб вне зала, весь в себе. Восславляй Бальмонт Сиракузских тиранов и Иоанна Грозного ему бы простили. Восславляй Сологуб Спартака и Парижскую Коммуну – ему бы – не простили: тона, каким бы он восславлял! За Бальмонта – вся стихия человеческого сочувствия, за Сологуба – скрежет всех уединенных душ, затравленных толпой и обществом. С кем я? С обоими, как всегда.

Кроме всего прочего, Сологуб нескрываемо-неискоренимо барственен. А барство в Советской России еще пущий грех, нежели духовное избранничество.

Кусевицкий не играл: «хотел прийти и сыграть для тебя, но палец болит» (зашиб топором), говорит о своем восторге, не находящем слов. Мейчик играет Скрябина, Эйгес «Сказку» (маленькие жемчуга) па слова Бальмонта. Были еще женщины: Полина Доберт в пенсне. Варя Бутягина (поэтесса), Агнеса Рубинчик (кажется, то же), но все это не важно.

Главное: Бальмонт, Вячеслав и Сологуб. И Инамэ. (Описала плохо, торопилась.)

* * *

Множество адресов и цветов. Наконец, все кончено. Мы на Поварской. Аля, в моей коричневой юбке на плечах, en guise de mantille,[4] с Еленой и Миррой впереди, я иду с Бальмонтом, по другую сторону Варя.

<u>Бальмонт, с внезапным приливом кошачьей ласковости:</u>

---

[4] Вместо мантилий (фр.).

— Марина! Возьмите меня под руку. Я, шутливо:
— Ты уже с Варей под руку. Не хочу втроем.

Бальмонт, молниеносно:
— Втроем нету, есть два вдвоем: мое с Варей и мое с Вами.
— По половинке на брата? Вроде как советский паек. (И, великодушно:) Впрочем, когда целое — Бальмонт...

У Бальмонта в руке маленький букет жасмина, — все раздарил. И вдруг, в отчаянии:
— Я позабыл все мои документы! (Об адресах.) И: — Мне не хочется домой! Почему все так скоро кончается?! Только что вошел во вкус и уже просят о выходе! Сейчас бы хорошо куда-нибудь ужинать, сидеть всем вместе, перекидываться шутками...

И А. Н., идущая позади нас:
— Марина! Знаете, как говорила Ниночка Бальмонт, когда была маленькая? «То, что я хочу — я хочу сейчас!» и еще: «Я люблю, чтобы меня долго хвалили!»
— Весь Бальмонт!

* * *

У дома Бальмонтов нас нагоняет Вячеслав. Стоим под луной. Лицо у Вячеслава доброе и растроганное.
— Ты когтил меня, как ястреб, — говорит Бальмонт. — Огонь — солнце — костер — феникс...
— На тебя не угодишь. С кем же тебя было сравнить? Лев? Но это «только крупный пес», — видишь, как я все твои стихи помню.
— Нет, все-таки — человек! У человека есть — тоска. И у него, единственного из всех существ, есть эта способность: закрыть глаза и сразу очутиться на том конце земли, — и так поглощать...
— Но ты непоглощаем, нерастворим.

Не помню что. О Венеции и Флоренции, кажется. Мечта Бальмонта о том, «как там по ночам стучат каблучки» — и Вячеслав, укрываясь в Царьград своей мысли:
— Человек — существо весьма проблематическое. Сфинкс, состоящий из: Льва — Тельца — Орла... И — Ангела. Так ведь?

Москва, 14-го мая 1920
Марина Цветаева

P. S. Милый Бальмонт! Не заподозри меня в перемене фронта: пишу по-старому, только печатаюсь по-новому.
М. Ц.
Прага, 2-го апреля 1925

Герой труда
(Записи о Валерии Брюсове)

Часть первая. Поэт

> «*И с тайным восторгом гляжу*
> *я в лицо врагу*».
> **Бальмонт**

I. <Поэт>

Стихи Брюсова я любила с 16 л<ет> по 17 л<ет> – страстной и краткой любовью. В Брюсове я ухитрилась любить самое небрюсовское, то, чего он был так до дна, до тла лишен – песню, песенное начало. Больше же стихов его – и эта любовь живет и поныне – его «Огненного Ангела», тогда – и в замысле и в исполнении, нынче только в замысле и в воспоминании, «Огненного Ангела» – в неосуществлении. Помню, однако, что уже тогда, 16-ти лет, меня хлестнуло на какой-то из патетических страниц слово «интересный», рыночное и расценочное, немыслимое ни в веке Ренаты, ни в повествовании об Ангеле, ни в общей патетике вещи. Мастер – и такой промах! Да, ибо мастерство – не всё. Нужен слух. Его не было у Брюсова.

Антимузыкальность Брюсова, вопреки внешней (местной) музыкальности целого ряда стихотворений – антимузыкальность сущности, сушь, отсутствие реки. Вспоминаю слово недавно скончавшейся своеобразной и глубокой поэтессы Аделаиды Герцык о Максе Волошине и мне, тогда 17-летней: «В вас больше реки, чем берегов, в нем – берегов, чем реки». Брюсов же был сплошным берегом, гранитным. Сопровождающий и сдерживающий (в пределах города) городской береговой гранит – вот взаимоотношение Брюсова с современной ему живой рекой поэзии. За́-городом набережная теряет власть. Так, не предотвратил ни окраинного Маяковского, ни ржаного Есенина, ни героя своей последней и жесточайшей ревности – небывалого, как первый день творения, Пастернака. Все же, что город, кабинет, цех, если не иссякло от него, то приняло его очертания.

Вслушиваясь в неумолчное слово Гёте: «In der Beschränkung zeigt sich erst der Meister»[5] – слово, направленное на преодоление в себе безмерности (колыбели всякого творчества и, именно как колыбель, преодоленной быть

---

[5] Мастер сказывается прежде всего в ограничении (нем.).

долженствующей), нужно сказать, что в этом смысле Брюсову нечего было преодолевать: он родился ограниченным. Безграничность преодолевается границей, преодолеть же в себе границы никому не дано. Брюсов был бы мастером в гётевском смысле слова только, если бы преодолел в себе природную границу, раздвинул, а может быть, и – разбил себя. Брюсов, в ответ на Моисеев жезл, немотствовал. Он остался invulnérable[6] (во всем объеме непереводимо), вне лирического потока. Но, утверждаю, матерьялом его был гранит, а не картон.

* * *

(Гётевское слово – охрана от демонов: может быть, самой крайней, тайной, безнадежной страсти Брюсова.)

* * *

Брюсов был римлянином. Только в таком подходе – разгадка и справедливость. За его спиной, явственно, Капитолий, а не Олимп. Боги его никогда не вмешивались в Троянские бои, – вспомните раненую Афродиту! молящую Фетиду! омраченного неминуемой гибелью Ахилла – Зевеса. Брюсовские боги высились и восседали, окончательно покончившие с заоблачьем и осевшие на земле боги. Но, настаиваю, матерьялом их был мрамор, а не гипс.

* * *

Не хочу лжи о Брюсове, не хочу посмертного лягания Брюсова. Брюсов не был quantité négligeable,[7] еще меньше gualité.[8] По рожденью русский целиком, он являет собою загадку. Такого второго случая в русской лирике не было: застегнутый наглухо поэт. Тютчев? Но это- в жизни: в черновике, в подстрочнике лиры. Брюсов же именно в творении своем был застегнут (а не забит ли?) наглухо, забронирован без возможности прорыва. Какой же это росс? И какой же это поэт? Русский – достоверно, поэт – достоверно тоже: в пределах воли человеческой – поэт. Поэт предела. Есть такие дома, первые,

---

[6] Непроницаем (фр.).

[7] Незначительная величина (фр.).

[8] Качество (фр.).

когда подъезжаешь к большому городу: многоокие (многооконные), но – слепые какие-то, с полной немыслимостью в них жизни. Казенные (и, уже лирически), казненные. Таким домом мне мерещится творчество Брюсова. А в высших его достижениях гранитным коридором, выход которого – тупик.

Брюсов: поэт входов без выходов.

Чтобы не звучало голословно, читатель, проверь: хотелось ли тебе хоть раз продлить стихотворение Брюсова? (Гётевское: «Verweile doch! du bist so schön!»[9]) Было ли у тебя хоть раз чувство оборванности (вел и бросил!), разверзлась ли хоть раз на неучтимость сердечного обмирания за строками – страна, куда стихи только ход: в самой дальней дали – на самую дальную даль – распахнутые врата. Душу, как Музыка, срывал тебе Брюсов? («Всё? Уже?») Душа, как после музыки, взмаливалась к Брюсову: «Уже? Еще!» Выходил ли ты хоть раз из этой встречи – неудовлетворенным?

Нет, Брюсов удовлетворяет вполне, дает всё и ровно то, что обещал, из его книги выходишь, как из выгодной сделки (показательно: с другими поэтами – книга ушла, ты вслед, с Брюсовым: ты ушел, книга – осталась) – и, если чего-нибудь не хватает, то именно – неудовлетворенности.

* * *

Под каждым стихотворением Брюсова невидимо проставленное «конец». Брюсов, для цельности, должен был бы проставлять его и графически (типографически).

* * *

Творение Брюсова больше творца. На первый взгляд – лестно, на второй – грустно. Творец, это все завтрашние творения, всё Будущее, вся неизбывность возможности: неосуществленное, но не неосуществимое – неучтимое – в неучтимости своей непобедимое: завтрашний день.

Дописывайте до конца, из жил бейтесь, чтобы дописать до конца, но если я, читая, этот конец почувствую, тогда – конец – Вам.

И – странное чудо: чем больше творение (Фауст), тем меньше оно по сравнению с творцом (Гёте). Откуда мы знаем Гёте? По Фаусту. Кто же нам сказал, что Гёте – больше Фауста? Сам Фауст – совершенством своим.

Возьмем подобие:

– «Как велик Бог, создавший такое солнце!» И, забывая о

---

[9] Остановись! Ты так прекрасно! (нем.).

солнце, ребенок думает о Боге. Творение, совершенством своим, отводит нас к творцу. Что же солнце, как не повод к Богу? Что же Фауст, как не повод к Гёте? Что же Гёте, как не повод к божеству? Совершенство не есть завершенность, совершается здесь, вершится – Там. Где Гёте ставит точку – там только и начинается! Первая примета совершенности творения (абсолюта) – возбужденное в нас чувство сравнительности. Высота только тем и высота, что она выше – чего? – предшествующего «выше», а это уже поглощено последующим. Гора выше лба, облако выше горы, Бог выше облака – и уже беспредельное повышение идеи Бога. Совершенство (состояние) я бы заменила совершаемостью (непрерывностью). Прорыв в божество, настолько же несравненно большее Гёте, как Гёте – Фауста, вот что делает и Гёте и Фауста бессмертными: малость их, величайших, по сравнению с без сравнения высшим. Единственная возможность восприятия нами высоты – непрерывное перемещение по вертикали точек измерения ее. Единственная возможность на земле величия – дать чувство высоты над собственной головой.

– «Но Гёте умер, Фауст остался»! А нет ли у тебя, читатель, чувства, что где-то – в герцогстве несравненно просторнейшем Веймарского – совершается – третья часть?

* * *

Обещание: завтра лучше! завтра больше! завтра выше! обещание, на котором вся поэзия – и нечто высшее поэзии – держится: чуда над тобой и, посему, твоего над другими – этого обещания нет ни в одной строке Брюсова:

> Быть может, всё в жизни лишь средство
> Для ярких певучих стихов,
> И ты с беспечального детства
> Ищи сочетания слов.

Слов вместо смыслов, рифм вместо чувств... Точно слова из слов, рифмы из рифм, стихи из стихов рождаются!

Задание, овеществленное пятнадцать лет спустя «брюсовским Институтом Поэзии».

* * *

Наисовершеннейшее творение, спроси художника, только умысел: то, что я хотел – и не смог. Чем совершеннее для нас, тем несовершеннее для него. Под каждой же строкой Брюсова:

все, что я смог. И бо́льшее, вообще, невозможно.

Как малого же он хотел, если столько смог!

Знать свои возможности – знать свои невозможности. (Возможность без невозможностей – всемощность.) Пушкин не знал своих возможностей, Брюсов – свои невозможности – знал. Пушкин писал на авось (при наичернейших черновиках – элемент чуда), Брюсов – наверняка (статут, Институт).

* * *

Волей чуда – весь Пушкин. Чудо воли – весь Брюсов.
Меньшего не могу (Пушкин. Всемощность).
Бо́льшего не могу (Брюсов. Возможности).
Раз сегодня не смог, завтра смогу (Пушкин. Чудо).
Раз сегодня не смог, никогда не смогу (Брюсов. Воля).
Но сегодня он – всегда мог.

* * *

Дописанные Брюсовым «Египетские ночи». С годными или негодными средствами покушение – что его вызвало? Страсть к пределу, к смысловому и графическому тире. Чуждый, всей природой своей, тайне, он не чтит и не чует ее в неоконченности творения. Не довелось Пушкину – доведу (до конца) я.

Жест варвара. Ибо, в иных случаях, довершать не меньшее, если не большее, варварство, чем разрушать.

* * *

Говорить чисто, все покушение Брюсова на поэзию – покушение с негодными средствами. У него не было данных стать поэтом (данные – рождение), он им стал. Преодоление невозможного. Kraftsprobe.[10] А избрание са́мого себя обратного: поэзии (почему не естественных наук? не математики? не археологии?) – не что иное, как единственный выход силы: самоборство.

И, уточняя: Брюсов не с рифмой сражался, а со своей нерасположенностью к ней. Поэзия, как поприще для самоборения.

* * *

<u>Поэт ли Брюсов после всего сказанного?</u> Да, но не Божьей

[10] Проба сил (нем.).

милостью. Стихотворец, творец стихов, и, что гораздо важнее, творец творца в себе. Не евангельский человек, не зарывший своего таланта в землю, – человек, волей своей, из земли его вынудивший. Нечто создавший из ничто.

> Вперед, мечта, мой верный вол!

О, не случайно, не для рифмы этот клич, более похожий на вздох. Если Брюсов когда-нибудь был правдив – до дна, то именно в этом вздохе. Из сил, из жил, как вол – что это, труд поэта? нет, мечта его! Вдохновение + воловий труд, вот поэт, воловий труд + воловий труд, вот Брюсов: вол, везущий воз. Этот вол не лишен величия.

У кого, кроме Брюсова, могло возникнуть уподобление мечты – волу? Вспомним Бальмонта, Вячеслава, Блока, Сологуба – говорю лишь о поэтах его поколения (почему выпадает Белый?) – кто бы, в какой час последнего изнеможения, произнес это «мечта – вол». Если бы вместо мечты – воля, стих был бы формулой.

* * *

Поэт воли. Действие воли, пусть кратко, в данный час беспредельно. Воля от мира сего, вся здесь, вся сейчас. Кто так властвовал над живыми людьми и судьбами, как Брюсов? Бальмонт? К нему влеклись. Блок? Им болели. Вячеслав? Ему внимали. Сологуб? О нем гадали. И всех – заслушивались. Брюсова же – Слушались. Нечто от каменного гостя было в его появлениях на пирах молодой поэзии – Жуана. Вино оледеневало в стаканах. Под дланью Брюсова гнулись, не любя, и иго его было тяжко. «Маг», «Чародей», – ни о зачаровывающем Бальмонте, ни о магическом Блоке, ни о рожденном чернокнижнике – Вячеславе, ни о ненашем Сологубе, – только о Брюсове, об этом бесстрастном мастере строк. В чем же сила? Что за чары? Нерусская и нерусские: воля, непривычная на Руси, сверхъестественная, чудесная в тридевятом царстве, где, как во сне, всё возможно. Всё, кроме голой воли. И на эту голую волю чудесное тридевятое царство Души – Россия – польстилась, ей поклонилась, под ней погнулась.[11] На римскую волю московского купеческого сына откуда-то с Трубной площади.

– Сказка?

---

[11] Поколение поэтов ведь та же Россия, и не худшая... (примеч. М. Цветаевой).

***

Мне кажется, Брюсов никогда не должен был видеть снов, но, зная, что поэты их видят, заменял невиденные – выдуманными.

Не отсюда ли – от невозможности просто увидеть сон – грустная страсть к наркотикам?

Брюсов. Брюс. (Московский чернокнижник 18-го века.) Может быть, уже отмечено. (Зная, что буду писать, своих предшественников в Брюсове не читала, – не из страха совпадения, из страха, в случае перехулы, собственного перехвала.) Брюсов. Брюс. Созвучие не случайное. Рационалисты, принимаемые современниками за чернокнижников. (Просвещенность, превращающаяся на Руси в чернокнижие.)

Судьба и сущность Брюсова трагичны. Трагедия одиночества? Творима всеми поэтами.

...Und sind ihr ganzes Leben so
allein...[12]

(Рильке о поэтах)

Трагедия пожеланного одиночества, искусственной пропасти между тобою и всем живым, роковое пожелание быть при жизни – памятником. Трагедия гордеца с тем грустным удовлетворением, что, по крайней мере, сам виноват. За этот памятник при жизни он всю жизнь напролом боролся: не долюбить, не передать, не снизойти.

Хотел бы я не быть Валерий
Брюсов –

только доказательство, что всю жизнь свою он ничего иного не хотел. И вот, в 1922 г. пустой пьедестал, окруженный свистопляской ничевоков, никудыков, наплеваков. Лучшие – отпали, отвратились. Подонки, к которым он тщетно клонился, непогрешимым инстинктом низости чуя – величие, оплевывали («не наш! хорош!»). Брюсов был один. Не один над (мечта честолюбца), один – вне.

«Хочу писать по-новому, – не могу!» Это признание я собственными ушами слышала в Москве, в 1920 г. с эстрады Большого зала Консерватории. (Об этом вечере – после.) Не могу! Брюсов, весь смысл которого был в «могу», Брюсов,

---

[12] ...И всю свою жизнь они так одиноки... (нем.).

который, наконец, не смог!

* * *

В этом возгласе был – волк. Не человек, а волк. Человек – Брюсов всегда на меня производил впечатление волка. Так долго – безнаказанного! С 1918 г. по 1922 г. затравленного. Кем? Да той же поэтической нечистью, которая вопила умирающему (умер месяц спустя) Блоку: «Да разве вы не видите, что вы мертвы? Вы мертвец! Вы смердите! В могилу!» Поэтической нечистью: кокаинистами, спекулянтами скандала и сахарина, с которой он, мэтр, парнасец, сила, чары, брáтался. Которой, подобострастно и жалобно, подавал – в передней своей квартиры – пальто.

* * *

Оттолкнуть друзей, соратников, современников Брюсов – смог. Час не был их. Дела привязанностей – через них он переступил. Но без этих, именующих себя «новой поэзией», он обойтись не смог: их был – час!

* * *

Страсть к славе. И это – Рим. Кто из уже названных – Бальмонт, Блок, Вячеслав, Сологуб – хотел славы? Бальмонт? Слишком влюблен в себя и мир. Блок? Эта сплошная совесть? Вячеслав? На тысячелетия перерос. Сологуб?

> Не сяду в сани при луне,–
> И никуда я не поеду!

Сологуб с его великолепным презрением?
Русский стремление к прижизненной славе считает либо презренным, либо смешным. Славолюбие: себялюбие. Славу русский поэт искони предоставляет военным и этой славе преклоняется. – А «Памятник» Пушкина?.[13] Прозрение – ничего другого. О славе же прижизненной:

> Хвалу и клевету приемли равнодушно
> И не оспоривай глупца, –

---

[13] Есть и у Брюсова «Памятник». Кто читал – помнит (примеч. М. Цветаевой)

важнейшую: количественную базу – славы. Не удержусь, чтобы не привести вопль лучшего русского поэта современности:

«О, с какой бы радостью я сам во всеуслышанье объявил о своей посредственности, только бы дали посредственно существовать и работать!»

Вопль каждого поэта, особенно – русского, чем больше – тем громче. Только Брюсов один восхотел славы. Шепота за спиной:

«Брюсов!», опущенных или вперенных глаз: «Брюсов!», похолодания руки в руке: «Брюсов!» Этот каменный гость был – славолюбцем. Не наше величие, для нас – смешное величие, скажи я это по-русски, звучало бы переводом une petitesse qui ne manque pas de grandeur.[14]

* * *

«Первым был Брюсов, Анненский не был первым» (слова того же поэта). Да, несравненный поэт, вы правы: единственный не бывает первым. Первый, это ведь степень, последняя ступень лестницы, первая ступень которой – последний. Первый – условность, зависимость, в линии. Единственный – вне. У неповторимого нет второго.

Два рода поэзии.
Общее дело, творимое порознь:
(Творчество уединенных. Анненский.)
Частное дело, творимое совместно.
(Кружковщина. Брюсовский Институт.)

* * *

Одного порока у Брюсова не было: мелкости их. Все его пороки, с той же мелкости начиная, en grand.[15] В Риме, хочется верить, они были бы добродетелями.

* * *

Слава? Любовь к тебе – биллионов. Власть? Перед тобой – биллионов – страх.

Брюсов не славу любил, а власть.

У каждого – свой глагол, дающий его деяния. Брюсовский

---

[14] Малость, не лишенная величия (фр.).

[15] Масштабны (фр.).

– домогаться.

* * *

Есть некая низость в том, чтобы раскрывать карты поэта так, перед всеми. Кружковщины нет (презренна!), круговая порука – есть. Судить о художнике могут – так, по крайней мере, принято думать и делать – все. Судить художника – утверждаю – только художники. Художник должен быть судим судом либо товарищеским, либо верховным, – собратьями по ремеслу, или Богом. Только им да Богу известно, что это значит: творить мир тот – в мирах сил. Обыватель поэту, каков бы он в жизни ни был, – не судья. Его грехи – не твои. И его пороки уже предпочтены твоим добродетелям.

Avoir les rieurs de son côté[16] – вещь слишком легкая, эффект слишком грошовый. Я, de mon côté,[17] хочу иметь не les rieurs,[18] а les penseurs.[19] И единственная цель этих записей – заставить друзей задуматься.

* * *

Цель прихода В. Я. Брюсова на землю – доказать людям, чтó может и чего не может, а главное все-таки что может – воля.

* * *

Три слова являют нам Брюсова: воля, вол, волк. Триединство не только звуковое – смысловое: и воля – Рим, и вол – Рим, и волк – Рим. Трижды римлянином был Валерий Брюсов: волей и волом – в поэзии, волком (homo homini lupus est[20]) в жизни. И не успокоится мое несправедливое, но жаждущее справедливости сердце, покамест в Риме – хотя бы в отдаленнейшем из пригородов его – не встанет – в чем, если не в мраморе? – изваяние:

---

[16] Поставить противника в смешное положение (фр.).

[17] Со своей стороны (фр.).

[18] Насмешники (фр.).

[19] Мыслители (фр.)

[20] Человек человеку – волк (лат.).

СКИФСКОМУ РИМЛЯНИНУ РИМ

II. Первая встреча

Первая встреча моя с Брюсовым была заочная. Мне было 6 лет. Я только что поступила в музыкальную школу Зограф-Плаксиной (старинный белый особнячок в Мерзляковском пер<еулке>, на Никитской). В день, о котором я говорю, было мое первое эстрадное выступление, пьеса в четыре руки (первая в сборнике Леберт и Штарк), партнер – Евгения Яковлевна Брюсова, жемчужина школы и моя любовь. Старшая ученица и младшая. Все музыкальные искусы пройденные – и белый лист. После триумфа (забавного свойства) иду к матери. Она в публике, с чужой пожилой дамой. И разговор матери и дамы о музыке, о детях, рассказ дамы о своем сыне Валерии (а у меня сестра была Валерия, поэтому запомнилось), «таком талантливом и увлекающемся», пишущем стихи и имеющем недоразумения с полицией. (Очевидно, студенческая история 98–99 гг.? Был ли в это время Брюсов студентом, и какие это были недоразумения – не знаю, рассказываю, как запомнилось.) Помню, мать соболезновала (стихам? ибо напасть не меньшая, чем недоразумения с полицией). Что-то о горячей молодежи. Мать соболезновала, другая мать жаловалась и хвалила. – «Такой талантливый и увлекающийся». – «Потому и увлекающийся, что талантливый». Беседа длилась. (Был антракт.) Обе матери жаловались и хвалили. Я слушала.

Полиция – зачем заниматься политикой – потому и увлекающийся.

Так я впервые встретилась со звуком этого имени.

III. Письмо

Первая заочная встреча – 6-ти лет, первая очная –16-ти. Я покупала книги у Вольфа, на Кузнецком, – ростановского «Chanteclair'a»,[21] которого не оказалось. Неполученная книга, за которой шел, это в 16 лет то же, что неполученное, до востребования, письмо: ждал – и нету, нес бы – пустота. Стою, уже ища замены, но Ростан – в 16 лет? нет, и сейчас в иные часы жизни – незаменим, стою уже не ища замены, как вдруг, за левым плечом, где ангелу быть полагается, – отрывистый лай, никогда не слышанный, тотчас же узнанный:

[21] «Певец зари» (фр.).

– «Lettres de Femmes»[22] – Прево. «Fleurs du mal»[23] – Бодлера, и «Chanteclair'a», пожалуй, хотя я и не поклонник Ростана.

Подымаю глаза, удар в сердце: Брюсов!

Стою, уже найдя замену, перебираю книги, сердце в горле, за такие минуты – и сейчас – жизнь отдам. И Брюсов, настойчивым методическим лаем, откусывая и отбрасывая слова: «Хотя я и не поклонник Ростана».

Сердце в горле – и дважды. Сам Брюсов! Брюсов Черной мессы, Брюсов Ренаты, Брюсов Антония! – И – не поклонник Ростана: Ростана – L'Aiglon,[24] Ростана – Мелизанды, Ростана – Романтизма!

Пока дочувствовывала последнее слово, дочувствовать которое нельзя, ибо оно – душа, Брюсов, сухо щелкнув дверью, вышел. Вышла и я – не вслед, а навстречу: домой, писать ему письмо.

* * *

Дорогой Валерий Яковлевич,
(Восстанавливаю по памяти.)

Сегодня, в Магазине Вольфа, Вы, заказывая приказчику Chanteclair'a, добавили: «хотя я не поклонник Ростана». И не раз утверждали, а дважды. Три вопроса:

Как могли Вы, поэт, объявлять о своей нелюбви к другому поэту – приказчику?

Второе: как можете Вы, написавший Ренату, не любить Ростана, написавшего Мелизанду?

Третье: – и как смогли предпочесть Ростану – Марселя Прево?

Не подошла тогда же, в магазине, из страха, что Вы примете это за честолюбивое желание «поговорить с Брюсовым». На письмо же Вы вольны не ответить.

Марина Цветаева.

Адреса – чтобы не облегчать ответа – не приложила. (Я была тогда в VI кл. гимназии, моя первая книга вышла лишь год спустя, Брюсов меня не знал, но имя моего отца знал достоверно и, при желании, ответить мог).

Дня через два, не ошибаюсь – на адрес Румянцевского

---

[22] «Письма женщины» (фр.).

[23] «Цветы зла» (фр.).

[24] Орленка (фр.).

Музея, директором которого состоял мой отец (жили мы в своем доме, в Трехпрудном) – закрытка. Не открытка – недостаточно внимательно, не письмо – внимательно слишком, die goldene Mitte,[25] выход из положения – закрытка. (Брюсовское «не передать».) Вскрываю:

«Милостивая Государыня, г-жа Цветаева»,

(NB! Я ему – дорогой Валерий Яковлевич, и был он меня старше лет на двадцать!)

Вступления не помню. Ответа на поэта и приказчика просто не было. Марсель Прево испарился. О Ростане же дословно следующее:

«Ростан прогрессивен в продвижении от XIX в. к XX в. и регрессивен от XX в. к нашим дням» (дело было в 1910 г.). «Ростана же я не полюбил, потому что мне не случилось его полюбить. Ибо любовь – случайность» (подчеркнуто).

Еще несколько слов, указывающих на желание не то встретиться, не то дальнейшей переписки, но неявно, иначе бы запомнила. И – подпись.

На это письмо я, естественно (ибо страстно хотелось!), не ответила.

Ибо любовь – случайность.

* * *

Письмо это живо, хранится с моими прочими бумагами у друзей, в Москве.

Первое письмо осталось последним.

IV. Два стишка

Первая моя книга «Вечерний альбом» вышла, когда мне было 17 лет, – стихи 15-ти, 16-ти и 17-ти лет. Издала я ее по причинам, литературе посторонним, поэзии же родственным, – взамен письма к человеку, с которым была лишена возможности сноситься иначе. Литератором я так никогда и не сделалась, начало было знаменательно.

Книгу издать в то время было просто: собрать стихи, снести в типографию, выбрать внешность, заплатить по счету, – всё. Так я и сделала, никому не сказав, гимназисткой VII кл. По окончании печатания свезла все 500 книжек на склад, в богом забытый магазин Спиридонова и Михайлова (почему?) и успокоилась. Ни одного экземпляра на отзыв мною отослано не было, я даже не знала, что так делают, а знала бы – не сделала бы: <u>напрашиваться на рецензию!</u> Книги моей, кроме как у

---

[25] Золотая середина (нем.).

Спиридонова и Михайлова, нигде нельзя было достать, отзывы, тем не менее, появились – и благожелательные: большая статья Макса Волошина, положившая начало нашей дружбы, статья Марьетты Шагинян (говорю о, для себя, ценных) и, наконец, заметка Брюсова. Вот что мне из нее запало:

«Стихи г-жи Цветаевой обладают какой-то жуткой интимностью, от которой временами становится неловко, точно нечаянно заглянул в окно чужой квартиры...» (Я, мысленно: дома, а не квартиры!)

Середину, о полном овладении формой, об отсутствии влияний, о редкой для начинающего самобытности тем и явления их – как незапомнившуюся в словах – опускаю. И, в конце: «Не скроем, однако, что бывают чувства более острые и мысли более нужные, чем:

Нет! ненавистна мне надменность фарисея!

Но, когда мы узнаём, что автору всего семнадцать лет, у нас опускаются руки»...

Для Брюсова такой подход был необычаен. С отзывом, повторяю, поздравляли. Я же, из всех приятностей запомнив, естественно, неприятность, отшучивалась: «Мысли более нужные и чувства более острые? Погоди же!»

Через год вышла моя вторая книга «Волшебный фонарь» (1912 г. затем перерыв по 1922 г., писала, но не печатала) – и в ней стишок –

В. Я. БРЮСОВУ

Улыбнись в мое «окно»,
Иль к шутам меня причисли, –
Не изменишь, всё равно!
«Острых чувств» и «нужных мыслей»
Мне от Бога не дано.
Нужно петь, что всё темно,
Что над миром сны нависли...
– Так теперь заведено. –
Этих чувств и этих мыслей
Мне от Бога не дано![26]

Словом, войска перешли границу. Такого-то числа, такого-то года я, никто, открывала военные действия против – Брюсова.

Стишок не из блестящих, но дело не в нем, а в отклике на него Брюсова.

«Вторая книга г-жи Цветаевой „Волшебный фонарь", к

---

[26] «Волшебный фонарь», с. 111 (примеч. М. Цветаевой).

сожалению, не оправдала наших надежд. Чрезмерная, губительная легкость стиха…» (ряд неприятностей, которых я не помню, и, в конце:) «Чего же, впрочем, можно ждать от поэта, который сам признается, что острых чувств и нужных мыслей ему от Бога не дано».

Слова из его первого отзыва, взятые мною в кавычки, как его слова, были явлены без кавычек. Я получалась – дурой. (Валерий Брюсов «Далекие и близкие», книга критических статей.)

Рипост был мгновенный. Почти вслед за «Волшебным фонарем» мною был выпущен маленький сборник из двух первых книг, так и называвшийся «Из двух книг», и в этом сборнике, черным по белому:

В. Я. БРЮСОВУ

> Я забыла, что сердце в Вас –
> только ночник,
> Не звезда! Я забыла об этом!
> Что поэзия ваша из книг
> И из зависти – критика. Ранний
> старик,
> Вы опять мне на миг
> Показались великим поэтом.

* * *

Любопытно, что этот стих возник у меня не после рецензии, а после сна о нем, с Ренатой, волшебного, которого он никогда не узнал. Упор стихотворения – конец его, и я бы на месте Брюсова ничего, кроме двух последних слов, не вычитала. Но Брюсов был плохой читатель (душ).

* * *

Отзыва, на сей раз, в печати не последовало, но «в горах» (его крутой души) «отзыв» длился – всю жизнь.

* * *

Не обольщаюсь. Брюсов в опыте моих чувств, точнее: в молодом опыте вражды значил для меня несравненно больше, чем я – в его утомленном опыте. Во-первых, он для меня был Брюсов (твердая величина), меня не любящий, я же для него – X, его не любящий и значущий только потому и тем, что его не любящий. Я не любила Брюсова, он не любил кого-то из молодых поэтов, да еще женщину, которых, вообще, презирал. Этого у меня к нему не было – презрения, ни тогда, на вершине его славы, ни спустя, под обломками ее. Знаю это по волнению, с которым сейчас пишу эти строки, непогрешимому волнению, сообщаемому нам только величием. Дерзала – да, дерзила – да, презирала – нет. И, может быть, и дерзала-то и дерзила только потому, что не умела (не хотела?) иначе выявить своего, сильнейшего во мне, чувства ранга. Словом, если перенести нашу встречу в стены школы, дерзила директору, ректору, а не классному наставнику. В моем дерзании было благоговение, в его задетости – раздражение. Значительность же вражды в прямой зависимости от значительности объекта. Посему в этом романе нелюбви в выигрыше (ибо единственный выигрыш всякого нашего чувства – собственный максимум его) – в выигрыше была я.

V. «Семья поэтов»

Той же зимой 1911 г. – 1912 г., между одним моим рифмованным выпадом и другим, меня куда-то пригласили читать – кажется, в «О-во Свободной Эстетики». (Должны были читать все молодые поэты Москвы.) Помню какую-то зеленую комнату, но не главную, а ту, в которой ждут выхода. Черная густая мужская группа поэтов и, головой превышая, действительно оглавляя – Брюсов. Вхожу и останавливаюсь, выжидая чьего-нибудь первого шага. Он был сделан тотчас же – Брюсовым.

– А это – поэтесса Марина Цветаева. Но так как «все друзья в семье поэтов», то можно (поворот ко мне) без рукопожатий.

(Не предвосхищенное ли советское «рукопожатия отменяются», но у советских – из-за чесотки, а у Брюсова из-за чего?)

Нацелившись на из всей группы единственного мне знакомого – Рубановича, подхожу и здороваюсь за руку, затем с ближайшим его соседом: «Цветаева», затем с соседом соседа, затем с соседом соседа соседа, и так на круговую, пока не перездоровалась со всеми – всеми, кроме Брюсова. Это – человек было около двадцати – все-таки заняло известное время, тем более что я, природно-быстрая, превратила проформу в чувство, обычай – в обряд. В комнате «царило молчание». Я представлялась: «Цветаева». Брюсов ждал. Пожав двадцатую руку, я скромно вышла из круга и стала в сторонке, невинно, чуть не по-институтски. И, одновременно, отрывистый, всей пастью, лай Брюсова:

– А теперь, господа, можно и начинать?

* * *

Чего хотел Брюсов своей «семьей поэтов»? Настолько-де друзья, что и здороваться не стоит? Избавить меня от двадцати чужих рук в одной моей? Себя – от пяти минут бездействия? Щадил ли предполагаемую застенчивость начинающего?

Может быть, одно из перечисленных, может быть, всё вместе, а вернее всего подсознательное нежелание близкого, человеческого (и, посему, обязывающего), через ладонь, знакомства. Отскок волка при виде чужой породы. Чутье на чужесть. Инстинкт.

Так это и пошло с тех пор, обмен кивками. С каждым разом становилось все позднее и позднее для руки. Согласитесь, что проздоровавшись десять лет подряд всухую, неловко как-то, неприлично как-то, вдруг ни с того ни с сего – за руку.

Так я и не узнала, какая у Брюсова ладонь.

VI. Премированный щенок

> «Il faut á chacun donner son joujou».
> **E. Rostand**[27]

Был сочельник 1911 г. – московский, метельный, со звездами в глазах и на глазах. Утром того дня я узнала от Сергея Яковлевича Эфрона, за которого вскоре вышла замуж, что Брюсовым объявлен конкурс на следующие две строки Пушкина:

Но Эдмонда не покинет
Дженни даже в небесах.

– Вот бы Вам взять приз – забавно! Представляю себе умиление Брюсова! Допустим, что Брюсов – Сальери, знаете, кто его Моцарт?
– Бальмонт?
– Пушкин!

Приз, данный мне Брюсовым за стихи, представленные в последний час последнего дня (предельный срок был Сочельник) – идея была соблазнительной! Но – стих на тему![28]

---

[27] «Каждому нужно дать его игрушку».
Э. Ростан (фр.).

[28] Теперь думаю иначе (примеч. М. Цветаевой).

Стих – по заказу! Стих – по мановению Брюсова! И второй камень преткновения, острейший, – я совсем не знала, кто Эдмонда, мужчина или женщина, друг или подруга. Если родительный падеж: кого-чего? – то Эдмонд выходил мужчиной, и Дженни его не покинет, если же именительный падеж: кто-что? – то Эдмонда – женщина и не покинет свою подругу Дженни. Камень устранился легко. Кто-то, рассмеявшись и не поверив моему невежеству, раскрыл мне Пушкина на «Пире во время чумы» и удостоверил мужественность Эдмонда. Но время было упущено: над Москвой, в звездах и хлопьях, оползал Сочельник.

К темноте, перед самым зажжением елок, я стояла на углу Арбатской площади и передавала седому посыльному в красной шапке конверт, в котором еще конверт, в котором еще конверт. На внешнем был адрес Брюсова, на втором (со стихами) девиз (конкурс был тайный, с обнаружением автора лишь по присуждении приза), на третьем – тот же девиз; с пометкой: имя и адрес. Нечто вроде моря-окияна, острова Буяна и Кащеевой смерти в яйце. «Письмецо» я Брюсову посылала на дом, на Цветной бульвар, в виде подарка на елку.

Каков же был девиз? Из Ростана, конечно:

Il faut á chacun donner son joujou
E. Rostand[29]

Каков же был стих? Не на тему, конечно, стих, написанный вовсе не на Эдмонда, за полгода до, своему Эдмонду, стих не только не на тему, а обратный ей и, обратностью своей, подошедший. Вот он:

*«Но Эдмонда не покинет
Дженни даже в небесах».*

Воспоминанье слишком давит плечи,
Я о земном заплачу и в раю,
Я старых слов при нашей новой встрече
Не утаю.[30]

---

[29] NB! Брюсову, напр<имер>, конкурс (примеч. М. Цветаевой).

[30] Лучше бы: не повторю (примеч. М. Цветаевой).

Где сонмы ангелов летают стройно,
Где арфы, лилии и детский хор,
Где всё – покой, я буду беспокойно
Ловить твой взор.
Виденья райские с усмешкой провожая,
Одна в кругу невинно-строгих дев,
Я буду петь, земная и чужая,
Земной напев!
Воспоминанье слишком давит плечи,
Настанет миг – я слез не утаю…
Ни здесь, ни там – нигде не надо встречи,
И не для встреч проснемся мы в раю!

* * *

Стих этот я взяла из уже набиравшегося тогда «Волшебного фонаря», вышедшего раньше выдачи, но уже после присуждения премий. («Волшебный фонарь», с.75.)

С месяц спустя – я только что вышла замуж – как-то заходим с мужем к издателю Кожебаткину.

– Поздравляю Вас, Марина Ивановна! Я, думая о замужестве:

– Спасибо.

– Вы взяли первый приз, но Брюсов, узнав, что это вы, решил вам, за молодостью, присудить первый из двух вторых.

Я рассмеялась.

Получать призы нужно было в «О-ве Свободной Эстетики». Подробности стерлись. Помню только, что когда Брюсов объявил: «Первого не получил никто, первый же из двух вторых – г-жа Цветаева», – по залу прошло недоумение, а по моему лицу усмешка. Затем читались, кажется Брюсовым же, стихи, после «премированных» (Ходасевич, Рафалович, я) – «удостоившиеся одобрения», не помню чьи. Выдача самих призов производилась не на эстраде, а у входного столика, за которым что-то вписывала и выписывала милая, застенчивая, всегда все по возможности сглаживавшая и так выигрывавшая на фоне брюсовской жестокости – жена его, Жанна Матвеевна.

Приз – именной золотой жетон с черным Пегасом – непосредственно Брюсовым – из руки в руку – вручен. Хотя не в рукопожатии, но руки встретились! И я, продевая его сквозь цепочку браслета, громко и весело:

– Значит, я теперь – премированный щенок? Ответный смех залы и – добрая – внезапная – волчья – улыбка Брюсова. «Улыбка» – условность, просто внезапное обнаружение и такое же исчезновение зубов. Не улыбка? Улыбка! Только не наша, волчья. (Оскал, осклаб, ощер.)

Тут я впервые догадалась, что Брюсов – волк.

***

Если не ошибаюсь, в тот же вечер я в первый (и единственный) раз увидела поэтессу Львову. Невысокого роста, в синем, скромном, черно-глазо-брово-головая, яркий румянец, очень курсистка, очень девушка. Встречный, к брюсовскому наклону, подъем. Совершенное видение мужчины и женщины: к запрокинугости гордости им – снисхождение гордости собой. С трудом сдерживаемая кругом осчастливленность.

Он – охаживал.

Часть вторая. Революция

I. Лито

Премированным щенком заканчивается мой юношеский эпизод с Брюсовым. С 1912 г. по 1920 г. мы – я жила вне литературной жизни – не встречались.

Был 1919 г. – самый чумный, самый черный, самый смертный из всех тех годов Москвы. Не помню кто, кажется Ходасевич, надоумил меня снести книгу стихов в Лито.[31] «Лито ничего не печатает, но все покупает». Я: «Чудесно», – «Отделом заведует Брюсов». Я: «Чудесно, но менее. Он меня не выносит». – «Вас, но не ваши стихи. Ручаюсь, что купит. Все-таки – пять дней хлеба».

Переписала «Юношеские стихи» (1913 г. – 1916 г., до сих пор неизданные) и «Версты» I (изданы в 1922 г. Госиздатом) и, взяв в правую – пятилетнюю тогда ручку своей дочери Али, в левую – рукопись, пошла пытать счастья в Лито. Никитская, кажется? Брюсова не было, был кто-то, кому я рукописи вручила. Вручила и кануло – и стихи и я.

[31] Литературный отдел (примеч. М. Цветаевой)

Прошло около года. Я жила, стихи лежали. Вспоминала о них с неизменной неприязнью, как о вещи одолженной, вовремя не спрошенной и потому уже – не моей. Всё же как-то собралась. Прихожу в Лито: пустота: Буданцев. «Я пришла узнать про две книги стихов, сданных около году назад». Легкое смущение, и я, выручая: «Я бы очень хотела получить обратно рукописи, – ведь ничего, очевидно, не вышло?» Буданцев, радостно: «Не вышло, не вышло, между нами – Валерий Яковлевич очень против вас». – «Здесь и малого достаточно. Но рукописи – живы?» – «Живы, живы, сейчас верну». – «Чудесно. Это больше, чем в наши дни может требовать поэт».

Итак, домой с рукописями. Дома раскрываю, листаю, и – о сюрприз – второй в жизни автограф Брюсова! В целых три строчки отзыв – его рукой!

«Стихи М. Цветаевой, как ненапечатанные своевременно и не отражающие соответственной современности, бесполезны». Нет, еще что-то было, запомнила, как всегда, высшую ноту – конец. Зрительное же впечатление именно трех строк брюсовского сжатого, скупого, озабоченного почерка. Что могло быть в тех полутора? Не знаю, но хуже не было. Отзыв сей, вместе с прочими моими бумагами, хранится у друзей, в Москве. Развитием римской формулировки Брюсова – российски-пространная (на сей раз машинная) отписка его поклонника, последователя и ревнителя – С. Боброва. «До тошноты размазанные разглагольствования по поводу собственной смерти...» Это о «Юношеских стихах», о «Верстах» же помню всего одно слово, да и то не точно, вижу его написанным, но прочесть не могу, вроде «гносеологические», но означающие что-то, касающееся ритмики. «Стихи написаны тяжелым, неудобоваримым, „гносеологическим ямбом"...» Брюсов дал тему, Бобров проварьировал, в итоге – рукописи на руках.

Госиздат в 1922 г., в лице цензора коммуниста Мещерякова, оказался и сговорчивее и великодушнее.

* * *

(Написав слово «цензор», вдруг осознала: до чего само римское звучание соответствовало Брюсову! Цензор, ментор, диктатор, директор, цербер...)

* * *

Потом Буданцев, при встрече, горячо и трогательно просил отзывы вернуть:

– Вам не полагалось их читать, это мой недосмотр, с меня

взыщут!

— Помилуйте, да ведь это мой litre de noblesse,[32] тютчевский патент на благородство, почетный билет всюду, где чтят поэзию!

— Перепишите и верните подлинники!

— Как? Я – отдать автограф Брюсова? Автограф автора «Огненного Ангела»? (Пауза.) Отдать, когда можно – продать? Уеду за границу и там продам, так и передайте Брюсову!

— А отзыв Боброва? Ну, хоть Боброва верните!

— А Боброва за компанию. Три строки Брюсова – столько-то, в придачу четыре страницы Боброва. Так и передайте Боброву.

Отшучивалась и оставалась непреклонной.

II. Вечер в консерватории

(Запись моей, тогда семилетней, дочери Али)[33]

Никитская, 8.
Вечер в Б. Зале Консерватории
Темная ночь. Идем по Никитской в Большой Зал Консерватории. Там будет читать Марина и еще много поэтов. Наконец, пришли. Долго бродим и ищем поэтика В. Г. Шершеневича. Наконец, маме попадается знакомый, который приводит нас в маленькую комнатку, где уже сидели все, кто будет читать. Там сидел старик Брюсов с каменным лицом (после вечера я спала под его пальто). Я просила Марину поиграть на рояле, но она не решается. Скоро после того как мы вошли, я начала говорить стихи мамы к Брюсову, но она удержала меня. К маме подошел какой-то человек с завитыми волосами и в синей рубахе. Вид был наглеца. Он сказал: «Мне передали, что вы собираетесь выйти замуж». – «Передайте тем, кто так хорошо осведомлен, что я сплю и во сне вижу увидеться с Сережей, Алиным папой».[34] Тот отошел. Скоро стал звонить первый звонок. К маме подошел Буданцев и пошел с ней на эстраду. Я пошла с ней. Эстрада похожа на сцену. Там стоит ряд стульев. Там сидели Марина, я и еще много народу. Первый раз

---

[32] Принцип чести (фр.).

[33] Запись, не измененная ни в одном знаке (примеч. М. Цветаевой).

[34] Муж с декабря 1917 г. был в армии (примеч. М. Цветаевой).

вышел Брюсов. Он прочел вступительное слово, но я там ничего не слушала, потому что не понимала. Затем вышел имажинист Шершеневич. Он читал про голову, на голове стоит ботанический сад, на ботаническом саду стоит цирковой купол, а на нем сижу я и смотрю в чрево женщины как в чашу. Бедные машины, они похожи на стадо гусей, то есть на трехугольник. Весна, весна, ей радуются автомобили. И все вроде этого. Потом стал читать стихи Брюсов. После него вышла маленькая женщина с дуговатыми зубами. Она была в рваной фуфайке, с кротким лицом. У нее точно не было ни крыльев, ни шерсти, ни даже шкуры. Она держала в руках свое тощее тело и не может ни приручить его к себе, ни расстаться с ним. Наконец вызвали маму. Она посадила меня на свое место, а сама пошла к читальному столу. Глядя на нее, все засмеялись. (Наверное оттого, что она была с сумкой.[35]) Она читала стихи про Стеньку Разина. Она читала ясно, без всяких иностранных слов. Она стояла как ангел. Весь народ в зале так смотрел на читающего, как ястреб или сова на беззащитную птицу. Какой-то имажинист сказал: «Посмотри-ка. На верхних ложах сидят „одинокие". Они держатся стаей». Она читала не очень громко. Один мужчина даже встал и подошел ближе к эстраде. Стенька Разин, три стиха о том, как он любил персианочку. Потом его сон, как она пришла к нему за башмачком, который уронила на корабле. Потом она, когда кончила, поклонилась,[36] чего никто не делал. Ей рукоплескали коротко, но все. Марина села опять на свое место, посадив меня на колени. После нее стал читать драму какой-то молодой черный человек, который сидел бок о бок с нами. Начало: под потолком в цирке на тоненькой веревочке висит танцовщица, а под ней на арене стоит горбач и хвалит ее. «Аля! Уйдем отсюда! Это будет долго длиться». – «Нет, Марина, посмотрим, как будет». Марина просила и я наконец согласилась. Мы вышли и прошли в потайную комнату. Там не было никого, кроме какой-то женщины, которая недавно приехала из деревни. Я с совершенно осоловелым видом села на стул, и мама предложила мне лечь, пока никто не пришел. Я согласилась с удовольствием. Я легла. Деревенская женщина предложила меня покрыть, и Марина накрыла чьим-то пальто. Вскоре после того, как я легла, ввалилась вся толпа поэтов. В комнатке было только четыре стула. Люди садились на столы, на подоконники, а я, хоть и слыхала смутно, что они садились даже на рояль, только протягивала ноги. Около самой распертой

---

[35] Офицерской походной (примеч. М. Цветаевой).

[36] Подчеркнуто в подлиннике (примеч. М. Цветаевой).

ручки примостилась мама с тощей поэтессой. «Она спит». – «Нет, у ней глаза открыты». – «Аля, ты спишь?» – «Ннет». Белые точки, головки, лошадки, мужики, дети, дома, снег... Круглый сад с серыми грядками. Решетка черная. Серый цирковой купол с крестом. А под ботаническим садом красная трехугольная чаша. Это мне приснились стихи сумасшедшего Шершеневича. Очнувшись, сбрасываю с себя одеяло из пальто на волчьем меху. Мама совсем задушена моими ногами. Поэты ходят, сидят на полу. Я села на диване. Мама обрадовалась, что я могу дать место другим. У стола стоят два человека. Один в летнем коротком пальто, другой в зимней дохе. Вдруг короткий понесся к двери, откуда вошел худой человек с длинными ушами.[37] «Сережа, милый дорогой Сережа, откуда ты?» – «Я восемь дней ничего не ел». – «А где ты был, наш Сереженька?» – «Мне дали пол-яблока там. Даже воскресенья не празднуют. Ни кусочка хлеба там не было. Едва-едва вырвался. Холодно. Восемь дней белья не снимал. Ох, есть хочется!» – «Бедный, а как же ты вырвался?» – «Выхлопотали». – Все обступили и стали расспрашивать. Скоро мама получила 10 советских и мы стали собираться в поход. Я стала искать свои варежки и капор. Наконец мы снарядились и пошли. Мы вышли каким-то извилистым черным ходом в темный двор Большой Консерватории. Мы вышли. По всей Никитской стоят[38] фонари. Горит примус где-то в окне. Лает собака. Я всё время падаю, и мы идем разговариваем о Брюсове. Освещены витрины с куклами, с книгами.[39] Я сказала: «Брюсов – камень. Он похож на дедушку Лорда Фаунтельроя. Его может полюбить только такое существо, как Фаунтельрой. Если бы его повели на суд, он бы ложь говорил как правду, а правду как ложь».

* * *

Москва, начало декабря 1920 г.
Несколько дней спустя, читая «Джунгли».
– Марина! Вы знаете – кто Шер-Хан? – Брюсов! – Тоже хромой и одинокий, и у него там тоже Адалис. (Приводит:) «А старый Шер-Хан ходил и открыто принимал лесть»... Я так в

---

[37] Сергей Есенин (примеч. М. Цветаевой)

[38] Но не горят (примеч. М. Цветаевой).

[39] По ночам – от воров – комиссионных магазинов (примеч. М. Цветаевой).

этом узнала Брюсова! А Адалис – приблуда, из молодых волков.

* * *

Восполню пробелы. Войдя со мной в комнату и сразу, по моему описанию, распознав Брюсова, Аля уже жила исключительно им. Так, все предложения поиграть на рояле – исключительно для него, продержать в страхе: а что – заиграю? Брюсов усиленно не глядел, явно настораживаясь, чуя, что неспроста, и не зная, во что разыграется (telle mere, telle fille[40]). В случае чего положение выходило нелепейшее: с семилетними (а выглядела она, по советскому худосочию, пятилетней) не связываются. (Убеждена, что считался и с двухлетними!)

Примечание второе. Декламация моих стихов к Брюсову-Брюсову же – экспромт, от которого я похолодела. Чувство, что в комнате сразу стало тесно, – не комната, а клетка, и не только волк в ней – я с ним! Точное чувство совместной запертости с волком, с той же, первых секунд, неловкостью и зверя и человека. Но было и другое. Здесь, в этой спертости, почти лоб в лоб, при стольких свидетелях! услышать от семилетнего, с такими чудесными глазами! Ребенка – браваду его, так еще недавно семнадцатилетней, матери. Ушами услышать! Воушию! Был бы Брюсов глубок, будь у него чувства более острые, чем: Брюсов! (нужных мыслей у него было вдоволь) – перешагни он через себя, он бы оценил эту неповторяемость явлений...

Я забыла, что сердце в Вас –
только ночник,
Не звезда! Я забыла об этом!
Что поэзия Ваша – из книг...

Остановилась на первой, остановилась на третьей строке. Но была, в этом вызове, кроме мести за меня, унаследованная от меня и тотчас мною узнанная – влюбленность вражды. И, если стих внезапно не окончился поцелуем – то только из застенчивости. (Такой породы в ласке робки, не в ударе.)

* * *

Что думал? Невоспитанная девочка? Нет, воспитанная. Подученная мною? Явно – нет, он же видел чистоту моего испуга. Не понравиться – внешне – тоже не могла (Вячеслав Иванов: «Раскрывает сердце и входит»). Думаю, что единственное, что он думал: «Скорей бы!» И – о ужас! – он на

---

[40] Какова мать, такова дочь (фр.).

эстраду, она (со мной) – за ним! Сидим чуть ли не рядом. Что еще ждет? Какой «экспромт»?

К его чести скажу, что волчьей шубы своей с нее, спящей, он не снял, хотя спешил. Покашливал и покашливал. Во оправдание же свое скажу, что именно его шубы не выбирала. Просто – меховая! Хорошо под мехом! Аля может сказать: «Я спала под шкурой врага».

О руке же, не снявшей:

> Если умру я, и спросят меня:
> «В чем твое доброе дело?»
> Молвлю я: «Мысль моя майского дня
> Бабочке зла не хотела».

(Бальмонт)

III. Вечер поэтесс

> *Не очень много шили там,*
> *И не в шитье была там сила...*

Летом 1920 г., как-то поздно вечером ко мне неожиданно вошла... вошел... женский голос в огромной шляпе. (Света не было, лица тоже не было.)

Привыкшая к неожиданным посещениям – входная дверь не запиралась – привыкшая ко всему на свете и выработавшая за советские годы привычку никогда не начинать первой, я, вполоборота, ждала.

«Вы Марина Цветаева?» – «Да». – «Вы так и живете без света?» – «Да». – «Почему же вы не велите починить?» – «Не умею». – «Чинить или велеть?» – «Ни того, ни другого». – «Что же вы делаете по ночам?» – «Жду». – «Когда зажжется?» – «Когда большевики уйдут». – «Они не уйдут никогда». – «Никогда».

В комнате легкий взрыв двойного смеха. Голос в речи был протяжен, почти что пенье. Смех явствовал ум.

«А я Адалис. Вы обо мне не слыхали?» – «Нет». – «Вся Москва знает». – «Я всей Москвы не знаю». – «Адалис, с которой – которая... Мне посвящены все последние стихи Валерия Яковлевича. Вы ведь очень его не любите?» – «Как он меня». – «Он вас не выносит». – «Это мне нравится». – «И мне. Я вам бесконечно благодарна за то, что вы ему никогда не нравились». – «Никогда».

Новый смех. Волна обоюдной приязни растет.

«Я пришла спросить вас, будете ли вы читать на вечере поэтесс». – «Нет». – «Я так и знала и сразу сказала В. Я. Ну, а со мной одной будете?» – «С вами одной, да». – «Почему? Вы ведь моих стихов не знаете». – «Вы умны и остры и не можете писать плохих стихов. Еще меньше – читать». (Голос вкрадчиво:) – «Со мной и с Радловой?» – «Коммунистка?» – «Ну, женский коммунизм…» – «Согласна, что мужской монархизм – лучше. (Пауза.) Донской. Но, шутки в сторону, партийная или нет?» – «Нет, да нет же!» – «И вечер совершенно вне?» – «Совершенно вне». – «Вы, Радлова и я». – «Вы, Радлова и я». – «Платить будут?» – «Вам заплатят». – «О, не скажите! Меня любят, но мне не платят». – «Брюсов вас не любит и вам заплатит». – «Хорошо, что Брюсов меня не любит!» – «Повторяю, не выносит. Знаете, что он сказал, получив ваши рукописи? „Я высоко ценю ее, как поэта, но как женщину я ее не выношу, и она у меня никогда не пройдет!"» – «Но ведь стихи предлагал поэт, а не женщина!» – «Знаю, говорила – говорили – непереубедим. Что у вас, собственно, с ним было?»

Рассказываю, смеясь, то, что читатель уже знает. Адалис: «Он мстителен и злопамятен». – «Я никогда не считала его ни христианином, ни славянином». – «И, временами, непомерно мелок». – «За „непомерно" прощаю».

* * *

С поэтессой Адалис мы, если не подружились, приятельствовали. Она часто забегала ко мне, чаще ночью, всегда взволнованная, всегда голодная, всегда неожиданная, неизменно-острая.

«В. Я. меня к вам ревнует, я постоянно говорю о вас». – «С целью или без цели?» – «И так и так. От одного звука вашего имени у него лицо темнеет». – «Зачем темнить? И так не из светлых».

Внешность Брюсова. Первое: негибкость, негнущесть, вплоть до щетиной брызжущих из черепа волос («бобрик»). Невозможность изгиба (невозможность юмора, причуды, imprèvu,[41] – всего, что относится к душевной грации). Усы – как клыки, характерное французское en croc.[42] Усы наладчика, шевелящиеся в гневе. Форма головы – конус, посадка чуть кверху, взирание и вызов, неизменное свысока. Волевой, наполеоновский, естественнейший – сосредоточенной воли

---

[41] Неожиданного (фр.).

[42] Закрученные кверху (фр.).

жест! – скрещивать руки. Руки вдоль тела – не Брюсов. Либо перо, либо крест. В раскосости и скуластости – перекличка с Лениным. Топорная внешность, топором, а не резцом, не крепко, но метко. При негодности данных – сильнейшее данное (не дано, дал).

Здесь, как в творчестве, Брюсов явил из себя всё, что мог.

* * *

А глаза каре-желтые, волчьи.

* * *

(Уже по написании этих строк. Одна моя знакомая, на мой вопрос, какое у него было лицо, с гениальностью женской непосредственности: «Не знаю, какое-то… обутое».)

* * *

У Адалис же лицо было светлое, рассмотрела белым днем в ее светлейшей светелке во Дворце Искусств (уг‹ол› Поварской и Кудринской, д‹ом› гр. Сологуба). Чудесный лоб, чудесные глаза, весь верх из света. И стихи хорошие, совсем не брюсовские, скорее мандельштамовские, явно-петербургские. (Брюсов совершенно вне элементарного, но в чем-то правильного деления русской поэзии на Москву и Петербург.)

«Все говорят, что Брюсов мне их выправляет, – жаловалась она, – но, уверяю вас..». – «Вам нечего уверять. Брюсову на поэтесс везет, и если выправлять, то, во всяком случае, не ему в данный час, ваши». – «Что вы думаете о его стихах?» – «Думаю? многое. Чувствую? ничего». – «Но большой мастер». – «Но большой мастер».

* * *

Вот один из рассказов Адалис о Брюсове. Рассказ, от которого у меня сердце щемит.

«У В. Я. есть приемыш, четырехлетний мальчик, он его нежно и трогательно любит, сам водит гулять и особенно любит всё ему объяснять по дороге. „Вот это называется фронтон. Повтори: фронтон". – «Фронтон». – «А эта вот колонна – дорическая. Повтори: дорическая». – «Дорическая». – «А эта вот, завитком, ионический стиль. Повтори!» – «Ионический». И т. д. и т. д. И вот, недавно, – он мне сам рассказывал – собачка навстречу, с особенным каким-то хвостом, закорючкой. И мальчик Брюсову: «А эта собачка – какого стиля? Ионийского или Дорийского?»

* * *

Наше совместное выступление с Адалис состоялось больше полугода спустя, кажется в феврале 1921 г. Нельзя сказать, чтобы меня особенно вдохновили голубые афиши «Вечер поэтесс» – перечень девяти имен – со вступительным словом Валерия Брюсова. Речь шла о трех, здесь трижды три, вместо выступления – выставка. От одного такого женского смотра я в 1916 г. уже отказалась, считая, что есть в поэзии признаки деления более существенные, чем принадлежность к мужскому или женскому полу, и отродясь брезгуя всем, носящим какое-либо клеймо женской (массовой) отдельности, как-то: женскими курсами, суфражизмом, феминизмом, армией спасения, всем пресловутым женским вопросом, за исключением военного его разрешения: сказочных царств Пенфезилеи – Брунгильды – Марьи Моревны – и не менее сказочного петроградского женского батальона. (За школы кройки, впрочем, стою.) Женского вопроса в творчестве нет: есть женские, на человеческий вопрос, ответы, как-то: Сафо – Иоанна д'Арк – Св. Тереза – Беттина Брентано. Есть восхитительные женские вопли («Lettres de M-elle de Lespinasse»[43]), есть женская мысль (Мария Башкирцева), есть женская кисть (Rosa Bonheur), но всё это – уединённые, о женском вопросе и не подозревавшие, его этим неподозрением – уничтожавшие (уничтожившие).

Но Брюсов, этот мужчина в поэзии par excellence,[44] этот любитель пола вне человеческого, этот нелюбитель душ, этот: правое – левое, черное – белое, мужчина – женщина, на такие деления и эффекты, естественно, льстился. Только вспомнить его «Стихи Нелли», – анонимную книгу от лица женщины, выдававшую автора именно бездушностью своей, – и удивительное по скудосердию предисловие к стихам Каролины Павловой. И не только на деление мужчина – женщина льстился, – на всякие деления, разграничения, разъятия, на всё, что подлежало цифре и графе. Страж при сорокачетырехразрядном кладбище – вот толкование Брюсовым вольного братства поэзии и его роль при нем. Для Брюсова поэт без «ист» не был поэтом. Так, в 1920 г. кажется, на вопрос, почему на вечер всех поэтических направлений («кадриль

---

[43] «Письма мадемуазель де Леспинас» (фр.).

[44] По преимуществу (фр.).

литературы») не были приглашены ни Ходасевич, ни я, его ответ был: «Они – никто. Под какой же я их проставлю рубрикой?» (Думаю, что для Ходасевича, как для меня, только такое «никто» – лишний litre de noblesse[45]).

Брюсов всю жизнь любопытствовал женщинам. Влекся, любопытствовал и не любил. И тайна его разительного неуспеха во всем, что касается женской Психеи, именно в этом излишнем любопытствовании, в этом дальнейшем разъятии и так уже трагически разъятого, в изъятии женщины из круга человеческого, в этом искусственном обособлении, в этом им самим созданном зачарованном ее круге. Волей здесь не возьмешь, и невольно вспоминается прекрасный перевод из весьма посредственного поэта:

Спросили они: «Как красавиц привлечь,
Чтоб сами, без чары, на страстную речь
Оне нам в объятия пали?» –
«Любите!» – оне отвечали.

* * *

Было у Брюсова всё: и чары, и воля, и страстная речь, одного не было – любви. И Психея – не говорю о живых женщинах – поэта миновала.

Вечер поэтесс был объявлен в Большом зале Политехнического Музея. Помню ожидальню, бетонную, с одной-единственной скамейкой и пустотой от – точно только что вынесенной – ванны. Поэтесс, по афише соответствовавших числу девять (только сейчас догадалась – девять Муз! Ах, ложно-классик!), казалось не девять, а трижды столько. Под напором волнения, духов, повышенных температур (многие кашляли), сплетен и кокаина, промерзлый бетон поддался и потек. В каморке стоял пар. Сквозь пар белесые же пятна – лица, красные кляксы – губы, черные circonflex'ы[46] – брови. Поэтессы, при всей разномастности, удивительно походили друг на друга. Поименно и полично помню Адалис, Бенар, поэтессу Мальвину и Поплавскую. Пятая – я. Остальные, в пару, испарились. От одной, впрочем, уцелел малиновый берет, в

---

[45] Благородное звание (фр.).

[46] Значок на буквой во фр. языке

полете от виска до предельно спущенного с одного плеча выреза, срезавший ровно пол-лица. В этой параллельной асимметрии берета и выреза была неприятная симметрия: симметрия двух кривизн. Одеты были поэтессы, кроме Адалис (в закрытом темном), соответственно темам и размерам своих произведений – вольно и, по времени 1921 г., роскошно. Вижу одну, высокую, лихорадочную, сплошь танцующую, – туфелькой, пальцами, кольцами, соболиными хвостиками, жемчугами, зубами, кокаином в зрачках. Она была страшна и очаровательна, тем десятого сорта очарованием, на которое нельзя не льститься, стыдятся льститься, на которое бесстыдно, во всеуслышанье – льщусь. Из зрительных впечатлений, кроме красного берета и чахоточных мехов, уцелел еще гаменовский очерк поэтессы Бенар – головка Гавроша на вольном стволе шеи – и, тридцатых годов, подчеркнуто – неуместно – нестерпимо-невинное видение поэтессы Мальвины, – «стильной» вплоть до голубых стеклянных бус под безоблачным полушарием лба.

Выставка, внешне, обещала быть удачной, Брюсов не прогадал.

* * *

Не упомянуть о себе, перебрав, приблизительно, всех, было бы лицемерием, итак: я в тот день была явлена «Риму и Миру» в зеленом, вроде подрясника, – платьем не назовешь (перефразировка лучших времен пальто), честно (то есть – тесно) стянутом не офицерским даже, а юнкерским, 1-ой Петергофской школы прапорщиков, ремнем. Через плечо, офицерская уже, сумка (коричневая, кожаная, для полевого бинокля или папирос), снять которую сочла бы изменой и сняла только на третий день по приезде (1922 г.) в Берлин, да и то по горячим просьбам поэта Эренбурга. Ноги в серых валенках, хотя и не мужских, по ноге, в окружении лакированных лодочек, глядели столпами слона. Весь же туалет, в силу именно чудовищности своей, снимал с меня всякое подозрение в нарочитости («ne peut pas qui veut»[47]). Хвалили тонкость тальи, о ремне молчали. Вообще скажу, что в чуждом мне мире профессионалок наркотической поэзии меня встретили с добротой. Женщины, вообще, добрей. Мужчины ни голодных детей, ни валенок не прощают. Та же П<оплав>ская, убеждена, тотчас же сняла бы с плеч свои соболя, если бы я ей сказала, что у меня голодает ребенок. Жест? Да. И цельнее жеста Св. Мартина, царственно с высоты коня роняющего нищему

---

[47] «Не всякий может, кто хочет» (фр.).

половину (о ирония!) плаща. (Самый бездарный, самый мизерный, самый позорный из всех жестов даяния!)

Берет, соболя, 30-ых годов пробор, Гаврош, мой подрясник (об Адалис особо), – если не прогадал Брюсов, не прогадал и зал.

* * *

Вспомнила, в процессе переписки, еще двух: грузинскую княжну, красивую, с, кажется, неплохими стихами, и некую Сусанну – красавицу – совсем без стихов.

* * *

Эстрада. Эстрада место явное. Явленность же и в самом звуке: «Здравствуй! радуйтесь!» Эстрада: поднятая от земли площадь, и самочувствие на ней – самочувствие на плацдарме, перед ликом толп, конного. Страсти эстрады – боевые. Уж одно то, что ты фактически – физически – выше всех, создает друзей и врагов. То, что терпимо и даже мило в комнате («нет техники, но есть чувство», «нет размера, но есть чувство», «нет голоса, но есть чувство»), на эстраде – преступно. Превысив – хотя бы на три пяди! – средний уровень паркета, ты этим обязался на три сажени превысить средний (салонный) уровень в твоем искусстве. У эстрады свой масштаб: беспощадный. Место, где нет полумер. Один против всех (первый Скрябин, например), или один за всех (последний Блок, например), в этих двух формулах – формула эстрады. С остальными нужно сидеть дома и увеселять знакомых.

Эстрада Политехнического Музея – не эстрада. Место, откуда читают – дно морей. Выступающий – утопленник (утопающий), на которого давит все людское море, или же жертва, удушенная кольцевыми движениями удава (амфитеатр). Зритель на являемого – наваливается. Голос являемого – глас из глубины морей, вопль о помощи, не победы. Если освистан – конец, ибо даже того, чисто физически встающего утешения нет, что снизу. Освистанный на подмостках проваливается только до среднего уровня (зрителя), освистанный в Политехническом Музее – ниже можного, в тартарары. Тебя освистывает весь человеческий верх, вся идея верха. Эмпиреи, освистывающие Тартар. И не только освистывающие. Притяжение ли бездны, выявление ли чувства власти и легкости, но высота особенно располагает к швырянию предметов. Стадное чувство безнаказанности, единоличное чувство иерархически-топографического превосходства, тут же переходящее в превышение прав. Политехнический Музей –

незаменимое место для стадной наглости и убийственное – для авторской робости. Макс Волошин однажды (доклад о Репине) героически с ним совладал.

И, догадалась, эстрада Политехнического Музея – просто арена, с той разницей, что тигры и львы – сверху.

Итак, арена. Мороз. И постепенным повышением взгляда – точно молясь на зрителя! – полуцепи, ожерелья, лампионные гирлянды – лиц. (Кстати, почему лица, в наш век бескровные, в 1920 же году явно зеленые, с эстрады – неизменно розовые?) Гляжу на поэтесс: синие. Зал – три градуса ниже нуля, ни одна не накинет пальто. Вот он, героизм красоты. По грубоватости гула и сильному запаху голенищ заключаю, что зал молодой и военный.

Пока Брюсов пережидает – так и не наступающую тишину, вчувствовываюсь в мысль, что отсюда, с этого самого места, где стою (посмешищем), со дна того же колодца так недавно еще подымался голос Блока. И как весь зал, задержав дыхание, ждал. И как весь зал, опережая запинку, подсказывал. И как весь зал – отпустив дыхание – взрывался! И эту прорванную плотину – стремнину – лавину – всех к одному, – который один за всех! – любви.

– Товарищи, я начинаю.

Женщина. Любовь. Страсть. Женщина, с начала веков, умела петь только о любви и страсти. Единственная страсть женщины– любовь. Каждая любовь женщины – страсть. Вне любви женщина, в творчестве, ничто. Отнимите у женщины страсть... Женщина... Любовь... Страсть...

Эти три слова, всё в той же последовательности, возвращались через каждые иные три, возвращались жданно и неожиданно, как цифры выскакивают на таксометре мотора, с той разницей, что цифры новые, слова ж всё те ж. Уши мои, уже уставшие от механики, под волосами навострялись. Что до зала, он был безобразен, непрерывностью гула вынуждая лектора к все большей и большей смысловой и звуковой отрывистости. Казалось – зал читает лекцию, которую Брюсов прерывает отдельными выкриками. Стыд во мне вставал двойной: таким читать! такое читать! с такими читать! Тройной.

Итак: женщина: любовь: страсть. Были, конечно, и иные попытки, – поэтесса Ада Негри с ее гуманитарными запросами. Но это исключение и не в счет. (Даю почти дословно.) Лучший пример такой односторонности женского творчества являет собой... являет собой... – Пауза –...Является собой... товарищи, вы все знаете... Является собой известная поэтесса... (с раздраженной мольбой:) – Товарищи, самая известная поэтесса наших дней... Является собой поэтесса...

Я, за его спиной, вполголоса, явственно:

– Львова?

Передерг плечей и – почти что выкриком:

– Ахматова! Являет собой поэтесса – Анна – Ахматова…..Будем надеяться, что совершающийся по всему миру и уже совершившийся в России социальный переворот отразится и на женском творчестве. Но пока, утверждаю, он еще не отразился, и женщины все еще пишут о любви и о страсти. О любви и о страсти…

Уши, под волосами, определенно – встали. Торопливо листаю и закладываю спичками черную конторскую книжечку стихов.

– Теперь же, товарищи, вы услышите девять русских поэтесс, может быть, разнящихся в оттенках, но по существу одинаковых, ибо, повторяю, женщина еще не умеет петь ни о чем, кроме любви и страсти. Выступления будут в алфавитном порядке… (Кончил – как оторвал, и, вполоборота, к девяти музам:) – Товарищ Адалис?

Тихий голос Адалис: «Валерий Яковлевич, я не начну». – «Но»… – «Бесполезно, я не начну. Пусть начинает Бенар». Брюсов, к Бенар, тихо: «Товарищ Бенар»? И звонкий гаменовский голосочек: «Товарищ Брюсов, я не хочу первая»… В зале смешки. Брюсов к третьей, к четвертой, ответ, с варьянтами, один:

«Не начну». (Варьянты: «боюсь», «невыгодно», «не привыкла первой», «стихи забыла» и пр.). Положение – крайнее. Переговоры длятся. Зал уже грохочет. И я, дождавшись того, чего с первой секунды знала, что дождусь: одной миллиардной миллиметра поворота в мою сторону Брюсова, опережая просьбу, просто и дружески: «В.Я., хотите начну»? Чудесная волчья улыбка (вторая – мне – за жизнь!) и, освобожденным лаем:

– Товарищи, первый выступит (подчеркнутая пауза) поэт Цветаева.

Стою, как всегда на эстраде, опустив близорукие глаза к высоко поднятой тетрадке, – спокойная – пережидаю (тотчас же наступающую) тишину. И явственнейшей из дикций, убедительнейшим из голосов:

Кто уцелел – умрет, кто мертв – воспрянет…
И вот потомки, вспомнив старину:
– Где были вы? – Вопрос, как громом, грянет,
Ответ, как громом грянет: на Дону!

> – Что делали? – Да принимали муки,
> Потом устали и легли на сон…
> И в словаре задумчивые внуки
> За словом: долг напишут слово: Дон.

Секунда пережидания и – рукоплещут. Я, чуть останавливая рукой, – дальше. За Доном – Москва («кремлевские бока» и «Гришка-Вор»), за Москвой – Андрей Шенье («Андрей Шенье взошел на эшафот»), за Андреем Шенье – Ярославна, за Ярославной – Лебединый стан, так (о седьмом особо) семь стихов подряд. Нужно сказать, что после каждого стиха наставала недоуменная секунда тишины (то ли слышу?) и (очевидно, не то!) прорвалась – рукоплещут. Эти рукоплескания меня каждый раз, как Конек-Горбунок – царевича, выносили. Кроме того, подтверждали мое глубочайшее убеждение в том, что с первого раза, да еще с голосу, смысл стихов, вообще, не доходит, – скажу больше: что для большинства в стихах дело вовсе не в смысле, и – не слишком много скажу, – что на вечере поэтесс дело уже вовсе не в стихах. Здесь же, после предисловия Брюсова (пусть не слушали – слышали!) я могла разрешить себе решительно все, – le pavilion (Брюсов с его любовью и страстью) couvre la marchandise[48] (меня, например, с моей Белой Гвардией). Делая такое явное безумие, я преследовала две, нет, три, четыре цели: 1) семь женских стихов без любви и местоимения «я», 2) проверка бессмысленности стихов для публики, 3) перекличка с каким-нибудь одним, понявшим (хоть бы курсантом!), 4) и главная: исполнение здесь, в Москве 1921 г., долга чести. И вне целей, бесцельное – пуще целей! – простое и крайнее чувство: – а ну?

Произнося, вернее, собираясь произнести некоторые строки: («Да, ура! За царя! Ура!») я как с горы летела. Не произнесла, но сейчас – уже волей не моей, а стиха – произнесу. Произношу. Неотвратимость.

Стих, оказавшийся последним, был и моей, в тот час, перед красноармейцами – коммунистами – курсантами – моей, жены белого офицера, последней правдой:

> *Кричали женщины ура*
> *И в воздух чепчики бросали…*

---

[48] Здесь: под его маркой мог пройти любой товар (фр.).

Руку на́ сердце положа:
Я не знатная госпожа!
Я – мятежница лбом и чревом.

Каждый встречный, вся площадь – всё! –
Подтвердят, что в дурном родстве
Я с своим родословным древом.

Кремль! Черна чернотой твоей!
Но не скрою, что всех мощей
Преценнее мне – пепел Гришкин!

Если ж чепчик кидаю вверх, –
Ах! не так же ль кричат на всех
Мировых площадях – мальчишки?!

Да, ура! – За царя! – Ура!
Восхитительные утра
Всех, с начала вселенной, въездов!

Выше башен летит чепец!
Но – минуя литой венец
На челе истукана – к звездам!

* * *

В этом стихе был мой союз с залом, со всеми залами и площадями мира, мое последнее – все розни покрывающее – доверие, взлет всех колпаков – фригийских ли, семейственных ли – поверх всех крепостей и тюрем – я сама – са́мая я.

– Г-жа Цветаева, достаточно, – повелительно-просящий шепот Брюсова. Вполоборота Брюсову: «Более чем», поклон залу – и в сторонку, давая дорогу –

– Сейчас выступит товарищ Адалис.

* * *

Товарищу Адалис в тот вечер, точнее в тот месяц ее

жизни, выступать совсем не следовало, и выступление ее, как всякое пренебрежение возможными, неминуемыми усмешками – героизм. Усмешки были, были и, явственно, смешки. Но голос, как всегда (а есть он не всегда), сделал свое: зал втянулся, вслушался. (Не в голосовых средствах дело: «on a toujours assez de voix pour être entendu».[49]) А – Адалис, Б – Бенар. Стихи Бенар, помню, показались мне ультрасовременными, с злободневной дешевкой: мир – мы, мгла – глаз, туч – стучу, рифмовкой искусственной, зрительной, ничего не дающей слуху и звучащей только у (впервые ее введшей) Ахматовой – у которой все звучит. Темы и сравнения из мира железобетонного, острота звуков без остроты смыслов, не думаю, чтобы ценные – уж очень современные! – стихи. Бенар, кивком откланявшись, устранилась.

На смену Бенар – элегическое появление Мальвины. У нее был альбом, и поэты вписывали в него стихи, – не какие-нибудь, и не какое-нибудь, – мне посчастливилось открыть его на изысканно-простом посвящении Вячеслава. («Вячеслав» не из короткости с поэтом и не из заглазной фамильярности, – из той же ненужности этому имени фамилии, по которой фамилия Бальмонт обходится без имени. Вячеслав покрывает Иванова, как Бальмонт Константина. Иванов вслед за Вячеславом – то же, что Романов вслед за монархом – революционный протокол.) Итак, перед входящим во вкус залом элегическая ручьевая ивовая Мальвина. – О чем? – О ручьях и об ивах, кажется, о беспредметной тоске весны. (Брюсов, Брюсов, где же пресловутые любовь и страсть? Я – Белую Гвардию, Адалис – описательное, Бенар – машины, Мальвина – ручейки (причем все, кроме меня, неумышленно!). Уж не есть ли ты сам – та женщина в единственном числе, и не придется ли тебе, во оправдание слов твоих, выступать после девяти муз – десятой?)

Стихов лихорадочной меховой красавицы мне услышать не довелось – не думаю, чтобы кокаин располагал к любовному – дослушав воркование мальвининых струй, пошла проведать тотчас же по выступлении исчезнувшую Адалис. Когда я вошла, товарищ Адалис лежала на скамейке, с вострия лакированной туфельки по вострие подбородка укутанная в подобие шубы. Вид был дроглый и невеселый. «Ну, как»? – «Всё читают». – «А В<алерий> Я<ковлевич>?» – «Слушает». – «А зал?» – «Смотрит». – «Позор?» – «Смотрины».

Закурили. Зубы тов. Адалис лязгали. И внезапно, сбрасывая шубу: «Вы знаете, Ц<ветае>ва, мне кажется, что у меня начинается». – «Воображение». – «Говорю вам, что у меня начинается». – «А я говорю, что кажется». – «Откуда вы

---

[49] «Всегда хватает голоса, чтобы быть услышанным» (фр.).

знаете»? – «Слишком эффектно: вечер поэтесс – и… Вроде папессы Жанны. Это бывает в истории, в жизни так не бывает». – Смеемся. И через минуту Адалис певуче: «Ц<ветае>ва, я не знаю, начинается или нет, но можете вы мне оказать большую услугу?» – Я, что-то чуя: «Да!» – «Так подите скажите В<алерию> Яковлевичу), что я его зову – срочно». – «Прервав чтение»? – «Это уж – как хотите». – «Адалис, он рассвирепеет». – «Не посмеет, он вас боится, особенно после сегодняшнего». – «Это ваше серьезное желание»? – «Sérieux comme la mort».50

Вхожу в перерыв рукоплеска собольехвостой, отзываю в сторону Брюсова и, тихо и внятно, глаза в глаза: «Товарищ Брюсов, товарищ Адалис просит передать вам, что у нее, кажется, начинается». Брюсов, бровями: «##» – «Чтó – не знаю, передаю, как сказано, просит немедленно зайти: срочно».

Брюсов отрывисто выходит, вслед не иду, слушаю следующую, одну из тех, что испарились. (Кстати, нерусскость имен и фамилий: Адалис, Бенар, Сусанна, Мальвина, полька Поплавская, грузинская княжна на «или» или «идзе». Нерусскость, на этот раз совпавшая с неорганичностью поэзии. Совпадение далеко не заведомое: Мандельштам, например, не только русский, но определенной российской поэтической традиции – поэт. Державиным я в 1916 г. его окрестила первая:

Что Вáм, молодой Державин,
Мой невоспитанный стих!

И тот же Брюсов, купеческий сын, москвич, ни Москвы, ни России ни краем не отразивший. Национальность не ничто, но не всё.)

Через четыре четверостишия явление Брюсова, на этот раз он – ко мне: «Г<оспо>жа Цветаева, товарищ Адалис просит вас зайти…» – тоже тихо и внятно, тоже глаза в глаза. Вхожу: Адалис перед зеркалом пудрит нос. «Это ужасный человек, ничему не верит». – Я: «Особенно, если каждый день „начинается"». Адалис, капризно: «Почему я знаю? Ведь может же, ведь начнется же когда-нибудь!.. Я его посылаю за извозчиком – не идет: „Мое место на эстраде". А мое – над». – «Давайте, схожу?» – «Цветаева, миленькая, но у меня ни копейки на извозчика, и мне, действительно, скверно». – «Взять у Брюсова?» Она испуганно: «Нет, нет, сохрани Бог!»

Вытрясаем, обе, содержание наших кошельков, – безнадежно, не хватит и на четверть извозчика.

Вдруг – порыв ветра, надушенного, многоречивого и

---

50 Серьезное, как смерть (фр.).

тревожного. Это собольехвостая влетает, в сопровождении молодого человека в куртке и шапке с ушами. Жемчуга на струнной шее гремят, соболиные хвосты летят, летят н оленьи уши: «Je vous assure, je vous assure, je vous jure...».[51] Чистейшая французская речь с ее несравненным – в горле или в нёбе? нет, в веках и в крови гнездящимся – жемчужным, всю славянскую душу переворачивающим – эр. «Mais ce que je voudrais bien savoir, Madame, c'est уши задыхаются, – si c'est vous ou votre man qui m'avez vendu?»[52] Как слепые, как одержимые, не слышат, не видят. Молодой человек в последней степени неистовства, женщина сдерживается, только пристук лака о бетон. (Была бы змея, стучал бы самый хвостик.) «Это М, – уже забыв об извозчике, нашептывает мне в ухо Адалис, – она – баронесса, недавно вышла замуж за барона, а молодой человек...»

Молодой человек и женщина уже говорят одновременно, не слушая, не отвечая, не прерывая, – сплошные рулады р, каждый одно, каждый свое: – «Je vous assure, je vous assure, je vous jure...» – «Je le sauna, Madame!»[53] Частят слова: «Tchéka, fusillé, perquisition».[54] Жемчуга в крайней опасности: вот-вот оборвет, посыплются, раскатятся теми же россыпями горловых рулад: «Je vous assure, je vous assure, je...»

Глаза у героини светлые, невидящие, превышающие собеседника и жизнь. На лунатическом лице только рот один живет, не смыкающийся, неустанно выбрасывающий рулады, каскады, мириады р. От этих р у меня уже глаза смыкаются, сонная одурь, как от тысячи грохочущих ручьев. Сцена из романа? Да. Из бульварного? Да. Равна бульвару по кровавости только застава. Но положение изменилось, теперь уже женщина наступает, настигает, швыряет в лицо оскорбление за оскорблением, а мужчина весь сжался, как собственные уши под меховыми, сползся, ссохся – совсем на нет – нет! Загнала собольехвостая – оленьеушего!

* * *

---

[51] «Я уверяю вас, я уверяю вас, я клянусь...» (фр.).

[52] «Вот что я хотел бы знать, сударыня, – вы или ваш муж предали меня»? (фр.).

[53] «Я уверяю вас, я уверяю вас, я клянусь... Я это знаю, сударыня!» (фр.).

[54] Чека, расстрелян, обыск (фр.).

– А черт бы ее взял – женскую поэзию! Никакого сбора! Одни курсанты да экскурсанты. Говорил я В<алерию> Я<ковлеви>чу, а он: «женская лырыка, женская лырыка...» Вот тебе и лырыка, – помещение да освещение!

Это физический импресарио вошел, устроитель вечера, восточный, на «идзе». (Ему, кстати, принадлежит всю Москву облетевшая тогда оценка ныне покойного писателя Гершензона, после одного, убыточного для него, идзе, выступления последнего: «Как мог я думать, что Союз Писателей выпустит такого дурака?!»)

Я:

– При Людовике XIV поэт Жильбер от лирики с ума сошел и ключ от рукописей проглотил, в XVIII в. англичанин Чэттертон – уже не помню, что – но от нее же, Андрей Шенье – голову обронил. Вредная вещь лирика. Радуйтесь, что так дешево отделались.

– Это вы про господ поэтов говорите, – их дело, что такую профессию выбирают, – ну а я, госпожа поэтесса, при чем?

– Возле лирики околачиваетесь. Нажить – с лирики!

– И напрасно думаете! Кто, вы думаете, устраивал вечер Игоря Северянина? Ваш покорный слуга. И отлично на этом Игоре заработал, и он в обиде не остался. Дело не в поэзии, а в...

– В бабах. Вот Вам и мораль: не связывайся с бабой, – всегда на бобах.

– Вам, госпожа поэтесса, смешно...

– Смешно. Женские души продавать! Вроде Чичикова! Вы бы телами занялись! «Идзе», не слушая:

– Полу́чите свой гонорар и (внезапно прерывая:) что там за катастрофа?

Выбегаем всё: импресарио, враждующие любовники, N, Адалис, я. Плотина прорвалась. Потолок не выдержал? Политехнический Музей возомнил себя Везувием? Или Москва проваливается – за грехи?

На эстраде, с милейшей, явнейшей, малиновейшей из улыбок – красный бере́т!

Легкое отступление. Рукоплескали нам всем, Адалис, Бенар, поэтессе в жемчугах, Мальвине, мне – приблизительно равно: в пределах вполне удовлетворенного любопытства. Это же, это же был – успех. (Успех наперед и в кредит, ибо не успела произнести еще ни слова, но – разве дело в словах?)

И вот, все еще безмолвное, постепенное, как солнце всходит, освещая гряду за грядой, ознакомление красного берета с амфитеатром. Должно быть, кого-то узнала в первом ряду – кивок первому ряду, и в третьем, должно быть, тоже узнала, потому что и в третий кивок, и в пятый, и в пятнадцатый, и всем разные, всем отдельные, не вообще – кивок, – кивок лукавый, кивок короткий, кивок с внезапным перебросом берета с уха на ухо, кивок поверхностный, кивок памятливый... Как она была прелестна, как проста в своей радости, как скромна в своем триумфе. Рукоплесканья упорствовали, зал, не довольствуясь приветствием рук, уже пустил в ход ноги, – скоро предметы начнут швырять! А улыбка ширилась, уходила в безбрежность, переходила границы возможности и губ, малиновый берет заламывался все глубже и глубже, совсем в поднебесье, в рай, в раёк. И – странно: зал не тяготился ожиданием, зал не торопил событий, зал не торопил, зал не хотел стихов, зал был счастлив – та́к.

– Товарищ X, начинайте! – Но товарищ – Бере́т не слышит, у него своя давность с залом. – Да начинайте же, товарищ X! – В голосе Брюсова почти раздражение. И, естественно, из всей фатаморганы, видеть только спину да макушку заломленного берета!

По соседству возглас «идзе»:

– Вот бы ее – одну выпустить! Такая вечера не провалит!

* * *

Стихи? Да были ли? Не помню ни слов, ни смыслов. И смыслы и слова растворялись, терялись, растекались в улыбке, малиновой и широкой, как заря. Да будь она хоть гением в женском естестве, больше о нем, чем этой улыбкой своей, она бы не сказала. Это не было улыбающееся лицо – их много, они забываются, это не был рот – он в улыбке терялся, ничего не было, кроме улыбки: непрерывной раздвигаемости – губ, уже смытых ею! Улыбка – и ничего кроме, раствор мира в улыбке, сама улыбка: улыбка. И если спросят меня о земле – на другой планете – что я там видела, что запомнила там, перебрав и отбросив многое – улыбнусь.

Но, с планеты на эстраду. Это выступление было решительным торжеством красного, не флагового кровавого товарищеского, но с поправкой на женское (цвет лица, масть, туалет), красного не площадного – уличного, боевого – но женски-боевого.

Так, если не в творчестве, то хоть в личности поэтессы, Брюсов в своих утверждениях касательно истоков женского творчества утвержден – был.

* * *

Выступление красного берета затягивается. Сидим с неугомонной Адалис в бетонной каморке, ждем судьбы (деньги).

«Заплатят или нет?» – «Заплатят, но вот – сколько. Обещали по тридцати». – «Значит по десяти». – «Значит по три».

Новый звуковой обвал Вавилонской башни, – очевидно. Берет покидает пост. Вавилон валится, валится, валится... Крики, проникающие даже и в наш бетонный гроб:

– Красный дьявол! Красный дья-авол! Дья-а-вола!

Я к Адалис, испуганно: «Неужели это ее они так?» Та, смеясь:

«Да нет, это у нее стихи такие, прощание с публикой, коронный номер. Кончит – и конец. Идемте».

Застаем последний взмах малинового берета. Всё эффекты к концу! И еще один взмах (эффект) непредвиденный – широкий жест, коим поэтесса, проходя, во мгновение и на мгновение ока – чистосердечно, от избытка чувств – запахивает Брюсова в свою веселую полосатую широкошумную гостеприимную юбку.

Этот предельный жест кладет и предел вечеру. На эстраде, опоясанный девятью Музами – скашиваю для лада и склада одну из нас – «восемь девок, один я». Последние, уже животным воем, вызовы, ответные укороченные предстоящими верстами домой, поклоны, гром виноградной гроздью осыпающегося, расходящегося амфитеатра, барьер снят, зал к барьеру, эстрада в зал.

* * *

Итог дня: не тридцать, не десять, но и не три – девять. И цепкая ручка ивовой ручьёвой Мальвины, въевшаяся в стальную мою. Ножки 30-х годов, ошибившись столетием, не дождавшись кареты, не справляются с советской гололедицей, и приходится мне, за отсутствием более приятной опоры, направлять их по тротуарным глетчерам начала февраля Москвы 1921 года.

* * *

Вот и вся достоверность моих встреч с Брюсовым. – И только-то? – Да, жизнь меня достоверностями вообще не задаривает. Блока – два раза. Кузмина – раз, Сологуба – раз. Пастернака – много – пять, столько же – Маяковского, Ахматову – никогда, Гумилева – никогда.

С Вячеславом одна настоящая беседа за жизнь. (Были и везения, но перед горечью всего невзятого...)

Больших я в жизни всегда обходила, окружала, как планета планету. Прибавлять к их житейской и душевной обремененности еще гору своей любви? Ибо, если не для любви – для чего же встречаться? На другое есть книги. И если не гора (беру во всех ее измерениях) – то какая же любовь? В этой смеси бережения и гордости, в этом естественнейшем шаге назад при виде величия – разгадка к многим (не только моим, вообще людским, поэтому упоминаю) разминовениям.

Беречь себя? От того, для чего в мир пришел? Нет, в моем словаре «бережение» всегда – другого.

А, может быть, так и нужно – дальше. Дальше видеть, чтоб больше видеть, чтоб бо́льшим видеть. И моя доля – дали между мной и солнцами – благая.

Так, на вопрос: и только-то? мой ответ: «да – но как!»

* * *

И обращаясь к наиполярнейшему из солнц, мне полярному солнцу – Брюсову, вижу. Брюсова я могла бы любить, если не как всякого другого поэта – Брюсов не в поэзии, а в воле к ней был явлен – то как всякую другую силу. И, окончательно вслушавшись, доказываю: Брюсова я под искренним видом ненависти просто любила, только в этом виде любви (оттолкновении) сильнее, чем любила бы его в ее простейшем виде – притяжении.

Брюсов же этого, тугой на́ сердце, не расслышал и чистосердечно не выносил сначала «девчонки», потом – «женщины», весь смысл и назначение которой – утверждаю – в любви, а не в ненависти, в гимне, а не в эпиграмме.

Если Брюсов это, с высот ли низкого своего римского неба, из глубин ли готической своей высокой преисподни слышит, я с меньшей болью буду слышать звук его имени.

IV. Брюсов и Бальмонт

> *«Но я не размышляю над стихом*
> *И, правда, никогда не сочиняю!»*
> **Бальмонт**

> *«И ты с беспечального детства*
> *Ищи сочетания слов».*
> **Брюсов**

Бальмонт и Брюсов. Об этом бы целую книгу, – поэма уже написана: Моцарт, Сальери.

Обращено ли, кстати, внимание хотя бы одним критиком на упорное главенство буквы Б в поколении так называемых символистов? – Бальмонт, Брюсов, Белый, Блок, Балтрушайтис.

Бальмонт, Брюсов. Росшие в те годы никогда не называли одного из них, не назвав (хотя бы мысленно) другого. Были и другие поэты, не меньшие, их называли поодиночке. На этих же двух – как сговорились. Эти имена ходили в паре.

Па́рные имена не новость: Гёте и Шиллер, Байрон и Шелли, Пушкин и Лермонтов. Братственность двух сил, двух вершин. И в этой парности тайны никакой. Но «Бальмонт и Брюсов» – в чем тайна?

В полярности этих двух имен – дарований – темпераментов, в предельной выявленности, в каждом, одного из двух основных родов творчества, в самой собой встающей сопоставляемости, во взаимоисключаемости их.

Всё, что не Бальмонт – Брюсов, и всё, что не Брюсов – Бальмонт.

Не два имени – два лагеря, две особи, две расы.

* * *

Бальмо́нт.[55] Брюсов. Только прислушаться к звуку имен. Бальмонт: открытость, настежь – распахнутость. Брюсов: сжатость (ю – полугласная, вроде его, мне, тогда закрытки), скупость, самость в себе.

В Брюсове тесно, в Бальмонте – просторно.

Брюсов глухо, Бальмонт: звонко.

Бальмонт: раскрытая ладонь – швыряющая, в Брюсове – скрип ключа.

* * *

Бальмонт. Брюсов. Царствовали, тогда, оба. В мирах иных, как видите, двоевластие, обратно миру нашему, возможно. Больше скажу: единственная примета принадлежности вещи к миру иному ее невозможность – нестерпимость – недопустимость – здесь. Бальмонто-Брюсовское же двоевластие являет нам неслыханный и немыслимый в истории пример благого двоевластия не только не друзей – врагов. Как видите; учиться можно не только на стихах поэтов.

* * *

Бальмонт. Брюсов. Два полюса творчества. Творец-ребенок (Бальмонт) и творец-рабочий (Брюсов). (Ребенок, как der Spieler, игрун.) Ничего от рабочего – Бальмонт,

---

[55] Прошу читателя, согласно носителю, произносить с ударением на конце (примеч. М. Цветаевой.)

ничего от ребенка — Брюсов. Творчество игры и творчество жилы. Почти что басня «Стрекоза и муравей», да в 1919 г. она и осуществилась, с той разницей, что стрекоза моей басни и тогда, умирая с голоду, жалела муравья.

Сохрани Боже нас, пишущих, от хулы на ремесло. К одной строке словесно-неровного Интернационала да никто не будет глух. Но еще более сохранят нас боги от брюсовских институтов, короче: ремесло да станет вдохновением, а не вдохновение ремеслом.

Плюсы обоих полюсов ясны. Рассмотрим минусы. Творчество ребенка. Его минус — случайность, непроизвольность, «как рука пойдет». Творчество рабочего. Его минус — отсутствие случайности, непроизвольности, «как рука пойдет», то есть: минус второго — отсутствие минуса первого. Бальмонт и Брюсов точно поделили меж собой поговорку: «На Бога надейся» (Бальмонт), «а сам не плошай» (Брюсов). Бальмонт не зря надеялся, а Брюсов в своем «не плошании» — не сплоховал. Оговорюсь: говоря о творческой игре Бальмонта, этим вовсе не говорю, что он над творением своим не работал. Без работы и ребенок не возведет своей песочной крепости. Но тайна работы и ребенка и Бальмонта в ее (работы) скрытости от них, в их и неподозревании о ней. Гора щебня, кирпичей, глины. «Работаешь?» — «Нет, играю». Процесс работы скрыт в игре. Пот превращен в упоение.

* * *

Труд-благословение (Бальмонт) и труд-проклятие (Брюсов). Труд Бога в раю (Бальмонт, невинность), труд человека на земле (Брюсов, виновность).

Никто не назовет Бальмонта виновным и Брюсова невинным, Бальмонта ведающим и Брюсова неведающим. Бальмонт — ненасытимость всеми яблоками, кроме добра и зла, Брюсов — оскомина от всех, кроме змиева. Для Бальмонта — змея, для Брюсова — змий. Бальмонт змеей любуется, Брюсов у змия учится. И пусть Бальмонт хоть в десяти тысячах строк воспевает змия, в родстве с ним не он, а Брюсов.

* * *

Брюсов греховен насквозь. От этого чувства греховности его никак не отделаться. И поскольку чтение соучастие, чтение Брюсова — сопреступленчество. Грешен, потому что знает, знает, потому что грешен. Необычайно ощутимый в нем грех (прах). И тяжесть стиха его — тяжесть греха (праха).

При отсутствии аскетизма — полное чувство греховности

мира и себя. Грех без радости, без гордости, без горечи, без выхода. Грех, как обычное состояние. Грех – пребывание. Грех – тупик. И – может быть, худшее в грехе – скука греха. (Таких в ад не берут, не жгут.)

Грех – любовь, грех – радость, грех – красота, грех – материнство. Только припомнить омерзительное стихотворение его «Девушкам», открывающееся:

> Я видел женщину. Кривясь от мук,
> Она бесстыдно открывала тело,
> И каждый стон ее был дикий звук…

и кончающееся:

> О девушки! о мотыльки на воле!
> Вас на балу звенящий вальс влечет,
> Вы в нашей жизни, как цветы магнолий…
> Но каждая узнает свой черед
> И будет, корчась, припадать на ложе…
> Все станете зверями! тоже! тоже!

Это о материнстве, смывающем всё!

К Брюсову, как ни к кому другому, пристало слово «блудник». Унылое и безысходное, как вой волка на большой дороге. И, озарение: ведь блудник-то среди зверей – волк!

* * *

Бальмонт – бражник. Брюсов – блудник.

Веселье бражничества – Бальмонт. Уныние блудника – Брюсов.

И не чаро-дей он, а блудо-дей.

* * *

Но, возвращаясь к работе его, очищению его:

Труд Бога в раю (Бальмонт) и труд человека на земле (Брюсов). Восхищаясь первым, преклонимся перед вторым.

* * *

Да, как дети играют и как соловьи поют – упоенно! Брюсов же – в природе подобия не подберешь, хотя и напрашивался дятел, как каменщик молотит – сведенно. Счастье повиновенья (Бальмонт). Счастье преодоленья (Брюсов). Счастье отдачи (Бальмонт). Счастье захвата (Брюсов). По течению собственного дара – Бальмонт. Против течения собственной неодаренности – Брюсов.

(Ошибочность последнего уподобления. Неодаренность, отсутствие, не может быть течением, наличностью. Кроме того, само понятие неодаренности в явном несоответствии с понятием текучести. Неодаренность: стена, предел, косность. Косное не может течь. Скорей уж – лбом об стену собственной неодаренности: Брюсов. Ошибку оставляю, как полезную для читающих и пишущих.)

И, формулой: Бальмонт, как ребенок, и работая – играет, Брюсов, как гувернёр, и играя – работает. (Тягостность его рондо, роделей, ритурнелей, – всех поэтических игр пера.)

Брюсов: заведомо-исключенный экспромт.

* * *

Победоносность Бальмонта – победоносность восходящего солнца: «есмь и тем побеждаю», победоносность Брюсова – в природе подобия не подберешь – победоносность воина, в целях своих и волей своей, останавливающего солнце.

Как фигуры (вне поэтической оценки) одна сто́ит другой.

Бальмонт. Брюсов. Их единственная связь – чужестранность. Поколением правили два чужеземных царя. Не время вдаваться, дам вехи (пусть пашет – читатель!). После «наируссейшего» Чехова и наи-русско-интеллигентнейшего Надсона (упаси Боже – приравнивать! в соцарствовании их повинно поколение) – после настроений – нестроений – расслоений – после задушенностей – задушевностей – вдруг – «Будем как солнце!» Бальмонт, «Риму и Миру» – Брюсов.

Нет, не русский Бальмонт, вопреки Владимирской губернии, «есть в русской природе усталая нежность» (определение, именно точностью своей выдающее иностранца), русским заговорам и ворожбам, всей убедительности тем и чувств, – нерусский Бальмонт, заморский Бальмонт. В русской сказке Бальмонт не Иван-Царевич, а заморский гость, рассыпающий перед царской дочерью всё дары жары и морей. Не последнее лицо в сказке – заморский гость! Но – спрашиваю, а не утверждаю – не есть ли сама нерусскость Бальмонта – примета именно русскости его? До-российская, сказочная, былинная тоска Руси – пó морю, по зáморью. Тяга Руси – из Руси вон. И, вслушиваясь, – нет. Тогда его тоска говорила бы по-русски. У меня же всегда чувство, что Бальмонт говорит на каком-то иностранном языке, каком не знаю, – бальмонтовском.

Здесь мы сталкиваемся с тайной. Органическая поэзия на неорганическом языке. Ибо, утверждаю, язык Бальмонта, в смысле народности, неорганичен. Как сильна, должно быть, органичность внутренняя и личная (единоличная), чтобы вопреки неорганичности словесной – словами же – доходить! О нем бы я сказала как один преподаватель в Парижском Alliance française[56] в ответ на одну мою французскую поэму: «Vous êtes sûrement poète dans votre langue».[57]

Бальмонт, родившись, открыл четвертое измерение: Бальмонт! пятую стихию: Бальмонт! шестое чувство и шестую часть света: Бальмонт! В них он и жил.

Его любовь к России – влюбленность чужестранца. Национальным поэтом, при всей любви к нему, его никак не назовешь. Беспоследственным (разовым) новатором русской речи – да. Хочется сказать: Бальмонт – явление, но не в России. Поэт в мире поэзии, а не в стране. Воздух – в воздухе.

Нация – в плоти, бесплотным национальный поэт быть не может (просто-поэт – да). А Бальмонт, громозди хоть он Гималаи на Анды и слонов на ихтиозавров – всегда – заведомо – пленительно невесом.

Я вселенной гость,
Мне повсюду пир…

Порок или преимущество? Страна больше, чем дом, земля больше, чем страна, вселенная больше, чем земля. Не-русскость (русскость, как составное) и русскость Бальмонта – вселенскость его. Не в России родился, а в мире. Только в единственном русском поэтическом гении – Пушкине (гений, второй после диапазона, вопрос равновесия и – действия сил. Вне упомянутого Лермонтов не меньше Пушкина) – итак, только в Пушкине мир не пошел в ущерб дому (и обратно). В Бальмонте же одолел – мир. Зачарованный странник никогда не вернулся домой, в дом, из которого ушел – как только в мир вошел! Все его возвраты домой – налеты. Говоря «Бальмонт», мы говорим: вода, ветер, солнце. (Меньше или больше России?) Говоря «Бальмонт», мы (географически и грубо) говорим: Таити –

---

[56] Курсы французского языка для иностранцев в Париже.

[57] «Вы, несомненно, поэт на своем языке» (фр.).

Цейлон – Сиерра и, может быть, больше всего: Атлантида, и, может быть, меньше всего – Россия. «Москва» его – тоска его. Тоска по тому, чем не быть, где не жить. Недосягаемая мечта чужестранца. И, в конце концов, каждый вправе выбирать себе родину.

* * *

Пушкин – Бальмонт – непосредственной связи нет. Пушкин – Блок – прямая. (Неслучайность последнего стихотворения Блока, посвященного Пушкину.) Не о внутреннем родстве Пушкина и Блока говорю, а о роднящей их одинаковости нашей любви.

> Тебя как первую любовь
> России сердце не забудет…

Это – после Пушкина – вся Россия могла сказать только Блоку. Дело не в даре – и у Бальмонта дар, дело не в смерти – и Гумилев погиб, дело в воплощенной тоске – мечте – беде – не целого поколения (ужасающий пример Надсона), а целой пятой стихии – России. (Меньше или больше, чем мир?)

Линия Пушкин – Блок минует остров Бальмонта. И, соединяющее и заморскость, и океанскость, и райскость, и неприкрепленность Бальмонта: плавучий остров! – наконец, слово есть.

* * *

Где же поэтическое родство Бальмонта? В мире. Брат тем, кого переводил и любил.

* * *

Как сам Бальмонт – тоска Руси по за́морью, так и наша любовь к нему – тоска той же по тому же.

* * *

Неспособность ни Бальмонта, ни Брюсова на русскую песню. Для того, чтобы поэт сложил народную песню, нужно, чтобы народ вселился в поэта. Народная песня: не отказ, а органическое совпадение, сращение, созвучие данного «я» с народным. (В современности, утверждаю, не Есенин, а Блок.) Для народной песни Бальмонт – слишком Бальмонт, пусть последним словом последнего слова – он нее обальмонтит!..

Неспособность не по недостатку органичности (сплошь органичен!) – по своеобразию этого организма,

О Брюсове же и русской песне… Если Бальмонт – слишком Бальмонт, то Брюсов – никак не народ.[58]

(Соблазнительное сопоставление Бальмонта и Гумилева. Экзотика одного и экзотика другого. Наличность у Бальмонта и, за редкими исключениями, отсутствие у Гумилева темы «Россия». Нерусскость Бальмонта и целиком русскость Гумилева.)

* * *

Так и останется Бальмонт в русской поэзии – заморским гостем, задарившим, заговорившим, заворожившим ее – с налету – и так же канувшим.

* * *

Бальмонт о Брюсове.

12-го русского июня 1920 г. уезжал из Б. Николо-Песковского пер<еулка> на грузовике за границу Бальмонт. Есть у меня об этом отъезде – отлете! – отдельная запись, ограничусь двумя возгласами, предпоследним – имажинисту Кусикову: «С Брюсовым не дружите!» – и последним, с уже отъезжающего грузовика – мне:

– А вы, Марина, передайте Валерию Брюсову, что я ему не кланяюсь!

* * *

(Не-поклона – Брюсов сильно седел – не передала.)

* * *

Запало еще одно словечко Бальмонта о Брюсове. Мы возвращались домой, уже не помню с чего, советского увеселения ли, мытарства ли. (С Бальмонтом мы, игрой случая, чаще делили тягости, нежели радости жизни, может быть, для того, чтобы превратить их в радость?)

Говорим о Брюсове, о его «летучих альманахах» (иначе: вечерах экспромтов). Об Институте брюсовской поэзии (иначе: закрытом распределителе ее), о всечасных выступлениях (с

---

[58] Язык Бальмонта, для русского, слишком личен (единоличен). Язык Брюсова, для русского, слишком общ (национально-безличен) (примеч. М. Цветаевой).

кем!) и вступлениях (к чему!) – я – да простит мне Бальмонт первое место, но этого требует ход фразы, я – о трагичности таких унижений, Бальмонт – о низости такой трагедии. Предпосылки не помню, но явственно звучит в моих ушах возглас:

– Поэтому я ему не прощаю!
– Ты потому ему не прощаешь, что принимаешь его за человека, а пойми, что он волк – бедный, лезущий, седеющий волк.
– Волк не только жалок: он гнусен!

Нужно знать золотое сердце Бальмонта, чтобы оценить, в его устах, такой возглас.

* * *

Бальмонт, узнав о выпуске Брюсовым полного собрания сочинений с примечаниями и библиографией:
– Брюсов вообразил, что он классик и что он помер.
Я – Бальмонту:
– Бальмонт, знаешь слово Койранского о Брюсове? «Брюсов образец преодоленной бездарности».
Бальмонт, молниеносно:
– Непреодоленной!

* * *

Заключение напрашивается.
Если Брюсов образец непреодоленной без-дарности (то есть необретения в себе, никаким трудом, «рожденна, не сотворенна» – дара), то Бальмонт – пример непреодоленного дара.
Брюсов демона не вызвал.
Бальмонт с ним не совладал.

V. Последние слова

Как Брюсов сразу умер, и привыкать не пришлось. Я не знаю, отчего умер Брюсов. И не странно, что и не попыталась узнать. В человеческий конец жизни, не в человеческом проведенной, заглядывать – грубость. Посмертное насилие, дозволенное только репортерам.

Хочу думать, что без борения отошел. Завоеватели умирают тихо.

Знаю только, что смерть эта никого не удивила – не огорчила – не смягчила. Пословица «de mortuis aut bene aut nihil»[59] поверхностна, или люди, ее создавшие, не чета нам. Пословица «de mortuis aut bene aut nihil» создана Римом, а не Россией. У нас наоборот, раз умер – прав, раз умер – свят, обратно римскому предостережению – русское утверждение: «лежачего не бьют». (А кто тише и ниже лежит – мертвого?) Бесчеловечность, с которой нами, русскими, там и здесь, встречена эта смерть, только доказательство нечеловечности этого человека.

* * *

Не время и не место о Блоке, но: в лице Блока вся наша человечность оплакивала его, в лице Брюсова – оплакивать – и останавливаюсь, сраженная несоответствием собственного имени и глагола. Брюсова можно жалеть двумя жалостями: 1) как сломанный перворазрядный мозговой механизм (не его, о нем), 2) как волка. Жалостью-досадой и жалостью-растравой, то есть двумя составными чувствами, не дающими простого одного.

Этого простого одного: любви со всеми ее включаемыми, Брюсов не искал и не снискал.

Смерть Блока – громовой удар пó сердцу; смерть Брюсова – тишина от внезапно остановившегося станка.

* * *

Часто сталкиваешься с обвинениями Брюсова в продаже пера советской власти. А я скажу, что из всех перешедших или перешедших – пóлу, Брюсов, может быть, единственный не предал и не продал. Место Брюсова – именно в СССР.

Какой строй и какое миросозерцание могли более соответствовать этому герою труда и воли, нежели миросозерцание, волю краеугольным камнем своим поставившее, и строй, не только бросивший – в гимне – лозунг:

«Владыкой мира станет труд»,

но как Бонапарт – орден героев чести, основавший – орден героев труда.

А вспомнить отвлеченность Брюсова, его страсть к схематизации, к механизации, к систематизации, к стабилизации, вспомнить – так задолго до большевизма – его утопию «Город будущего». Его исконную арелигиозность, наконец. Нет, нет и нет. Служение Брюсова коммунистической идее не подневольное: полюбовное, Брюсову в СССР, как студенту на картине Репина – «какой простор!». (Ширь – его узостям, теснотам его – простор.) Просто: своя своих познаша.

---

59 «О мертвых – либо хорошо, либо ничего» (лат.).

И не Маяковский, с его булыжными, явно-российскими громами, не Есенин, если не «последний певец деревни», то – не последний ее певец, и уж, конечно, не Борис Пастернак, новатор, но в царстве Духа, останутся показательными для новой, насильственной на Руси, бездушной коммунистической души, которой так страшился Блок. Всé вышепоименованные выше (а может быть – шире, а может быть – глубже) коммунистической идеи. Брюсов один ей – бровь в бровь, ровь в ровь.

* * *

(Говорю о коммунистической идее, не о большевизме. Большевиков у нас в поэзии достаточно, то же – не знаю их политических убеждений – Маяковский и Есенин. Большевизм и коммунизм. Здесь, более чем где-либо, нужно смотреть в корень (больш – comm –). Смысловая и племенная разность корней, определяющая разницу понятий. Из второго уже вышел III Интернационал, из первого, быть может, еще выйдет национал-Россия.)

И окажись Брюсов, как слух о том прошел, по посмертным бумагам своим не только не коммунистом, а распромонархистом, монархизм и контрреволюционность его – бумажные. От контр, от революционера в революции – монархиста – в Брюсове не было ничего. Как истый властолюбец, он охотно и сразу подчинился строю, который в той или иной области обещал ему власть. (На какой-то точке бонапартизм с идеальным коммунизмом сходятся: «la carrière, ouverte aux talents»[60] – Наполеон.) «Брюсовский Институт» в царстве Смольных и Екатерининских – более чем гадателен. Коммунизм же, царство спецов, с его принципом использования всего и вся, его (Брюсовский Институт) оценил и осуществил.

Коммунистичность Брюсова и анархичность Бальмонта. Плебеистичность Брюсова и аристократичность Бальмонта (Брюсов, как Бонапарт – плебей, а не демократ). Царственность (островитянская) Бальмонта и цезаризм Брюсова.

Бальмонт, как истый революционер, час спустя революции, в первый час stabilité[61] ее, оказался против. Брюсов, тот же час спустя и по той же причине оказался – за.

Здесь, как во всем, кроме чужестранности, еще раз друг друга исключили.

---

[60] «Карьера, открытая талантам» (фр.).

[61] Устойчивость (фр.).

Бальмонт – если не монархист, то по революционности природы.

Брюсов – если монархист, то по личной обойденности коммунистами.

Монархизм Брюсова – аракчеевские поселения. Монархизм Бальмонта – людвиго-вагнеровский дворец.

Бальмонт – ненависть к коммунизму, затем к коммунистам.

Брюсов – возможность ненависти к коммунистам, никогда – к коммунизму.

* * *

Бюрократ-коммунист – Брюсов.
Революционер-монархист – Бальмонт.

* * *

Революции делаются Бальмонтами и держатся Брюсовыми.

* * *

(Первая примета страсти к власти – охотное подчинение ей. Чтение самой идеи власти, ранга. Властолюбцы не бывают революционерами, как революционеры, в большинстве, не бывают властолюбцами. Марат, Сен-Жюст, по горло в крови, от корысти чисты. Пусть личные страсти, дело их – надличное. Только в чистоте мечты та устрашающая сила, обрекающая им сердца толп и ум единиц. «Во имя мое», несмотря на все чудовищное превышение прав, не скажет Марат, как «во имя твое», несмотря на всю жертвенность служения идее власти, не скажет Бонапарт. Сражающая сила «во имя твое».

У молодого Бонапарта отвращение к революции. Глядя с высоты какого-то этажа на казнь Людовика XVI, он не из мягкосердечия восклицает: «Et dire qu'il ne faudrait que deux compagnies pour balayer toute cette canaille-lá».[62]

NB[63]

---

[62] «Подумать только, что понадобилось бы всего два батальона, чтобы вымести всю эту нечисть» (фр.).

[63] NB. Отвращение к революции в нем, в этот миг, равно только отвращению к королю, так потерявшему голову (примеч. М. Цветаевой).

Орудие властолюбца – правильная война. Революция лишь как крайнее и не этически-отвратительное средство. Посему, властолюбцы менее страшны государству, нежели мечтатели. Только суметь использовать. В крайнем же случае – властолюбия нечеловеческого, бонапартовского – новая власть. Идея государственности в руках властолюбца – в хороших руках.

Я бы на месте коммунистов, несмотря ни на какие посмертные бумажные откровения, сопричислила Брюсова к лику уже имеющихся святых.)

* * *

Два слова еще о глубочайшем анационализме (тоже соответствие с советской властью) Брюсова. Именно об анационализме, мировоззрении, а не о безродности, русском родинно-чувствии, которого у Брюсова нет и следа.[64] Безроден Блок, Брюсов анационален. Сыновность или сиротство – чувствами Брюсов не жил (в крайнем случае – «эмоциями»). Любовь к своей стране он заменил любопытствованием чужим, не только странам: землям: планетам. И не только планетам: муравейнику – улью – инфузорному кишению в капле воды.

> Люблю свой острый мозг и
> блеск своих очей,
> Стук сердца своего и кровь
> своих артерий.
> Люблю себя и мир. Хочу
> природе всей
> И человечеству отдаться в
> полной мере.[65]

(Какое прохладное люблю и какое прохладное хочу. Хотения и любви ровно на четыре хорошо срифмованные строки. Отдаться – не брюсовский глагол. Если бы вместо отдаться – домочься – о, по-иному бы звучало! Брюсов не так хотел – когда хотел!)

Но микроскоп или телескоп, инфузорное кишение или

---

[64] Безрадостность, безысходность, безраздельность, безмерность, бескрайность, бессрочность, безвозвратность, безглядность – вся Россия в без (примеч. М. Цветаевой).

[65] Все цитаты по памяти. Но если и есть обмолвки, словарь их – брюсовский (примеч. М. Цветаевой).

кипящая мирами вселенная – все тот же бесстрастный, оценивающий, любопытствующий взгляд. Микроскоп или телескоп, – простого человеческого (простым глазом) взгляда у Брюсова не было:

Брюсову не дан был.

* * *

В подтверждение же моих слов об анациональности отношу читателя к раннему его – и тем хуже, что раннему! – стихотворению «Москва», в памяти не уцелевшему. («Москва», сборник, составленный М. Коваленским, из<да>ние «Универсальной библиотеки», последняя страница. Может быть, имеется в «Юношеских стихах». Дата написания 1899 г.)

* * *

Брюсов в мире останется, но не как поэт, а как герой поэмы. Так же как Сальери остался – творческой волей Пушкина. На Брюсове не будут учиться писать стихи (есть лучшие источники, чем – хотя бы даже Пушкин! Вся мировая, еще не подслушанная, подслушанной быть долженствующая, музыка), на нем будут учиться хотеть – чего? – без определения объекта: всего. И, может быть, меньше всего – писать стихи.

Брюсов в хрестоматии войдет, но не в отдел «Лирика» – в отдел, и такой в советских хрестоматиях будет: «Воля». В этом отделе (пролагателей, преодолевателей, превозмогателей) имя его, среди русских имен, хочу верить, встанет одним из первых.

И не успокоится мое несправедливое, но жаждущее справедливости сердце, пока в Москве, на самой видной ее площади, не встанет – в граните- в нечеловеческий рост – изваяние:

ГЕРОЮ ТРУДА
С.С.С.Р.

Прага, август 1925

Наталья Гончарова
(Жизнь и творчество)

О ты, чего и святотатство
Коснуться в храме не могло.
Моя напасть, мое

богатство —
Мое святое ремесло!
Каролина Павлова

Уличка

Не уличка, а ущелье. На отстояние руки от тела стена: бок горы. Не дома, а горы, старые, старые горы. (Молодых гор нет, пока молода – не гора, гора – так стара.) Горы и норы. В горе и норе живет.

Не уличка, а ущелье, а еще лучше – теснина. Настолько не улица, что каждый раз, забыв и ожидая улицы – ведь и имя есть, и номер есть! – проскакиваю и спохватываюсь уже у самой Сены. И – назад – искать. Но уличка уклоняется – уклончивость ущелий! спросите горцев – мечусь, тычусь – она? нет, дом, внезапно раздавшийся двором – с целую площадь, нет, подворотня, из которой дует вехами, нет, просто – улица, с витринами, с моторами. Ее нет. Сгинула. Гора сомкнулась, поглотя Гончарову и ее сокровища. Не попасть мне нынче к Гончаровой, а самой пропасть. Правая, левая? С.-Жерменская площадь. Сена? Где – что? И относительно какого что это где?

И вдруг – чудо! – быть не может! может, раз есть! неужели – она? как же не она – оно – теснина – ущелье! Тут же, между двумя домами, как ни в чем не бывало, будто – всегда была.

Вхожу. Вся уличка взята в железо. Справа решетка, слева решетка. Если бы пальцем или палкой – звук не прекращался бы. Клавиатура охраны, скала страха. Что так хранили, от чего так таились те, за? Есть, очевидно, вещи важнее, чем жизнь, и страшнее, чем смерть. (Чужая тайна и честь любимой).

Уже не ущелье, а тюремный коридор или же зимнее помещение зоологического сада, – только без глаз, тех и тех. Никого за решетками, ничего за решетками, то за решетками Но – в зверинце и тюрьме исключенное, зверинец и тюрьму исключающее – воздух! Из ущелья дует. Кажется, что на конце его живет ветер, бог с надутыми щеками. Ветер – живет, может ли ветер жить, жить – это где-нибудь, а ветер везде, а везде – это быть. Но есть места с вечным ветром, с каким-то водоворотом воздуха, один дом в Москве, например, где бывал Блок и где я бывала по его следам – уже остывшим. Следы остыли, ветер остался Этот ветер, может быть, в один из своих приходов – одним из своих прохождений – поднял он и навеки приковал к месту. Место где вещь – всегда, и есть местопребывание – какое чудесное кстати слово, сразу дающее и бытность и длительность, положение в пространстве и протяжение во времени, какое пространное какое протяжное слово. Так Россия, например, местопребывание тоски, о которой так же дико, как о ветре, сказать: живет. А – живет! И ветер живет. На конце той улички, чтобы лучше дуть в лицо – там, у ее начала.

Всякий ветер морской, и всякий город, хотя бы самый континентальный, в часы ветра – приморский. «Пахнет морем» нет, но: дует морем, запах мы прикладываем. И пустынный – морской, и степной – морской. Ибо за каждой степью и за каждой пустыней – море, за-пустыня, за-степь. – Ибо море здесь как единица меры (безмерности).

Каждая уличка, где дует, портовая. Ветер море носит с собой, превносит. Ветер без моря больше море, чем море без ветра Ветер в моей уличке особый, в две струи. (Зрительно: из арапских губ толстощекого бога расходится в два жгута.) Морской, как всякий, и старый, как только он. Есть молодые ветра, есть – молодеющие с каждым мигом – всего, что по пути! (Младенческие ветра, московские!) Ветер не только вносит, он и вбирает, то есть теряет – изначальную пустоту. С ветром ведь так: вею первым, но пахну последним. Ветер – символ бесформенности – на мои взгляд сама форма движения. Содержание – путь. Этот стар – летел ко мне четыреста лет, поднятый плащом того из итальянцев засилья, в честь которого уличка, а может быть только его слуги. (На расстоянии – скрадывается.) Стар, а по выходе из моего ущелья будет еще старее, очень уже стары дома.

Перед одним из таких – стою. Я его тоже никогда не узнаю хотя незабвенен. А незабвенны на этой уличке – все. Если современные неотличимы из-за общности, старые – из-за особости Какая примета моего? Особый. Все – особые. Общность особости, особь особости. Так, просмотрев подряд сто диковинных растений, так же не отличишь, соединишь их в памяти в одно, как сто растений однородных, наделяя это одно особенностями всех. Так, и с домом. И даже номер не помогает – даже 13! – ибо на всю уличку один фонарь, не против моего. Дом не-против фонаря, единственная примета.

В первый мой приход перед одним из домов стоял мотор, и я с самовнушением безысходности поверила, что раз стоит, то именно перед моим, приказала дому быть моим. (Так и оказалось.) Но сегодня мотора нет. Что сегодня – есть?

Близорукость? Беспамятность? Пусть, но главное: представление об уличке, как об ущелье, то есть чем-то сплошном, цельном. Раз не улица, а ущелье, то не дома, а гора, гора справа, гора слева, поди-ка найди дом! Недробимость.

Но – найти нужно. Проще бы: «Сезам, раскройся!» Чтобы вся гора – сразу, а во всей горе – вся сплошь – Гончарова. Но этого, твердо знаю, на сегодня не будет. С такими чудес не бывает, бывает с теми, кому не нужно, именно нужно, одним только и нужно. Раз я верю, что гора может раздаться, зачем же ей мне раздаваться? Со всяким, как я, гора «свои люди», для которых – неблагодарность любимых: – стараться не стоит. Одним дана вера, другим – чудеса.

И – чудо! Тот самый. Настолько тот самый, как если бы сам сказал: вот я. Особый среди особых, несравненный среди несравненных, все превосходные степени исключительности.

Вхожу. Справа светлое окно привратницы – именно привратницы: при вратах, да еще каких! – которой я никогда не видела и которую увидеть боюсь: в таком доме привратнице должно быть, по крайней мере, двести лет, и ей моего приветствия, как мне ее напутствия, не понять. Спешно миную, и в полном разгоне... Куда? Все нежилое. Что самое жилое из нежилого? Есть дома, где живут. Есть дома, которые живут. Сами. Вне людей. Стенами, ступенями, тупиками, выступами, закоулками, стуками, шагами, тенями, – всем, кроме человека. Дома, где «водится» (все, кроме человека). Дома «обитаемые» и, тем, необитаемые. Дома, столь жившие, или – так сильно жившие, что просто живут дальше. Как книга, уже не нуждающаяся ни в авторе, ни в читателях. Источник жизни, хранилище жизни, но уже не игралище ее. Дом, вышедший из игры.

Своды. Норы. Либо упрешься в стену, либо уйдешь навек. Дом не выстроенный, а прорытый. Не руки рыли. Стою, как на перекрестке. Вправо пойдешь – коня потеряешь. Влево пойдешь... Влево.

Дворы старых домов. Не люди мостили, великаны играли. Я камень, ты камень, я больше, ты еще больше, я глыбу, ты – гору. Нога ничего не узнает, непрестанно обманывается. Я глыбу, ты – гору. Я – утес, ты – ничего. Ничего называется яма. Яма то место, с которого, не доиграв, ушли. А мне по нему идти. Много таких мест. Так, с горы да в яму, из ямы да на гору... – проход! Световая щель. Увы, до последней секунды скрывавший свой свет. Вся дикость газа в ущелье. Сверху течет – вечно. Вверяюсь стенам, знающим, куда идут и ведут. Я – не знаю. Знаю только: под рукой – бока, а под ногой – река. Бывшая. Поворотами реки, как поворотами плеча...

Лестница. Ступени – ибо надо же как-нибудь назвать! – деревянные. При первом заносе ноги, нога же, она же, узнает никогда не испытанные ступени пирамид. Если двор – великаны мостили, то лестницу они уже громоздили. Игра в кубики, здесь – кубы. Я выше, ты еще выше, я утес, ты – ничего. Следы той же игры, веселой для них, страшной для нас. (Так и большевики веселились, а мы боялись, так и большие веселятся, а дети...) Дерево ступеней сковано – окантовано железом. Если вглядеться – а чего не увидишь, ибо чего нет в старом дереве – ряд картин, взятых в железо. Гончарова к себе идет по старым мастерам, старейшему из них – времени.

Площадка за площадкой, на каждой провал – окно. Стекол нет и не было. Для выскока. Памятуя слова: «выше нельзя, потому что выше нет», этажей не считаю. Этажи? Эпохи. По такой лестнице самый быстроногий идет сто лет.

Картина, на которую много глядено, лестница, по которой много хожено, – глядение и хождение по следам всех тех до меня, мой след (взгляд) – последний, я крайняя точка этой поверхности, ее последний слой. Ступени от ходьбы явно протираются, неявно утолщаются. Что нога взяла, то след дал, нога унесла – след превнес. Наслоение шагов, как на стене – теней. Оттого так долго живут старые дома, питаемые всей жизнью, превносимой. Такой дом может простоять вечно, не живым укором, а живой угрозой подрастающим, перерастающим, не перестаивающим. За бывшим не угнаться. Снеси сегодня, я тебя уже не перестоял, всем уже стоянным, выстоянным.

Оттого так долго идут по такой лестнице гости, а хозяева – так долго ждут.

Верх. Тот самый, дальше которого нельзя, ибо дальше нет. Переводя на время – конец четырехсот лет, которые стоит этот дом, то есть нынешнее число – 9-ое ноября 1928 г. – крайний час и миг этого дня. На данную секунду – конец истории.

В этом доме несколько сот лет тому назад жил величайший поэт Франции.

Мастерская

Первое: свет. Второе: пространство. После всего мрака – весь свет, всей стиснутости – весь простор. Не было бы крыши – пустыня. Так – пещера. Световая пещера, цель всех подземных рек. На взгляд – верста, на стих – конца нет... Конец всех Аидов и адов: свет, простор, покой. После этого света – тот.

Рабочий рай, мой рай и, как рай, естественно здесь не данный. В пустоте – в тишине – с утра. Рай прежде всего место пусто. Пусто – просторно, просторно – покойно. Покойно – светло. Только пустота ничего не навязывает, не вытесняет, не исключает. Чтобы всё могло быть, нужно, чтобы ничего не было. Всё не терпит чего (как «могло бы» – есть). – А вот у Маяковского рай – со стульями. Даже с «мебелями». Пролетарская жажда вещественности. У всякого свой.

Пустыня. Пещера. Что еще? Да палуба! Первой стены нет, есть – справа – стекло, а за стеклом ветер: море. Вечером, в нерабочее время, когда отдыхает кисть и доходит гость, стеклянная стена, морская, исчезает за другой, льющейся. Шелк или нет – желт. По вечерам в мастерской Гончаровой встает другое солнце.

Кроме стеклянной, правой, другая левая. Деревянная или каменная? (Что-то слышала о пристройке.) В старом доме и дерево – камень. (Преосуществление исконного материала: старая кожа, делающаяся бронзой, старое дерево – костью, глина – медью, лица старух и мертвых – всем, чем угодно, кроме плоти.) Не деревянная и не каменная, равно как третья, с которой сходится стена холстов (холсты лицом от) – стена крестов. Деревянных крестов подрамников. То же, что булыжники двора, что кубы лестницы, есть до неба, есть по пояс (только пробелов нет, ни одного «ничего!») – тоже, может быть, те же великаны играли и, доиграв, составили к стенке, лицом от глаз: сглазу. Не верю в разные силы, сила одна, игра – одна. Все дело в мере. Стихия, играя, не доигрывает и переигрывает:

> Но ты взыграл, неодолимый,
> И стая тонет кораблей...

Ряд оконченных холстов – творчеством доделанная стихия творчества, день седьмой. Много дней седьмых в жизни Натальи Гончаровой, здесь, перед глазами, лицом к стене – от глаз. Дней седьмых – в прошлом, никогда в настоящем. Творящее творение тем отличается от Творца, что у него после шестого сразу первый, опять первый. Седьмой нам здесь, на земле, не дан, дан может быть нашим вещам, не нам.

Пол. Если от простора и света впечатление пустыни, то пол – совсем пустыня, сама пустыня. Не говоря уже о беспредметности его (ничего, кроме насущного ничего) – физическое ощущение песка, от стружек под ногами. А стружки от досок, строгаемых. Не стружки даже, – деревянная пыль, пыльца, как песок, осуществляющая тишину. Что тише земли? Песок. (Знаю и песок поющий, свистящий под ногой, как разрываемый шелк, песок иных прибрежий океана, но – тишина не отсутствие звуков, а отсутствие лишних звуков, присутствие насущных шумов – шум крови в ушах (комариное з-з-з), ветра в листве, в данную минуту, когда стою на пороге мастерской, шум переворачивающейся воды в паровом отоплении – огромной печке, тепловом солнце этой пустыни.) Пустыня и – оазис! Справа, вдоль стеклянной стены, вся песчаная полоса – в цветном! Вглядываюсь ниже – глиняные миски с краской: из той же коричневой чашечки – каждый раз другой цветок! Цветы, как на детских картинках или виденные сверху, на лужайках: все круглые, плоские, одни по краям, другие на самом донышке – не один оазис, а ряд оазисов, маленьких цветных островков, морец, озерец. Моря для маленьких, моря с блюдце. Из таких донышек – такие громады (холсты). Все в этом деле нечеловеческое:

божеское!

Пещера, пустыня и – не сон же все эти глиняные горшки и миски – гончарня. Как хорошо, когда так спевается!

В первый раз я мастерскую увидела днем. Тогда ущелье было коридором, одним из бесчисленных коридоров старого дома – Парижа. А мастерская – по жаре – плавильней. Терпение стекла под нестерпимостью солнца. Стекло под непрерывным солнечным ударом. Стекло, каждая точка которого зажигательное стекло. Солнце палило, стекло калилось, солнце палило и плавило. Помню льющийся пот и рубашечные рукава друзей, строгавших какую-то доску. Моя первая мастерская Гончаровой – совершенное видение труда, в поте лица, под первым солнцем. В такую жару есть нельзя (пить – зря), спать нельзя, говорить нельзя, дышать нельзя, можно только – единственное, что всегда можно, раз навсегда нужно – работать. И плавить не стекло, а лбы.

Помню, в этот первый раз – где-то сбоку – площадку, которая затем продала. Под ней косяки крыш – один из Парижей Гончаровой, а над ней, на ней – одно из гончаровских солнц, отвесных – и я под ним. Жарче – лучше – мне в жизни не было.

Площадка пропала с солнцем, и выйти на нее из мастерской сейчас, в январе, так же невозможно, как вызвать то солнце. Вернемся с ним.

Пещера – пустыня – гончарня – плавильня.

Почему из всего Парижа Гончарова выбрала именно этот дом? Самый богатый красками художник – дом в одну краску: времени, зачинатель новой эпохи в живописи – дом, где этажи считают эпохами, едва ли не современнейший из художников – дом, современники которого спят вот уже четыреста лет. Гончарова – развалины. Гончарова – дом на снос. «Льготный контракт»?.. Необычайные даже для мастерской размеры помещения?.. Латинский квартал?.. Да, да, да. Так скажут знакомые. Так скажет – кто знает – может быть, сама Гончарова. А вот что скажет дом.

Чтобы преодолеть страх перед моей тишиной, нужно быть самым громким, страх перед моим сном – самым бодрствующим, страх перед моими веками – самым молодым, страх перед моим бывшим – самым будущим! «Темен – освещу, сер – расцвечу, тих – оглашу, ветх – укреплю…»

Или же: «Темен – подгляжу, тих – подслушаю, стар – поучусь».

Или же: тишину – тишиной, сон – сном, века – веками веков. Преодолеть меня мною же, то есть вовсе не преодолевать.

Первое – ребенок, второе – ученик, третье – мудрец. Все трое вместе – творец.

Сила на силу – вот ответ старого дома.

Еще один ответ: самосохранение Гончаровой-художника. Пресловутая «Tour d'ivoire»[66] на гончаровский лад. Дом – оплот (недаром в один цвет: защитный – времени). Сюда не доходят шумы, и сюда не очень-то заходят люди. «В гости» – это такой улицей, таким двором, такой лестницей-то – в гости? Переборет этот страх и мрак только необходимость. (В гости ходят не так к знакомым, как к их коврам, полам…)

Остальные не дойдут или не найдут. Остальные отстанут. Останутся.

И еще: игра. Такая сила творческой игры в булыжниках двора, расселинах стены, провалах лестницы, такая сила здесь играла, что Гончаровой, с ее великанскостью творчества, – упрек одного критика: «Да это же не картины, это – соборы!» – этот дом просто сродни. Таким его сделало время, то есть естественный ход вещей. К этому дому, такому, как он сейчас есть, будто бы и рука не прикасалась. Не прикасалась она и к самой Гончаровой, – никакая, кроме руки природы. Гончарова себя не строила, и Гончарову никто не строил. Гончарова жила и росла. Труд такой жизни не в кисти, а в росте. Или же: кисть: рост.

У Гончаровой есть сосед: маленький французский мальчик, обожающий рисовать. «Сколько бы раз я ни вышла на лестницу: „Bonjour, Madame!" – и сейчас показывать. – Стережет. – Пока какие-то каракульки, но любит страстно. Может быть, что-нибудь и выйдет…»

Случайность? Такая же, как Гончарова и дом. Как Трехпрудный пер<еулок>, д<ом> 8, и Трехпрудный пер<еулок>, д<ом> 7, к которым сейчас вернусь. О мальчике же: если бы мальчик знал, – кто эта «Madame», и если бы Наталья Гончарова через двадцать лет могла сказать: «Если бы я тогда знала, кто этот мальчик…»

Трехпрудный

Трехпрудный. Это слово я прочла на упаковочном ящике черными буквами по, видавшему виды, дереву.

– Трех… то есть как Трехпрудный? – Переулочек такой в Москве, там у нас дом был. – Номер? – Седьмой. – А мой – восьмой. – С тополем? – С тополем. Наш дом, цветаевский. – А наш – гончаровский. – Бок о бок? – Бок о бок. А вы знаете, что ваш дом прежде был наш, давно, когда-то, все владение. Ваш двор я отлично знаю по рассказам бабушки. Женихи приезжали, а она не хотела, качалась на качелях… – На нашем дворе? – На вашем дворе. – В этом доме я росла. – В доме рядом я – росла.

---

[66] Башня из слоновой кости (фр.).

Бабушка, качающаяся на качелях! Бабушка, качающаяся на качелях, потому что не хочет женихов! Бабушка, не хотящая женихов, потому что качается на качелях! Бабушка, от венца спасающаяся в воздух! Не чепец кидающая в воздух, а самое себя! Бабушкины женихи... Гончаровой – бабушки женихи!

Недаром у меня, тринадцатилетней девочки, было чувство, что живу десятую жизнь, не считая знаемых мною – отца, матери, другой жены отца, ее отца и матери, – а главное, какой-то прабабки: румынки, «Мамаки», умершей в «моей» комнате и перед смертью вылезшей на крышу – кроме всех знаемых – все незнаемые. Сила тоски в тех стенах! И когда я, пятнадцати лет, от жизни:

дружб, знакомств, любовей спасалась в стихи!..

Мои пятнадцатилетние стихи – не гончаровской ли бабушки качели?

Знала, знала, знала, что до отца с одной женой, потом с другой, до чужого деда с чужой бабушкой, до моих собственных до-до-до – здесь было, было, было!

И, шестнадцати лет, стих:

> Будет скоро тот мир погублен!
> Посмотри на него тайком,
> Пока тополь еще не срублен
> И не продан еще наш дом.
>
> Этот тополь! Под ним ютятся
> Наши детские вечера.
> Этот тополь среди акаций,
> Цвета пепла и серебра.

И еще тогда же:

> Высыхали в небе изумрудном
> Капли звезд, и пели петухи...
> Это было в доме старом, доме чудном...
> Чудный дом, наш дивный дом в Трехпрудном,
> Превратившийся теперь в стихи.

Этих стихов нигде нет – что знала, то сказала, – и дома нигде нет. В первый раз, в Революцию, я, держа на вытянутых руках свою, четырехлетнюю тогда, Алю, увидела в окна залы рабочих, хлебавших деревянными ложками воблиный суп, в последний раз – с той же Алей за руку – да где же дом?

Закрываю глаза – стоит. Открываю – нет.

Тополя не снесли. Потом, может быть. Больше я в Трехпрудном не была. Больше не буду, даже если типография Левенсон – наперекосок от бывших нас, – где я печатала свою первую книгу, когда-нибудь будет печатать мою последнюю..[67]

В первый раз я о Наталье Гончаровой – живой – услышала от Тихона Чурилина, поэта. Гениального поэта. Им и ему даны были лучшие стихи о войне, тогда мало распространенные и не оцененные. Не знают и сейчас. Колыбельная, Бульвары, Вокзал и, особенно мною любимое – не все помню, но что помню – свято:

> Как в одной из стычек под
> Нешавой
> Был убит германский офицер,
> Неприятельской державы
> Славный офицер.
> Где уж было, где уж было
> Хоронить врага со славой!
> Лег он – под канавой.
> А потом – топ-топ-топ –
> Прискакали скакуны,
> Встали, вьются вкруг канавы,
> Как вьюны.
> Взяли тело гера,
> Гера офицера
> Наперед.
> Гей, наро-ды!
> Становитесь на колени пред
> канавой,
> Пал здесь прынц со славой…
> Так в одной из стычек под
> Нешавой
> Был убит немецкий, ихний,
> младший прынц.
> Неприятельской державы
> Славный прынц.

– Был Чурилин родом из Лебедяни, и помещала я его, в

---

[67] Еще совпадение. Книга Вересаева «Пушкин в жизни», которою я с восхищением и благодарностью пользовалась для главы «Наталья Гончарова – та», оказалась отпечатанной в 16-й типографии «Мосполиграф», Трехпрудный пер<еулок>, д<ом> 9, т. е. в той же моей первой типографии Левенсон, где, кстати, и Гончарова печатала свою первую книгу (примеч. М. Цветаевой).

своем восприятии, между лебедой и лебедями, в полной степи.

Гончарова иллюстрировала его книгу «Весна после смерти», в два цвета, в два не-цвета, черный и белый. Кстати, непреодолимое отвращение к слову «иллюстрация». Почти не произношу. Отвращение двойное: звуковое соседство перлюстрации и смысловое: illustrer: ознаменичивать, прославливать, странным образом вызывающее в нас обратное, а именно: несущественность рисунка самого по себе, применительность, относительность его. Возьмем буквальный смысл (ознаменичивать) – оскорбителен для автора, возьмем ходовое понятие – для художника.[68]

Чем бы заменить? Украшать? Нет. Ибо слово в украшении не нуждается. Вид книги? Недостаточно серьезная задача. Попытаемся понять, что сделала Гончарова по отношению книги Чурилина. Явила ее вторично, но на своем языке, стало быть – первично. Wie ich es sehe.[69] Словом – никогда без Германии не обойдусь – немецкое nachdichten,[70] которым у немцев заменен перевод (сводной картинки на бумагу, иного не знаю).

Стихи Чурилина – очами Гончаровой.

Вижу эту книгу, огромную, изданную, кажется, в количестве всего двухсот экз<емпляров>. Книгу, писанную непосредственно после выхода из сумасшедшего дома, где Чурилин был два года. Весна после смерти. Был там стих, больше говорящий о бессмертии, чем тома и тома.

> Быть может – умру,
> Наверно воскресну!

Под знаком воскресения и недавней смерти шла вся книга. Из всех картинок помню только одну, ту самую одну, которую из всей книги помнит и Гончарова. Монастырь на горе. Черные стволы. По снегу – человечек. Не бессознательный ли отзвук – мой стих 1916 г.:

---

[68] Есть еще одно значение, мною упущенное: lustre – блеск и lustre месячный срок («douze lustres»), т. е. тот же блеск; месяц. Откуда и люстра. Откуда и illustre (славный), так же, как наша церковная «слава», идущая от светила. Illustrer – придавать вещи блеск, сияние: осиявать. Перлюстрировать – просвечивать (как рентгеном) (примеч. М. Цветаевой.)

[69] Как я это вижу (нем.).

[70] Переводить вольно (нем.).

> …На пригорке монастырь –
> светел
> И от снега – свят.

— Книга светлая и мрачная, как лицо воскресшего. Что побудило Гончарову, такую молодую тогда, наклониться над этой бездной? Имени у Чурилина не было, как и сейчас, да она бы на него и не польстилась.

Гончарова, это слово тогда звучало победой. В этом имени мне всегда слышалась – и виделась – закинутая голова.

> (Голова с заносом,
> Волоса с забросом!)

Это имя – оглавляло. Та же революция до революции, как «Война и мир» Маяковского, как никем не замеченная тогда книга Пастернака «Поверх барьеров».

И когда я – в прошлом уже! – 1928 году летом – впервые увидела Гончарову с вовсе не закинутой головой, я поняла, насколько она выросла. Все закинутые головы – для начала. Закидывает сила молодости (задор!), вызревшая сила скорее голову – клонит.

Но одно осталось – с забросом.

Внешнее явление Гончаровой. Первое: мужественность. – Настоятельницы монастыря. – Молодой настоятельницы. Прямота черт и взгляда, серьезность – о, не суровость! – всего облика. Человек, которому все всерьез. Почти без улыбки, но когда улыбка – прелестная.

Платье, глаза, волосы – в цвет. «Самый покойный из всех…» Не серый.

Легкость походки, неслышность ее. При этой весомости головы – почти скольжение. То же с голосом. Тишина не монашенки, всегда отдающая громами. Тишина над громами. За-громная.

Жест короткий, насущный, человека, который занят делом.

— Моя первая встреча с Вами через Чурилина, «Весна после смерти».

— Нет, была и раньше. Вы не помните?

Гляжу назад, в собственный затылок, в поднебесье.

— Вы ведь в IV гимназии учились?

— И в четвертой.

— Ну, вот. Вы, очевидно, были в приготовительном, а я кончала. И вот как-то после уроков наша классная дама. Вера Петровна такая, с попугаичьим носом, – «За Цветаевой нынче не пришли. Проводите ее домой. Вы ведь соседки?» Я взяла Вас за руку, и мы пошли.

— И мы пошли.

Дорого бы я дала теперь, чтобы сейчас идти за теми двумя следом.

Четвертая гимназия. Красные иксы балюстрады вокруг пруда — «прудов» — Патриарших. Первый гимназический год, как всё последующее, меняла школы, как классы и города, как школы — без друзей, с любовью к какой-нибудь одной, недосягаемой, ибо старшей, — с неизменным сочувствием все тех же трех учителей — русского, немецкого, французского, — с неизменным презрением прочих. Патриаршие пруды, красные фланелевые штаны, восемь лет, иду за руку с Натальей Гончаровой.

(Может, и не было. Кажется, не могло быть. И не меня вели, а другую, Цветкову, напр<имер>. Или мою старшую сестру — тоже Цветаева и тоже Трехпрудный. Но та не помнит, а я помню. Но ту не помнит, меня помнит.

Значит — я. Значит — мое.)

Младенчество

Наталья Гончарова родилась в Средней России, в самом сердце ее, в Тульской губ<ернии>, деревне Лодыжино. Места толстовско-тургеневские. Невдалеке Ясная Поляна, еще ближе Бежин Луг. А в трактире уездного городка Чермь — беседа Ивана с Алешей. Растет с братом-погодком в имении бабушки. Бабушка безвыездная: ни к кому никуда, зато к ней все, вся деревня. По вечерам беседы на крыльце. Что у кого отелилось — ожеребилось — родилось, что у кого болит — чем это что лечить. Бабушка живет в недостроенном доме, родители Гончаровой с детьми напротив, в недоснесенном. Почему недоснесли? Почему недостроили? Так, между начатком и пережитком, протекает ее младенчество. Два дома и ни одного цельного, а зато два. Дом в ущелье — прямой вывод тех двух. Прямым выводом была бы и палатка, всякое жилье, кроме комфортабельной казармы современности. Это — отзвук в быту. И — обратный урок колыбели: недостроенное — достраивай! Законченные «соборы» Гончаровой — нет всем недостроенным домам.

— У вас есть любимые вещи? — Нелюбимые — есть. Недоделанные. Я просто оборачиваю их лицом к стене, чтобы никто не видел и самой не видеть. А потом, какой-то нужный час — лицом от стены и — все заново.

На вопрос, на который никто не отвечает сразу, а иные не отвечают вовсе, не потому, что не было, а потому, что не думали («да у меня и не было первого!» ушами слышала) — Гончарова ответила точно и сразу:

— Первое воспоминание? В той комнате, знаете, о которой я Вам говорила, – белянке, мы с братом за круглым столом смотрим картинки. Книга толстая, картинок много. Го́да? Два.

— А это должно быть второе, если не первое. Я все детство прожила в деревне и совсем не помню зимы. Была же, и гулять должно быть водили, – ничего. А это помню. Весна на гумне. Меня за руку ведут через лужи. А из луж (голос тишает, глаза загораются, меня, на которую глядят, не видят, видят): – из-под льда и снега – ростки. Острые зеленые ростки. На гумне всегда много зерен рассыпано. Первые проросшие.

Ну, есть и лучшие, ну, может ли быть лучше, чем: два первых сразу, вся Гончарова в колыбели: сила природы в ней и тяга ремесла. Книга то-олстая! Картинок мно-ого! И не эти ли острые ростки – потом – через всю книгу ее творчества: бытия.

— Кукол не любила, нет. Кошек любила. А что любила – садики делать. (Вообще любила делать.) Вырезались из бумаги кусты, деревца и расставлялись в коробке. Четыре стенки – ограда. Законченный сад.

— Вам бы не хотелось сейчас – такое деревцо, тогдашнее? (Голубово, имение барона Б. А. Вревского. «В устройстве сада и постройках принимал Пушкин, по фамильному преданию, самое горячее участие: сам копал грядки, рассадил множество деревьев, что, как известно, было его страстью».)

— Вы говорите, первое воспоминание. А вот – самое сильное, без всяких событий. Песня. Нянька пела. Припев, собственно:

А молодость не вернется,
Не вернется опять.

— А знаете, в чем дело? В противузаконном «опять». Если бы во-век – не то было бы, не все было бы. Какое нам дело, что во-век? Во-век, это так далеко, во-век, это вперед, в будущее, то во-век, в которое мы не верим, до которого нам дела нет, во-век, это ведь и после нас, а не с нами, после всех. Ведь во-век – это не только в наш век (жизнь), в наш век (столетие), а вообще – и во веки веков. Поэтому безразлично.

А вот опять, то есть сюда же, на эту точку, на которой мы сейчас стоим. Ведь мы стоим, вещь уходит! Не вернется опять – вспять. В опять ее невозвратный шаг от нас, просто – ушагивает.

А во-век – никогда – никакого зрительного впечатления, отвлеченность, в которую мы не верим. Кто же когда-либо верил в ничто и никогда.

Усиленное не вернется, не только не вернется, но сугубо не вернется. Вот – опять!

– Я ведь маленькая была и слов не понимала. Понимала только, что ужасно грустно.

– Вы понимали – смысл.

– А еще у нас была молельня. Но до молельни были молитвы, то есть нянька. Красивая, молодая, черноглазая. И вот, не знаю уж для чего, может быть, чтобы сидели смирно, а может быть, чтобы просто сидели, а она бы уходила, – молитвы. Сидим и молимся. Да как! Часами! (Может быть, ее же, нянькины, грехи и замаливали…) Вы только представьте себе: дети, резвые, драчуны – я до пятнадцати лет дралась с братом, мы запирали дверь на задвижку и дрались, дрались ожесточенна – только одним махом – и тогда я поняла, что бесполезно, – дети, резвые, драчуны, – а ведь как ждали этого часа! – «Вот когда папа с мамой уйдут».

– А что это были за молитвы?

– Не знаю. Простые, должно быть.

– Хлыстовские, может быть?

– А молельня: там у нас фильтр был – знаете, такая громада? Тяжелый, глиняный, нелепый какой-то. И никто, конечно, не цедил. А фильтр стоял. А стоял он на ящике, особом таком, в боку отверстие, вроде окна. Знаете такие ящики? И вот однажды мы, поглядев, поняли, что это, собственно, храм. Огромный храм, только маленький. И устроили молельню. Пол выстлали золотой бумагой, даже алтарь был. И – молились.

– Но как же, – раз ящик был маленький?

– Не в нем молились, в него молились, через то окошко, боковое…

(Перекличка. Недавно я, во вступлении к письмам Рильке, обмолвилась: «Еще мне хочется говорить – ему, точней – в него». То, что Гончарова говорит о храме, относится также к божеству храма: в него молиться, не ему молиться.)

…«Нянька знала. А мать, кажется, нет. Просто топчемся около фильтра. Мало ли…»

Гончаровские соборы из глубока росли!

«В гимназию поступила прямо из деревни. От всех доставалось, за все доставалось. Особенно от словесника за орфографию». – Плохую? – «Тульскую. Говорила по-тульски – х вместо ф и все такое – а писала как говорила. Написанным это должно было выглядеть ужасно». – Ужасно. – «А еще от классной дамы – за кудри. Вились только две передние пряди, это-то и сбивало: вся гладкая, а по бокам вьюсь. И глажу, и мажу… Сколько – раз: „Гончарова, к начальнице в кабинет!“ – „Опять завилась?“ – И мокрой щеткой, до боли в висках. Выхожу, гладкая, как мышь, а сама смеюсь, – от воды ведь, знаете, что с кудрявыми волосами? И на следующей перемене…»

— «А кудри завьются, завьются опять!»

Только погрустить об этих педагогах, могущих заподозрить в щипцах – этот дичок, за давностью преподавания природоведение забывших, очевидно, что есть волосы, действительно вьющиеся, как хмель вьется, и что с такими волосами – как с хмелем – как с самой Гончаровой – ничего не поделаешь. Разве что вырвать с корнем.

Все это мелочи – и драки, и молельня, и кудри. Останется не это, а «соборы». Хочу, чтобы и это осталось.

Есть ли у художника личная биография, кроме той, в ремесле? И, если есть, важна ли она? Важно ли то, из чего? И – из того ли – то?

Есть ли Гончарова вне холстов? Нет, но была до холстов, Гончарова до Гончаровой, все то время, когда Гончарова звучало не иначе, как Петрова, Кузнецова, а если звучало – то отзвуком Натальи Гончаровой – той (печальной памяти прабабушки). Гончаровой до «соборов» нет – все они внутри с самого рождения и до рождения (о, вместимость материнского чрева, носящего в себе всего Наполеона, от Аяччио до св. Елены!) – но есть Гончарова до холстов, Гончарова немая, с рукой, но без кисти, стало быть – без руки. Есть препоны к соборам, это и есть личная биография. – Как жизнь не давала Гончаровой стать Гончаровой.

Благоприятные условия? Их для художника нет. Жизнь сама неблагоприятное условие. Всякое творчество (художник здесь за неимением немецкого слова Künstler) – перебарыванье, перемалыванье, переламыванье жизни – самой счастливой. Не сверстников, так предков, не вражды, ожесточающей, так благожелательства, размягчающего. Жизнь – сырьем – на потребу творчества не идет. И как ни жестоко сказать, самые неблагоприятные условия – быть может – самые благоприятные. (Так, молитва мореплавателя: «Пошли мне Бог берег, чтобы оттолкнуться, мель, чтобы сняться, шквал, чтобы устоять!»)

Первый холст – конец этой Гончаровой и конец личной биографии художника. Обретший глас (здесь хочется сказать – глаз) – и за него ли говорить фактам? Их роль, в безглагольную пору, первоисточника, отныне не более как подстрочник, часто только путающий, как примечания Державина к собственным стихам. Любопытно, но не насущно. Обойдусь и без. И – стихи лучше знают!

И если ценно, то в порядке каждой человеческой жизни, может быть и менее, потому что менее показательно. Не-художник в жизни живет весь, на жизнь – ставка, на жизнь как она есть, здесь – на жизнь как быть должна.

Холст: есмь. Предыдущее – ход к холсту.

Есть факты – наши современники. Есть – наши предшественники, факты до нас. «Когда я не была Гончаровой» (не для других, а для самой себя, не Гончаровой – именем, а Гончаровой – силой). Таково все детство и юность. Предки, предшественники, предтечи. Их и нужно слушать. Дедов – о будущих внуках. Гончарова – маленькая, себе нынешней бабушка, слепая и вещая. Рука Гончаровой, насаживающая садик, знает, что делает, пятилетняя Гончарова – нет. Встреча знания с сознанием, руки Гончаровой с головой Гончаровой – первый холст. Рука Гончаровой, насаживающая садик, – рука из будущего. Здесь пращур вещ! Ее рука умнее ее. В последующем – юношестве – рука (инстинкт) сдает. Лучший пример – та же Гончарова, кончающая школу живописи и ваяния – скульптором. Боковое ответвление принявшая за ствол. Рука, смело раскрашивающая деревья в семью-семь цветов радуги, здесь ослепла и наткнулась на форму. (Бабушка заснула, и внучка играет сама).

Детство – пора слепой правды, юношество – зрячей ошибки, иллюзии. По юношеству никого не суди. (Казалось бы – исключение Пушкин, до семи лет толстевший и копавшийся в пыли. Но почем мы знаем, что он думал, верней, что в нем думало, когда он копался в пыли. Свидетелей этому не было. Последующее же – о несуждении по юношеству – к Пушкину относится более, чем к кому-либо. Пушкин, беру это на себя, за редкими исключениями в юношестве – отталкивает.)

О, это потом опять споется – как спелось с Гончаровой. Сознание доросло до инстинкта, не спелось, а спаялось с ним. С первым холстом (с фактом – актом – первого холста, каков бы ни был) Гончарова – зрячая сила, вещь почти божественная.

История моих правд – вот детство. История моих ошибок – вот юношество. Обе ценны, первая как Бог и я, вторая как я и мир. Но, ища нынешней Гончаровой, идите в ее детство, если можете – в младенчество. Там – корни. И – как ни странно – у художника ведь так: сначала корни, потом ветви, потом ствол.

История и до-история. Моя тяга, поэта, естественно, к последней. Как ни мало свидетельств – одно доисторическое – почти догадка – больше дает о народе, чем все последующие достоверности. «Чудится мне»... так говорит народ. Так говорит поэт.

Если есть еще божественное, кроме завершения, мира явленного, то – он же в замысле.

Еще божественнее!

Но есть и еще одно – уже не божественное, а человеческое – в личной биографии большого человека: то сжатие сердца, с которым встречаем гончаровское деревцо. То соучастие сочувствия, вызываемое в нас, всех так игравших, ею, доигравшей и выигравшей.

У подножия тех соборов – та картонка.

Простое умиление сердца.

Две Гончаровы

– Что Вы сейчас пишете?
– Наталью Гончарову.
– Ту или эту?

Значит, две. Две и есть. Чем руководствовались родители нашей, назвав ее тем именем, еще раз возобновив в наших ушах злосчастное созвучие, почти что заклеймив. В честь? Мысленно оставляю пустое место. В память? Помним и так. Может быть – и скорее всего – попросту: у нас-де в роду имя Наталья. Но именно таким попросту орудует судьба. К этому еще вернусь, говоря о Наталье Гончаровой – той.

Наталья Гончарова – та – вкратце.

Молодая девушка, красавица, та непременная красавица многодочерних русских семейств, совсем бы из сказки, если из трех сестер – младшая, но старшая или младшая, красавица – сказочная, из разорившейся и бестолковой семьи выходит замуж за – остановка – за кого в 1831 г. выходила Наталья Гончарова?

Есть три Пушкина: Пушкин – очами любящих (друзей, женщин, стихолюбов, студенчества), Пушкин – очами любопытствующих (всех тех, последнюю сплетню о нем ловивших едва ли не жаднее, чем его последний стих), Пушкин – очами судящих (государь, полиция, Булгарин, иксы, игреки – посмертные отзывы) и, наконец, Пушкин – очами будущего – нас.

За кого же из них выходила Гончарова? Во всяком случае, не за первого и тем самым уже не за последнего, ибо любящие и будущие – одно. Может быть, за второго – Пушкина сплетен – и – как ни жестоко сказать – вернее всего, за Пушкина очами суда. Двора: за Пушкина – пусть со стихами, но без чинов, – за Пушкина – пуще, чем без чинов – вчерашнего друга декабристов, за Пушкина поднадзорного.

Что бы ни говорилось о любви Николая I к Пушкину, этого слова государя о поэте достаточно: «Здесь все тихо, и одна трагическая смерть Пушкина занимает публику и служит пищей разным глупым толкам. Он умер от раны за дерзкую и глупую картель, им же посланную, но слава Богу, умер христианином». И еще, в ответ на нижеследующие слова Паскевича: «Жаль Пушкина, как литератора, в то время, когда его талант созревал, но человек он был дурной». – «Мнение твое о Пушкине я совершенно разделяю, и про него можно справедливо сказать, что в нем оплакивается будущее, а не прошедшее». (Будущее – что? «Хороший» человек, в противовес «дурному», бывшему? Или будущий большой писатель? Если первые – откуда он взял, вернее, как он, хоть на ноготь зная Пушкина, мог допустить, что Пушкин будет – «хорошим» в его толковании!) Да даже если бы на смертном одре самоустно ему, государю, поклялся – клянется умирающий, держит (не держит) живущий. Если же второе, неужели государю всего данного Пушкиным было – мало? Где он видал больше? Да было ли больше в тридцать шесть лет? Но Бог иногда речет устами (даже цензоров!) – бывшее бы (поведение, дарование) вот что хотел сказать, а сказал будущее, то есть назвал нас, безутешных в таком пушкинском окружении.

Николай I Пушкина ласкал, как опасного зверя, который вот-вот разорвет. Пушкина – приручал. Беседа с «умнейшим человеком России»? Ум – тоже хищный зверь, для государей – самый хищный зверь. Особенно – вольный. Николай I Пушкина засадил в клетку, а клетку позолотил (мундир камер-юнкера и – о, ирония! – вместо заграничной подорожной – открытый доступ в архив, которым, кстати, Пушкина при себе и держал. – «Ты в отставку, а я тебе архивную дверь перед носом». И Пушкин – остался. Вместо деревни – Двор, вместо жизни – смерть).

Николай I Пушкина видел под страхом, под страхом видела его и Гончарова. Их отношение – тождественно. Если Николай I, как мужчина и умный человек, боялся в нем ума, Наталья Гончарова, как женщина, существо инстинкта, боялась в нем – его всего. Николай I видел, Наталья Гончарова чуяла, и еще вопрос – какой страх страшней. Ума ли, сущности ли, оба, и государь, и красавица, боялись, и боялись силы.

Почему Гончарова все-таки вышла замуж за Пушкина, и некрасивого, и небогатого, и незнатного, и неблагонадежного? Нелюбимого. Разорение семьи? Вздор! Такие красавицы разорять созданы. Захоти Гончарова, она в любую минуту могла бы выйти замуж за самого блистательного, самого богатого, самого благонадежного, – самое обратное Пушкину. Его слава? Но Гончарова, как красавица – просто красавица – только, не была честолюбивой, а слава Пушкина в ее кругах – ее мы знаем. Его стихи? Вот лучшее свидетельство, из ее же уст:

«Читайте, читайте, я не слушаю».

А вот наилучшее, из уст его:

«...Я иногда вижу во сне дивные стихи, во сне они прекрасны, но как уловить, что пишешь во время сна. Раз я разбудил бедную Наташу и продекламировал ей стихи, которые только что видел во сне, потом я испытал истинные угрызения совести: ей так хотелось спать!»

— Почему вы тотчас же не записали этих стихов?

Он посмотрел на меня насмешливо и грустно ответил:

— Жена моя сказала, что ночь создана на то, чтобы спать, она была раздражена, и я упрекнул себя за свой эгоизм. Тут стихи и улетучились.

(А. О. Смирнова, Записки, т. 1.)

Почему же? За что же?

Страх перед страстью. Гончарова за Пушкина вышла из страху, так же, как Николай I из страху взял его под свое цензорское крыло.

Не выйду, так... придется выйти. Лучше выйду. Проще выйти. «Один конец», так звучит согласие Натальи Гончаровой. Гончарова за Пушкина вышла без любви, по равнодушию красавицы, инертности неодухотворенной плоти – шаг куклы! – а может быть и с тайным содроганием. Пушкин знал, и знал в этот час больше, чем сама Гончарова. Не говоря о предвидении-судьбе – всем над и под событиями, – Пушкин, как мужчина, знавший много женщин, не мог не знать о Гончаровой больше, чем Гончарова, никогда еще не любившая.

Вот его письмо:

«...Только привычка и продолжительная близость могут мне доставить привязанность Вашей дочери; я могу надеяться со временем привязать ее к себе, но во мне нет ничего, что могло бы ей нравиться; если она согласится отдать мне свою руку, то я буду видеть в этом только свидетельство спокойного равнодушия ее сердца.

...Не явится ли у нее сожаление? не будет ли она смотреть на меня, как на препятствие, как на человека, обманом ее захватившего? не почувствует ли она отвращение ко мне? Бог свидетель – я готов умереть ради нее, но умереть ради того, чтобы оставить ее блестящей вдовой, свободной хоть завтра же выбрать себе нового мужа, – эта мысль – адское мучение!»

(Пушкин – Н. И. Гончаровой (матери), в перв<ой> половине апреля 1830 г.)

Пушкин в этот брак вступил зрячим, не с раскрытыми, а с раздернутыми глазами, без век. Гончарова – вслепую или вполуслепую, с веками-завесами, как и подобает девушке и красавице.

С Натальи Гончаровой с самого начала снята вина.

(«Молодость, неопытность, соображения семьи». Не доводы. Княгиня Волконская тоже была молода и неопытна, а семья – вспомним ее сборы в Сибирь! – тоже соображала – и как! «Молодость, неопытность, семья» – принадлежность всех невест того времени и ничего не объясняют. Не говоря уже о том, что девушки того круга почти исключительно жили чувствами и искусствами и тем самым больше понимали в делах сердца, чем наши самые бойкие, самые трезвые, самые просвещенные современницы.)

– Эту жизнь мы знаем. Выезжала, блистала, повергала к ногам всех, от тринадцатилетнего лицеиста до Всероссийского Самодержца – нехотя, но не противясь – как подобает Елене, рождала детей, называла их, по желанию мужа, простыми именами. (Мария, Александр) – третьего: «Он дал мне на выбор Гаврилу и Григория (в память Пушкиных, погибших в Смутное время). Я выбрала Григория». Хорош выбор – между удавкой и веревкой! (В данную минуту с ней все мое сочувствие, право матери, явившей в мир, являть и в имени. Не то плохо, что Григорий плох, а что ей пришлось выбрать Григория.)

Безучастность в рождении, безучастность в наименовании, нужно думать – безучастность в зачатии их. Как – если не безучастность к собственному успеху – то неучастие в нем, ибо преуспевали глаза, плечи, руки, а не сущность, не воля к успеху: «вошел – победил». Входить – любила, а входить – побеждать. Безучастность к работе мужа, безучастность к его славе. Предельное состояние претерпевания.

Кокетство? Не больше, чем у современниц, менее прекрасных. Не она более кокетлива – те менее прекрасны. Отсюда успех. Две страсти, если можно применить к ней это слово: свет и обратная страсть: отвращение к деревне. Так, Пушкину на мечту о Болдине: «С волками? Бой часов? Да вы с ума сошли!» И залилась слезами.

Дурная жена? Не хуже других, таких же. Дурная мать? Не хуже других, от нелюбимого мужа. Когда Пушкина убили, она плакала.

Нет в Натальс Гончаровой ничего дурного, ничего порочного, ничего, чего бы не было в тысячах таких, как она, – которые не насчитываются тысячами. Было в ней одно: красавица. Только – красавица, просто – красавица, без корректива ума, души, сердца, дара. Голая красота, разящая, как меч. И – сразила.

Просто – красавица. Просто – гений.

Ибо все: и предательство в любви, и верность в дружбе, и сыновность своим дурным и бездарным родителям (прямо исключающим возможность Пушкина), и неверность – идеям или лицам? (нынче ода декабристам, завтра послание их убийце), и страстная сыновность России – не матери, а мачехе! – и ревность в браке, и неверность в браке, – Пушкин дружбы, Пушкин брака, Пушкин бунта, Пушкин трона, Пушкин света, Пушкин няни, Пушкин «Гавриилиады», Пушкин церкви, Пушкин – бесчисленности своих ликов и обличий – все это спаяно и держится в нем одним: поэтом.

Все на потребу! Керн так Керн, Пугачев так Пугачев, дворцовые ламповщики так дворцовые ламповщики (с которыми ушел и пропал на три дня, слушая и записывая. Пушкина – все уводило).

В своем (гении) то же, что Гончарова в своем (красоте). В своем гении то же, что Гончарова в своем. Не пара? Нет, пара. Та рифма через строку со всей возможностью смысловой бездны в промежутке. Разверзлась.

Пара по силе, идущей в разные стороны, хотелось бы сказать: пара друг от друга. Пара – врозь. Это, а не другое, в поверхностном замечании Вяземского: «Первый романтический поэт нашего времени на первой романтической красавице».

Неправы другие с их «не-парностью». Первый на первой. А не первый по уму на последней (дуре), а не первая по красоте на последнем (заморыше). Чистое явление гения, как чистое явление красоты. Красоты, то есть пустоты. (Первая примета рокового человека: не хотеть быть роковым и зачастую даже этого не знать. Как новатор никогда не хочет быть новатором и искренне убежден, что просто делает по-своему, пока ему уши не прожужжат о его новизне, левизне! – роковое: эманация.)

Наталья Гончарова просто роковая женщина, то пустое место, к которому стягиваются, вокруг которого сталкиваются все силы и страсти. Смертоносное место. (Пушкинский гроб под розами!) Как Елена Троянская повод, а не причина Троянской войны (которая сама не что иное, как повод к смерти Ахиллеса), так и Гончарова не причина, а повод смерти Пушкина, с колыбели предначертанной. Судьба выбрала самое простое, самое пустое, самое невинное орудие: красавицу.

Тяга Пушкина к Гончаровой, которую он сам, может быть, почел бы за навязчивое сладострастие и достоверно («огончарован») считал за чары, – тяга гения – переполненности – к пустому месту. Чтобы было куда. Были же рядом с Пушкиным другие, недаром же взял эту! (Знал, что брал.) Он хотел нуль, ибо сам был – всё. И еще он хотел того всего, в котором он сам был нуль. Не пара – Россет, не пара Раевская, не пара Керн, только Гончарова пара. Пушкину ум Россет и любовь к нему Керн не нужны были, он хотел первого и недостижимого. Женитьба его так же гениальна, как его жизнь и смерть.

«Она ему не пара» – точно только то пара, что спевается! Есть пары по примете взаимного тяготения счастливые по замыслу своему, по движению к – через обеденный ли стол (Филемон и Бавкида), через смертное ли ложе (Ромео и Джульетта), через монастырскую решетку (Элоиза и Абеляр), через все моря (Тристан и Изольда) – через все вопреки – вопреки всем через – счастливые: любящие.

Есть пары – тоже, но разрозненные, почти разорванные. Зигфрид, не узнавший Брунгильды, Пенфезилея, не узнавшая Ахилла, где рок в недоразумении, хотя бы роковом. Пары – всё же.

А есть роковые – пары, с осужденностью изнутри, без надежды ни на сем свете, ни на том.

Пушкин – Гончарова.

Что такое Гончарова по свидетельствам современников? Красавица. «Nathalie est un ange»[71] (Смирнова). «Печать меланхолии, отречения от себя...» (NB! От очередного бала или платья?) Молчаливая. Если приводятся слова, то пустые. До удивительности бессловесная. Все об улыбке, походке, очах, плечах, даже ушах – никто о речах. Ибо вся в улыбках, очах, плечах, ушах. Так и останется: невинная, бессловесная – Елена – кукла, орудие судьбы.

Страсть к балам – то же, что пушкинская страсть к стихам: единственная полная возможность выявления. (Явиться – выявиться!) Входя в зал – рекла. Всем, от мочки ушка до носка башмачка. Всем сразу. Всем, кроме слов. Все être[72] красавицы в paraître.[73] Зал и бал – естественная родина Гончаровой. Гончарова только в эти часы была. Гончарова не кокетничать хотела, а быть. Вот и разгадка Двора и деревни.

А дома зевала, изнывала, даже плакала. Дома – умирала. Богиня, превращающаяся в куклу, возвращающаяся в небытие.

Если друг другу не пара, то только в христианском смысле брака, зиждущегося на совместном устремлении к добру. Ни совместности, ни устремления, ни добра. Впрочем, устремление было: брачная парная карета, с заездом на Арбат, дом Хитровой

---

[71] Наташа – ангел (фр.)

[72] Быть (фр.).

[73] Казаться (фр.).

(туда молодые поехали после венца), гнала прямо на Черную речку. Отсюда пути расходятся: Гончарова – к Ланскому, Пушкин – в Святогорский монастырь.

Языческая пара, без Бога, с только судьбой.

Жуткая подробность. Карета, увозившая Пушкина на Черную речку, на дворцовой набережной поравнялась с каретой Гончаровой. Увидь они друг друга... «Но жена Пушкина была близорука, а Пушкин смотрел в другую сторону».

Фактическое. Пушкин должен был быть убит белым человеком на белой лошади, в которого так свято верил, что даже ошибочно счел его Вейскопфом (он точно свою смерть примерял), – одним из генералов польской войны, на которую стремился – навстречу смерти. Судьба посредством Гончаровой выбирает Дантеса, пустое место, равное Гончаровой. Пушкин убит не белой головой, а каким-то – пробелом.

Кто бы – кроме?

«Делать было нечего, я стал готовиться к поединку, купил пистолеты, выбрал секунданта, привел бумаги в порядок и начал дожидаться и прождал напрасно три месяца. Я твердо, впрочем, решил не стрелять в Пушкина, но выдерживать его огонь, сколько ему будет угодно».

(Гр. В. А. Соллогуб – обиженный им!)

Не такой же, а именно Дантес, красавец, кавалергард, смогший на прощальные прощающие слова Пушкина со смехом ответить: «Передайте ему, что я его тоже прощаю!» Не Дантес смеялся, пушкинская смерть смеялась, – той белой лошади раскат (оскал).

Чтобы не любить Пушкина (Гончарова) и убить Пушкина (Дантес), нужно было ничего в нем не понять. Гончарову, не любившую, он взял уже с Дантесом in dem Kauf,[74] то есть с собственной смертью. Посему, изменила Гончарова Пушкину или нет, только кокетничала или целовалась, только целовалась или другое все, ничего или все, – не важно, ибо Пушкин Дантеса вызвал за его любовь, не за ее любовь. Ибо Пушкин Дантеса вызвал бы в конце концов и за взгляд. Дабы сбылись писания.

И еще, изменила ли Гончарова Пушкину или нет, целовалась или нет, все равно – невинна. Невинна потому, что кукла невинна, потому что судьба, невинна потому, что Пушкина не любила.

А Ланского любила и, кажется, была ему верной женой.

«Первая романтическая красавица наших дней» не боялась призраков. Призрак Пушкина (живого из живых, страстного из страстных – призрак арапа!) страшен. Но она его не увидела, а не увидела его, потому что Пушкин знал, что не увидит. На

---

[74] В придачу (нем.).

призрак нужны – не те очи. Мало на него самых огромных, самых наталье-гончаровских глаз. Последний приход Пушкина был бы его последним поражением: она бы не оторвалась от Ланского, до которого наконец дорвалась.

Наталья Гончарова и Пушкин, Мария-Луиза и Наполеон. Тот же страшный сон, так скоро и так жадно забытый, Гончаровой на груди Ланского, Марией-Луизой на груди Нейперга.

Тяжело с нелюбимым. Хорошо с любимым. Так и в песнях поется. Нужно пожалеть и их.

Что же дальше с Гончаровой?

Раздарив все смертные реликвии Пушкина – «я думаю, вам приятно будет иметь архалук, который был на нем в день его несчастной дуэли», Нащокину – архалук (красный, с зелеными клеточками), серебряные часы и бумажник с ассигнацией в 25 р<ублей> и локоном белокурых волос, Далю – талисманный перстень с изумрудом и «черный сюртук с небольшой, в ноготок, дырочкой против правого паха» – на вынос тела из дому в церковь «от истомления и от того, что не хотела показываться жандармам» не явившись (первое неявление за сто явлений!).

– А вот еще свидетельство, девять недель спустя:

> «То, что вы мне говорите о Наталье Николаевне, меня опечалило. Странно, я ей от всего сердца желал утешения, но не думал, что желания мои исполнятся так скоро».

(А. Н. Карамзин – Е. А. Карамзиной, 8 апреля 1837 года из Рима.)

А вот другое, немного спустя:

> «Ты спрашиваешь меня, как поживают и что делают Натали и Александрина: живут очень неподвижно, проводя время как могут; понятно, что после жизни в Петербурге, где Натали носили на руках, она не может находить особой прелести в однообразной жизни завода, и она чаще грустна, чем весела».

(Д. Н. Гончаров – Екатерине Николаевне Дантес-Геккерн, из Полотняного Завода, 4 сентября 1837 года.)

А вот и эпилог:

Наталья Николаевна Пушкина 18 июля 1844 года вышла замуж за генерала Петра Петровича Ланского.

1837–1844. Что же между? Два года добровольного изгнания на Полотняном Заводе – «Носи по мне траур два года. Постарайся, чтобы забыли про тебя. Потом выходи опять замуж, но не за пустозвона», – потом все то же, под верховным покровительством государя Николая I, не раз выражавшего желание, «чтобы Наталья Николаевна по-прежнему служила одним из лучших украшений его царских приемов. Одно из ее появлений превратилось в настоящий триумф».

Наталья Николаевна и Николай I – еще раз сошлись.

«Спящий в гробе мирно спи,
Жизни радуйся живущий».

Так бы и «радовалась» – до старости, если бы, семь лет спустя после смерти Пушкина, не вышла замуж за Ланского, давшего ей – неисповедимы пути господни! – то, чего не мог дать – раз не дал! – Пушкин: человеческую душу.

Здесь кончается Гончарова – Елена, Гончарова – пустое место, Гончарова – богиня, и начинается другая Гончарова: Гончарова – жена, Гончарова – мать, Гончарова – любящая, новая Гончарова, которая, может быть, и полюбила бы Пушкина.

Ну, а вне Пушкина, Дантеса, Ланского? Сама по себе? Не было. Наталья Гончарова вся в житейской биографии, фактах (другой вопрос – каких), как Елена Троянская вся в борьбе ахейцев и данайцев. Елены Троянской – вне невольно вызванных и – тем – претерпенных ею событий просто нету. Пустое место между сцепившихся ладоней действия. Разведите – воздух.

Вот Наталья Гончарова – та.

Наша:

Молодая девушка, чудом труда и дара, внезапно оказывается во главе российской живописи. Затем… Затем все то же. Никаких фактов, кроме актов. Чисто мужская биография, творца через творение, вся в действии, вне претерпевания. Что обратное Наталье Гончаровой – той? Наталья Гончарова – эта. Ибо обратное красавице не чудовище («la belle et la bête»[75]), как в первую секунду может показаться, а – сущность, личность, печать. Ведь если и красавица – не красавица, красавица – только красавица.

«J'aurais dû devenir très belle, mais les longues veilles et le peu de soins que je donnais à ma beauté…» (George Sand, «Histoire de ma vie…»)[76]

---

[75] Красавица и чудовище (фр.).

И еще – беру наугад: «Она происходила из московского купеческого рода Колобовых и была взята в замужество в дворянский род не за богатство, а за красоту. Но лучшие ее свойства были – душевная красота и светлый разум, в котором...» и т. д., и от красоты уже откатились, чтобы больше к ней не возвращаться (Лесков о своей бабушке). И – тысяча таких свидетельств. Так, многие красавицы рожденные красавицами не были – «Ne daigne»[77] красоте, как Наташа Ростова – уму, как многие – славе, как столькие – счастью! Чтобы быть красавицей – счастливицей – нужно, если не: этого хотеть, то во всяком случае этому не противиться. Всякое отклонение – сопротивление.

Так по какой же примете сравниваю двух Гончаровых? Неужели только из-за одинаковости имен и родства – даже не прямого? С моей стороны – не легкомыслие ли, а для Гончаровой – нашей – не оскорбление ли? Эту весомость – с тем ничтожеством? Это всё – с тем ничто? Словом, родись Наталья Гончарова, – наша – в другой семье и зовись она не Наталья и не Гончарова, – сравнивала бы я ее с Натальей Гончаровой – той? Нет, конечно. Стало быть, все дело в именах?

Дело в роде Гончаровых, давшем России одну Гончарову, взявшую, другую – давшую. Одну – Россию омрачившую, другую – возвеселившую. Ибо творчество Натальи Гончаровой – чистое веселье, слава в самом чистом смысле слова, как солнце – слава. Красавица Россию, в лице Пушкина, каждым острием своих длинных ресниц, проглядела, труженица Россию, каждым своим мазком и штрихом, – явила. Ибо гончаровские «Испанки» такая же Россия, как пушкинский «Скупой рыцарь», полное явление русского гения, все присваивающего. (К этой перекличке Гончаровой с Пушкиным я еще вернусь.) Не прямая правнучка (брата Н. Н. Гончаровой.) Так и возмещение ее – боковое ответвление. Поэт. Художник. Но корень один: русский гений.

Через голову красавицы, между Пушкиным и художником – прямая связь. Полотняный Завод, где пушкинскими стихами исписаны стены беседки. И не думающая об этом в данную минуту – Гончарова. «Там я много работала... Если бы Вы знали, что такое Полотняный Завод – та жизнь! Нигде, нигде на свете, ни до, ни после, я не чувствовала – такого счастья, не о

---

76 «Я должна была бы стать весьма красивой, но продолжительные бдения и недостаточный уход за собой...» (Жорж Санд, «История моей жизни») (фр.).

77 Не снисхожу (фр.).

себе говорю, в воздухе – счастья, счастливости самого воздуха! Вечный праздник и вечная праздность, – все располагало: лестницы, аллеи, пруды… С утра пенье, а я с утра – дверь на крюк. Что бы там ни пелось – дверь на крюк. Потому что иначе нельзя: не сейчас – так никогда. Ну, успею переодеться к обеду – переодеваюсь, а то так, в рабочем балахоне…»

«Чтобы там ни пелось…» Как Одиссей, связавший себя от сирен – дверь на крюк. Крюк! Гарантия не только от входов, но и от выходов, – самозапрет.

А вот пушкинское свидетельство, которого, знаю, не знает Гончарова:

> «…Одним могли рассердить его не на шутку. Он требовал, чтобы никто не входил в его кабинет от часа до трех; это время он проводил за письменным столом или ходил по комнате, обдумывая свои творения, и встречал далеко не гостеприимно того, кто стучался в его дверь».

(С. Н. Гончаров, брат Н. Н. Гончаровой.)[78]
И еще одно:

> «Однажды Пушкин работал в кабинете; по-видимому, он всецело был поглощен своей работой, как вдруг резкий стук в соседней столовой заставил его вскочить. Насильственно отторгнутый от интересной работы, он выбежал в столовую сильно рассерженный. Тут он увидел виновника шума, маленького казачка, который рассыпал ножи, накрывая на стол. Вероятно, вид взбешенного Пушкина испугал мальчика, и он, спасаясь от него, юркнул под стол. Это так рассмешило Пушкина, что он громко расхохотался и тотчас покойно вернулся к своей работе».

(А. В. Середин. «Пушкин и Полотняный Завод». По записи Д. Д. Гончарова.)

В промежутке – вышивающая, зевающая, изнывающая Наталья Гончарова – та.

Пушкин «Царя Салтана» слышит (начало стиха – звук), Гончарова «Царя Салтана» видит (начало штриха – взгляд). Оба

---

[78] Прадед Н. С. Гончаровой (примеч. М. Цветаевой).

являют. В промежутке гончаровское «Читайте, читайте, я не слушаю». Промежуток зевка. (Что зевок, как не признание в отсутствии – меня нет.)

– «А вот Игорь для немецкого издания». Смотрю (речь впереди) и первая мысль: Пушкин против Каченовского утверждающий подлинность Игоря.

– А вот иллюстрации к царю Салтану... Смотрю (речь впереди), и не мысль уже, а молния:

– Если бы Пушкин...

«Моя родословная»

Обман зрения всей России, видевшей – от арапской крови, «Арапа Петра Великого» и «Цыган» – Пушкина черным. (Правильный обман.) Был рус. Но что руководило стариком, никогда не читавшим Пушкина? А вот: «В те дни сложилось предание, что Пушкин ведается с нечистою силой, оттого и писал он так хорошо, а писал он когтем». (Воспоминания одного из современников.) Старик Пушкина черным и страшным видел от страха.

И – живой голос Пушкина с Полотняного Завода: «Жена моя прелесть, и чем доле я с ней живу, тем более люблю это милое, чистое и доброе создание, которого я ничем не заслужил перед Богом».

Конец августа 1834 года, а в феврале 1837 года «милое, чистое и доброе создание, ничем не заслуженное перед Богом» приезжает на тот же Полотняный Завод – вдовой. Здесь протекают первые два года ее вдовства, сначала в отчаянии (может быть – раскаянии?) – потом в грусти, – потом в скуке.

Смерть Пушкина, которую я, в иные часы, особенно любя его, охотно ее вижу в прелестном обличий Гончаровой, – Гончаровой прощания, например, поящей с ложечки, – чем в хохочущей образине Дантеса, смерть Пушкина вернулась к месту своего исхождения: на первом ткацком станке Абрама Гончара ткалась смерть Пушкина.

Еще одно, чтобы больше к этому не возвращаться – к тому, от чего оторваться нельзя! – какое счастье для России, что Пушкин убит рукой иностранца. – Своей не нашлось!

В лице Дантеса – пусть, шуана (потом – бонапартиста), Пушкин убит сыном страны Вольтера, тем смешком, так омрачившим его чудесный дар. Ведь два подстрочника вдохновения Пушкина: няня Арина Родионовна и Вольтер. Няня Арина Родионовна (Россия) на своего выкормыша руки не подняла.

Больше скажу: Вольтер жил в нем, и в каком-то смысле (не женитьба на Гончаровой, – а... «Гавриилиады» хотя бы) в переводе на французский вернувшийся в свою колыбель; смерть Пушкина – рукой Дантеса – самоубийство. Дантес – ancien régime?[79] Да, Дантес, смеющийся в лицо умирающему, пуще, чем вольтерьянец, смеющийся в лицо только своей. («Dieu me pardonnera, c'est son métier!»[80]) (Гейне). Оскал Дантеса – вот расплата за собственный смешок.

«Es-tu content, Voltaire, et ton hideux sourire?..»[81]

И еще одно: все безвозвратно, и едва ли когда-нибудь мне придется еще – устно – вернуться к смерти Пушкина – какая страшная посмертная месть Дантесу! Дантес жил – Пушкин рос. Тот поднадзорный и дерзкий литератор, запоздалый камер-юнкер, низкорослый муж первой красавицы, им убитый, – превращался на его глазах в первого человека России, не «шел в гору», а в гору – вырастал. «Дело прошлое», – так начал Соболевский свой вопрос – в упор – Дантесу (на который солгал или нет – Дантес?). В том-то и дело, что делу этому никогда не суждено было стать прошлым. Дантесу «освежала в памяти» Пушкина – вся Россия.

«Он уверял, что и не подозревал даже, на кого он подымает руку» (А. Ф. Онегин).

Тогда не подозревал, потом – прозрел.

Убийца в нем рос по мере того, как вырастал – вовне – убитый. Дорос ли Дантес до простого признания факта? Кто скажет? Во всяком случае, далеко от кавалергардского смеха до – последнего, что мы знаем о нем, – стариковского: «Le diable s'en est mélé!»[82]

Первый, о ком слышно, – Абрам Гончар. Абрам Гончар первый пускает в ход широкий станок для парусов. А России нужны паруса, ибо правит Петр. Сотрудник Петра. Петр бывает в доме. Несколько красоток дочерей. Говорят, что в одну, с одной... Упоминаю, но не настаиваю. Но также не могу не упомянуть, что в одном позднем женском – (гончаровской бабушки) – лице лицо Петра отразилось, как в зеркале. Первый, о ком слышно, изобретатель, умница, человек, шагавший с временем, которое тогда шагало шагом Петра. Современник будущего – вот Абрам Гончар. Первый русский парус – его

---

[79] Здесь: представитель «прежнего времени» (фр.).

[80] «Бог меня простит, это его ремесло» (фр.).

[81] «Доволен ли ты, Вольтер, и твоя отвратительная улыбка?» (фр.).

[82] «Нечистый попутал!» (фр.).

парус.

Абрамом Гончаром основан в 1712 г. первый полотняный завод, ставший впоследствии селом, потом и городком того же имени.

> «„Полотняный Завод" имение Гончаровых в Медынском уезде, Калужской губ<ернии>, где живал Пушкин после своей женитьбы. Тут когда-то был полотняный завод, которого ныне нет и следа. Обширное торговое и промышленное село, торговое, своею деятельностью и базаром, оно издавна служило значительным торговым центром на довольно большом расстоянии. Здесь писчебумажная фабрика Гончаровых. Местоположение Полотняного Завода прелестно. Помещичья усадьба, с великолепным старинным господским домом, на самом берегу реки. Не так далеко от него стоял на берегу реки деревянный флигель, слывущий до сих пор в народе под названием дома Пушкина. В нем поэт постоянно живал после своего брака, приезжая гостить к Гончаровым. Внутренние стены этого строения, имеющие вид маленького помещичьего дома, были исписаны Пушкиным; теперь от этого не осталось и следа».

(В. П. Безобразов – Я. К. Гроту, 17 мая 1880 г.)

Запись, отстоящая от смерти Пушкина на те же пятьдесят лет, что и от нас. (Кстати, я, пишущая эти строки и рожденная в 1892-м году, еще застала сына Пушкина, почетного опекуна, бывавшего в доме у моего отца – Трехпрудный переулок, д<ом> № 8, соседнем дому Гончаровых. Сын Пушкина, несомненно, встречал в переулке свою двоюродную внучку.)

Та же я, в 1911 году, в Гурзуфе, знала столетнюю татарку, помнившую Пушкина. «Я тогда молодая была, двенадцать лет было. Веселый был, хороший был, на лодке кататься любил, девушек любил, орехи, конфеты дарил. А волосы»… и трель столетних пальцев в воздухе.

На Полотняном Заводе, проездом в Крым, останавливалась Екатерина. Там же стоял и Кутузов.

Полотняный Завод. Громадный красивый сад, ныне торг и пустырь. Пруды уцелели. Красный дом – пушкинский, собственно, – исчез почти совершенно. Большой дом, «дворец

Гончаровых», цел до наших, 1929 года, дней. Девяносто комнат. Башни, вроде генуэзских.

Красный сад, красный дом. В русском слове красный – мне всегда слышится страшный, и первая ассоциация – пожар! (Читаю, уже по написании, сыну сказку. Солдат мужику: «Что такое красота?» «Хлеб – красота». Тот бац его по щеке: «Огонь – красота!» – Перекличка.)

Пушкин на Полотняном Заводе был дважды; в первый раз еще женихом, и жил тогда в красном доме. Во второй раз – поздней осенью 1834 года. «Еще недавно один из оставшихся стариков, бывший крепостной художник, говаривал так: „еще бы не знать Пушкина; бывало, сидят они на балконе в красном доме, а мы детьми около бегаем. Черный такой был, конопатый, страшный из себя"».

Дворянство Гончаровы получают при Екатерине, в 1780 году, точно нарочно, чтобы дать Пушкину «жениться на благородной». Кстати, вся mentalité[83] семьи Гончаровых, особенно матери (исключение Сергей Николаевич Гончаров, прадед нашей) – определенно купеческая. В лице Натальи Ивановны Гончаровой Пушкину дана была самая настоящая теща. – В их герб вошли все элементы масонских знаков: серебряный, с золотой рукоятью, меч, пятиугольная звезда, а сверху, вместо щита, полукруглый фартучек – принадлежность посвящения в вольные каменщики.

Среди предков Натальи Сергеевны есть и музыканты (любители) и художники (любители). Не забыть мужененавистницы на качелях, впоследствии вольнодумки и одиночки. В ней-то и отразился лик Петра. Кровь русская, с примесью татарской (Чебышевы). Мать из духовного звания (Беляева), отец – архитектор, выдающийся математик.

Так, от Абрама Гончарова с его станком, до Гончаровой нашей с её станком[84] –труд, труд и труд. В этом роду бездельников не было.

Гончарова – наша – потомок по мужской линии.

Первая Гончарова

– «Я одно любила – делать». Вот во всей скромности и непосредственности предельное признание – в призвании.

Есть дети с даром занятости, есть – с жаждой ее. «Дай мне

---

[83] Строй мыслей (фр.).

[84] Мольберт, по-русски, станок. Станковая живопись в противовес декоративной (примеч. М. Цветаевой).

чем-нибудь заняться, мне скучно», из такого ребенка – ясно, что выйдет, ибо собственной занятости ищет извне. Пустая рука, пустое нутро будущего прожигателя и пожирателя, для которого та же Гончарова – только поставщик. Рука – спрут, нутро – прорва. Жест – грабель и спрута. Движение Гончаровой – девочки от дела: даяние, творение, явление. Жест дела. Жест дара. (И удара!)

Посмотрим по этой линии деланья ее дальнейшую жизнь. В гимназическом классе рисования ничем не выделяется – разве непосильностью задач, недоступностью выбираемых образцов. (В те времена рисовать – срисовывать.) Гимназию, на самом краю золотой медали (не честолюбие, не любовь к наукам, не способности, – трудоспособность, нет: трудострасть!) кончает семнадцати лет. После гимназии – в Школу Живописи и Ваяния? Нет, сначала медицинские курсы. Три дня, положим, но шаг – был. В чем дело? В непосредственном деле рук: руками делать. Есть у немцев такое опрседеление юности: «Irrjahre»[85] (irren – и заблуждаться, и блуждать). Только у Гончаровой они не годы – год – даже меньше. Три дня медицинских курсов (не анатомический театр, а мужеподобность медичек, не обоняние, душа не вынесла – и полугодие Высших женских курсов (Историко-филологический факультет). Если медицина еще объясняется понятием рукомесла, то Историко-филологическому факультету, и дальшему ей по сущности и дольше затянувшемуся, объяснение стороннее: подруга, с которой не хотелось расставаться. Нужно ведь очень вырасти, чтобы не идти за любимым вслед. Но экзамены подходят, и Гончарова сбегает. На этот раз почти домой: на скульптурное отделение Школы живописи и ваяния. Почему же все-таки не на живописное? Да потому, что – вспомним возраст и склад героини! – скульптура больше дело, физически больше – дело. Больше тело дела, чем живопись – только касание. Там касание, здесь проникновение руки в материал, в плоть вещества. (Не знала тогда Гончарова, что когда-то будет возглавлять плоскостную живопись, в противовес – глубинной.) – Боковое ответвление дарования в данную минуту более соответствует всей сути, чем ствол.

«Я думаю, в этом была просто безграничная потребность в деятельности. Была минута, когда я могла стать архитектором». Этого критик, коривший ее за «не-картины, а соборы», не знал. Очевидно, в каком-то смысле зодчим – стала.

Чем же знаменуется пребывание Гончаровой в скульптурном классе? Устроением ею, будущей Гончаровой, красок, чисто скульптурной выставки, первой в стенах школы.

---

[85] «Годы исканий» (нем.).

Все это пока еще – дар труда, ибо сам дар, следовательно, и труд дара, еще не открыт. Дальше – золотая медаль и встреча с Ларионовым.

Говорить о Гончаровой, не говоря о Ларионове, невозможно. Во-первых и в-главных: Ларионов был первый, кто сказал Гончаровой, что она живописец, первый раскрывший ей глаза – не на природу, которую она видела, а на эти же ее собственные глаза. «У вас глаза на цвет, а вы заняты формой. Раскройте глаза на собственные глаза!»

Поздняя осень, ранние заморозки. Петровский парк, красные листья, седая земля. Дома – неудачная схватка с красками. «Целый мир, с которым не знаю, как схватиться (сочтя за обмолвку) – как охватить»… Нет, поправлять не надо, никакого охвата, а именно схватка, не на жизнь, а на смерть, кто кого. «Я вдруг поняла, что то, чего мне не хватает в скульптуре, есть в живописи… есть – живопись». Дни идут, может быть, недели (не месяцы). Ничего не выходит. «Какие-то ужасные вещи, о которых я только потом понял, как они прекрасны» (Ларионов). (Показательно: первые вещи Гончаровой гораздо ближе к нынешним, чем непосредственно следовавшие. Ребенок и мастер сошлись.) И вот – разминка, размолвка двух художников, три дня не видящихся, – не забудем, как это много в начале дружбы и жизни. – «Прихожу – вся стена в чудесах. Кто это делал?» – «Я…» С тех пор – пошло. Магических три дня, когда, никого не ожидая, ни на что не рассчитывая, от огорчения, от злобы – сердце сорвать! – Гончарова, сразу, как по заказу, поняв, в чем дело, сразу, как по заказу, заполняет целую стену первой собой. (Другая бы сидела и плакала.) Дружбе обязана осознанием себя живописцем, ссоре – первым живописным делом.

Говорить о Гончаровой, не говоря о Ларионове, невозможно еще и потому, что они с восемнадцати лет ее и с восемнадцати лет его, с тридцати шести своих совместных лет, вот уже двадцать пять лет как работают бок о бок, и еще двадцать пять проработают.

Чтобы покончить со скульптурой – Гончарова еще раз с ней встретилась. В – каком? – году (несущественность для Гончаровой хронологии, почти нет дат), совсем молодая еще Гончарова едет на Юг, в Тирасполь, на сельскохозяйственную выставку, расписывать плакаты. (Здание выставки строил отец.) «Нужны были какие-то породистые скоты. Скоты, по мнению заказчика, не сходились с пейзажем. А главное, не сошлись в оценке породистости. Я хотела выразительных и тощих, заказчик требовал упитанных. Вместо коров капители» (ионические, к колоннам здания).

Первая поездка Гончаровой на Юг. Первый Юг первой

Гончаровой. Сухой юг, не приморский, предморский. Степь. Днестр. Бахчи. Душистые травы. Шалфей, полынь, чабрец. «Типы евреев, таких непохожих на наших, таких испанских. Глядя на своих испанок, я их потом узнала».

Непосредственным отзвуком этой первой поездки – акации, заборы с большими птицами, – не Москва. О, как навострилось мое ухо от акаций и птиц! И непередаваема интонация, с которой она, москвичка, подмосковка, тульчанка, это выводила – не Москва. Какая утоленная жажда северянина! Гончарова – как ни странно – зимы никогда не любила и, проживя до двенадцати лет в деревне, ни одной зимы не помнит. «Была же, и гулять, нужно думать, водили, – ничего». Зиму она претерпевала, как Прозерпина – Аид.

О роли лета и зимы в творчестве Гончаровой. Лето для нее накопление не материала, а навыка, опыта. Лето – приход, зима – расход. Летом ее живопись живет, ест и пьет, зимой работает. Зима – Москва. Московские работы все большие, по замыслу, лето – зарисовки. Природа и жизнь на лету. Еще одно о гончаровском лете – в такой жизни частностей нет. «Мы с Ларионовым как встретились, так и не расставались. Много – месяц, два… По летам разъезжались, он к себе, в деревню, я по России».

Бытовые причины? Да, все они, как льготные условия гончаровской мастерской, – лишь прикрытие иных. Рогожка: все тело сквозит! Гончарова и Ларионов, никогда не расстающиеся, по летам разъезжаются потому, что лето – добыча, а на добычу – врозь. Чтобы было потом чем делиться. «Никогда в жизни», и в голосовую строчку: «по летам расставались». Да, ибо лето не жизнь, вне жизни, не в счет, только и в счет. Так, как ни странно: отшельничают вместе, кочевничают врозь.

А вот второй Юг Гончаровой – морской. Первое ее мне слово о море было: «очарование»… «Да, именно очарование». И в ответ мое узнавание: где? когда? у кого? Вот так, вместе: море и очарование. Ведь ушами слышала! И в ответ, именно ушами слышанное, – ведь с семи лет говорила наизусть:

> Ты ждал, ты звал, я был окован,
> Вотще рвалась душа моя!
> Могучей страстью очарован,
> У берегов остался я.

Странность детского восприятия. Семи лет я, конечно, не знала, кому и о чем, только знала: Хрестоматия Покровского – Пушкин – К морю. Следовательно, все написанное относится к морю и от него исходит. Ты ждал, ты звал, я был окован (морем, конечно), вотще (которое я, не понимая, произносила как туда, то есть к тебе (к морю) рвалась душа моя, могучей страстью (то есть, опять-таки, морем) очарован, у берегов остался я. Остался потому, что ты слишком звал, а я слишком ждал. Зачарованность до столбняка. Столбняк любви.

И вдруг Гончарова со своим очарованием. Еще одно соответствие. В чем гениальность пушкинского четверостишия? В непредвиденности словоряда третьей строки. Могучей страстью, да еще очарован. Зачарованность мощью. Непредвиденность эпитета могучей и страсти и непредвиденность понятия очарованности мощью. (Непредвиден не только словоряд, но и смыслоряд.) Страсть: жаркая, неистовая, роковая и пр., и пр., ни у кого: могучая, очарованность – красотой, грацией, слабостью, никогда: мощью. (Показательная обмолвка: Пушкин очарован не данной женщиной, а «могучей страстью» – безымянным. Усложненный и тем – нередкий случай – уточненный образ. Усложненный тем, что первичное, женщину, он заменил вторичным: своим чувством к ней (переведя на слова: «Деву», конкретность, «страстью», отвлеченностью; очарованность страстью – отвлеченность на отвлеченность); уточненный тем, что ни один поэт ни ради ни одной женщины не оставался на берегу, и каждый (если у поэта есть множественное) – из-за собственного чувства – хотя бы к ней. Морю он противуставляет страсть, по тогдашним (и всегдашним!) понятиям – морей морейшее. Противупоставь он морю – «деву», мы бы Пушкина жалели – или презирали.)

И то же, точь-в-точь то же, Гончарова со своей настойчивой очарованностью морем (громадой). Поражена, потрясена, – нет, именно очарована.

Пушкинское море: Черное, Одесса, Ялта, Севастополь. – «Когда? Не помню. Поездки не включаются ни в какой год». (Так я, в конце концов, и отказалась от дат.) – «Графская пристань. Вы, может быть, помните? Мальчики ныряли за гривенниками»... Вода, серебряная от мальчиков, мальчики, серебряные от воды, серебряные мальчики за серебряными гривенниками. Море и тело. Море, тело и серебро. – «У меня уже в Москве было море, хотя я его еще никогда не видела. Много писала. А когда увидела: так же дома, как в Тульской губернии, те же волны – ветер – и шум тот же. Та же степь. Там волны – и здесь волны. Там – конца нет, здесь – краю нет»...

> Мужайся, корабельщик юный,
> Вперед, в лазоревую рожь.

Вот Гончарова, никогда стихов не писавшая, в стихах не

жившая, поймет, потому что глядела и видела, а глядевшие и не видевшие, а главное, не любившие (любить – видеть): «современные стихи… уж и рожь пошла лазоревая. Завтра лазурь пойдет ржаная»…

– Давно – пойдет.

– Пушкин бы понял. –

«Из орнаментов особенно любила виноград, я его тоже тогда еще никогда не видела». Как это говорит – одна Гончарова или весь русский народ с его сказками и хороводами:

«Розан мой алый, виноград зеленый!»

И Гончарова, точно угадав мою мысль: «Странно. Из всего стапятидесятимиллионного народа навряд ли десять тысяч видели виноград, а все о нем поют». К слову. Есть у Гончаровой картина – сбор винограда, где каждая виноградина с доброе колесо. Знает ли Гончарова русскую сказку, где каждая виноградина с доброе колесо? Сомневаюсь, ей сказок знать не надо, они все в ней. Когда-то кто-то что-то слухом слышавший, от жажды, от тоски стал врать друзьям и родным, что есть, де, такая земля, сам там был (был в соседнем селе), где каждая виноградина с доброе колесо. («Сам там был, мед-вино пил, по усам текло, а в рот не попало», – оттуда присказка!) Та же Гончарова, от жажды, от тоски усаживающая своего сборщика на трехпудовую виноградину. «Я тогда еще никогда не видала растущего винограда. Ела – да, но разве одно: из фунтика или живой?»

Притча

…Впрочем, у меня и в Москве был виноград – не о вещах говорю, живой. Ели виноград, уронили зернышко, два зернышка. Зернышки проросли, завили все окно. Усики, побеги. Виноград на нем, конечно, не рос, но уж очень хорош сам лист! Зимой сох, весной завивал всю стену. Рос он в маминой комнате…

Когда я это слушала, я сказала себе: притча. И сейчас настаиваю, хотя в точности не знаю, почему. Притча. Подобие, иносказание. Через что-нибудь очень простое дать очень большое; очень бытовое – вечное. Иными словами: ели и выбросили, упало и проросло. Упавшее проросло, выброшенное – украсило, возвеселило. А может быть, еще и звук слова виноград, ягода виноград – евангельская.

Мне очень жаль расставаться с этим воспоминанием, особенно с «рос он в маминой комнате» – для печати, но

Гончарова сама этого никогда не запишет, только напишет, — и никто не будет знать, что это тот виноград. Моя запись — подстрочник к тому винограду.

Есть вещи, которые люди должны делать за нас, те самые, которые нам дано делать только за других. Любить нас.

Странное у меня чувство к первой Гончаровой, точно она ничего не познает, все узнает. Вот пример. Рассказывает она мне об одной своей вещи, корабле с красным парусом. «А ведь красные бывают, — сказала я, — я видела с красными. В Вандее, в рыбацком поселке, по утрам все море горит». — А я не видала, только рыжие видела. Вот черные — видела. — «Черные? Да этого быть не может, этого просто нет. Кто же выедет — с черным парусом?» — Значит, я их выдумала. — «Не совсем. (Черный парус Тезея, черный парус Тристана, знаю: не знает обоих.) — Вы их издалека увидели».

Этого уже не объяснишь Гончаровой — Русью. Или же: у Руси глаза велики.

«Внешние события»

«Внешняя жизнь Гончаровой так бедна, так бедна событиями, что даже и не знаешь, какие назвать, кроме дня рождения выставок».

Кажется — самое простое, общее место. И, кажется, сердиться бы не на что. Но — таинственность общих мест. И — есть на что.

Во-первых, неверность фактическая. Что такое жизнь, богатая событиями? Путешествия? Они были. Если не за границу (за одну границу), то по всему за край свету — России. Встречи с людьми? С лучшими своего времени, с верховодами его. Американского наследства — не было. Выигрыша в 200 тысяч — тоже не было. Остальное было — всё. Как у каждого, следовательно — помножив на творческий множитель — неизмеримо больше, чем у каждого.

Второе — что такое внешнее событие? Либо оно до меня доходит, тогда оно внутреннее. Либо оно до меня не доходит (как шум, которого не слышу), тогда его просто нет, точнее, меня в нем нет, как я вне его, так оно извне меня. Чисто-внешнее событие — мое отсутствие. Все, что мое присутствие, — событие внутреннее. Событие, которое меня касается, просто не успевает быть внешним, уже становится внутренним, мною. О каких же тогда внешних событиях говорит биограф? Если о внешних событиях — поводах, о внешних — внутренних, куда же он девал все 800 холстов Гончаровой, являющихся — тем или иным, но — ответом на внешнюю жизнь. Если же о внешних — внешних, недошедших (как шум, которого не слышу), оставшихся извне меня, несбывшихся, то не прозвучит ли его фраза так: «Жизнь Гончаровой удивительно бедна отсутствиями»... С чем и соглашусь.

«Жизнь Гончаровой так бедна, так бедна». Это ему со стороны бедна, потому что смотрит со стороны, извне себя, а не изнутри Гончаровой. Для него бы и та степь была бедна, у нее с той степи – Апостолы. Жизнь Гончаровой была бы бедна, если бы Гончарова была паралитиком или всю жизнь просидела в тюрьме (задумчивое замечание Гончаровой, которой я это говорю:

«Да и то...»). Пока Гончарова с глазами и с рукой – видит и водит, – Гончарова богата, как и где бы ни жила.

«Внешняя жизнь Гончаровой так бедна, так бедна...» А всего только одно слово изъять, и было бы правдой. Третье. Имя. Не гончаровская внешняя жизнь бедна, ибо у нее, для нее нет такой, а сама внешняя жизнь – без Гончаровой: души, ума, глаза. Присутствие Гончаровой (собирательное) во внешней жизни и фразе – гарантия богатства жизни и бессмысленности фразы.

Внешняя жизнь – есть. Только не у Гончаровой. Внешняя жизнь у всех пожирателей, прожигателей, – жрущих, жгущих и ждущих. Чего? Да наполнения собственной прорвы, тех самых «внешних событий», тогда как Гончарова, не ждущая, спокойно превращает их в повод к собственному содержанию.

Повод к самой себе – вот внешние события для Н. Гончаровой. Содержание самого себя – вот внешние события – хотя бы для ее биографа. Банкроты отродясь. Примета пустоты – за событиями гнаться, примета Гончаровых – внешние события гнать. Да, ибо, неизбежно становясь внутренними, отвлекают, мешают в работе. И – кажется, главное найдено: внешнее событие – лишнее событие. Говорят об охране труда. Я скажу о самоохране труда. Об отборе внутренних событий, работе, если не впрок, то во вред. Рабочая единица не день, не час, а миг. Равно, как живописная единица не пласт, а мазок. Взмах данного мазка. Миг данного взмаха. Данного и мною данным быть имеющего. Ответственность – вот «бедность» «внешней жизни» Гончаровой, радость, называемая аскетизмом, мертвая хватка в вещь, называемая отказом.

И еще одно, о чем не подумал биограф.

Есть люди – сами события. Дробление события самой Натальи Гончаровой на события. Единственное событие Натальи Гончаровой – ее становление. Событие нескончаемое. Не сбывшееся и сбыться не имеющее – никогда. (Так же верно будет: родилась: сбылась). Скандал «Ослиного хвоста» или виноградное зернышко, завившее всю стену, – через все Гончарова растет.

Биограф, не сомневаюсь, Гончаровой хотел польстить. Из ничего, мол, делает все. Да для Гончаровой ведь нет «ничего», пустой звук, даже и звук не пустой, раз – звук. Не понял биограф, что, допустив хоть на секунду возможность для Гончаровой «ничего», – ничего от нее не оставил, уничтожил ее всю. Возможность увидеть жизнь внешней – вот единственная возможность жизни грешной.[86] Возможность не ощутить ничего – вот единственная возможность ничего, ибо ощутить ничего (небытие) – это опять-таки ощутить: быть.

(Все из себя дающий есть все в себя берущий: отдающий. Все – только из всего.)

Возможность не – то, чего заведомо лишена Гончарова.

Русские работы

Жизнь Гончаровой естественно распадается на две части: Россия и После-России. Не Россия и эмиграция. Как любимое дитя природы и своего народа, этой трагической противуестественности (живьем изъятости из живых) избежала. Первая Европа Гончаровой, с возвратом, в 1914 г. Вторая, затяжная, в 1915 г. Выехала в июне 1915 г., в войну, по вольной воле. Второе счастье Гончаровой – как в этой жизни виден перст! – счастье, которого лишены почти мы все: жадное ознакомление с Россией в свое время, пока еще можно было, и явное предпочтение ее, тогда, Западу (большой деревни России – большому городу Западу). «Перед смертью не надышишься». Точно знала. «Жаль, конечно, что не была на самом севере, но просто не успела, я ведь тогда ездила только по необходимостям работы». Какое отсутствие произвола, каприза, туризма. Какой покой. Какая насущность жеста в кассу, шага в вагон. Работа – вот судьба Натальи Гончаровой, судьба, которую Пушкин – кому? чему? – но дозволил же заменить – подменить – Гончаровой – той.

Гончарова России и Гончарова После-России. Мне такое деление кажется самым простым, самым естественным – сама жизнь. Ибо как делить – если делить? Недаром Гончарова свою жизнь считает по поездкам. Там, где нет катастрофы, – а ее в творчестве Гончаровой нет, – есть рост во всей его постепенности, как дерево, как счастливое дитя растет, – нужно брать пограничным столбом – просто пограничный столб. Пограничный столб – не малость.

Жизнь первой Гончаровой протекает в трех местах: Москва, Средняя Россия, Юг России. Как и чем откликнулась?

---

[86] Сознание греха создаст факт греха, не обратно. В стране бессовестных грешников нет (примеч. М. Цветаевой).

Проследим по вещам. Москва есть, но Москва деревенская: московский дворик, переулочек, светелка в мезонине, московский загород. Не видав других, Москву считала городом; город же возненавидела, как увидела, а увидела Москву. Вспомним завитки и тульскую орфографию. «Где между камнями травка – там хорошо, а еще лучше совсем без камней». Кроме того, Москва для нее зима, а зиму она ненавидит, как тот же камень, не дающий расти траве. Таково сочувствие Гончаровой-подростка траве, что она, видя ее под камнем, сама задыхается.

О деревенскости Гончаровой. Когда я говорю деревенская, я, естественно, включаю сюда и помещичья, беру весь тот вольный разлив: весны, тоски, пашен, рек, работ, – все то разливанное море песни. Деревенское не как класс, а как склад, меньше идущее от избы, чем от степи, идущей в избу, заливающей, смывающей ее. Любопытное совпадение. Русские крестьяне и поныне номады. – Сна. Нынче в сенях, завтра в клети, послезавтра на сеновале. Жарко – на двор, холодно – на печь. – Кочуют. – Гончарова со своей складной (последнее слово техники!) кроватью, внезапно выкатывающейся из-под стола, – сегодня из-под стола, а завтра из-за станка, со своей легкостью перемещения – со своей неоседлостью сна, явный номад, явный крестьянин. А по первичному – привычному – жесту, которым она быстро составляет мешающий предмет, будь то книга, тарелка, шляпа, – на пол, без всякого презрения к вещи или к полу, как на самое естественное ее место (первый пол – земля) – по ненасущности для нее стола (кроме рабочего: козел) и стула (перед столом стоит) – по страсти к огню, к очагу – живому огню! красному очагу! – по ненужности ей слуг, по достаточности рук (мастер, подмастерье, уборщик – у Гончаровой две руки: свои), по всему этому и по всему другому многому Гончарова – явная деревня и явный Восток, от которого у нее, кстати, и скулы.

…И вне всяких формул, задумчиво: «Всю жизнь любила деревню, а живу в городе…» и: «Хотела на Восток, попала на Запад…» Гончарова для меня сокровище, потому что ни в жизни, ни в живописи себе цены не знает. Посему для меня – живая натура, и живописец – я.

Чего больше всего в русских работах Гончаровой? Весны – той, весны всей. Проследим перечень вещей с 1903 г. по 1911 г. Весна… через четыре вещи – опять весна, еще через три еще весна. И так без конца. И даже слова другого не хочет знать. – Видели гончаровскую весну? – Которую? – Единственный ответ, и по отношению к Гончаровой, и по отношению к самой весне – вечную.

Гончарова растет в Тульской губернии, в Средней России,

где, нужно думать, весна родилась. Ибо не весна – весна северная – северная весна, не весна – крымская – крымская весна, а тульская весна – просто весна. Ее неустанно и пишет Гончарова.

Что, вообще, пишет Гончарова в России? Весну, весну, весну, весну, весну. Осень, осень, осень, осень, лето, лето, зиму. Почему Гончарова не любит зимы, то есть, все любя, любит ее меньше всего? Да потому, что зима не цветет и (крестьянская) не работает.

Времена года в труде, времена года в радости.

Жатва. Пахота. Посев. Сбор яблок. Дровокол. Косари. Бабы с граблями. Посадка картофеля. Коробейники. Огородник – крестьянские. И переплетенные с ними (где Бог, где дед? где пахарь, где пророк?) иконные: Георгий, Варвара Великомученица, Иоанн Креститель (огненный, крылатый, в звериной шкуре), Алексей человек Божий, в белой рубахе, толстогубый, очень добрый, с длинной бородой, – кругом цветущая пустыня, его жизнь. Из крестьянских «Сбор винограда» и «Жатва» идут от Апокалипсиса. Маслом, величиной в стену мастерской.

К слову. Створчатость большинства гончаровских вещей, роднящая Гончарову с иконой и ею в личную живопись введенная первой, идет у нее не от иконы, а от малости храмины. Комната была мала, картина не умещалась, пришлось разбить на створки. Напрашивающийся вывод о благе «стесненных обстоятельств». Впрочем, «стесненность» – прелестная, отнюдь не курсисткина, а невестина, бело-зеленая, с зеленью моего тополя в окне. По зимам же белым-белая, от того же тополя в снегу. «В чужой двор окна прорубать воспрещалось. Прорубили и ждем: как – вы? Вы – ничего. В том окне была моя мастерская».

Начаты Евангелие и Библия, и мечта о них по сей день не брошена, но… «чтобы осуществить, нужно по крайней мере год ничего другого не делать, отказаться от всех заказов…» Если бы я была меценатом или страной, я бы непременно заказала Гончаровой Библию.

Кроме крестьянских и иконных – натюрморты. (К слову: в каталоге так и значится «мертвая натура», которую немцы гениально заменили «Stilleben» – жизнь про себя.) Писала – всё. Старую шляпу, метлу, кочан капусты, когда были – цветы, когда были – плоды. В цикле «Подсолнухи» выжала из них все то масло, которое они могли дать. Кстати, и писаны маслом! (их собственным, золотым, лечебным, целебным – от печенки и трясовицы). Много писала книг. Много писала бумагу – свертки.

Историйка.

Стояло у стены двенадцать больших холстов, совсем

законченных, обернутых в бумагу. В тот день Ларионов принес домой иконочку – висела у кого-то в беседке, понравилась, подарили – Ильи Молниегромного. Вечером Гончарова, всегда осторожная, а нынче особенно, со свечой – московские особняки тех годов – что-то ищет у себя в мезонине. (Вижу руку, ограждающую не свечу, а все от свечи.) Сошла вниз. Прошел срок. Вдруг: дым, гарь. Взбегает: двенадцать горящих свитков! – Сгорели все. – «Ни одного из них не помню. Только помню: солдат чистит лошадь». Так и пропали холсты. Так к Гончаровой в гости приходил Илья.

(Так одно в моем восприятии Гончарова с народом, что, случайно набредя глазами на не просохшую еще строчку: «пропали холсты» – видение холстов на зеленой лужайке, расстелили белить, солдат прошел и украл.)

Полотняный Завод – гончаровские полотна. Холсты для парусов – гончаровские холсты. Станок, наконец, и станок, наконец. Игра слов? Смыслов.

– Расскажите мне еще что-нибудь из первой себя, какое-нибудь свое событие, вроде Ильи, например, или тех серебряных мальчиков.

– Был один случай в Тульской губернии, но очень печальный, лучше не надо. Смерть одна...

– Да я не про личную жизнь – или что так принято называть, – не с людьми.

– Да это и не с людьми (интонация: «С людьми – что!»). С совенком случай. Ну вот, подстрелили совенка... Нет, лучше не надо.

– Вы его очень любили?

– Полюбила его, когда мне его принесли, раненого уже. Нет, не стану.

Весь – случай с совенком.

Защита твари

– Почему в Евангелии совсем не говорится о животных?
– «Птицы небесные»...
– Да ведь «как птицы небесные», опять о человеке...
– А волы, которые дыханием согревали младенца?
– Этого в Евангелии не сказано, это уж мы...
– Ну, осел, наконец, на котором...
– И осел только как способ передвижения. Нет, нет, в Евангелии звери явно обойдены, несправедливо обойдены. Чем человек выше, лучше, чище?

Думаю, что никто из читающих эти строки такого упрека Евангелию еще не слыхал. Разве что – от ребенка.

Неутешна и непереубедима.

...Двенадцать холстов сгорели, а один канул. Уже за границей Гончарова пишет для своей приятельницы икону Спасителя, большую, створчатую, вокруг евангелисты в виде зверей. Икона остается мужу. Муж разоряется и продает. «Потом встретились, неловко спросить: кому? Может быть – скорее всего, в Америку. Где-нибудь да есть», – И Вы ничего не сделали, чтобы... – «Нет. Когда вещь пропадает, я никогда не ищу. Как-нибудь, да объявится. Да не все ли равно – если в Америку. Я в Америке никогда не буду». – Боитесь воды? – «И Америки. Вещей я много своих провожала. Заколачиваю ящик и знаю:

навек». – Как в гроб на тот свет? – «Да и есть – тот свет. Ну, еще одного проводила».

Страх воды. Страсть к морю. Но в Америку не через море, а через океан, всю воду, всю бездну, все понятие воды. И, мнится мне, не только воды, а символа Америки – парохода боится, Титаника, с его коварством комфорта и устойчивости в устроенности. Водного Вавилона, Левиафана боится, который и есть пароход.[87] Старый страх, апокалипсический страх, крестьянский страх. – «Чтоб я – да на эдакой махине...» Лучше – доска, проще – две руки. Скромнее – вернее.

> Смиренный парус рыбарей,
> Твоею прихотью хранимый,
> Скользит отважно средь зыбей,
> Но ты взыграл, неодолимый,
> И стая тонет кораблей!

Океана в России не было, было море, мечта о нем. Любовь к морю, живому, земному, среди-земному, и любовь к океану – разное. Любовь к морю Гончаровой и русского народа есть продолженная любовь к земле – к землям за, к морю – заморью. Любовь к морю у русского народа есть любовь к новым землям. А здесь и этого утешения нет. Нью-Йорк (куда зовет ее слава) еще меньше земля, чем океан.

Ненависть крестьянского континента России к «месту пусту» – океану, ненависть крестьянина к безделью. Океан не цветет и не работает. А если и цветет (коралл, например), то мертвое цветение, вроде инея.

«Ей бы в Америку...» Как другие всегда лучше знают! Здесь уместно сказать о Гончаровой и ее имени. Гончарова со своим именем почти что незнакома. Живут врозь. Вернее,

---

[87] Уже по написании узнаю, что пароход Левиафан – есть. (Имел честь отвозить Линдберга.) Остается поздравить крестного (примеч. М. Цветаевой.)

Гончарова работает, имя гуляет. Имя в заколоченных ящиках ездит за море (за то, за которым никогда не будет), имя гремит на выставках и красуется на столбцах газет, Гончарова сидит (вернее, стоит) дома и работает. Мне до тебя дела нет, ты само по себе, и я сама по себе. Как иные за именем гонятся, подгоняют его и, в конце концов, загоняют его, вернее, себя, насмерть, так Гончарова от себя имя – гонит. Не стой рядом, не толкай под локоть, не мешай. Есть холст. Тебя нету.

Если Гончарова когда-нибудь в Америку поедет, то не за именем вслед, а собственным вещам навстречу, и через – и не воду даже, а собственный страх. Перешагнет через собственный страх. И, не сомневаюсь, даст нам новую Америку. (Через Нью-Йорк, как через океан, нужно перескочить.)

Как же отразилось живое земное море с серебряными мальчиками в вещах Гончаровой? Как и следовало ожидать – косвенно. То, что я как-то сказала о поэте, можно сказать о каждом творчестве: угол падения не равен углу отражения. Так устроены творческий глаз и слух. Отразилось, но не прямо, не темой, не тем же. Не отразилось, а преобразилось. Морем не стало и не осталось, превратилось в собственное качество: морской (воздух, цвет, свет, чистота).

Море в взволнованной им Гончаровой отразилось как Гончарова в взволнованном нам – извилиной.

Что такое человеческое творчество? Ответный удар, больше ничего. Вещь в меня ударяет, а я отвечаю, отдаряю. Либо вещь меня спрашивает, я отвечаю. Либо перед ответом вещи, ставлю вопрос. Всегда диалог, поединок, схватка, борьба, взаимодействие. Вещь задает загадку. Ну – синее, ну – чистое, ну – соленое, – в чем тайна? Под кистью – ответ. Ответ или поиски ответа, третье, новое, возникшее из море и я.

Отраженный удар, а не вещь.

Отражать – повторять. Мы можем только отобразить. Думающие же, что отражают, повторяют, пишут с («ты шуми смирно, а я попишу»), только искажают до жуткой и мертвой неузнаваемости. Ибо, если ты хочешь дать это море, настоящее, синее, соленое, точь-в-точь, как есть, – предположим, удалась синева – где же соль? Удалась соль (!), где же шум? Тогда я уже буду требовать с тебя, как с Бога. Море – и все качества! Никакого моря не хочу дать, не могу дать. Не дать, а отгадать, что за солью, синью, шумом. Беззащитность перед ударом (дара). Единственное, что хочу дать, – вещи ударить в себя и, устояв, отдать. Воздать.

Дар отдачи. Благодарность.

«Темы моря – нет, ни одного моря, кажется... Но – свет, но – цвет, но та – чистота...»

Морское, вот что взяла Гончарова от моря.

Что такое морское по отношению к морю? То, без чего вещь не была бы собой, обусловливающее ее, существенное – роковое – качество. Соль на соленость, море на морскость обречены, иначе их нет. Море по отношению к соли понятие усложненное, но безотносительно соли такое же единство, как соль. Ибо «морское» не сумма соли, синевы, чистоты, запаха и прочих свойств, а особое новое свойство, недробимое – хотелось бы сказать:

сплошное «и прочее» все возможности моря (ограниченного) – безграничные.

И еще: обусловливающее вещь свойство больше самой вещи, шире ее, вечнее ее, единственная ее надежда на вечность. Морское больше, чем море, ибо морским может быть все и морское может быть всем. «Морское» – та дорога, по которой вещь выходит из себя, неустанно оставляя себя позади, неминуемо отражая. – Перерастая. Морю никогда не угнаться за морским, если оно, отказавшись от только-моря, не перейдет в собственное роковое свойство. Тогда оно само у себя позади и само впереди. Выход, исход, уход, увод. По дороге собственного рокового свойства вещь уходит в мир, размыкается. Разомкнутый тупик самости. Это ведь разное – обреченность на себя, как таковое, и обреченность на свое, не имеющее пределов, знакомо-незнакомое, как поэтический дар для поэта. Не будь море морским и Бог божественным, море давно бы высохло, а Бог давно бы иссяк. И еще: божественное может без Бога, а Бог без божественного нет. Бога без божественного – нет. Божественное Бога включает, не называя, нужды не имея в имени, ибо не только его обусловливающее роковое свойство, но и его же выдыхание. Бог раз вздохнул свободно, и получилось божественное, которое он прекратить не волен. (Свет с тех солнц идет не х лет, а вечно заставляя солнца гореть.)

Обусловливающее вещь роковое свойство есть только следствие первого единственного вольного вздоха вещи, ее согласие на самое себя. Бог, раз быв божественным, обречен быть им всегда, то есть – впредь, то есть на старом месте его нет, то есть на конце собственного дыхания, которому нет конца. Раз, по вольной воле, всем собой – обречен быть всем собой – век.

Полная, цельная, вольная, добрая моя воля раз – вот мой рок.

...Цветущая пустыня Алексея человека Божия веет морем. У весенней Великомученицы пена каймой одежд. По утрам на грядках Огородника не снежок, а сольца. Насыщенный морем раствор – вот Гончарова первого моря. Моги море не быть морским, оно бы от того первого взгляда Гончаровой стало пресным. Ребенок бы сказал: лизнуть картину – картина будет соленая.

Тема. Та ложная примета, по которой море уходит из рук. За ивовым плетением весны – всем голубым, зеленым, розовым, радужным, яблонным –

Ходит и дышит и блещет оно.

Сухой Юг отразился Еврейками (позже Испанками) и Апостолами.

Исконно-крестьянско-морское, таков состав первой Гончаровой. Тот же складень в три створки.

Икона, крестьянство, Заморье – Русь, Русь и Русь.

Первая заграница и последняя Россия

В 1914 году (первая дата в моем живописании, единственная названная Гончаровой, явный рубеж) Гончарова впервые едет за границу. Везут с Ларионовым и Дягилевым пушкинско-гончаровско-римско-корсаковско-дягилевского «Золотого Петушка». Париж, помнишь? Но послушаем забывчивейшего из зрителей: победителя – саму Гончарову. «Декорации, танец, музыка, режиссура – все сошлось. Говорили, что – событие»... Если уж Гончарова, при ее небывалой беспамятности и скромности... Послушаем и одного из ее современников.

«Самый знаменитый из этих передовых художников – женщина: имя ее Наталья Гончарова. Она недавно выставила семьсот холстов, изображающих „свет", и несколько панно в сорок метров поверхности. Так как у нее очень маленькая мастерская, она пишет кусками, по памяти, и всю вещь целиком видит впервые только на выставке. Гончаровой нынче кланяется вся московская и петербургская молодежь. Но самое любопытное – ей подражают не только как художнику, но и ей внешне. Это она ввела в моду рубашку-платье, черную с белым, синюю с рыжим. Но это еще ничто. Она нарисовала себе цветы на лице. И вскоре знать и богема выехали на санях – с лошадьми, домами, слонами – на щеках, на шее, на лбу. Когда я спросил у этой художницы, почему она предварительно покрыла себе лицо слоем ультрамарина, –

– Смягчить черты, – был ответ.

– Дягилев, Вы первый шутник на свете! – сказал С.

– Но я говорю простую правду. Каждый день можно встретить в Москве, на снегу, дам, у которых на лице вместо вуалеток скрещенные клинки или россыпь жемчугов. Что не мешает этой Гончаровой быть большим художником.

Метрдотель вносил крем из дичи с замороженным гарниром.

– Это ей я заказал декорации к „Золотому Петушку" Римского-Корсакова, которого даю этой весной в Опере, – прибавил Сергей Дягилев, отводя со лба завиток волос».

Сделка с совестью.

– Как, Гончарова, сама природа, – и…

– А дикари, только и делающие, не природа?

– Но Гончарова – не дикарь!

– И дикарь, и дичок. От дикаря в ней радость, от дичка робость. Радость, победившая робость, – вот личные цветы Гончаровой. Ведь можно и так сказать: Гончарова настолько любит цветы, что собственное лицо обратила в грунт. Грунт, грунтовка и, кажется, найдено: Гончарова сама себе холст!

Если бы Гончарова просто красила себе щеки, мне стало бы скучно. Так – мне весело, как ей и всем тогда. – Пересол молодости! – Гончарова не морщины закрашивала, а… розы! Не красила, а изукрашала. Двадцать лет.

– Как вы себя чувствовали с изукрашенным лицом?

– По улицам слона водили… Сомнамбулой. Десять кинематографов трещат, толпа глядит, а я – сплю. Ведь это Ларионова идея была и, кажется, его же исполнение…

Не обманул меня – мой первый отскок!

После Парижа едет на остров Олерон, где пишет морские Евангелия. Островок Олерон. Сосны, пески, снасти, коричневые паруса, крылатые головные уборы рыбачек. Морские Евангелия Гончаровой, без ведома и воли ее, явно католические, с русскими почти что незнакомые. А всего месяц как из России. Ответ на воздух. Так, само католичество должно было стать природой, чтобы дойти и войти. С Олерона домой, в Москву, и вскоре вторая поездка, уже в год войны. Последний в России – заказ декораций к «Граду Китежу» и заказ росписи домовой церкви на Юге, – обе невыполненные. Так была уверена, что вернется, что…

«Ангелы были вырезаны, оставалось только их наклеить. Но я не успела, уехала за границу, а они так и остались в папке. Может быть, кто-нибудь другой наклеил. Но – как? Нужно бы уж очень хорошо знать меня, чтобы догадаться: какого – куда».

(В голосе – озабоченность. Речь об ангельском окружении Алексея человека Божьего.)

Выставки

1903–1906 гг.

Скульптурная выставка внеклассных работ в Московском Училище Живописи и Ваяния (до 1903 г.).

Выставка Московского Товарищества Художников.

Акварельная выставка в здании Московского

Литературно-Художественного Кружка.

Русская выставка в Париже – 1906 г. (Устроитель – Дягилев.)

Русская выставка в Берлине у Кассирера.

1906–1911 гг.
Мир Искусства (Москва и Петербург).
Золотое Руно (состоит в организации).
Stephanos (Венок) – Москва (состоит в организации).
Венок в Петербурге.
Салон Издебского.
Бубновый валет (1910 г. – 1911 г.).
Ослиный Хвост (1912 г.).
Союз Молодых в Петербурге.
Der Sturm (буря) – Берлин.
Выставка после-импрессионистов в Лондоне (объединение с западными силами).
Herbstsalon (Осенний салон) – Берлин.
Der blaue Reiter (Голубой всадник) – Мюнхен.
Отдельная выставка на один вечер в Литературно-Художественном Кружке (Москва).

После России

Мы оставили Гончарову в вагонном окне, с путевым альбомом в руках. Фиорды, яркие лужайки, цветущая рябина – в Норвегии весна запаздывает, – благословляющие – за быстротой всегда вслед! – лапы елок, курчавые речки, стремящиеся молодые тела бревен. Глаза глядят, рука заносит. Глядят на то, что видят, не на то, что делают. Станция: встреча глаза с вещью. Весна запаздывает, поезд опережает. Из опережающего поезда – запаздывающую весну. Вещь из поезда всегда запаздывает. Все, что стоит, – запаздывает. (Деревья и столпники не стоят: идут вверх.) Тем, кто стоит, – запаздывает. А из вагонного окна вдвойне запаздывает – на все наше продвижение. Но в Норвегии – сама весна запаздывает! То, что Гончарова видит в окне, – запаздывает втройне. Как же ей не торопиться?

В итоге целый альбом норвежских зарисовок. Норвегия на лету.

Первая стоянка – Швейцария. С Швейцарией у Гончаровой не ладится. Навязчивая идея ненастоящести всего: гор и озер, козы на бугре, крыла на воде. Лебеди на Лемане явно-вырезные, куда менее живые, чем когда-то ее деревца. Не домик, где можно жить и умереть, а фанерный «chalet suisse» (сувенир для туристов), которому место па письменном столе… знакомых. Над картонажем коров – картонаж Альп. Гончарова

Швейцарию – мое глубокое убеждение – увидела в неподходящий час. Оттого, что Гончарова увидела ее ненастоящей, она не становится поддельной, но и Гончарова, увидев ее поддельной, от этого не перестает быть настоящей. – Разминовение. – Но – показательное: стоит только Гончаровой увидеть вещь ненастоящей, как она уже не может, суть отказывается, значит – кисть. Не натюрморт для Гончаровой шляпа или метла, а живое, только потому их писать смогла. Для Гончаровой пищущей натюрмортов нет. Как только она ощутила вещь натюрмортом, писать перестала. На смерть Гончарова отвечает смертью, отказом. (Вспомним городской камень и зиму, – для нее – давящих жизнь: траву.) Смерть (труп) не ее тема. Ее тема всегда, во всем воскресение, жизнь: тот острый зеленый росток ее первого воспоминания. (Писала ли хоть раз Гончарова-смерть? Если да, то либо покой спящего, либо радость воскрешающего. Труп как таковой – никогда.) Гончарова вся есть живое утверждение жизни, не только здесь, а жизни навек. Живое опровержение смерти.

«Быть может – умру, наверно воскресну!»

Идея воскресения, не идея, а живое ощущение его, не когда-то, а вот-вот, сейчас, уже! – об этом все ее зеленые ростки, листки, – мазки.

Растение, вот к чему неизбежно возвращаюсь, думая о Гончаровой. Какое чудесное, кстати, слово, насущное состояние предмета сделавшее им самим. Нет предмета вне данного его состояния. Цветение (чего-то, и собирательное), плетение (чего-то, из чего-то, собирательное), растение – без ничего единоличное, сам рост. Глагольное существительное, сделавшееся существительным отдельным, олицетворившее собой глагол. Живой глагол. Существительное отделившееся, но не утратившее глагольной длительности. Состояние роста в его разовом акте ростка, но не даром глагольное звучание – акте непрерывном, акте-состоянии, – вот растение.

Не об одном растительном орнаменте речь, меньше всего, хотя и говорю о живописце. Всю Гончарову веду от растения, растительного, растущего. Орнамент – только частность. Волнение, с которым Гончарова произносит «куст», «рост», куда больше, чем то, с которым произносит «кисть», и – естественно, – ибо кисть у нее в руке, а куст? рост? Доводов, кроме растительных, от Гончаровой не слыхала. – «Чем такое большое и круглое дерево, например, хуже, чем…» Это – на словах «не хуже, чем», в голосе же явно «лучше» – что – лучше! – несравненно.

Куст, ветвь, стебель, побег, лист – вот доводы Гончаровой в политике, в этике, в эстетике. Сама растение, она не любит их отдельно, любит в них себя, нет, лучше, чем себя: свое. Пишучи ивовые веточки и тополиные сережки – родню пишет тульскую. А то подсолнухи, родню тираспольскую. Родню кровную, древнюю, породнее, чем Гончарова – та. Глядя на Гончарову, глядящую на грядку с капустой – вниз – или на ветку в сережках – вверх, хочется вложить ей в уста последнюю строчку есенинского Пугачева:

«– Дар-рагие мои... ха-ар-рошие...»

Мнится мне, Гончарова больше любит росток, чем цвет, стебель, чем цвет, лист, чем цвет, виноградный ус, чем плод. Здесь рост голее, зеленее, новее. (Много цветов писала, там – подсолнухи, здесь магнолии (родню дальнюю), всюду розы – родню вечную, не в этом суть.) Недаром любимое время года весна, в цвет – как в путь – пускающаяся. И еще – одно: цвет сам по себе красив, любовь к нему как-то – корыстна, а – росток? побег? Ведь только чистый жест роста, побег от ствола, на свой страх и риск.

Первое сильное впечатление Европы – Испания. Первое сильное впечатление Испании – развалина. Никто не работает, и ничто не держится. Даже дома не держатся, держаться ведь тоже работа – вот и разваливается. Разваливается, как лень в креслах: нога здесь, нога там. Естественное состояние – праздность. Не ровно столько, сколько нужно, чтобы прожить, а немножко меньше, чем нужно, чтобы не умереть. Прожиточный минимум здесь диктуется не расценкой товаров, а расценкой собственных движений, от предпринимательской независимой. Но – лень исключительно на труд. (Есть страны, ленивые только на удовольствия.) Даже так: азарт ко всему, что не труд. Либо отдыхают, либо празднуют. Страна веселого голода, страна презрения к еде (пресловутая испанская луковица). «Если есть-работать, я не ем». (Детское негодующее: «Я больше не играю».) Гончаровой чужая праздность и чужой праздник не мешают. Полотняный Завод на саламанкский лад. Здесь Гончарова пишет костюмы к Садку, рядит Садка в красную поддевку, царевну в зелено-желто-серебряную не то чешуйку, не то шкурку, наряжает морских чудищ. «Садко», потом, идет в Испании два раза, привезенный Дягилевым «домой».

Историйка.

В пустой старой университетской церкви Саламанки монах рассказывает и показывает группе посетителей давнюю древнюю университетскую славу:

– «Этот университет окончило трое святых. Взгляните на стену: вот их изображения. С этой кафедры, на которую еще не вступала нога ни одной женщины, Игнатий Лойола защищал свою...»

Почтительный подъем посетительских голов и – с кафедры слушающая Гончарова.

В Испании Гончарова открывает черный цвет, черный не как отсутствие, а как наличность. Черный как цвет и как свет. Здесь же впервые находит свою пресловутую гончаровскую гамму: черный, белый, коричневый, рыжий. Цвета сами по себе не яркие, яркими не считающиеся, приобретают от чистоты и соседства исключительную яркость. Картина кажется написанной красным, скажем, и синим, хотя явно коричневым и белым. Яркость изнутри. (В красках, как в слове, яркость, очевидно, вопрос соседства, у нас – контекста.)

На родине Сервантеса, в Саламанке, Гончарова проводит больше полугода и здесь же начинает Литургию – громадную мистерию по замыслу Ларионова и Дягилева, по бытовым соображениям не осуществленную.

Гончарова и театр

Основная база Гончаровой – Париж. Здесь она живет и работает вот уже пятнадцать лет.

Начнем с самой громкой ее работы – театральной. Театром Гончарова занималась уже в России: «Золотой Петушок», «Свадьба Зобеиды», «Веер» (Гольдони).

«Золотой Петушок». Народное, восточное, крестьянское. Восточно-крестьянский царь, окруженный мужиками и бабами. Не кафтаны, а поддевки. Не кокошники, а повязки. Сарафаны, поневы. Бабы и как тогда и как всегда. Яркость – не условная лжерусского стиля «клюква», безусловная яркость вечно-крестьянского и восточного. Не восстановка историка и археолога, архаическое чувство далей. Иным языком: традиция, а не реставрация, и революция, а не реставрация. Точь-в-точь то же, что с народной сказкой «Золотой петушок» сделал Пушкин. И хочется сказать: Гончарова не в двоюродную бабку пошла, а в сводного деда. Гончарова вместе с Пушкиным смело может сказать: «я сама народ».

«Золотой Петушок» поворотный пункт во всем декоративном искусстве. Неминуемость пути гончаровского балета. Гончаровский путь не потому неминуем, что он «гончаровский», а потому, что он единственный правильный. (Потому и «гончаровский», что правильный.)

Здесь время и место сказать о Гончаровой – проводнике Востока на Запад – живописи не столько старорусской: китайской, монгольской, тибетской, индусской И не только живописи. Из рук современника современность охотно берет – хотя бы самое древнее и давнее, рукой дающего обновленное и приближенное. Вещи, связанные для европейского художника с музеями, под рукой и в руках Гончаровой для них оживают. Силой, новизной и левизной – дающей, подающей, передающей – дарящей их руки.

«Свадьба Зобеиды». Здесь Гончарова впервые опрокидывает перспективу, и, с ней, нашу точку зрения. Передние вещи меньше задних, дальние больше ближних. Цветочные цвета, мелкопись, Персия.

«Веер» я видела глазами, и, глаза закрыв: яблонное райское цветущее дерево, затмившее мне тогда всех: и актеров, и героев, и автора. Перешумевшее – суфлера! Веера не помню. Яблоню.

Заграничные работы. «Свадебка» Стравинского (Париж). В противовес сложному плетению музыки и текста – прямая насущная линия, чтобы было на чем вокруг чего – виться причуде. Два цвета: коричневый и белый. Белые рубахи, коричневые штаны. Все гости в одинаковом. Стенная скамья, стол, в глубине дверь то закрывающаяся, то открывающаяся на тяжелую кровать. Но – глубокий такт художника! – для того, чтобы последнее слово осталось за Стравинским, занавес, падающий на молодых, гостей, сватов – свадебку, – сплошное плетение, вязь. Люди, звери, цветы, сплошное перехождение одного в другое, из одного в другое. Век раскручивай – не раскрутишь. Музыка Стравинского, уносимая не в ушах, а в очах.

«Свадебка» и «Золотой Петушок» (в котором все на союзе с музыкой – любимые театральные работы Гончаровой.

«Покрывало Пьеретты» (Берлин) – светлое, бальное, с лестницами, с кринолинами. Перенаряженные, в газовом, в розовом, перезрелые чудовища-красавицы, на отбрасывающем фоне которых невесты и красавицы настоящие. Настоящая свеча и продолженное на стене, нарисованное, сияние. Окно и все звезды в окне. В «Жар-Птице» яблонный сад, на который падает Млечный Путь. (Продолженное сияние, полное окно звезд, Млечный Путь, падающий в сад, – все это Гончарова дает впервые. Потом берут все.)

...«Спящая Царевна», неосуществленная Литургия, «Праздник в деревне» (музыка Черепнина), «Rhapsodic Espagnole» (Равель), «Triana». Кукольный театр, «Карагез» (Черный Глаз, – декорации к турецкому теневому театру превращений).

– «Театр? Да вроде как с Парижем: хотела на Восток, попала на Запад. С театром мне пришлось встретиться. Представьте себе, что вам заказывают театральную вещь, вещь удается, – не только вам, но и на сцене, – успех – очередной заказ... Отказываться не приходится, да и каждый заказ, в конце концов, приказ: смоги и это! Но любимой моей работой театр никогда не был и не стал».

Приведенное отнюдь не снижает ценности Гончаровой-декоратора и всячески подымает ценность Гончаровой – Гончаровой.

– «Печальная работа – декорации. Ведь хороши только в первый раз, в пятый раз... А потом начнут возить, таскать, – к двадцатому разу неузнаваемы... И ведь ничего не остается – тряпки, лохмотья... А бывает – сгорают. Вот у нас целый вагон сгорел по дороге...» (говорит Ларионов).

Я, испуганно: – Целый вагон?

Он, еще более испуганный: – Да нет, да нет, не гончаровских, моих... Это мои сгорели, к...

И еще историйка. Приходит с вернисажа, веселый, сияющий. – «Гончарову повесили замечательно. Целая отдельная стена, освещение – лучше нельзя. Если бы сам выбирал, лучше бы не выбрал. Лучшее место на выставке... Меня? (скороговоркой) меня не особенно, устроитель даже извинялся, говорит, очень трудно, так ни на кого не похоже... В общем – угол какой-то и света нет... даже извинялся... Но вот – Гончарову!»

Имя Ларионова несколько раз встречается в моем живописании. Хотела было, сначала, отдельную главу «Гончарова и Ларионов», но отказалась, поняв, что отделить – умалить. Как выделить в книге о Гончаровой Ларионова – в главу, когда в книге Гончаровой, ее бытия, творчества, Ларионов с первой строки в каждой строке. Лучше всех моих слов о Гончаровой и Ларионове – них – собственные слова Гончаровой о нем: «Ларионов – это моя рабочая совесть, мой камертон. Есть такие дети, отродясь все знающие. Пробный камень на фальшь. Мы очень разные, и он меня видит из меня, не из себя. Как я – его».

Живое подтверждение разности. Приношу Гончаровой напоказ детские рисунки: ярмарку, – несколько очень ярких, цветных, резких, и других два, карандашом: ковбои и танцовщица. Гончарова сразу и спокойно накладывает руку на ярмарочные. Немного спустя явление Ларионова. – «Это что такое?» И жест нападчика, хищника – рукой, как ястреб клювом – выклевывает, выхватывает – ковбоев, конечно. – «Вот здорово! Может, подарите совсем? И это еще». – Второй, оставленный Гончаровой.

Много в просторечии говорится о том, кто больше, Гончарова или Ларионов. – «Она всем обязана ему». – «Он всем обязан ей». – «Это он ее так, без него бы...» – «Без нее бы он...» и т. д., пока живы будут. Из приведенного явствует, что – равны. Это о парности имен в творчестве. О парности же их в жизни.

Почему расстаются лучшие из друзей, по-глубокому? Один растет – другой перерастает; растет – отстает; растет – устает. Не перестали, не отстали, не устали.

Не принято так говорить о живых. Но Гончарова и Ларионов не только живые, а надолго живые. Не только среди нас, но и немножко дальше нас. Дальше и дольше нас.

Из бесед

– «Декоративная живопись? Поэтическая поэзия. Музыкальная музыка. Бессмыслица. Всякая живопись декоративна, раз она украшает, красит. Это входит в понятие самого существа живописи и отнюдь не определяет отдельного ее свойства. Декоративность в живопись включена. А только декоративных вещей я просто не знаю. Декоративное кресло? Очевидно, все-таки для того, чтобы в нем сидеть, иначе: зачем оно – кресло? Есть бутафорские кресла, чтобы не садиться, люди, очевидно, просто ошибаются в словах.

Декоративным у нас, в ремесле, называют несколько пересеченных ярких плоскостей. Вот что я знаю о декоративности…»

– «Эклектизм? Я этого не понимаю. Эклектизм – одеяло из лоскутов, сплошные швы. Раз шва нет – мое. Влияние иконы? Персидской миниатюры? Ассирии? Я не слепая. Не для того я смотрела, чтобы забыть. Если Вы читаете Шекспира и Шекспира любите, неужели Вы его забудете, садясь за своего Гамлета, например? Вы этого сделать не сможете, он в вас, он стал частью Вас, как вид, на который Вы смотрели, дорога, по которой Вы шли, как случай собственной жизни».

(Я, мысленно: – претворенный, неузнаваемый!)

– «Я человека вольна помнить, а икону – нет? Забыть – не то слово, нельзя забыть вещи, которая уже не вне Вас, а в Вас, которая уже не в прошлом, а в настоящем. Разве что – „забыть себя"».

– Как тот солдат.

– «Этот страх влияния – болезнь. Погляжу на чужое, и свое потеряю. Да как же я свое потеряю, когда оно каждый день другое, когда я сама его еще не знаю».

– То же самое, что: «я потерял завтрашний день».

– «И какое же это свое, которое потерянным быть может? Значит, не твое, а чужое, теряй на здоровье! Мое это то, чего я потерять не могу, никакими силами, неотъемлемое, на что я обречена».

И я, мысленно: влияние, влияние на. Вздор. Это давление на, влияние – в, как река в реку, поди-ка разбери, чья вода – Роны или Лемана. Новая вода, небывшая. Слияние. И еще, слово

Гёте – странно, по поводу того же Шекспира, которого только что приводила Гончарова: «Все, что до меня, – мое».

О Гамлете же: Гамлета не забуду и не повторю. Ибо незабвенен и неповторим.

Повторность тем

…– «Не потому, что мне хочется их еще раз сделать, а потому, что мне хочется их окончательно сделать, – в самом чистом смысле слова – отделаться». (Чистота, вот одно из самых излюбленных Гончаровой слов и возлюбивших ее понятий.)

Гончарова свои вещи не «отделывает», она от них отделывается, отмахивается кистью. Услышим слова. Отделывать как будто предполагать тщательность, отделываться – небрежность. «Только бы отделаться». Теперь вникнем в суть. От чего мы отделываемся? От вещей навязчивых, надоевших, не дающихся, от вещей – навязчивых идей. Если эта вещь еще и твоя собственная, единственная возможность от нее отделаться – ее кончить. Что и делает Гончарова.

«Пока не отделаюсь» – сильнее, чем «доделаю», а с «отделаю» и незнакомо. Отделаюсь – натиск на меня вещи, отделаю – мое распоряжение ею, она в распоряжении моем. Отделывает лень, неохота взяться за другое, отделывается захват. Нет, Гончарова, именно, от своих вещей, отделывается, а еще лучше – с ними разделывается – кто кого? как с врагом. И не как с врагом, просто – с врагом. Что вещь в состоянии созидания? Враг в рост. Схватиться с вещью, в этой ее обмолвке весь ее взгляд на творчество, весь ее творческий жест и вся творческая суть. Но – с вещью ли схватка? Нет, с собственным малодушием, с собственной косностью, с собственным страхом: задачи и затраты. С собой – бой, а не с вещью. Вещь в стороне, спокойная, знающая, что осуществится. Не на этот раз, так в другой, не через тебя, так через другого. – Нет, именно сейчас и именно через меня.

Признаюсь, что о повторности тем у Гончаровой – преткнулась. Все понимая – всю понятную, – не поняла. Но – что может злого изойти из Назарета? Вот подход. А вот ход.

Раз повторяет вещь, значит, нужно. Но повторить вещь невозможно, значит, не повторяет. Что же делает, если не повторяет? Делает другое что-то. Что именно? К вещи возвращается. К чему, вообще, возвращаются? К недоделанному (ненавистному) и к тому, с чем невозможно расстаться, – любимому, т. е. недоделанному тобой и недовершенному в тебе. Итак, «разделаться» и «не расстаться» – одно. Есть третья возможность, вещь никогда не уходила, и Гончарова к ней никогда не возвращалась. Вещь текла непрерывно, как подземная река, здесь являясь, там пропадая, но являясь и пропадая только на поверхности действия, внутри же – иконы и крестьянские, например, теча собственной гончаровской кровью. Ведь иконы и крестьяне – в ней.

– Есть вещи, которые вы особенно любите, любимые?
– «Нелюбимые, есть: недоделанные».

Пристрастием Гончаровой к данным темам ничего не объяснишь. Да любит ли художник свои вещи? Пока делает – сражается, когда кончает – опять сражается и опять не успевает любить. Что же любит? Ведь что-нибудь да любит! Во-первых, устами Гончаровой; «я одно любила – делать», делание, самое борьбу. Второе: задачу. То, ради чего делаешь и как делаешь – не вещь. Вещь – достижение – отдается в любовь другим. Как имя. – Живи сама. Я с моими вещами незнакома.

Рассказывает о театральных работах: «Золотой Петушок», «Свадебка», «Покрывало Пьеретты», «Садко»... Да, у меня еще в Америке какая-то вещь есть... не помню, как она называется... Какая-то... не помню... а ведь был день, когда только этой вещью жила.

...И каждый мазочек обдуман,
обмыслен,
И в каждый глазочек
угодничек вписан...

Опыт остался, вещь ушла. – Родства не помнящие – А расставаться жаль. Так, отправляя своих Испанок за море (за то, за которым никогда не будет), Гончарова, себе в утешение, себе в собственность, решает написать вторых, точно таких же, повторить. И – что же? «И тон другой, и некоторые фигуры проработаны иначе». А ведь вся задача была – повторить. Очевидно, непосильная задача. А непосильная потому, что обратная творческой. Да что искать у Гончаровой повторов творца, живой руки, когда и третий оттиск гравюры не то, что первый. Повторность тем при неповторности подходов. Повторность тем при неповторности дел.

Но, во избежание недоразумений, что – тема? О чем вещи, отнюдь не что вещи, целиком отождествимое с как, в тему не входящим, и являющимся (в данном случае) чисто живописной задачей.

Тема – испанки, тема повторяется, т. е. повторяется только слово, наименование вещи и название встречающегося в ней предмета, веер, например. Ибо сам веер от разу к разу – другой. Ибо иная задача веера. Повторность чисто литературная – ничего общего с живописью не имеющая.

Повторность тем – развитие задачи, рост ее. Гончарова со

своими вещами почти что незнакома, но и вещи Гончаровой почти друг с другом незнакомы, и не только разнотемные, однотемные. (Вывод: тема в живописи – ничто, ибо тема – все, не-темы нет. Я бы даже сказала: без права предпочтения.) Возьмем Косарей и Баб с граблями. Тема, прохождение ряда фигур. Живописная задача? Не знаю. Осуществление: другие пропорции, другие цвета, иная покладка красок. Бабы: фигуры к центру, малоголовые, большетелые. Косари (сами – косы!) – фриз, продольное плетение фигур. Что общего? Прохождение ряда фигур. Обща тема. Но так как дело не в ней, а в живописной задаче, которая здесь явно разная, то те косари с теми бабами так же незнакомы, как косари Ассирии, скажем, с бабами России.

(Высказываемое целиком от имени чужого творчества. Для поэта все дело в что, диктующем как. «Ритмы» Крысолова мне продиктованы крысами. Весь Крысолов по приказу крыс. Крысоприказ, а не приказ поэтической задачи, которой просто нет. Есть задача каждой отдельной строки, то есть осуществление всей задачи вещи. Поэтическая задача, если есть, не цель, а средство, как сама вещь, которой служит. И не задача, а процесс. – Задача поэзии? Да. Поэтическая задача? Нет.)

– А иногда и без задачи, иногда задача по разрешении ее, ознакомление с нею в конце, в виде факта налицо. Вот разрешила, теперь посмотрим – что. Вроде ответов, к которым же должен быть вопрос.

Мнится мне, Гончарова не теоретик своего дела, хотя и была в свое время, вернее, вела свое время под меняющимися флажками импрессионизма, футуризма, лучизма, кубизма, конструктивизма, и, думается мне, ее задачи скорее задачи всей сущности, чем осознанные задачи, ставимые как цель и как предел. Гончаровское что не в теме, не в цели, а в осуществлении. Путевое. Попутное. Гончарова может сделать больше, чем хотела, и, во всяком случае, иначе, чем решила. Так, только в последний миг жизни сей, в предпервый – той, мы понимаем, что куда вело. Живописная задача? Очередное и последнее откровение.

Гончарова и школа

Создала ли Гончарова школу? Если создала, то не одну, и лучше, чем школу; создала живую, многообразную творческую личность. Неповторимую.

– «Когда люди утверждались в какой-нибудь моей мысли, я из нее уходила». Гончарова только и делает, что перерастает собственные школы. Единственная школа Гончаровой – школа роста. Как другого научить – расти?

Это о школе-теории, а вот о школе-учебе, учениках. Бывало иногда по три-четыре, никогда по многу. Давала им тему (каждому свою), и тотчас же, увлекшись, тотчас же себе ее воспрещала. «Потому что, если начну работать то же, невольно скажу, укажу, ну просто – толкну карандаш в свою сторону, а этого быть не должно. Для чего он учится у меня? Чтобы быть как я? И я – для чего учу? Опять – себя? – Учу? – Смотри, наблюдай, отмечай, выбирай, отметай не свое – ведь ничего другого, несмотря на самое большое желание, не могу дать». – Будь.

Школу может создать: 1) теоретик, осознающий, систематизирующий и оглавляющий свои приемы. Хотящий школу создать; 2) художник, питающийся собственными приемами, в приемы, пусть самим открытые, верящий – в годность их не только для себя, но для других, и что, главное, не только для себя иначе, для себя завтра. Спасшийся и спасти желающий. Тип верующего безбожника. (Ибо упор веры не в открывшемся ему приеме, а в приеме: закрывшемся, обездушенном); 3) пусть не теоретик, но – художник одного приема, много – двух. То, что ходит, верней, покоится, под названием «монолит».

Там, где налицо многообразие, школы, в строгом смысле слова, не будет. Будет – влияние, заимствование у тебя частностей, отдельностей, ты – в розницу. Возьмем самый близкий нам всем пример Пушкина. Пушкин для его подвлиянных – Онегин. Пушкинский язык – онегинский язык (размер, словарь). Понятие пушкинской школы – бесконечное сужение понятия самого Пушкина, один из аспектов его. «Вышел из Пушкина» – показательное слово. Раз из – то либо в (другую комнату), либо на (волю). Никто в Пушкине не остается, ибо он сам в данном Пушкине не остается. А остающийся никогда в Пушкине и не бывал.

Влияние всего Пушкина целиком? О, да. Но каким же оно может быть, кроме освободительного? Приказ Пушкина 1829 года нам, людям 1929 года, только контрпушкинианский. Лучший пример «Темы и Варьяции» Пастернака, дань любви к Пушкину и полной свободы от него. Исполнение пушкинского желания.

Влияние Гончаровой на современников огромно. Начнем с ее декоративной деятельности, с наибольшей ясностью явления и, посему, влияния. Современное декоративное искусство мы смело можем назвать гончаровским. «Золотой Петушок» перевернул всю современную декорацию, весь подход к ней. Влияние не только на русское искусство – вся «Летучая мышь», до Гончаровой шедшая под знаком 18-го века и Романтизма; художники Судейкин, Ремизов, тот же Ларионов, открыто и настойчиво заявляющий, что его «Русские сказки», «Ночное Солнце», «Шут» – простая неминуемость гончаровского пути. Пример гончаровского влияния на Западе – веский и лестный (если не для Гончаровой, сыновне-скромной, то для России, матерински-гордой), пример Пикассо, в своих костюмах к балету «Tricorne» (Треуголка) давший такую же Испанию, как Гончарова – Россию, по тому же руслу народности.

Это о влиянии непосредственном. А вот о предвосхищении, которое можно назвать влиянием Будущего на художника. Первая ввела в живопись машину (об этом особо). Первая ввела разное толкование одной и той же темы (циклы Подсолнухи, Павлины, 1913 г.). Первая воссоединила станковую живопись с декоративной, прежде слитые. Явные следы влияния на французских художников Леже, Люрса, Глэз, делающих это ныне, то есть пятнадцать лет спустя. Цветная плоскость, плоскостная живопись в противовес глубинной – русское влияние, возглавляемое Гончаровой. Первая ввела иллюстрации к музыке.[88]

У кого училась сама Гончарова? В Школе Живописи и Ваяния – ваянию. И, как дети говорят: «Дальше вес». Да, дальше – всё: жизнь – вся, природа – вся, погода – всякая, народы – все. У природы, а не у людей, у народов, а не у лиц.

Новатор. Переступим через пошлость этого слова – хотела ли Гончарова быть новатором? Нет, убеждена, что она просто хотела сказать свое, свое данное, данный ответ на данную вещь, сказать вещь. Хотеть дать новое, никогда не бывшее, это значит в данную минуту о бывшем думать, с чем-то сравнивать, что-то помнить, когда все нужно забыть. Все, кроме данной скромной, частной чистой задачи. Не только нужно забыть, нельзя не забыть. «Свое»? Нет, правду о вещи, вещь в состоянии правды, саму вещь. Как Блок сказал, обращаясь к женщине:

О тебе! о тебе! о тебе!
Ничего, ничего обо мне.

Хотеть дать «новое» (завтрашнее «старое»), это ведь того же порядка, что хотеть быть знаменитым, – здесь равнение по современникам, там по предшественникам, занятость собою, а не вещью, трех. Хотеть дать правду – вот единственное оправдание искусства, в оправдании (казармы, подвалы, траншеи, заводы, больницы, тюрьмы) – нуждающегося.

Гончарова и машина

---

[88] Лучше всего об иллюстрации сказала сама Гончарова – Иллюстрация? Просвещение темных (примеч. М. Цветаевой).

В нашем живописании доселе все спевалось. Гончарова природы, народа, народов, со всей древностью деревенской крови в недавности дворянских жил, Гончарова – деревня, Гончарова – древность. Гончарова – дерево, древняя, деревенская, деревянная, древесная, Гончарова с сердцевиной вместо сердца и древесиной вместо мяса, – земная, средиземная, красно-и-черно-земная, Гончарова – почвы, коры, норы – боящаяся часов («Вы только послушайте! Ведь это лошадь бежит по краю земли!»), сопутствующая лифту, пылящая пылесос (так и лежит в пыли, как в замше)

– Гончарова первая ввела машину в живопись.

Удар пойдет не оттуда, откуда ждут. Машина не мертвая. Не мертво то, что воет человеческим – нечеловеческим! – голосом, таким – какого и не подозревал изобретатель! – сгибается, как рука в локте, и как рука же, разогнувшись, убивает, ходит, как колено в коленной чашке, не мертво, что вдруг – взрывается или: стоп – внезапно отказывается жить. Машина была бы мертва, если бы никогда не останавливалась. Пока она хочет есть, пока она вдруг не хочет дальше или не может больше, кончает быть – она живая. Мертвым был бы только perpetuum mobile (чего? смерти, конечно). В ее смертности – залог ее живости. Раз умер – жил. Не умирает на земле – только мертвец.

Не потому, что мертвая, противуставляю машину живой Гончаровой, а потому что – убийца. Чего? Спросите беспалого рабочего. Спросите любого рабочего. Не забудьте и крестьянина, у которого дети «в городе». Спросите русских кустарей. Убийца всего творческого начала: от руки, творящей, до творения этой руки. Убийца всего «от руки», всего творчества, всей Гончаровой. Гончаровой машины – лишняя, но мало лишняя – еще и помеха: то внешне-лишнее, становящееся – хоти не хоти – внутренним, врывающееся – через слух и глаз – внутрь. Гончарова скачущую лошадь часов слышит в себе. Сначала скачущую лошадь на краю света, потом внутри тела: сердца. Физическое сердцебиение в ответ и в лад. Как можно, будучи Гончаровой – самим оком, самим эхом, – не отозваться на такую вещь, как машина? Всей обратностью отзывается, всей враждой. Вводи не вводи в дом, но ведь когда-нибудь из дома – выйдешь! А не выйдешь – сама войдет, в виде – хотя бы жилетных часов – гостя. И лошадь будет скакать. (Знаю эту лошадь: конь Блед, по краю земли-конца земли!)

Гончарова с машиной в своих вещах справляется с собственным сердцем, где конь, с собственным сердцем, падающим в лифте – в лифт же! – с собственной ногой, переламывающейся по выходе с катящейся лестницы. О, бессмыслица! мало сознания, что земля катится, нужно еще, чтобы под ногой каталась! о уничтожение всей идеи лестницы, стоящей нарочно, чтобы мне идти, и только пока иду (когда пройду, лестницы опять льются! в зал, в пруд, в сад), – уничтожение всей идеи подъема, ввержение нас в такую прорву глупости: раз лестница – я должен идти, но лестница... идет! я должен стоять. И ждать – пока доедет. Ибо – не пойду же я с ней вместе, дробя ее движение, обессмысливая ее без того уже бессмысленный замысел: самоката, как она обессмыслила мой (божественный): ног. Кто-то из нас лишний. Глядя на все тысячи подымающихся (гончаровское метро Vabillon, где я ни разу за десятки лет не подымалась, по недвижущейся, с соседом), глядя на весь век, – явно я.

Пушкин ножки воспевал, а я – ноги!

«Maison roulante»[89] (детская книжка о мальчике, украденном цыганами), – да, tapis roulant[90] –нет.

Чтобы покончить с катящейся лестницей: каждая лестница катится 1) когда тебя на ней нет 2) в детстве, когда с нее.

Гончарова машину изнутри – вовне выгоняет, как дурную кровь. Когда я глазами вижу свой страх, я его не боюсь. Ей, чтобы увидеть, нужно явить. У Гончаровой с природой родство, с машиной (чуждость, отвращение, притяжение, страх) весь роман розни – любовь.

Машина – порабощение природы, использование ее всей в целях одного человека. Человек поработил природу, но, поработив природу, сам порабощен орудием порабощения – машиной: сталью, железом, природой же. Человек, природу восстановив против самой себя, с самой собой стравив, победителем (машиной) раздавлен. Что не избавило его от древнего рока до-конца – во-веки непобедимого побежденного – природы: пожаров, землетрясений, извержений, наводнений, откровений... Попадение под двойной рок. Человек природу с природой разъединил, разорвал ее напополам, а сам попал между. Давление справа, давление слева, а еще сверху – Бог, а еще снизу – гроб.

Но – природа своих познаша. Откажемся от личных преимуществ и немощей (то, что я опережаю лифт, – моя сила, то, что я в него боюсь встать, – мой порок). Есть давность у нововведений. Фабричная труда почти природа, как колокольня. Рельсы уже давно река, с набережными – насыпями. Аэроплан завтра будет частью неба, зачем завтра, когда уже сейчас –

---

[89] «Дом на колесах» (фр.).

[90] Эскалатор (фр.).

птица! И кто же возразит против первой машины – колеса?

И, может быть, минуя все романы, любви и ненависти, Гончарова просто приняла в себя машину, как[91] ландшафт.

Машина не только поработитель природы, она и порабощенная природа, такая же, как Гончарова в городе. Машина с Гончаровой – союзники. Соответствие. Солдата заставляют расстреливать – солдата. Кто он? Убийца. Но еще и самоубийца. Ибо часть армии, как его же пуля – часть руды. Солдат в лице другого такого же сам себя, самого себя убивает. В самоубийце слиты убийца и убиенный. Солдат может отказаться – отказывается (расстрел мисс Кавель, узнать имя солдата). Но и машина отказывается. Отказавшийся солдат – бунт. Отказавшаяся машина – взрыв. На том же примере – осечка. Гончарова, отказывающаяся в лифт, – тот же лифт, отказывающийся вверх. Природа не захотела.

Если Гончарова с машиной, орудием порабощения, во вражде, с машиной, природой порабощенной, она в союзе. «Мне тебя, руда, жаль».

Все это догадки, домыслы, секунды правды. А вот – сама Гончарова: «Принцип движения у машины и у живого – один. А ведь вся радость моей работы – выявить равновесие движения».

Показательно, однако, что впервые от Гончаровой о машине я услышала только после шести месяцев знакомства.

Показательна не менее (показывать, так все) первая примета для Гончаровой дороги в Медон (который от первого ее шага становится Медынью): «Там, где с правой стороны красивые трубы такие… то две, то пять, то семь… то сходятся, то расходятся…»

Заграничные работы

Кроме громких театральных работ (громких отзывом всех столиц) – работы более тихие, насущные.

На первом месте Испанки. Их много. Говорю только о последних, гончаровском plain-chant.[92] Лучший отзыв о них недоуменный возглас одного газетного рецензента: «Mais ce ne sont pas des femmes, ce sont des cathédrales!» (Да это же не женщины, это – соборы!) Всё от собора: и створчатость, и вертикальность, и каменность, и кружевность. Гончаровские испанки – именно соборы под кружевом, во всей прямости под ним и отдельности от него. Первое чувство: не согнешь.

---

[91] Это сделал (примеч. М. Цветаевой).

[92] Песнопение (фр.).

Кружевные цитадели. Тема испанок у Гончаровой – возвратная тема. Родина их тот первый сухой юг, те «типы евреев», таких непохожих на наших, таких испанских. В родстве и с «Еврейками», и с «Апостолами» (русские работы).

«Одни испанки уехали» – никогда не забуду звука рока в этом «уехали». Здесь не только уже неповторность в будущем, а физическая невозвратность – смерть. Как мать: второго такого не порожу, а этого не увижу. Сегодня испанки, завтра тот мой красный корабль. Гончаровой будет легко умирать.

Поэты этого расставания не знают, знают одно: из тетради в печать, – «и другие узнают». Расставание поэта – расставание рождения, расставание Гончаровой – расставание смерти: «всё увидят, кроме меня».

Красный корабль. Глазами и не-глазами увидела, по слову Гончаровой и требованию самой веши накладывая краски на серый типографский оттиск и раздвигая его из малости данных до размеров – подлинника? – нет, замысла! Не данной стены, а настоящего корабля. Небывалого корабля.

Красный корабль. Как на детских пиратских – неисчислимое количество – по шесть в ряд, а рядов не счесть – боеготовных вздутых парусков. Корабль всех школьников: до-неба! А сверху, снизу, в снастях как в сетях – сами школьники: юнги, с булавочную головку, во всей четкости жучка, взятого на булавку. Справа – куда, слева – откуда. Слева – дом корабля, справа – цель корабля.

Левая створка: березы, ели, лисичка, птички, сквозное, пушное, свежее, светлое, северное. Справа – жгут змеи вкруг жгута пальмы, густо кишаще, влажно, земно, черно. А посередке, перерастая и переполняя, распирая створки, – он, красный, корабль удачи, корабль добычи вопреки всем современным «Колумбиям», вечный корабль школьников – мечта о корабле.

Ширмы – сказала Гончарова. А я скажу – окно. Четырехстворчатое окно, за которым, в которое, в котором. Вечное окно школ – на все корабли. Сегодня проплывает красный.

Красный корабль проплыл вместе с окном. В те самые тропинки, утягивая с собой и левую створку – Север. Из жизни Гончаровой ушло все то окно. Вместо него голая стена. Глухая стена. А может быть – дыра в стене, во всю стену – на какой-нибудь двор, нынче парижский, завтра берлинский. Эту дыру Гончарова возит с собой. Дыра от корабля. Вечная. Но не одна Гончарова своего корабля не увидит, и я не увижу. Гончарова больше никогда, я просто никогда. Никогда – больше.

Большое полотно «Завтрак». Зеленый сад, отзавтракавший стол. На фоне летних тропик – семейка. Центр внимания –

усатый профиль, усо-устремленный сразу на двух: жену и не-жену, голубую и розовую, одну обманщицу, другую обманутую. Голубая от розовой закуривает, розовая спички – пухлой рукой – придерживает. Воздух над этой тройкой – вожделение. Напротив розовой, на другом конце стола, малохольный авдиот в канотье и без пиджака. Красные руки вгреблись в плетеную спинку стула. Ноги подламываются. Тоже профиль, не тот же профиль. Усат. – Безус. Черен. – Белес. Подл. – Глуп. Глядит на розовую (мать или сестру), а видит белую, на которую не глядеть, ожидая того часа, когда тоже, как дитя, будет, глядит – сразу на двух. Белая возле и глядит на него. Воздух в этом углу еще – мление. И, минуя всех и все: усы, безусости, и подстольные нажимы ног, и подскатертные пожимы рук, – с лицом непреклонным как рок, жестом непреклонным как рок, – поверх голов, голубой и розовой – почти им на головы – с белым трехугольником рока на черной груди (перелицованный туз пик) – на протезе руки и, на ней, подносе – служанка подает фрукты.

Подбородок у розовой вдвое против положенного, но не римский. Нос у канотье как изнутри пальцем выпихнут, но не галльский. Гнусь усатого не в усе, а в улыбочной морщине, деревянной. О голубой сказать нечего, ибо она обманута. О ней скажем завтра, когда так же будет глядеть – сразу на двух: черного и его друга, которого нет, но который вот-вот придет. Друг – рыжий.

Кто дома, кто в гостях? Чей завтрак съели? Нужно думать, обманутой. Розовая с братом – (или сыном) – канотье в гостях. Захватила, кстати, и племянницу (белую). Чтоб занять канотье.

А самой заняться усом. Рука уса на газете, еще не развернутой. Когда розовая уйдет, а голубая останется – развернет.

Детей нет и быть не может, собака есть, но не пес, а бес. За этим столом никого и ничего лишнего. Вечная тройка, вечная двойка и вечная единица: рок.

Либо семейный портрет, либо гениальная сатира на буржуазную семью. Впрочем – то же.

Иконные вещи, перебросившиеся за границу. – «Времена года» (четыре панно). Циклы «Купальщицы», «Магнолии», «Рыбы», «Павлины». Вот один – под тропиками собственного хвоста. Вот другой – «Павлины на солнце», где хвост дан лучами, лучи хвостом. «Солнце – павлин». – «Я этого не хотела». Не хотела, но сделала.

«Колючие букеты» (цветы артишока, аканта, чертополоха) – угрозы растущего.

Альбом «Весна», которую я бы назвала «Весна враздробь». Периодическая дробь весны с каким-то оста! ком, во-веки неделимым. Вот цепи зарисовок:

Весна. Цветение в кристалле. Острия травы как острия пламени. Брызги роста. Цвет или иней? После Баха (весь лист сверху донизу в радужной поперечной волне. Баховские «струйки»). Из весны – в весну (снаружи – в дом, уже смытый весною. Уцелело одно окно). Весна – наоборот: где небо? где земля? – Пни с брызгами прутьев. – Изгородь в звездах (в небе цветы, на лугу звезды)… И опять Бах.

Альбомы «Les cités» (Города, Театральные портреты, рисунки костюмов к «Женщине с моря») (последняя роль Дузе), Альбом бретонских зарисовок. Альбом деревьев Фонтенебло. Иллюстрации к «Vie persanne». Иллюстрация к «Слову о полку Игореве». Называю по случайности жеста Гончаровой в ту или другую папку. Гончаровское наследие – завалы. Три года разбирать – не разберешь. Гончарова, как феодальный сеньор, сама не знает своего добра. С той разницей, что она его, руками делала.

Игорь. Иллюстрации к немецкому изданию Слова. Если бы я еще полгода назад узнала, что таковые имеются, я бы пожала плечами: 1) потому что Игорь (святыня, то есть святотатство); 2) потому что я поэт и мне картинок не надо; 3) потому что я никого не знаю Игорю (Слову) в рост. Приступала со всем страхом предубеждения и к слову, и к делу иллюстрации. Да еще – Слова!

И –

Есть среди иллюстраций Игоря – Ярославна, плач Ярославны. Сидит гора. В горе – дыра: рот. Изо рта вопль: а-а-а… Этим же ртом, только переставленным на о (вечное о славословия) славлю Гончарову за Игоря.

Как работает Наталья Гончарова? Во-первых, всегда, во-вторых, везде, в-третьих, всё. Все темы, все размеры, все способы осуществления (масло, акварель, темпера, пастель, карандаш, цветные карандаши, уголь – чтó еще?), все области живописи, за все берется и каждый раз дает. Такое же явление живописи, как явление природы. Мы уже говорили о гармоничности гончаровского развития: вне катастроф. То же можно сказать о самом процессе работы, делания вещи. Терпеливо, спокойно, упорно, день за днем, мазок за мазком. Нынче не могу – завтра смогу. Оторвали – вернусь, перебили – сращусь. Вне перебоев.

Формальные достижения? Я не живописец, и пусть об этом скажут другие. Могли бы сказать и о «цветных плоскостях», и хвастануть «тональностями», и резнуть различными «измами», – все как все и, может быть, не хуже, чем все. Но – к чему? Для меня дело не в этом. Для Гончаровой дело не в этом, не в словах, «измах», а в делах. Я бы хотела, чтобы каждое мое слово о ней было бы таким же делом, как ее каждый мазок. Отсюда эта смесь судебного следствия и гороскопа.

Кончить о Гончаровой трудно. Ибо – где она кончается? Если бы я имела дело исключительно с живописцем, не хочу называть (задевать), хотя дюжина имен на языке, с личностью, знак равенства, вещью, за пределы подрамника не выступающей, заключенной в своем искусстве, в него включенной, а не неустанно из него исключающейся, – если бы я имела дело не с естественным феноменом роста, а с этой противуестественностью: только-художник (профессионал) – о, тогда бы я знала, где кончить, – так путь оказывается тупиком, – а может быть, и наверное даже, вовсе бы и не начинала. Но здесь я имею дело с исключением среди живописцев, с живописцем исключительным, таким же явлением живописи, как сама живопись явление жизни, с двойным явлением живописи и жизни – какое больше? оба больше! – с Гончаровой-живописцем и Гончаровой-человеком, так сращенным, что разъединить – рассечь.

– С точкой сращения Запада и Востока, Бывшего и Будущего, народа и личности, труда и дара, с точкой слияния всех рек, скрещения всех дорог. В Гончарову все дороги, и от нее – дороги во все. И не моя вина, что, говоря о ней, неустанно отступала – в нее же, ибо это она меня заводила, отступая, перемещаясь, не даваясь, как даль. И не я неустанно свою тему перерастала, а это она неустанно вырастала у меня из рук.

…С творческой личностью – отчеркни всю живопись – все останется и ничто не пропадет, кроме картин.

С живописцем – не знай мы о ней ничего, все узнаем, кроме разве дат, которых и так не знаем.

– Все? В той мере, в какой нам дано на земле ощутить «все», в той мере, как я это на этих многих листах осуществить пыталась. Все, кроме еще всего.

Но если бы меня каким-нибудь чудом от этого еще-всего, совсем-всего, всего-всего отказаться – заставили, ну просто приперли к стене, или разбудили среди ночи: ну?

Вся Гончарова в двух словах: дар и труд. Дар труда. Труд дара.

И погашая уже пробудившуюся (да никогда и не спавшую) – заработавшую – заигравшую себя – всю:

Кончить с Гончаровой – пресечь.

Пресекаю.

Медон, март 1929

История одного посвящения

Дорогому другу Е.А.И. – запоздалый свадебный подарок
М.Ц.

1. Уничтожение ценностей

Уезжала моя приятельница в дальний путь, замуж за море. Целые дни и вечера рвали с ней и жгли, днем рвали, вечером жгли, тонны писем и рукописей. Беловики писем. Черновики рукописей. «Это беречь?» – «Нет, жечь». – «Это жечь?» – «Нет, беречь». «Жечь», естественно, принадлежало ей, «беречь» – мне, – ведь уезжала она. Когда самой не жглось, давала мне. Тогда защитник становился исполнителем приговора.

Гори, гори ясно,
Чтобы не погасло!
Глянь-ка на небо:
Птички летят!

Небо – черный свод камина, птички – черные лохмы истлевшей бумаги. Адовы птички. Небосвод, в аду, огнесвод.

Трещит очередной комок довоенной, что то же – навечной: и огонь не берет! – прохладной, как холст, скрипучей, как шелк, бумаги в кулаке, сначала в кулаке, потом в огне, еще выше растет, еще ниже оседает над и под каминной решеткой лохматая гора пепла.

– А какая разница: пепел и зола? Что чище? Что (сравнительная степень) последнее?

– Пепел, конечно, – золой еще удобряют.

– Так из этого, видите, черное? и видите, серое? что́ – пепел? и что́ – зола?

В горсти, черным по белому пустого бланка, – «Министерство иностранных дел».

– Мы с вами сейчас министерство не иностранных дел, а – внутренних.

– Не иностранных, а огненных! А еще помните в Москве: огневая сушка Прохоровых?

Суши, суши сухо,
Чтобы не потухло!

Рвем. Жжем. Все круче комки, все шибче швырки, диалог усыхает. Беречь? Жечь? Знаю, что мое беречь уже пустая примолвка губ, знаю, что сожгу, жгу, не дождавшись: жечь! Что это я, ее или свое, ее или себя – жгу? И – кто замуж выходит за море? Через красное море сожженного, сжигаемого, – сожженным быть – должного. Тихий океан – что? Canadian Pacific?

С места не встав:

– Вы к жениху через огненное море едете!

«Когда ее подруги выходили замуж, она оплакивала их в свадебных песнях» – так я впервые услышала о той, первой, от своего первого взрослого друга, переводчика Гераклита – рекшего: «В начале был огонь».

Брак – огонь – подруга – песня – было – будет – будет – будет.

Рраз! как по команде, поворот всего тела и даже кресла: замечтавшись, вовремя не отвела колен. Руки знали свое, ноги – забыли, и вот, ошпаренная огнем, принюхиваюсь, прожгла или нет то, что дороже кожи!

Папки, ящики, корзины, портфели, плакары, полки. Клочья, клочья, клочья, клочья, клочья. Сначала белые, потом черные. Посередке решетки кавказское, с чернью, серебро: зола.

> Брала истлевшие листы
> И странно так на них глядела,
> Как души смотрят с высоты
> На ими брошенное тело.

Тело писателя-рукописи. Горят годы работы. Та только письма – чужое остывшее сердце, мы – рукописи, восемнадцатилетний труд своих рук – жжем!

Но – то ли германское воспитание, то ли советское – чего не могу жечь, так это – белой бумаги. Чтобы понять (меня другому), нужно только этому другому себе представить, что эта бумажка – денежный знак. И дарю я белую бумагу так же скрепя сердце, как иные-деньги. Точно не тетрадку дарю, а все в ней написавшееся бы. Точно не пустую тетрадку дарю, а полную– бросаю в огонь! Точно именно от этой тетрадки зависела – никогда уже не имеющая быть – вещь. «Вот деньги, пойди и купи себе, а мою не трогай!» – под этот припев выросла моя дочь и вырастет сын. Впрочем, голод на белую бумагу у меня до-германский и до-советский: все мое детство, до-школьное, до-семилетнее, все мое младенчество – сплошной крик о белой бумаге. Утаенный крик. Больше взгляд, чем крик. Почему не давали? Потому что мать, музыкантша, хотела и меня такой же. Потому что считалось (шесть лет!), что я пишу плохо – «и Пушкин писал вольными размерами, но у нее же никакого размера нет!» (NB! не предвосхищение ли всей эмигрантской критики?)

Круглый стол. Семейный круг. На синем сервизном блюде воскресные пирожки от Бартельса. По одному на каждого.

– Дети: берите же!

Хочу безе и беру эклер. Смущенная яснозрящим взглядом матери, опускаю глаза и совсем проваливаю их, при:

> Ты лети, мой конь ретивый,
> Чрез моря и чрез луга
> И, потряхивая гривой,
> Отнеси меня туда!

– Куда – туда? – Смеются: мать (торжествующе: не выйдет из меня поэта!), отец (добродушно), репетитор брата, студент-уралец (го-го-го!), смеется на два года старший брат (вслед за репетитором) и на два года младшая сестра (вслед за матерью); не смеется только старшая сестра, семнадцатилетняя институтка Валерия – в пику мачехе (моей матери). А я – я, красная, как пион, оглушенная и ослепленная ударившей и забившейся в висках кровью, сквозь закипающие, еще не проливающиеся слезы – сначала молчу, потом – ору:

– Туда – далёко! Туда – туда! И очень стыдно воровать мою тетрадку и потом смеяться!

(Кстати, приведенный отрывок, явно, отзвук пушкинского: «Что ты ржешь, мой конь ретивый», с несомненным – моря и луга – копытным следом ершовского Конька-Горбунка. Что в нем мое? Туда.)

А вот образец безразмерных стихов:

> Она ушла, бросая мне холодный взгляд,
> Ни слезы не пролила. О я несчастный,
> Что верил я пустым ее словам!
> Она так сладостно смеялась,
> Она так нежно говорила, что я тебя люблю.
> Ее голосок звучал так звонко,
> Так нежно звучал ее голосок.
> Кто бы сказал, что она не исполнит
> Сердца заветный зарок?
> Да, ока мне обещала
> Меня одного любить,
> А на другого променяла.
> Так ли должно было быть?

А это – откуда? Смесь раннего Пушкина и фельетона – как сейчас вижу на черном зеркале рояля – газеты «Курьер».

Из-за таких стихов (мать, кроме всего, ужасалась содержанию, почти неизменно любовному) и не давали (бумаги). Не будет бумаги – не будет писать. Главное же – то, что я потом делала с собой всю жизнь – не давали потому, что очень хотелось. Как колбасы, на которую стоило нам только взглянуть, чтобы заведомо не получить. Права на просьбу в нашем доме не было. Даже на просьбу глаз. Никогда не забуду, впрочем, единственного – потому и не забыла! – небывалого случая просьбы моей четырехлетней сестры – матери, печатными буквами во весь лист рисовальной тетради (рисовать – дозволялось): «Мама! Сухих плодов пожалиста!» – просьбы, безмолвно подсунутой ей под дверь запертого кабинета. Умиленная то ли орфографией, то ли Карамзинским звучанием (сухие плоды), то ли точностью перевода с французского (fruits secs), а скорее всего не умилешая, а потрясенная неслыханностью дерзания, – как-то сробевши – мать – «плоды» – дала. И дала не только просительнице (любимице, Nesthäckchen[93]), но всем: нелюбимице – мне и лодырю-брату. Как сейчас помню: сухие груши. По половинке (половинки) на жаждущего (un quart de poire pour la soif[94]).

Моя мать умерла в моем нынешнем возрасте. Узнаю, во всем, кроме чужих просьб, – ее в себе, в каждом движении души и руки. Так же хочу, чтобы дочь была поэтом, а не художником (мать – музыкантом, а не поэтом), так же всего требую от своих и ничего от чужих, так же – если бы я была книга, все строки бы совпадали.

Не могу не закончить заключительным (трагическим!) стихотворением моей детской тетради. Рисунок: я за письменным столом. Лицо – луна, в руке перо (гусиное) – и не перо, а целое крыло! – линия стола под самым подбородком, зато из-под стола аистовой длины и тонизны ноги в козловых (реализм!) сапогах с ушами. Под рисунком подпись: «Марина Цветаева за сочиненьями».

>Конец моим милым
>сочиненьям
>Едва ли снова их начну
>Я буду помнить их с забвеньем
>Я их люблю

---

[93] Здесь: птенчик (нем.)

[94] Четверть груши, чтобы утолить жажду (фр.).

– Вы никогда не писали плохих стихов?

– Нет, писала, только – всё мои плохие стихи написаны в дошкольном возрасте.

Плохие стихи – ведь это корь. Лучше отболеть в младенчестве.

Пустая тетрадь! Оду пустой тетради! Белый лист без ничего еще, с еще – уже – всем!

Есть у немцев слово Scheu, с частым эпитетом heilige – вроде священного трепета – непереводимое. Так именно эту священную Scheu я по сей день испытываю при виде пустого листа. – Несмотря на пуды исписанных? – Да. – С каждой новой тетрадью – я заново. Будет тетрадь – будут стихи. Мало того, каждая еще пустая тетрадь – живой укор, больше: приказ. (Я-то – есть, а ты?) Хотите больших вещей – дарите большие тетради.

Но – бумажный голод младенчества! – по сей день не решаюсь писать в красивых, кожаных и цветочных, даримых знакомыми для «черновиков». (Свои-то – знают!) Сколько у меня их, одних пражских, по старинным образцам, из драгоценной, с рваным краем, бумаги.

Первое чувство: недостойна! Второе: в такой тетради ничего не напишу, – страх дурного глазу, паралича роскоши; третье, уже вполне мысленное: писать в сафьяне то же самое, что пахать в атласе – не дело, игра в дело, дилетантизм, безвкусие.

(Пари держу, что большинство плохих стихов написаны в сафьяновых тетрадях, купленных – имущественное положение ни при чем – может быть, на последние деньги, равно как и персидский халат, в котором это священнодействие совершается – чтобы хоть чем-нибудь восполнить сплошную прореху дара. А Пушкин писал в бане, на некрашеном столе. – Да. – И исписанные листы швырял под стол. Но – будь у вас и баня и некрашеный стол, под который швырять, – и это не поможет. Придет Время и сметет метлой.)

Словом, либо сафьян – либо я. Тот же отскок, что – от ни разу не надетых и еще до Революции неизвестно куда девавшихся бриллиантов. Так и лежат (сафьяны) в ожидании дня, когда я буду не я. А стопа синих, конторских, весом в пуд – растет. В России, до Революции, у меня были почтальонские, из сурового холста, с завязками (для расписок). В Революцию – самошивные, из краденой (со службы) бумаги, красным английским чернилом – тоже краденым.

Не знаю, как другие пишущие, – меня советский бумажный голод не потряс: как в младенчество: вожделела – и воровала.

Но – из колыбели в горящий камин (именно в). В начале

сожжения – ожесточенный торг.

– Как – это – жечь?
– Ну, конечно: первый черновик перевода «Обломова»!
– Да я не о написанном, я о белой бумаге говорю!
– На что она вам?

Я, по кратчайшей правдоподобия:
– Рисовать – Муру.

Словом, к стыду – или не к стыду? – пишущего в себе, не рукописи выручала – руками – из огня, а белую бумагу. Возможность рукописи.

Сначала, приятельница, принимая за шутку, оспаривала, но поняв наконец – по непривычной грубости моих интонаций: «Сожгли?!», что никакой тут игры нет – присмирев – и из деликатности не выясняя – покорно стала откладывать в мою сторону все более или менее белое.

– Жечь. Жечь. А вот это – вам. – Иногда с сомнением: – И чековую книжку вам?
– Да, если пустая.
– Но если каждый листок разбирать, мы никогда не кончим – и я никогда не выйду замуж!

Я, с равнодушием вышедшей:
– Каждый листок.

Так, на живом опыте Е. А. И. – какая помеха иногда чужая помощь! Какой тормоз брачному паровозу – руки дружбы!

Есть, впрочем, в этом бумагопоклонстве еще нечто, кроме личной обиды детства. Простонародное: такому добру – да даром пропадать? Кто-то эту бумагу делал, над ней старался, этой бумаги не было – она стала. Для чего? Чтобы через дерзкий швырок рук – опять, вспять – не быть? Кроме крестьянского, чисто потребительского ценения вещи – рабочий, творческий вопль против уничтожения ценностей. Защита – нет: самозащита труда.

И надо всем – не было, стала, опять не быть?! – исконный бой поэта – небытию.

> Я – страница твоему перу,
> Вес приму: я – белая страница.
> Я – хранитель твоему добру:
> Возвращу и возвращу
>   сторицей.
> Я деревня, черная земля.
> Ты мне луч и дождевая влага.
> Ты – Господь и Господин, а я –
> Чернозем – и белая бумага.

Сознавала ли я тогда, в 18-м году, что, уподобляя себя

самому смиренному (чернозем и белая бумага), я называла – самое великое: недра (чернозем) и все возможности белого листа? Что я, в полной бесхитростности любящей, уподобляла себя просто – всему? Сознавала ли я и – сознавал ли он?

1918 год – 1931 год. Одна поправка: так говорить должно только к Богу. Ведь это же молитва! Людям не молятся. 13 лет назад я этого еще – нет, знала! – упорно не хотела знать. И – раз навсегда – все мои такие стихи, всё вообще такие стихи обращены к Богу. (Недаром я – вовсе не из посмертной женской гордости, а из какой-то последней чистоты совести – никогда не проставляла посвящений.) – Поверх голов – к Богу! По крайней мере – к ангелам. Хотя бы по одному тому, что ни одно из этих лиц их не приняло, – не присвоило, к себе не отнесло, в получке не расписалось.

Так: всé мои стихи – к Богу если не обращены, то: возвращены.

* * *

В конце концов – допишешься до Бога! Бог (тот свет) – наш опыт с этим. Всё отшвыривает.

* * *

– Ну, уж этого я вам хранить не дам! На что будет похож ваш дом, если каждую бумажку…

Это моя кроткая приятельница вознегодовала, и, разом полный передник… (мы обе в передниках, она – полугерманского происхождения, я вполне германского воспитания).

– Мое? Мое?!

– Да не ваше вовсе – и не мое – сочинения одного старичка, который прислал мне их, умоляя напечатать, – читала: ужасно! – и тут же умер…

– Ка-ак? Вы мертвого старичка жжете?

– Я десять лет их берегла, наследников нет, не везти же с собой замуж! И уверяю вас, Марина Ивановна, что даже белые листы из его сочинений vous porteraient malheur![95]

– Ну, Бог со старичком! Если явится – так Вам. А это что – жжете?

– А это старушки одной, генеральши, перевод – для собственного удовольствия – лермонтовского «Демона» в прозе. Тоже «напечатать»…

– Тоже померла?

---

[95] Принесли бы вам несчастье! (фр.)

– Нет, жива, но совсем впала в детство…
– Жечь старушку!

* * *

– Передохнём? А то – пожар!
– Пусть дом сгорит – вашим свадебным факелом! Дом – знаменитый в русской эмиграции, 1, Avenue de la Gare, всеэмигрантские казармы, по ночам светящиеся, как бал или больница, каждое окно своей бессонницей, дом, со всех семи этажей которого позднему прохожему на плечи – как ливень – музыка, из каждого окна своя (vous ne donnez donc jamais[96]) – струнная – духовая – хоровая – рояльная – сопранная – младенческая – русская разноголосица тоски. Дом, где каждый день умирают старые и рождаются новые, весь в крестинах и похоронах, с невыходящим священником и невыходящим почтальоном (и кому это вы всё пишете?). Дом, где никогда никого не застанешь, потому что всё в гостях – в доме же, где Иванов никогда не застает Петрова, потому что Петров у Иванова, дом с живыми ступеньками ног, лестницами шагов. Дом – с Рождеством, сияющим до масленицы, и с масленицей, расплескивающейся до Пасхи, – ибо всегда кто-то (болезнь, безденежье) запаздывает и до-празднововает – сплошной Новый год, сплошное христосованье; на последнюю (1931 год) Пасху весь разом снявшийся – по трем медонским, одной кламарской, пяти парижским церквам (хоть одному Богу – да врозь!) и, несмотря на разность расстояний и верований, весь разом ввалившийся со свечами и поцелуями – за поздним часом не спавший вовсе, дом, на следующее утро весь в записках – «Христос Воскресе! Мы у вас!»
Дом, где по одной лестнице так спешат друг к другу, что никогда не встречаются. Неодушевленный предмет, одушевленный русскими душами. Форт, где до утра не закрываются двери. Крепость – настежь! Поющий, вопиющий, взывающий и глаголящий, ставший русским дом 1, авеню де ля Гар.

* * *

Сколько жжем? Час? Три? На ломберном (от карточной игры l'hombre) столе стынет чай в серебряных кувшинчиках. До воды ли, когда – огонь. А с огнем неладное: рвет из рук, не дожидаясь подачи, как не дождались ее те поволжские дикари, сожравшие прежде американского пшена самого американца с

---

[96] Вы что же, так никогда и не спите? (фр.)

сапогами и с курткой – и жесты те ж, присядочные, приплясывающие, предвкушающие. Американец, ничего не подозревая, улыбался во весь рот и рост, не зная, что радуются ему, а не пшену.

И с нами неладное – уже никаких беречь и никаких жечь – просто жжем не разбирая, даже не разрывая, полными горстями и листами. Секундами – уколы того, что было совестью:

«А вдруг – нужное?» Но и уколам конец. Непроницаемость каминного мрамора. Гляжу на ее лицо, пляшущее красными языками, как и собственное мое. И слышу рассказ владимирской няньки Нади:

– У нас, барыня, в деревне мужик был, все жег. Режут хлеб – счистит со стола крошки – и жгет. Куру щиплют – жгет. И всякий сор. А когда и не сор, когда очень даже нужное. Все – жег. Богу – слава.

* * *

…Если огонь дикарь, то и мы дикари. Огонь огнепоклонника уподобляет себе.

* * *

Не знаю – она, я – цинически жгу. «Глядите, Е. А., красота какая! Венеция?» И не дав ей взглянуть – в печь. Целые связки писем, в лентах («favours»). А счетов! А чековых книжек! А корректур, тщательных, где каждое слово значило, где в данную секунду значило только оно.

– Да мы с вами сейчас, Е. А., знаете кто?
– Варвары? Вандалы?
– Куды там! Семнадцатого года солдаты в наших собственных усадьбах.
– Нет, – ее спокойный голос, – просто парсы.
– Проще парсов есть: те, что в скитах горят!

Рывки, швырки, сине-красная свистопляска пламени, нырок вниз, за очередным довольством Бога, пустеющие папки, невмещающая решетка и –

– Который час? Как? Да ведь мне год как нужно быть дома!

Насилу оторвавшись (тот же дикарь от миссионера), бегу, огненных дел мастер – нет, с вертела сорвавшаяся дичь! – копчено-оленьими коленями и лососинными ладонями, в дыму, пламени, золе и пепле чужой – чужих жизней – ибо три поколения жжем (здесь – жгем!) – слепая от огня и ликующая, как он сам – бегу по – когда белому, когда черному, был день по лунно-затменному – Медону – домой, к тетрадям, к детям – к строительству жизни.

Но – чего-то явно не хватает. Рукам не хватает. (И глазам! И ноздрям!) Что-то нужно сделать, скорей сделать, сейчас сделать. Писать? Отскок от стола. Обед варить? Тот же отскок от стола другого.

И – знаю!

* * *

Ибо не дано безнаказанно жечь чужую жизнь. Ибо – чужой жизни – нет.

* * *

Мои папки, ящики, связки, корзинки, полки. То на полу, на коленях и локтях, то на столе, на носках, «пуантах». Руки то вгребаются, то, вытянутые, удерживают неудержимо ползущее в них сверху. Держу подбородком и коленом, потяжелевшая на пуд бумаги соскакиваю с двухаршинной высоты как в пропасть.

Мой советник, мой тайный советник – дочь.

– Мама, не жгите!

– Пусть, пусть горит!

– Мама, вы что-то нужное жжете. Вырезка какая-то. Может быть, о вас?

– О мне так долго не пишут. Фельетон целый. Что это может быть?

Подношу к глазам. Двустишие. Губы, опережая глаза, произносят:

Где обрывается Россия
Над морем черным и глухим.

2. Город Александров Владимирской губернии

Александров. 1916 год. Лето.

Город Александров Владимирской губернии, он же Александровская Слобода, где Грозный убил сына.

Красные овраги, зеленые косогоры, с красными на них телятами. Городок в черемухе, в плетнях, в шинелях. Шестнадцатый год. Народ идет на войну.

* * *

Город Александров Владимирской губернии, моей губернии, Ильи Муромца губернии. Оттуда – из села Талицы, близ города Шуи, наш цветаевский род. Священнический. Оттуда – Музей Александра III на Волхонке (деньги Мальцева, замысел и четырнадцатилетний безвозмездный труд отца), оттуда мои поэмы по две тысячи строк и черновики к ним – в двадцать тысяч, оттуда у моего сына голова, не вмещающаяся ни в один головной убор. Большеголовые всé. Наша примета.

Оттуда – лучше, больше чем стихи (стихи от матери, как и остальные мои беды) – воля к ним и ко всему другому – от четверостишия до четырехпудового мешка, который нужно поднять – чтó! – донесть.

Оттуда – сердце, не аллегория, а анатомия, орган, сплошной мускул, сердце, несущее меня вскачь в гору две версты подряд – и больше, если нужно, оно же, падающее и опрокидывающее меня при первом вираже автомобиля. Сердце не поэта, а пешехода. Пешее сердце только потому не мрущее на катящихся лестницах и лифтах, что их обскакивающее. Пешее сердце всех моих лесных предков от деда о. Владимира до прапращура Ильи.

Оттуда – ноги, но здесь свидетельство очевидца. Вандея, рыбный рынок, я с рыбного рынка, две рыбачки. «Comme elle court, mais comme elle court, cette dame» – «Laisse-la donc courir, elle finira bien par s'arrêter!»[97]

– С сердцем. –

Оттуда (село Талицы Владимирской губернии, где я никогда не была), оттуда – всё.

Город Александров Владимирской губернии. Домок на закраине, лицом, крыльцом в овраг. Домок деревянный, бабь-ягинский. Зимой – сплошная печь (с ухватами, с шестками!), летом – сплошная дичь: зелени, прущей в окна.

Балкон (так напоминающий плетень!), на балконе на розовой скатерти – скатерке – громадное блюдо клубники и тетрадь с двумя локтями. Клубника, тетрадь, локти – мои.

1916 год. Лето. Пишу стихи к Блоку и впервые читаю Ахматову.

Перед домом, за лохмами сада, площадка. На ней солдаты учатся – стрельбе.

Вот стихи того лета:

> Белое солнце и низкие, низкие тучи,
> Вдоль огородов – за белой стеною – погост.
> И на песке вереницы соломенных чучел
> Под перекладинами в

---

[97] «Нет, ты только посмотри, как бежит эта дама!» – «Пусть себе бежит, когда-нибудь да остановится!» (фр.)

> человеческий рост.
>
> И, перевесившись через заборные колья,
> Вижу: дороги, деревья, солдаты вразброд.
> Старая баба — посыпанный крупною солью
> Черный ломоть у калитки жует и жует...
>
> Чем прогневили тебя эти серые хаты,
> Господи! — и для чего стольким простреливать грудь?
> Поезд прошел и завыл, и завыли солдаты,
> И запылил, запылил отступающий путь...
>
> Нет, умереть! Никогда не родиться бы лучше,
> Чем этот жалобный, жалостный, каторжный вой
> О чернобровых красавицах. —
> Ох, и поют же
> Нынче солдаты! О, господи боже ты мой!

(Александров, 3 июля 1916 года)

Так, с тем же чувством, другая женщина, полтора года спустя, с высоты собственного сердца и детской ледяной горки, провожала народ на войну.

* * *

Махали, мы — платками, нам — фуражками. Песенный вой с дымом паровоза ударяли в лицо, когда последний вагон давно уже скрылся из глаз.

Помню, меньше чем год спустя (март 1917 года), в том же Александрове, денщик — мне:

— Читал я вашу книжку, барыня. Все про аллеи да про любовь, а вы бы про нашу жизнь написали. Солдатскую. Крестьянскую.

— Но я не солдат и не крестьянин. Я пишу про что знаю, и вы пишите — про что знаете. Сами живете, сами и пишите.

Денщик Павел – из молодых, да ранний. («Про аллеи да про любовь» – не весь ли социальный упрек Советов?)

А я тогда сказала глупость – не мужик был Некрасов, а Коробушку по сей день поют. Просто огрызнулась – отгрызнулась – на угрозу заказа. Кстати и вкратце. Социальный заказ. И социальный заказ не беда, и заказ не беда.

Беда социального заказа в том, что он всегда приказ.

В том же Александрове меня застала весть об убийстве Распутина.

Не: «два слова о Распутине», а: в двух словах – Распутин. Есть у Гумилева стих – «Мужик» – благополучно просмотренный в свое время царской цензурой – с таким четверостишием:

В гордую нашу столицу
Входит он – Боже спаси! –
Обворожает Царицу
Необозримой Руси…

Вот, в двух словах, четырех строках, все о Распутине, Царице, всей той туче. Что в этом четверостишии? Любовь? Нет. Ненависть? Нет. Суд? Нет. Оправдание? Нет. Судьба. Шаг судьбы.

Вчитайтесь, вчитайтесь внимательно. Здесь каждое слово на вес – крови.

В гордую нашу столицу (две славных, одна гордая: не Петербург встать не может) входит он (пешая и лешая судьба России!) – Боже спаси! – (знает: не спасет!), обворожает Царицу (не обораживает, а именно, по-деревенски: обворожает) необозримой Руси – не знаю, как других, меня это «необозримой» (со всеми звенящими в нем зорями) пронзает – ножом.

Еще одно: эта заглавная буква Царицы. Не раболепство, нет! (писать другого с большой еще не значит быть маленьким), ибо вызвана величием страны, здесь страна дарует титул, заглавное Ц – силой вещей и верст. Четыре строки – и все дано: и судьба, и чара, и кара.

Объяснять стихи? Растворять (убивать) формулу, мнить у своего простого слова силу бо́льшую, чем у певчего – сильнее которого силы нет, описывать – песню! (Как в школе: «своими словами», лермонтовского «Ангела», да чтоб именно своими, без ни одного лермонтовского – и что получалось, Господи! до чего ничего не получалось, кроме несомненности: иными словами – нельзя. Что поэт хотел сказать этими стихами? Да именно то, что сказал.)

Не объясняю, а славословлю, не доказую, а указую:

указательным на страницу под названием «Мужик», стихо-творение, читателем и печатью, как тогда цензурой и по той же причине – незамеченное. А если есть в стихах судьба – так именно в этих, чара – так именно в этих. История, на которой и «сверху» (правительство) и «сбоку» (попутчики) так настаивают сейчас в Советской литературе – так именно в этих. Ведь это и Гумилева судьба в тот день и час входила – в сапогах или валенках (красных сибирских «пимах»), пешая и неслышная по пыли или снегу.

Надпиши «Распутин», всё бы знали (наизусть), а «Мужик» – ну, еще один мужик. Кстати, заметила: лучшие поэты (особенно немцы: вообще-лучшие из поэтов) часто, беря эпиграф, не проставляют откуда, живописуя – не проставляют – кого, чтобы, помимо исконной сокровенности любви и говорения вещи самой за себя, дать лучшему читателю эту – по себе знаю! – несравненную радость: в сокрытии – открытия.

* * *

Дорогой Гумилев, породивший своими теориями стихосложения ряд разлагающихся стихотворцев, своими стихами о тропиках – ряд тропических последователей –

Дорогой Гумилев, бессмертные попугаи которого с маниакальной, то есть неразумной, то есть именно попугайной неизменностью, повторяют ваши – двадцать лет назад! – молодого «мэтра» сентенции, так бесследно разлетевшиеся под колесами вашего же «Трамвая» –

Дорогой Гумилев, есть тот свет или нет, услышьте мою, от лица всей Поэзии, благодарность за двойной урок: поэтам – как писать стихи, историкам – как писать историю.

Чувство Истории – только чувство Судьбы.

Не «мэтр» был Гумилев, а мастер: боговдохновенный и в этих стихах уже безымянный мастер, скошенный в самое утро своего мастерства-ученичества, до которого в «Костре» и окружающем костре России так чудесно – древесно! – дорос.

* * *

Город Александров. 1916 год. Лето. Наискосок от дома, под гору, кладбище. Любимая прогулка детей, трехлетних Али и Андрюши. Точка притяжения – проваленный склеп с из земли глядящими иконами.

– Хочу в ту яму, где Боженька живет!

Любимая детей и нелюбимая – Осипа Мандельштама. От этого склепа так скоро из Александрова и уехал. (Хотел – «всю жизнь!»)

— Зачем вы меня сюда привели? Мне страшно. Мандельштам – мой гость, но я и сама гость. Гощу у сестры, уехавшей в Москву, пасу ее сына. Муж сестры весь день на службе. семья – я, Аля, Андрюша, нянька Надя и Осип Мандельштам.

Мандельштаму в Александрове, после первых восторгов, не можется. Петербуржец и крымец – к моим косогорам не привык. Слишком много коров (дважды в день мимо-идущих, мимо-мычащих), слишком много крестов (слишком вечно стоящих). Корова может забодать. Мертвец встать. – Взбеситься. – Присниться. – На кладбище я, по его словам, «рассеянная какая-то», забываю о нем, Мандельштаме, и думаю о покойниках, читаю надписи (вместо стихов!), высчитываю, сколько лет – лежащим и над ними растущим; словом: гляжу либо вверх, либо вниз... но неизменно от. Отвлекаюсь.

— Хорошо лежать!

— Совсем не хорошо: вы будете лежать, а я по вас ходить.

— А при жизни не ходили?

— Метафора! я о ногах, даже сапогах говорю.

— Да не по вас же! Вы будете – душа.

— Этого-то и боюсь! Из двух: голой души и разлагающегося тела еще неизвестно что́ страшней.

— Чего же вы хотите? Жить вечно? Даже без надежды на конец?

— Ах, я не знаю! Знаю только, что мне страшно и что хочу домой.

Бедные мертвые! Никто о вас не думает! Думают о себе, который бы мог лежать здесь и будет лежать там. О себе. лежащем здесь. Мало, что у вас Богом отнята жизнь, людьми – Мандельштамом с его «страшно» и мною с моим «хорошо» – отнимается еще и смерть! Мало того, что Богом – вся земля, нами еще и три ваших последних ее аршина.

Одни на кладбище приходят – учиться, другие – бояться, третьи (я) – утешаться. Всё – примерять. Мало нам всей земли со всеми ее холмами и домами, нужен еще и ваш холм, наш дом. Свыкаться, учиться, бояться, спасаться... Всё – примерять. А потом невинно дивимся, когда на повороте дороги или коридора...

Если чему-нибудь дивиться, так это редкости ваших посещений, скромности их, совестливости их... Будь я на вашем месте...

Тихий ответ: «Будь мы на твоем...»

* * *

Вспоминаю другое слово, тоже поэта, тоже с Востока,

тоже впервые видевшего со мною Москву – на кладбище Новодевичьего монастыря, под божественным его сводом:

– Стоит умереть, чтобы быть погребенным здесь. Дома – чай, приветственный визг Али и Андрюши. Монашка пришла – с рубашками. Мандельштам шепотом:

– Почему она такая черная? Я, так же:

– Потому что они такие белые!

Каждый раз, когда вижу монашку (монаха, священника, какое бы то ни было духовное лицо) – стыжусь. Стихов, вихров, окурков, обручального кольца – себя. Собственной низости (мирскости). И не монах, а я опускаю глаза.

У Мандельштама глаза всегда опущены: робость? величие? тяжесть век? веков? Глаза опущены, а голова отброшена. Учитывая длину шеи, головная посадка верблюда. Трехлетний Андрюша – ему: «Дядя Ося, кто тебе так голову отвернул?» А хозяйка одного дома, куда впервые его привела, мне: «Бедный молодой человек! Такой молодой и уже ослеп?»

Но на монашку (у страха глаза велики!) покашивает. Даже, пользуясь ее наклоном над рубашечной гладью, глаза распахивает. Распахнутые глаза у Мандельштама – звезды, с завитками ресниц, доходящими до бровей.

– А скоро она уйдет? Ведь это неуютно, наконец. Я совершенно достоверно ощущаю запах ладана.

– Мандельштам, это вам кажется!

– И обвалившийся склеп с костями – кажется? Я, наконец, хочу просто выпить чаю!

Монашка над рубашкой, как над покойником:

– А эту – венчиком...

Мандельштам за спиной монашки шипящим шепотом:

– А вам не страшно будет носить эти рубашки?

– Подождите, дружочек! Вот помру и именно в этой – благо что ночная – к вам и явлюсь!

За чаем Мандельштам оттаивал.

– Может быть, это совсем уже не так страшно? Может быть, если каждый день ходить – привыкнешь? Но лучше завтра туда не пойдем...

Но завтра неотвратимо шли опять.

* * *

А однажды за нами погнался теленок.

На косогоре. Красный бычок.

Гуляли: дети, Мандельштам, я. Я вела Алю и Андрюшу, Мандельштам шел сам. Сначала все было хорошо, лежали на траве, копали глину. Норы. Прокапывались друг к другу и когда руки сходились – хохотали, – собственно, он один. Я, как всегда, играла для него.

Солнце выедало у меня – русость, у него – темность. – Солнце, единственная краска, для волос мною признаваемая! – Дети, пользуясь игрой взрослых, стягивали с голов полотняные грибы и устраивали ими ветер. Андрюша заезжал в лицо Але. Аля тихонько ныла. Тогда Андрюша, желая загладить, размазывал глиняными руками у нее по щекам голубоглазые слезы. Я, нахлобучив шапки, рассаживала. Мандельштам остервенело рыл очередной туннель и возмущался, что я не играю. Солнце жгло.

– До-о-мой!

Нужно сказать, что Мандельштаму, с кладбища ли, с прогулки ли, с ярмарки ли, всегда отовсюду хотелось домой. И всегда раньше, чем другому (мне). А из дому – непреложно – гулять. Думаю, юмор в сторону, что когда не писал (а не-писал – всегда, то есть раз в три месяца по стиху) – томился. Мандельштаму, без стихов, на свете не сиделось, не ходилось – не жилось.

Итак, домой. И вдруг – галоп. Оглядываюсь – бычок. Красный. Хвост – молнией, белая звезда во лбу. На нас.

Страх быков – древний страх. Быков и коров, без различия, боюсь дико, за остановившуюся кротость глаз. И все-таки, тоже, за рога.

«Возьмет да поднимет тебя на рога!» – кто из нас этим припевом не баюкан? А рассказы про мальчика – или мужика – или чьего-то деда – которого бык взял да и поднял? Русская колыбель – под бычьим рогом!

Но у меня сейчас на руках две колыбели! Дети не испугались вовсе, принимают за игру, летят на моих вытянутых руках, как на канатах гигантских шагов, не по земле, а над. Скок усиливается, близится, настигает. Не вынеся – оглядываюсь. Это Мандельштам скачет. Бычок давно отстал. Может – не гнался вовсе?

Теперь знаю: весь мой «Красный бычок» оттуда, с той погони. Спал во мне с мая 1916 года и воскрес в 1929 году в Париже в предсмертном бреду добровольца. Знаю, что его бычок был именно мой – наш – александровский. И смех, которым он, умирающий, бычку смеялся – тот же смех Али и Андрюши: чистая радость бегу, игре, быку.

Смеясь, не знал, что смерть. И не 30-летним осколком несуществующей Армии, гражданином несуществующего государства, не на чужой земле столицы мира – нет! на своей, моей! – под всей защитой матери и родины – смеясь! – трехлетним – на бегу – умер.

– Барыня! чего это у нас Осип Емельич такие чудные? Кормлю нынче Андрюшу кашей, а они мне: «Счастливый у вас,

Надя, Андрюша, завсегда ему каша готова, и все дырки на носках перештопаны. А меня – говорят – никто кашей не кормит, а мне – говорят – никто носков не штопает». И так тяжело-о вздохнули, сирота горькая.

Это Надя говорит, Андрюшина няня, тоже владимирская. Об этой Наде надо бы целую книгу, пока же от сестры, уехавшей и не взявшей, перешла ко мне и ушла от меня только в 1920 году, ушла насильно, кровохаркая от голода (преданность) и обворовывая (традиция), заочно звала сестру Асей, меня Мариной, гордилась нами, ни у кого больше служить не могла. Приручившаяся волчиха. К мужчинам, независимо от сословия, относилась с высокомерной жалостью, все у нее были «жа-алкие какие-то».

Восемнадцать лет, волчий оскал, брови углом, глаза угли. Сестру, из-за этого и не вынесшую, любила с такой страстью ревности, что нарочно выдумывала у Андрюши всякие болезни, чтобы удержать дома. «Надя, я сейчас иду, вернусь поздно». – «Хорошо, барыня, а что Андрюше дать, если опять градусник подымется?» – «Как подымется? Почему?» – «А разве я вам не говорила, он всю прогулку на головку жаловался…» И т. д. Ася, естественно, остается. Надя торжествует. И не благородная, часто бывающая ревность няни к благополучию ребенка («что за барыня такая, ребенка бросает» и т. д.), самая неблагородная преступная ревность женщины – к тому, кого любит. Исступление, последний шаг которого – преступление. Врала или нет (врала – всегда, бесполезно и исступленно), но уходя от меня (все равно – терять нечего! третьей сестры не было!), призналась, что часто кормила Андрюшу толченым стеклом (!) и нарочно, в Крыму, в эпидемию, поила сырой водой, чтобы заболел и этим Асю прикрепил. Асю, говоря со мной, всегда звала «наша барыня», колола мне ею глаза, – «а у нашей барыни» то-то так-то делается, иногда только, в порыве умиления: «Ба-а-рыня! Я одну вещь заметила: как стирать – вы все с себя сымаете! Аккурат наша барыня!» Ко мне, на явный голод и холод, вопреки моим остережениям (ни дровни хлеба – ни-ни –) поступила исключительно из любви к сестре. Так вдовцы, не любя, любя ту, на сестре покойной женятся. И потом – всю жизнь – пока в гроб не вгонят – на не-той вымещают.

В заключение – картинка. Тот же Александров. Сижу, после купанья, на песке. Рядом огромный неправдоподобно лохматый пес. Надя: «Барыня, чудно́ на вас смотреть: на одном как будто слишком много надето, а другому не хватает!»

Даровитость – то, за что ничего прощать не следовало бы, то, за что прощаешь все.

– …А я им: а вы бы, Осип Емелич, женились. Ведь любая за вас барышня замуж пойдет. Хотите, сосватаю? Поповну одну.

Я:

— И вы серьезно, Надя, думаете, что любая барышня?..

— Да что вы, барыня, это я им для утехи, уж очень меня разжалобили. Не только что любая, а ни одна даже, разве уж сухоручка какая. Чудён больно!

— Что это у вас за Надя такая? (Это Мандельштам говорит.) Няня, а глаза волчьи. Я бы ей ни за что — не только ребенка, котенка бы не доверил! Стирает, а сама хохочет, одна в пустой кухне. Попросил ее чаю — вы тогда уходили с Алей — говорит, весь вышел. «Купите!» — «Не могу от Андрюши отойти». — «Со мной оставьте». — «С ва-ами?» И этот оскорбительный хохот. Глаза-щели, зубы громадные — Волк!

— Налила я им тогда, барыня, стакан типятку, и несу. А они мне так жа-алобно: «Надя! А шоколадику нет?» — «Нет, — говорю, — варенье есть». А они как застонут: «Варенье, варенье, весь день варенье ем, не хочу я вашего варенья. Что за дом такой — шоколада нет!» — «Есть, Осип Емельич, плиточка, только Андрюшина». — «Андрюшина! Андрюшина! Печенье — Андрюшино, шоколад — Андрюшин, вчера хотел в кресло сесть — тоже Андрюшино!.. А вы отломите». — «Отломить не отломлю, а вареньица принесу». Так и выпили типятку — с вареньем.

* * *

Отъезд произошел неожиданно — если не для меня с моим четырехмесячным опытом — с февраля по июнь — мандельштамовских приездов и отъездов (наездов и бегств), то для него, с его детской тоской по дому, от которого всегда бежал. Если человек говорит навек месту или другому смертному — это только значит, что ему здесь — или со мной, например — сейчас очень хорошо. Так, а не иначе, должно слушать обеты. Так, а не иначе, по ним взыскивать. Словом, в одно — именно прекрасное! — утро к чаю вышел — готовый.

Ломая баранку, барственно:

— А когда у нас поезд?

— Поезд? У нас? Куда?

— В Крым. Необходимо сегодня же.

— Почему?

— Я-я-я здесь больше не могу. И вообще пора все это прекратить.

Зная отъезжающего, уговаривать не стала. Помогла собраться: бритва и пустая тетрадка, кажется.

— Осип Емельич! Как же вы поедете? Белье сырое!

С великолепной беспечностью отъезжающего:

— Высохнет на крымском солнце! — Мне: — Вы, конечно, проводите меня на вокзал?

Вокзал. Слева, у меня над ухом, на верблюжьей шее взволнованный кадык – Александровом подавился, как яблоком. Андрюша из рук Нади рвется под паровоз – «колесики». Лирическая Аля, видя, что уезжают, терпеливо катит слезы.

– Он вернется? Он не насовсем уезжает? Он только так? Нянька Надя, блеща слезами и зубами, причитает:

– Сказали бы с вечера, Осип Емельич, я бы вам на дорогу носки выштопала… пирог спекла…

Звонок. Первый. Второй. Третий. Нога на подножке. Оборот.

– Марина Ивановна! Я, может быть, глупость делаю, что уезжаю?

– Конечно (спохватившись)… конечно – нет! Подумайте: Макс, Карадаг, Пра… И вы всегда же можете вернуться…

– Марина Ивановна! (паровоз уже трогается) – я, наверное, глупость делаю! Мне здесь (иду вдоль движущихся колес), мне у вас было так, так… (вагон прибавляет ходу, прибавляю и я) – мне никогда ни с…

Бросив Мандельштама, бегу, опережая ход поезда и фразы. Конец платформы. Столб. Столбенею и я. Мимовые вагоны: не он, не он, – он. Машу – как вчера еще с ним солдатам. Машет. Не одной – двумя. Отмахивается! С паровозной гривой относимый крик:

– Мне так не хочется в Крым!

На другом конце платформы сиротливая кучка: плачущая Аля: «Я знала, что он не вернется!» – плачущая сквозь улыбку Надя – так и не выштопала ему носков! – ревущий Андрюша – уехали его колесики!

3. Защита бывшего

Медон. 1931 год. Весна. Разбор бумаг. В руке чуть было не уничтоженная газетная вырезка.

>…Где обрывается Россия
>Над морем черным и чужим.

То есть как – чужим? Глухим! Мне ли не знать. И, закрыв глаза:

>Не веря воскресенья чуду,
>На кладбище гуляли мы.
>Ты знаешь, мне земля повсюду
>Напоминает те холмы.
>(Выпадают две строки)
>Где обрывается Россия

Над морем черным и глухим.

От монастырских косогоров
Широкий убегает луг.
Мне от владимирских просторов
Так не хотелося на юг.

Но в этой темной деревянной
И юродивой слободе
С такой монашкою туманной
Остаться – значит быть беде.

Целую локоть загорелый
И лба кусочек восковой.
Я знаю, он остался белый
Под смуглой прядью золотой.
От бирюзового браслета*
Еще белеет полоса.
Тавриды огненное лето
Творит такие чудеса.

Как скоро ты смуглянкой стала
И к Спасу бедному пришла.
Не отрываясь целовала,
А гордою в Москве была!

Нам остается только имя,
Чудесный звук, на долгий срок.
Прими ж ладонями моими
Пересыпаемый песок.[98]

Стихи ко мне Мандельштама, то есть первое от него после тех проводов.

Столь памятный моим ладоням песок Коктебеля! Не песок даже – радужные камешки, между которыми и аметист, и сердолик, – так что не таков уж нищ подарок! Коктебельские камешки, целый мешок которых хранится здесь в семье Кедровых, тоже коктебельцев.

1911 год. Я после кори стриженая. Лежу на берегу, рою, рядом роет Волошин Макс.

– Макс, я выйду замуж только за того, кто из всего побережья угадает, какой мой любимый камень.

---

[98] * Впоследствии неудачно замененное: «Целую кисть, где от браслета» (примеч. М. Цветаевой).

— Марина! (вкрадчивый голос Макса) — влюбленные, как тебе, может быть, уже известно, — глупеют. И когда тот, кого ты полюбишь, принесет тебе (сладчайшим голосом)... булыжник, ты совершенно искренно поверишь, что это твой любимый камень!

— Макс! Я от всего умнею! Даже от любви!

А с камешком — сбылось, ибо С. Я. Эфрон, за которого я, дождавшись его восемнадцатилетия, через полгода вышла замуж, чуть ли не в первый день знакомства отрыл и вручил мне — величайшая редкость! — генуэзскую сердоликовую бусу, которая и по сей день со мной.

А с Мандельштамом мы впервые встретились летом 1915 года в том же Коктебеле, то есть за год до описанной мною гостьбы. Я шла к морю, он с моря. В калитке Волошинского сада — разминулись.

Читаю дальше: «Так вот — это написано в Крыму, написано до беспамятства влюбленным поэтом».

До беспамятства? Не сказала бы.

«Но поклонники Мандельштама, вообразив по этим данным (Крым, море, любовь, поэзия) картину, достойную кисти Айвазовского (есть, кстати, у Айвазовского такая картина, и прескверная, „Пушкин прощается с морем") — поклонники эти несколько ошибутся».

Настороженная «влюбленным до беспамятства», читаю дальше:

«Мандельштам жил в Крыму. И так как он не платил за пансион и несмотря на требования хозяев съехать или уплатить...»

Стой! Стой! Это каких хозяев — требования, когда хозяевами были Макс Волошин и его мать, замечательная старуха с профилем Гёте, в детстве любимица ссыльного Шамиля. И какие требования, когда сдавали за гроши и им годами должали?

«...несмотря на требования хозяев съехать или заплатить, выезжать тоже не желал, то к нему применялась особого рода пытка, возможная только в этом живописном уголке Крыма — ему не давали воды». (Макс и Елена Оттобальдовна — кому-нибудь не давали воды? Да еще поэту?!)

«Вода в Коктебель привозилась издалека и продавалась бочками — ни реки, ни колодца не было — и Мандельштам хитростями и угрозами с трудом добивался от сурового хозяина или мегеры-служанки...»

— Да в Коктебеле, жила в нем с 11-го года по 17-й год, отродясь служанки не было, был полоумный сухорукий слуга, собственник дырявой лодки «Сократ», по ней и звавшийся, — всю дачу бы по первому требованию отдавший!..

«Кормили его объедками...»

Кто? Макс? Макс вообще никого не кормил, сам где мог подкармливался, кормила добродушнейшая женщина в мире, державшая за две версты от дачи на пустыре столовую. Что же касается «объедков» – в Коктебеле было только одно блюдо: баран, природный объедок и даже оглодок. Так что можно сказать: в Коктебеле не-объедков не было. Коктебель, до всяких революций, – голодное место, там и объедков не оставалось из-за угрожающего количества бродячих собак. Если же «объедками» – так всех.

«Когда на воскресенье в Коктебель приезжали гости, Мандельштама выселяли из его комнаты – он ночевал в чулане...»

Не в чулане, а в мастерской у Макса с чудесами со всех сторон света, то есть месте, о котором иные и мечтать не смели!

«Простудившись однажды на такой ночевке...»

Это в Коктебеле-то, с его кипящим морем и трескающейся от жары землей! В Коктебеле, где все спали на воле, а чаще вовсе не спали: смотрели на красный столб встающего Юпитера в воде или на башне у Макса читали стихи. От восхода Юпитера до захода Венеры...

«...на такой ночевке он схватил ужасный флюс и ходил весь обвязанный, вымазанный йодом, сопровождаемый улюлюканьем местных мальчишек и улыбками остального населения „живописного уголка"...»

Живописный – да, если вести от живописцев: художников, друзей Макса, там живших (Богаевский, Лентулов, Кандауров, Нахман, Лев Бруни, Оболенская). Но живописный в кавычках – нет. Голые скалы, морена берега, ни кустка, ни ростка, зелень только высоко в горах (огромные, с детскую голову, пионы), а так – ковыль, полынь, море, пустыня. Пустырь. Автор, очевидно, Коктебель (Восточный Крым, Киммерия, родина амазонок, вторая Греция) принял за Алупку, дачу поэта Волошина, за «профессорский уголок», где по вечерам Вяльцева в граммофон: «Наш уголок я убрала цвета-ами...» Коктебель – никаких цветов. И сплошной острый угол скалы. (Там, по преданию, в одной из скал, досягаемой только вплавь, – вход в Аид. Подплывала. Входила.)

«Особенно, кстати, потешалась над ним „она", та, которой он предлагал принять в залог вечной любви „ладонями моими пересыпаемый песок"».

Потешалась? Я? Над поэтом – я? Я, которой и в Коктебеле-то не было, от которой он уехал в Крым!

«Она, очень хорошенькая (что?), немного вульгарная (что??), брюнетка (???), по профессии женщина-врач» (что-о-о???)...

«…вряд ли была расположена принимать подарки такого рода: в Коктебель привез ее содержатель, армянский купец, жирный, масляный, черномазый. Привез и был очень доволен: наконец-то нашел место, где ее было не к кому, кроме Мандельштама, ревновать…»

Женщина-врач на содержании у армянского купца – (помимо того, что этой данной женщины никогда не было) – не наши нравы! Еврейская, то есть русская, женщина-врач, то есть интеллигентка, сама зарабатывающая. У нас не так-то легко шли на содержание, особенно врачи! Да еще в 1916 году, в войну… Вот что значит – 10 лет эмиграции. Не только Мандельштама забыл, но и Россию.

«С флюсом, обиженный, некормленый Мандельштам выходил из дому, стараясь не попасться лишний раз на глаза хозяину или злой служанке. Всклокоченный, в сандалиях на босу ногу, он шел по берегу, встречные мальчишки фыркали ему в лицо и делали из полы свиное ухо…»

Кстати, забавная ассоциация: пола – свиное ухо. Еврей в долгополом сюртуке, которому показывают свиное ухо. Но у автора воспоминаний мальчишки из полы делают свиное ухо. Из какой это полы? Мальчишки – в рубашках, а у рубашки полы нет, есть подол. Пола у сюртука, у пальто, у чего-то длинного, что распахивается. Пола – это половина. Автор и крымских мальчишек, и крымское (50 градусов) лето, и просто мальчишек, и просто лето – забыл!

«Он шел к ларьку, где старушка-еврейка торговала спичками, папиросами, булками, молоком…» (которое, в скобках, в Коктебеле, как по всему Крыму, было величайшей редкостью. Бузой – да, ситро – да, «паша-тепе» – да, молоком – нет). «Эта старушка…»

И не старушка-еврейка, а цветущих лет грек – единственная во всем Коктебеле кофейня: барак «Бубны», расписанный приезжими художниками и поэтами – даже стишок помню – изображен белоштанный дачник с тростью и моноклем и мы всё: кто в чем, а кто и ни в чем –

Я скромный дачник, друг природы,
Стыдитесь, голые уроды!

Бубны, нищая кофейня «Бубны», с великодержавной, над бревенчатой дверью надписью:

Славны Бубны за горами!

С Коктебелем-местом у автора воспоминаний произошло

то же, что у Игоря Северянина с Коктебелем-словом: Игорь Северянин в дни молодости, прочтя у Волошина под стихами подпись: Коктебель, – принял название места за название стихотворного размера (рондо, газель, ритурнель) и произвел от него «коктебли», нечто среднее между коктейлем и констеблем. Автор воспоминаний дикий Коктебель подменяет то дачной Алупкой, то местечком Западного края с его лотками, старушками, долгополыми мальчишками и т. д.

«Эта старушка, единственное существо во всем Коктебеле, относилась к нему по-человечески…»

Позвольте, а мы все? Всегда уступавшие ему главное место на арбе и последний глоток из фляжки? Макс и его мать, я, сестра Ася, поэтесса Майя – что ни женщина, то нянька, что ни мужчина, то дядька – всё женщины, жалевшие, всё мужчины, восхищавшиеся, – все мы и жалевшие и восхищавшиеся, с утра до ночи нянчившиеся и дядьчившиеся… Мандельштам в Коктебеле был общим баловнем, может быть, единственный, может быть, раз в жизни, когда поэту повезло, ибо он был окружен ушами– на стихи и сердцами – на слабости.

«Старушка (может быть, он ей напоминал собственного внука, какого-нибудь Янкеля или Осипа) по доброте сердечной оказывала Мандельштаму „кредит": разрешала брать каждое утро булочку и стакан молока „на книжку". Она знала, конечно, что ни копейки не получит – но надо же поддержать молодого человека – такой симпатичный, и должно быть, больной: на прошлой неделе все кашлял и теперь вот – флюс. Иногда Мандельштам получал от нее и пачку папирос 2-го сорта, спичек, почтовую марку. Если же он, потеряв чувствительность, рассеянно тянулся к чему-нибудь более ценному – коробке печенья или плитке шоколада – добрая старушка, вежливо отстранив его руку, говорила грустно, но твердо: „Извините, господин Мандельштам, это вам не по средствам"».

А вот мой вариант, очевидно неизвестный повествователю. Поздней осенью 1915 года Мандельштам выехал из Коктебеля в собственном пальто хозяина «Бубен», ибо по беспечности или иному чему заложил или потерял свое. И когда год спустя, в тех же «Бубнах» грек – поэту: «А помните, господин Мандельштам, когда вы уезжали, шел дождь и я вам предложил свое пальто», поэт – греку: «Вы можете быть счастливы, ваше пальто весь год служило поэту».

Не говоря уже о непрерывном шоколаде в кредит – шоколаде баснословном. Та́к одного из лучших русских поэтов любило одно из лучших мест на земле: от поэта Максимилиана Волошина до полуграмотного хозяина нищей кофейни.

«Мандельштам шел по берегу, выжженному солнцем и выметенному постоянным унылым коктебельским ветром.

Недовольный, голодный, гордый, смешной, безнадежно влюбленный в женщину-врача, подругу армянина, которая сидит теперь на своей веранде в розовом прелестном капоте и пьет кофе – вкусный жирный кофе, – и ест горячие домашние булки, сколько угодно булок...»

Товарищ пишущий, я никогда не ходила в розовых прелестных капотах, я никогда не была ни очень хорошенькой, ни просто хорошенькой, ни немного, ни много вульгарной, я никогда не была женщиной-врачом, никогда меня не содержал черномазый армянин, в такую «меня» никогда не был до беспамятства влюблен поэт Осип Мандельштам.

Кроме того, повторяю, Коктебель – место пусто, в нем никогда не было жирных сливок, только худосочное (с ковыля!) и горьковатое (с полыни!) козье молоко, никогда в нем не было и горячих домашних булок, вовсе не было булок, одни только сухие турецкие бублики, да и то не сколько угодно. И если поэт был голоден – виноват не «злой хозяин» Максимилиан Волошин, а наша общая хозяйка – земля. Здесь – земля Восточного Крыма, где ваша, автора воспоминаний, нога никогда не была.

Вы, провозгласив эти стихи Мандельштама одними из лучших в русской литературе, в них ничего не поняли. «Крымские» стихи написаны в Крыму, да, но по существу своему – Владимирские. Какие же в Крыму – «темные деревянные юродивые слободы»? Какие – «туманные монашки?»? Стихи написаны фактически в Крыму, по существу же – изнутри владимирских просторов. Давайте по строкам:

> Не веря воскресенья чуду,
> На кладбище гуляли мы.
> Ты знаешь, мне земля повсюду
> Напоминает те холмы.

Какие холмы? Так как две последующие строки выпадают – в тексте просто заменены точками – два возможных случая: либо он и здесь, на русском кладбище, вспоминает – с натяжкой – холмы Крыма, либо – что гораздо вероятнее – и здесь, в Крыму, не может забыть холмы Александрова. (За последнюю догадку двойная холмистость Александрова: холмы почвы и холмы кладбища.)

Дальше, черным по белому:

> От монастырских косогоров
> Широкий убегает луг.
> Мне от владимирских просторов

> Так не хотелося на юг.
> Но в этой темной, деревянной
> И юродивой слободе
> С такой монашкою туманной
> Остаться – значит быть беде.

Монашка, думается мне, составная: нянька Надя с ее юродивым смехом, настоящая монашка с рубашками и, наконец, я с моими вождениями на кладбище. От троящегося лица – туман. Но так или иначе – от этой монашки и уезжает в Крым.

> Целую локоть загорелый
> И лба кусочек восковой.
> Я знаю, он остался белый
> Под смуглой прядью золотой.
> От бирюзового браслета
> Еще белеет полоса.
> Тавриды огненное лето
> Творит такие чудеса.

Еще белеет полоса, то есть от прошлого лета в Коктебеле (1915 год). Таково солнце Крыма, что жжет на целый год. Если бы говорилось о крымской руке – при чем тут еще и какое бы чудо?

> Как скоро ты смуглянкой стала
> И к Спасу бедному пришла,
> Не отрываясь целовала,
> А строгою в Москве была.

Не «строгою», а гордою (см. «Tristia»). Не отрываясь целовала – что? – распятие, конечно, перед которым в Москве, предположим, гордилась. Гордой по молодой глупости перед Богом еще можно быть, но строгой? Всякая монашка строга. В данной транскрипции получается, что «она» целовала не икону, а человека, что совершенно обессмысливает упоминание о Спасе и все четверостишие. Точно достаточно прийти к Богу, чтобы не отрываясь зацеловать человека.

> Нам остается только имя,
> Блаженный звук, короткий
>   срок.

Не «блаженный звук, короткий срок», а (см. книгу «Tristia»):

>   Чудесный звук, на долгий срок.

Автор воспоминаний, очевидно, вместо «на долгий» прочел «недолгий» и сделал из него «короткий». У поэтов не так-то коротка память! – Но можно ли так цитировать, когда «Tristia» продается в каждом книжном магазине? Кончается фельетон цитатой:

>   Где обрывается Россия
>   Над морем черным и чужим.

Это пишущему, очевидно, – чужим, нам с Мандельштамом родным. Коктебель для всех, кто в нем жил, – вторая родина, для многих – месторождение духа. В данном же стихотворении:

>   Где обрывается Россия
>   Над морем черным и глухим, –

глухо-шумящим, тем же из гениального стихотворения Мандельштама:

>   Бессонница, Гомер, тугие паруса.
>   Я список кораблей прочел до середины:
>   Сей длинный выводок, сей поезд журавлиный,
>   Что над Элладою когда-то поднялся –
>
>   Как журавлиный клин в чужие рубежи!
>   На головах царей божественная пена –
>   Куда плывете вы? Когда бы не Елена,
>   Что Троя вам одна, ахейские мужи!
>
>   И море и Гомер – все движется любовью.
>   Кого же слушать мне?
>   И вот, Гомер молчит,
>   И море Черное, витийствуя, шумит

> И с тяжким грохотом подходит
> к изголовью.

Во избежание могущих повториться недоразумений оповещаю автора фельетона, что в книге «Tristia» стихи «В разноголосице девического хора», «Не веря воскресенья чуду…» («Нам остается только имя – чудесный звук, на долгий срок!»), «На розвальнях, уложенных соломой» принадлежат мне, стихи же «Соломинка» и ряд последующих – Саломее Николаевне Гальперн, рожденной кн. Андрониковой, ныне здравствующей в Париже и столь же похожей на ту женщину-врача, как и я.

Что весь тот период – от Германско-Славянского льна до «На кладбище гуляли мы» – мой, чудесные дни с февраля по июнь 1916 года, дни, когда я Мандельштаму дарила Москву. Не так много мне в жизни писали хороших стихов, а главное: не так часто поэт вдохновляется поэтом, чтобы так даром зря уступать это вдохновение первой небывшей подруге небывшего армянина.

Эту собственность – отстаиваю.

* * *

Но не о мне одной речь, мне – что́; что эта брюнетка с армянином – я – никто не поверит. Что эти стихи ей, а не мне – если даже поверят – мне что! В конце-то концов! Знает Мандельштам, и знаю я.

И касайся это только меня, я бы только смеялась. А сейчас не смеюсь вовсе. Ибо дело, во-первых – в друге (моем и, как выясняется из фельетона, и автора. NB! Если так помнят друзья, то как же помнят враги?), во-вторых, в большом поэте, которого выводят пошляком (Мандельштам не только данной женщины не любил, но любить не мог), в-третьих, в другом поэте – Волошине – которого выводят скрягой и извергом (не давать воды), и в-четвертых, – в том, что все это преподносится в виде поучения молодым поэтам.

Закончим началом фельетона, вскрывающим повод, причину и цель его написания:

«На одном из собраний парижской литературной молодежи я слышал по своему адресу упрек: „Зачем вы искажаете образ Мандельштама, нашего любимого поэта? Зачем вы представляете его в своих воспоминаниях каким-то комическим чудаком? Разве он мог быть таким?"

Именно таким он и был. Ни одного слова о Мандельштаме я не выдумывал…»

В данном фельетоне, как доказано, выдуманы всё.

«Я очень рад за Мандельштама, что молодые парижские

стихотворцы его любят и еще больше рад за них: эта любовь многих из них больше приближает к поэзии, чем их собственные стихи. Но и я, право, чрезвычайно люблю поэзию Мандельштама, и, кроме того, на моей стороне есть еще то преимущество, что и его самого, чудаковатого, смешного, странного – неотделимого от его стихов – люблю не меньше и очень давно, очень близко знаю. Были времена, когда мы были настолько неразлучны, что у нас имелась, должно быть, единственная в мире визитная карточка: такой-то[99] и О. Мандельштам.

И разве не слышали наши „молодые поэты", что высокое и смешное, самое высокое и самое смешное, часто бывают переплетены та́к, что не разобрать, где начинается одно и кончается другое».

Высокое и смешное – да, высокое и пошлое – никогда.

«…Приведу, для наглядности, пример из жизни того же „чудака", „ангела", „комического персонажа" – из жизни поэта Мандельштама…»

Цену примеру – мы знаем.

Большой фельетон у литераторов зовется подвал. Здесь – правильно. Киммерийские утесы и мои Александровские холмы, весь Коктебель с его высоким ладом, весь Мандельштам с его высокой тоской здесь низведены до подвала – быта (никогда не бывшего!).

Не знаю, нужны ли вообще бытовые подстрочники к стихам: кто – когда – где – с кем – при каких обстоятельствах – и т. д., как во всем известной гимназической игре. Стихи быт перемололи и отбросили, и вот из уцелевших отсевков, за которыми ползает вроде как на коленках, биограф тщится воссоздать бывшее. К чему? Приблизить к нам живого поэта. Да разве он не знает, что поэт в стихах – живой, по существу – далекий?

Но – спорить не буду – официальное право у биографа на быль (протокол) есть. И уж наше дело извлечь из этого протокола соответствующий урок. Важно одно: чтобы протокол был бы именно протоколом.

Если хочешь писать быль, знай ее, если хочешь писать пасквиль – меняй имена или жди сто лет. Не померли же мы все на самом деле! Живи автор фельетона на одной территории со своим героем – фельетона не было бы. А так… за тридевять земель… да, может, никогда больше и еще не встретимся… А тут – соблазн анекдота, легкого успеха у тех, кто чтению стихов поэта предпочитает – сплетни о нем.

<u>Безответственность разлуки и</u> безнаказанность расстояния.

---

[99] Имя автора воспоминаний (примеч. М. Цветаевой).

* * *

— А зачем же, не признавая бытового подстрочника, взяли да все это нам и рассказали? Зачем нам знать, как великий поэт Мандельштам по зеленому косогору скакал от невинного теленка?

На это отвечу:

На быль о Мандельштаме летом 1916 года я была вызвана вымыслом о Мандельштаме летом 1916 года. На свой подстрочник к стихотворению – подстрочником тем. Ведь никогда (1916–1931 годы) я не утверждала этой собственности, пока на нее не напали. – Оборона! – Когда у меня в Революцию отняли деньги в банке, я их не оспаривала, ибо не чувствовала их своими. – Ограбили дедов! – Эти стихи я – хотя бы одной своей заботой о поэте – заработала.

Еще одно: ограничившись одним опровержением вымысла, то есть просто уличив, я бы оказалась в самой ненавистной мне роли – прокурора. Противопоставив вымыслу – живую жизнь, – и не обаятелен ли мой Мандельштам, несмотря на страх покойников и страсть к шоколаду, а быть может, и благодаря им? – утвердив жизнь, которая сама есть утверждение, я не выхожу из рожденного состояния поэта – защитника.

Медон, апрель-май 1931

Живое о живом
(Волошин)

> *...И я, Лозэн, рукой белей чем снег,*
> *Я подымал за чернь бокал заздравный!*
> *И я, Лозэн, вещал, что полноправны*
> *Под солнцем – дворянин и дровосек!*

Одиннадцатого августа – в Коктебеле – в двенадцать часов пополудни – скончался поэт Максимилиан Волошин.

Первое, что я почувствовала, прочтя эти строки, было, после естественного удара смерти – удовлетворенность: в полдень: в свой час.

Жизни ли? Не знаю. Поэту всегда пора и всегда рано

умирать, и с возрастными годами жизни он связан меньше, чем с временами года и часами дня. Но, во всяком случае, в свой час суток и природы. В полдень, когда солнце в самом зените, то есть на самом темени, в час, когда тень побеждена телом, а тело растворено в теле мира – в свой час, в волошинский час.

И достоверно – в свой любимый час природы, ибо 11 августа (по-новому, то есть по-старому конец июля), – явно полдень года, самое сердце лета.

И достоверно – в самый свой час Коктебеля, из всех своих бессчетных обликов запечатлевающегося в нас в облике того солнца, которое как Бог глядит на тебя неустанно и на которое глядеть нельзя.

Эта печать коктебельского полдневного солнца – на лбу каждого, кто когда-нибудь подставил ему лоб. Солнца такого сильного, что загар от него не смывался никакими московскими зимами и земляничными мылами, и такого доброго, что, невзирая на все свои пятьдесят градусов – от первого дня до последнего дня – десятилетиями позволяло поэту сей двойной символ: высшей свободы от всего и высшего уважения: непокрытую голову. Как в храме.

Пишу и вижу: голова Зевеса на могучих плечах, а на дремучих, невероятного завива кудрях, узенький полынный веночек, насущная необходимость, принимаемая дураками за стилизацию, равно как его белый парусиновый балахон, о котором так долго и жарко спорили (особенно дамы), есть ли или нет под ним штаны.

Парусина, полынь, сандалии – что́ чище и вечнее, и почему человек не вправе предпочитать чистое (стирающееся, как парусина, и сменяющееся, но неизменное, как сандалии и полынь) – чистое и вечное – грязному (городскому) и случайному (модному)? И что убийственнее – городского и модного – на берегу моря, да еще такого моря, да еще на таком берегу! Моя формула одежды: то, что не красиво на ветру, есть уродливо. Волошинский балахон и полынный веночек были хороши на ветру.

И так в свой час – в двенадцать часов пополудни, кстати, слово, которое он бы с удовольствием отметил, ибо любил архаику и весомость слов, в свой час суток, природы и Коктебеля. Остается четвертое и главное: в свой час сущности. Ибо сущность Волошина – полдневная, а полдень из всех часов суток – самый телесный, вещественный, с телами без теней и с телами, спящими без снов, а если их и видящими – то один сплошной сон земли. И, одновременно, самый магический, мифический и мистический час суток, такой же маго-мифо-мистический, как полночь. Час Великого Пана, Démon de Midi,[100] и нашего скромного русского полуденного, о котором я в детстве, в Калужской губернии, своими ушами: «Лёнка, идем купаться!» – «Не пойду-у: полуденный утащит». – Магия, мифика и мистика самой земли, самого земного состава.

Таково и творчество Волошина, в котором, по женски-гениально-непосредственному слову поэтессы Аделаиды Герцык, меньше моря, чем материка, и больше берегов, чем реки. Творчество Волошина – плотное, весомое, почти что творчество самой материи, с силами, не нисходящими свыше, а подаваемыми той – мало насквозь прогретой, – сожженной, сухой, как кремень, землей, по которой он так много ходил и под которой ныне лежит. Ибо этот грузный, почти баснословно грузный человек («семь пудов мужской красоты», как он скромно оповещал) был необычайный ходок, и жилистые ноги в сандалиях носили его так же легко и заносили так же высоко́, как козьи ножки – козочек. Неутомимый ходок. Ненасытный ходок. Сколько раз – он и я – по звенящим от засухи тропкам, или вовсе без тропок, по хребтам, в самый полдень, с непокрытыми головами, без палок, без помощи рук, с камнем во рту (говорят, отбивает жажду, но жажду беседы он у нас не отбивал), итак, с камнем во рту, но, несмотря на камень во рту и несмотря на постоянную совместность – как только свидевшиеся друзья – в непрерывности беседы и ходьбы – часами – лета́ми – все вверх, все вверх. Пот лил и высыхал, нет, высыхал, не успев пролиться, беседа не пересыхала – он был неутомимый собеседник, то есть тот же ходок по дорогам мысли и слова. Рожденный пешеход. И такой же лазун.

Не таким он мне предстал впервые, в дверях залы нашего московского дома в Трехпрудном, о, совсем не таким! Звонок. Открываю. На пороге цилиндр. Из-под цилиндра безмерное лицо в оправе вьющейся недлинной бороды.

Вкрадчивый голос: «Можно мне видеть Марину Цветаеву?» – «Я». – «А я – Макс Волошин. К вам можно?» – «Очень!»

Прошли наверх, в детские комнаты. «Вы читали мою статью о вас?» – «Нет». – «Я так и думал и потому вам ее принес. Она уже месяц, как появилась».

Помню имена: Марселина Деборд-Вальмор, Ларю-Мардрюс, Ноайль – вступление. Потом об одной мне – первая статья за жизнь (и, кажется, последняя большая) о моей первой книге «Вечерний альбом». Помню о романтике сущности вне романтической традиции – такую фразу: «Герцог Рейхштадтский, Княжна Джаваха, Маргарита Готье – герои очень юных лет...», цитату:

---

100 Демон Полудня (фр.).

Если думать – то где же игра?

и утверждение: Цветаева не думает, она в стихах – живет, и главный упор статьи, стихи «Молитва»:

> Ты дал мне детство лучше сказки,
> И дай мне смерть – в семнадцать лет!

Вся статья – самый беззаветный гимн женскому творчеству и семнадцатилетью.

«Она давно появилась, больше месяца назад, неужели вам никто не сказал?» – «Я газет не читаю и никого не вижу. Мой отец до сих пор не знает, что я выпустила книгу. Может быть, знает, но молчит. И в гимназии молчат». – «А вы – в гимназии? Да, вы ведь в форме. А что вы делаете в гимназии?» – «Пишу стихи».

Некоторое молчание, смотрит так пристально, что можно бы сказать, бессовестно, если бы не широкая, все ширеющая улыбка явного расположения – явно располагающая.

– А вы всегда носите это?..
– Чепец? Всегда, я бритая.
– Всегда бритая?
Всегда.
– А нельзя ли было бы… это… снять, чтобы я мог увидеть форму вашей головы. Ничто так не дает человека, как форма его головы.
– Пожалуйста.

Но я еще руки поднять не успела, как он уже – осторожно – по-мужски и по-медвежьи, обеими руками – снял.
– У, вас отличная голова, самой правильной формы, я совершенно не понимаю…

Смотрит взглядом ваятеля или даже резчика по дереву – на чурбан – кстати, глаза точь-в-точь как у Врубелевского Пана: две светящиеся точки – и, просительно:
– А нельзя ли было бы уж зараз снять и…
Я:
– Очки?
Он, радостно:
– Да, да, очки, потому что, знаете, ничто так не скрывает человека, как очки.

Я, на этот раз опережая жест:
– Но предупреждаю вас, что я без очков ничего не вижу.
Он спокойно:

– Вам видеть не надо, это мне нужно видеть.

Отступает на шаг и, созерцательно:

– Вы удивительно похожи на римского семинариста. Вам, наверно, это часто говорят?

– Никогда, потому что никто не видел меня бритой.

– Но зачем же вы тогда бреетесь?

– Чтобы носить чепец.

– И вы... вы всегда будете бриться?

– Всегда.

Он, с негодованием:

– И неужели никто никогда не полюбопытствовал узнать, какая у вас голова? Голова, ведь это – у поэта – главное!.. А теперь давайте беседовать.

И вот беседа – о том, чтó пишу, как пишу, чтó люблю, кáк люблю – полная отдача другому, вникание, проникновение, глаз не сводя с лица и души другого – и каких глаз: светлых почти добела, острых почти до боли (так слезы выступают, когда глядишь на сильный свет, только здесь свет глядит на тебя), не глаз, а сверл, глаз действительно – прозорливых. И оттого, что не больших, только больше видящих – и видных. Внешне же: две капли морской воды, в которой бы прожгли зрачок, за которой бы зажгли – что? ничего, такие брызги остаются на руках, когда по ночному волошинскому саду несутся с криками: скорей! скорей! море светится! Не две капли морской воды, а две искры морского живого фосфора, две капли живой воды.

Под дозором этих глаз, я тогда очень дикая, еще дичаю, не молчу, а не смолкаю: сплошь – личное, сплошь – лишнее: о Наполеоне, любимом с детства, о Наполеоне II, с Ростановского «Aiglon»,[101] о Саре Бернар, к которой год назад сорвалась в Париж, которой там не застала и кроме которой там все-таки ничего не видела, о том Париже – с N majuscule повсюду – с заглавным N на взлобьях зданий – о Его Париже, о моем Париже.

Улыбаясь губами, а глазами сверля, слушает, изредка, в перерывы моего дыхания, вставляя:

– А Бодлера вы никогда не любили? А Артюра Рембо – вы знаете?

– Знаю, не любила, никогда не буду любить, люблю только Ростана и Наполеона I и Наполеона II – и какое горе, что я не мужчина и не тогда жила, чтобы пойти с Первым на св. Елену и с Вторым в Шенбрунн.

Наконец, в секунду, когда я совсем захлебнулась:

– Вы здесь живете?

– Да, то есть не здесь, конечно, а...

[101] «Орленка» (фр.).

– Я понимаю: в Шенбрунне. И на св. Елене. Но я спрашиваю: это ваша комната?

– Это – детская, бывшая, конечно, а теперь Асина, это моя сестра – Ася.

– Я бы хотел посмотреть вашу.

Провожу. Комната с каюту, по красному полю золотые звезды (мой выбор обоев: хотелось с наполеоновскими пчелами, но так как в Москве таковых не оказалось, примирилась на звездах) – звездах, к счастью, почти сплошь скрытых портретами Отца и Сына – Жерара, Давида, Гро, Лавренса, Мейссонье, Верещагина – вплоть до киота, в котором богоматерь заставлена Наполеоном, глядящим на горящую Москву. Узенький диван, к которому вплотную письменный стол. И все.

Макс, даже не попробовавший протиснуться:
– Как здесь – тесно!

Кстати, особенность сго толщины, вошедшей в поговорку. Никогда не ощущала ее избытком жира, всегда – избытком жизни, как оно и было, ибо он ее легко носил (хочется сказать: она-то его и носила!) и со своими семью пудами никогда не возбуждал смеха, всегда серьезные чувства, как в женщинах любовь, в мужчинах – дружбу, в тех и других – некий священный трепет, никогда не дававший сходиться с ним окончательно, вплотную, великий барьер божественного уважения, то есть его божественного происхождения, данный еще и физически, в виде его чудного кетового живота.

– Как здесь тесно!

Действительно, не только все пространство, несуществующее, а весь воздух вытеснен его зевесовым явлением. Одной бы его головы хватило, чтобы ничему не уместиться. Так как сесть, то есть пролезть, ему невозможно, беседуем стоя.

Вкрадчивый голос:
– А Франси Жамма вы никогда не читали? А Клодея вы... В ответ самоутверждаюсь, то есть утверждаю свою любовь к совсем не Франси Жамму и Клоделю, а – к Ростану, к Ростану, к Ростану.

Et maintenant il faut que Ton
Altesse donne...[102]

– Вы понимаете? Тон (любовь) – и все-таки Altesse!

Ame pour qui la mon fût une

---

[102] А теперь нужно, чтобы твое сиятельство уснуло... (фр.)

guérison...¹⁰³

— А для кого – не?

> Dorme dans le tombeau de sa
> double prison,
> De son cercueil de bronze et de
> son uniforme.¹⁰⁴

— Вы понимаете, что Римского короля похоронили в австрийском!

Слушает истово, теперь вижу, что меня, а не Ростана, мое семнадцатилетнее во всей чистоте его самосожжения – не оспаривает – только от времени до времени – робко:

— А Анри де Ренье вы не читали –
«La double maitresse?¹⁰⁵ А Стефана Малларме вы не...»

И внезапно – au beau milieu Victor Hugo'ской оды¹⁰⁶ Наполеону II – уже не вкрадчиво, а срочно:

— А нельзя ли будет пойти куда-нибудь в другое место?

— Можно, конечно, вниз тогда, но там семь градусов и больше не бывает.

Он, уже совсем сдавленным голосом:

— У меня астма, и я совсем не переношу низких потолков, – знаете... задыхаюсь.

Осторожно свожу по узкой мезонинной лестнице. В зале – совсем пустой и ледяной – вздыхает всей душой и телом и с ласковой улыбкой, нежнейше:

— У меня как-то в глазах зарябило – от звезд.

* * *

Кабинет отца с бюстом Зевеса на вышке шкафа. Сидим, он на диване, я на валике (я – выше), гадаем, то есть глядим: он мне в ладонь, я ему в темя, в самый водоворот: волосоворот. Из гадания, не слукавя, помню только одно:

---

103 Душа, для которой смерть была исцелением (фр.).

104 Пусть спит в гробнице своей двойной тюрьмы.
Своего бронзового гроба и мундира (фр.).

105 «Дважды любовница» (фр.).

106 Посреди оды Виктора Гюго (фр.).

— Когда вы любите человека, вам всегда хочется, чтобы он ушел, чтобы о нем помечтать. Ушел подальше, чтобы помечтать, подольше. Кстати, я должен идти, до свиданья, спасибо вам.

— Как? Уже?

— А вы знаете, сколько мы с вами пробеседовали? Пять часов, я пришел в два, а теперь семь. Я скоро опять приду.

Пустая передняя, скрип парадного, скрип мостков под шагами, калитка...

Когда вы любите человека, вам всегда хочется, чтобы он ушел, чтобы о нем помечтать.

* * *

— Барышня, а гость-то ваш — никак, ушли?

— Только что проводила.

— Да неужто вам, барышня, не стыдно — с голой головой — при таком полном барине, да еще кудреватом таком! А в цилиндре пришли — ай жених?

— Не жених, а писатель. А чепец снять — сам велел.

— А-а-а... Ну, ежели писатель — им виднее. Очень они мне пондравились, как я вам чай подавала: полные, румяные, солидные и улыбчивые. И бородатые. А вы уж, барышня, не сердитесь, а вы им, видать — ух! — пондравились: уж так на вас глядел, уж так на вас глядел: в са-амый рот вам! А может, барышня, еще пойдете за них замуж? Только поскорей бы косе отрость!

* * *

Через день письмо, открываю: стихи:

> К вам душа так радостно влекома!
> О, какая веет благодать
> От страниц Вечернего Альбома!
> (Почему альбом, а не тетрадь?)
> Отчего скрывает чепчик черный
> Чистый лоб, а на глазах очки?
> Я отметил только взгляд покорный
> И младенческий овал щеки.
> Я лежу сегодня — невралгия,
> Боль, как тихая виолончель...
> Ваших слов касания благие

> И стихи, крылатый взмах качель,
> Убаюкивают боль: скитальцы,
> Мы живем для трепета тоски...
> Чьи прохладно-ласковые пальцы
> В темноте мне трогают виски?
> Ваша книга — это весть оттуда,
> Утренняя благостная весть.
> Я давно уж не приемлю чуда,
> Но как сладко слышать: чудо — есть!

Разрываясь от восторга (первые хорошие стихи за жизнь, посвящали много, но плохие) и только с большим трудом забирая в себя улыбку, — домашним, конечно, ни слова! — к концу дня иду к своей единственной приятельнице, старшей меня на двадцать лет и которой я уже, естественно, рассказала первую встречу. Еще в передней молча протягиваю стихи.

Читает:

— «К вам душа так радостно влекома — О, какая веет благодать — От страниц Вечернего Альбома — Почему альбом, а не тетрадь?»

Прерывая:

— Почему — альбом? На это вы ему ответите, что в тетрадку вы пишете в гимназии, а в альбом — дома. У нас в Смольном у всех были альбомы для стихов.

Почему скрывает чепчик черный Чистый лоб, а на глазах — очки?

А, вот видите, он тоже заметил и, действительно, странно: такая молодая девушка, и вдруг в чепце! (Впрочем, бритая было бы еще хуже!) И эти ужасные очки! Я всегда вам говорила... — «Я отметил только взгляд покорный и младенческий овал щеки». — А вот это очень хорошо! Младенческий! То есть на редкость младенческий! «Я лежу сегодня — невралгия — Боль как тихая виолончель — Ваших слов касания благие — И стихи, крылатый взмах качель — Убаюкивают боль. Скитальцы, — Мы живем для трепета тоски...» — Да! Вот именно для трепета тоски! (И вдруг, от слога к слогу все более и более омрачневая и на последнем, как туча):

> Чьи прохладно-ласковые пальцы
> В темноте мне трогают виски?

Ну вот видите — пальцы... Фу, какая гадость! Я говорю

вам: он просто пользуется, что вашего отца нет дома... Это всегда так начинается: пальцы... Мой друг, верните ему это письмо с подчеркнутыми строками и припишите: «Я из порядочного дома и вообще...» Он все-таки должен знать, что вы дочь вашего отца... Вот что значит расти без матери! А вы (заминка), может быть, действительно, от избытка чувств, в полной невинности, погладили его... по... виску? Предупреждаю вас, что они этого совсем не понимают, совсем не так понимают.

– Но – во-первых, я его не гладила, а во-вторых, – если бы даже – он поэт!

– Тем хуже. В меня тоже был влюблен один поэт, так его пришлось – Юлию Сергеевичу – сбросить с лестницы.

Так и ушла с этим неуютным видением будущего: массивного Максимилиана Волошина, летящего с нашей узкой мезонинной лестницы – к нам же в залу.

Дальше – хуже. То есть через день: бандероль, вскрываю: Henri de Régnier, «Les rencontres de Monsieur de Bréot».[107]

Восемнадцатый век. Приличный господин, но превращающийся, временами, в фавна. Праздник в его замке. Две дамы-маркизы, конечно, гуляющие по многолюдному саду и ищущие уединения. Грот. Тут выясняется, что маркизы искали уединения вовсе не для души, а потому, что с утра не переставая пьют лимонад. Стало быть – уединяются. Подымают глаза: у входа в грот, заслоняя солнце и выход, огромный фавн, то есть тот самый Monsieur de Bréot.

В негодовании захлопываю книгу. Эту – дрянь, эту – мерзость – мне? С книгой в руках и с неизъяснимым чувством брезгливости к этим рукам за то, что такую дрянь держат, иду к своей приятельнице и ввожу ее непосредственно в грот. Вскакивает, верней, выскакивает, как оженная.

– Милый друг, это просто – порнография! (Пауза.) За это, собственно, следовало бы ссылать в Сибирь, а этого... поэта, во всяком случае, ни в коем случае, не пускайте через порог! (Пауза.) Нечего сказать – маркизы! Вы видите, как я была права! Милый друг, выбросьте эту ужасную книгу, а самого его, с этими (брезгливо) холодными висками... спустите с лестницы! Я вам говорю, как мать, и это же бы вам сказал ваш отец – если бы знал... Бедный Иван Владимирович!

Тотчас же садитесь и пишите: «Милостивый государь» – нет, какой же он государь! – просто без обращения: Москва, число. – После происшедшего между нами – нет, не надо между нами, а то он еще будет хвастаться – тогда так: «Ставлю вас в известность, что после нанесенного мне оскорбления в виде

[107] Анри де Ренье, «Встречи господина де Брэо» (фр.).

присланного мне порнографического французского романа вы навсегда лишились права преступить порог моего дома. Подпись». Все.

– По-моему – слишком торжественно. Он будет смеяться. И я совсем не хочу, чтобы он больше ко мне никогда не пришел.

– Ну, как знаете, но предупреждаю вас, что: те стихи, эта книга – а третье будет... словом, он поведет себя как тот Monsieur – как его? – в том... нечего сказать! – гроте.

Мое письмо вышло проще, но не кротче. «Совершенно не понимаю, как вы, зная книги, которые я люблю, решились прислать мне такую мерзость, которую вам тут же, без благодарности, возвращаю».

На следующий день – явление самого Макса, с большим пакетом под мышкой.

– Вы очень на меня сердитесь?
– Да, я очень на вас сердилась.
– Я не знал, что вам не понравится, вернее, я не знал, что вам понравится, вернее, я так и знал, что вам не понравится – а теперь я знаю, что вам понравится.

И книга за книгой – все пять томов Жозефа Бальзамо Дюма, которого, прибавлю, люблю по нынешний день, а перечитывала всего только прошлой зимой – все пять томов, ни страницы не пропустив. На этот раз Макс знал, что мне понравится.

(Выкладывая пятый том:
– Марина Ивановна! Как хорошо, что вы не так пишете, как те, кого вы любите!
– Максимилиан Александрович! Как хорошо, что вы не так себя ведете, как герои тех книг, которые вы любите!)

Чтобы не оставлять ни тени на безупречном друге стольких женских душ и бескорыстном созерцателе, а когда и строителе стольких судеб, чтобы не оставлять ни пятнышка на том солнце, которым был и есть для меня Макс, установлю, что вопреки опасениям моей заботливой и опытной в поэтах приятельницы – здесь и тени не было «развращения малолетних». Дело несравненно проще и чище. Макс всегда был под ударом какого-нибудь писателя, с которым уже тогда, живым или мертвым, ни на миг не расставался и которого внушал – всем. В данный час его жизни этим живым или мертвым был Анри де Ренье, которого он мне с первой встречи и подарил – как самое дорогое, очередное самое дорогое. Не вышло. Почти что наоборот – вышло. Не только я ни романов Анри де Ренье, ни драм Клоделя, ни стихов Франси Жамма тогда не приняла, а пришлось ему, на двадцатилетие старшему, матёрому, бывалому, проваливаться со мной в бессмертное младенчество од Виктора Гюго и в мое бренное собственное и бродить со мною рука об руку по пяти томам Бальзамо, шести Мизераблей и еще шести Консуэлы и Графини Рудольштадт Жорж Занд. Что он и делал – с неизбывным терпением и выносливостью, и с только, иногда, очень тяжелыми вздохами, как только собаки и очень тучные люди вздыхают: вздохом всего тела и всей души. Первое недоразумение оказалось последним, ибо первый же том Мемуаров Казановы, с первой же открывшейся страницы, был ему возвращен без всякой обиды, а просто:

– Спасибо: гроты, вроде твоего маркиза, возьми, пожалуйста, – в чем меня очень поддержала мать Максимилиана Волошина, Елена Оттобальдовна.

«В семнадцать лет – Мемуары Казановы, Макс, ты просто дурак!» – «Но, мама, эпоха та же, что в Жозефе Бальзамо и в Консуэле, которые ей так нравятся... Мне казалось...» – «Тебе казалось, а ей не показалось. Ни одной порядочной девушке в семнадцать лет не могут показаться Мемуары Казановы!» – «Но сам Казанова, мама, нравился каждой семнадцатилетней девушке!» – «Дурам, а Марина умная, итальянкам, а Марина – русская. А теперь. Макс, точка».

Каждая встреча начинается с ощупи, люди идут вслепую, и нет, по мне, худших времен – любви, дружбы, брака – чем пресловутых первых времен. Не худших времен, а более трудных времен, более смутных времен.

Очередной подарок Макса, кроме Консуэлы, Жозефа Бальзамо и Мизераблей – не забыть восхитительной женской книги «Трагический зверинец» и прекрасного Акселя – был подарок мне живой героини и живого поэта, героини собственной поэмы: поэтессы Черубины де Габриак. Знаю, что многие это имя знают, для тех же, кто не знает, в двух словах:

Жила-была молодая девушка, скромная школьная учительница, Елизавета Ивановна Димитриева, с маленьким физическим дефектом – поскольку помню – хромала. Из ее преподавательской жизни знаю один только случай, а именно вопрос школьникам попечителя округа:

– Ну кто же, дети, ваш любимый русский царь? – и единогласный ответ школьников:

– Гришка Отрепьев!

В этой молодой школьной девушке, которая хромала, жил нескромный, нешкольный, жестокий дар, который не только не хромал, а, как Пегас, земли не знал. Жил внутри, один, сжирая и сжигая. Максимилиан Волошин этому дару дал землю, то есть поприще, этой безымянной – имя, этой обездоленной – судьбу. Как он это сделал? Прежде всего он понял, что школьная учительница такая-то и ее стихи – кони, плащи, шпаги, – не совпадают и не совпадут никогда. Что боги, давшие ей ее сущность, дали ей этой сущности обратное – внешность: лица и жизни. Что здесь, перед лицом его – всегда трагический, здесь же катастрофический союз души и тела. Не союз, а разрыв. Разрыв, которого она не может не сознавать и от которого она не может не страдать, как непрерывно страдали: Джордж Элиот, Шарлотта Бронте, Жюли де Леспинас, Мэри Вебб и другие, и другие, и другие некрасивые любимицы богов. Некрасивость лица и жизни, которая не может не мешать ей в даре: в свободном самораскрытии души. Очная ставка двух зеркал: тетради, где ее душа, и зеркала, где ее лицо и лицо ее быта. Тетради, где она похожа, и зеркала, где она не похожа. Жестокий самосуд ума, сводящийся к двум раскрытым глазам. Я такую себя не могу любить, я с такой собой – не могу жить. Эта – не я.

Это о Елизавете Ивановне Димитриевой между двух зеркал: настольным и настенным, Елизавета Ивановна Димитриева насмерть обиженная бы – даже на острове, без единого человека, Елизавета Ивановна Димитриева наедине сама с собой.

Но есть еще Елизавета Ивановна Димитриева – с людьми. Максимилиан Волошин знал людей, то есть знал всю их беспощадность, ту – людскую, – и, особенно, мужскую – ничем не оправданную требовательность, ту жесточайшую неправедность, не ищущую в красавице души, но с умницы непременно требующую красоты, – умные и глупые, старые и молодые, красивые и уроды, но ничего не требующие от женщины, кроме красоты. Красоты же – непреложно. Любят красивых, некрасивых – не любят. Таков закон в последней самоедской юрте, за которой непосредственно полюс, и в эстетской приемной петербургского «Аполлона». Руку на сердце положа, – может школьная, скромная, хромая, может Е. И. Д. оплатить по счету свои стихи? Может Е. И. Д. надеяться на любовь, которую не может не вызвать ее душа и дар? Стали бы, любя ее ту, любить такую? На это отвечу: да. Женщины и большие, совсем большие поэты, да и то – большие поэты! – вспомним Пушкина, любившего неодушевленный предмет – Гончарову. Стало быть, только женщины. Но думает ли молодая девушка о женской дружбе, когда думает о любви, и думает ли молодая девушка о чем-либо другом кроме любви? Такая девушка, с такими стихами…

Следовательно, надежды на любовь к ней в этом ее теле – нет, больше скажу: это ее физическое явление равняется безнадежности на любовь. Напечатай Е. И. Д. завтра же свои стихи, то есть влюбись в них, то есть в нее, весь «Аполлон» – и приди она завтра в редакцию «Аполлона» самолично – такая, как есть, прихрамывая, в шапочке, с муфточкой – весь

«Аполлон» почувствует себя обокраденным, и мало разлюбит, ее возненавидит весь «Аполлон». От оскорбленного: «А я-то ждал, что...» – до снисходительного: «Как жаль, что...» Ни этого «ждал», ни «жаль» Е. И. Д. не должна прослышать.

Как же быть? Во-первых и в-главных: дать ей самой перед собой быть, и быть целиком. Освободить ее от этого среднего тела – физического и бытового, – дать другое тело: ее. Дать ей быть ею! Той самой, что в стихах, душе дать другую плоть, дать ей тело этой души. Какое же у этой души должно быть тело? Кто, какая женщина должна, по существу, писать эти стихи, по существу, эти стихи писала?

Нерусская, явно. Красавица, явно. Католичка, явно. Богатая, о, несметно богатая, явно (Байрон в женском обличии, но даже без хромоты), то есть внешне счастливая, явно, чтобы в полной бескорыстности и чистоте быть несчастной по-своему. Роскошь чисто внутренней, чисто поэтовой несчастности – красоте, богатству, дару вопреки. Торжество самой субстанции поэта: вопреки всему, через все, ни из-за чего – несчастность. И главное забыла: свободная – явно: от страха своего отражения в зеркале приемной «Аполлона» и в глазах его редакторов.

Как же ее будут звать? Черубина рождалась в Коктебеле, где тогда гостила Е. И. Д. Однажды, год спустя, держу у Макса на башне какой-то окаменелый корень, принесенный приливом, оставленный отливом.

«А это, что у тебя сейчас в руках, это – Габриак. Его на песке, прямо из волны, взяла Черубина. И мы сразу поняли, что это – Габриак». – «А Габриак – что?» – «Да тот самый корень, что ты держишь. По нему и стала зваться Черубина». – «А Черубина откуда?» – «Керубина, то есть женское от Херувим, только мы К заменили Ч, чтобы не совсем от Херувима». Я, впадая: «Понимаю. От черного Херувима».

Итак, Черубина де Габриак. Француженка с итальянским именем, либо итальянка с французской фамилией. Единственная дочь, живет в строгой католической семье, где девушки одни не ходят и стихов не пишут, а если пишут – то уж, конечно, не печатают. Гонорара никакого не нужно. В «Аполлон» никогда не придет. Пусть и не пытаются выследить – не выследят никогда, если же выследят – беда и ей, и им. Единственная достоверность: по воскресеньям бывает в костеле, но невидима, ибо поет в хоре. Всё.

Как же все это – «Аполлону», то есть людям, то есть всему внешнему миру внушить? Как вообще вещи внушают: в нее поверив. Как в себя такую поверить? Заставить других поверить. Круг. И в этом круге, благом на этот раз, постепенное превращение Е. И. Д. в Черубину де Габриак. Написала, – поверила уже буквам нового почерка – виду букв и смыслу слов поверил адресат, – ответу адресата, то есть вере адресата – многоликого адресата, единству веры многих – поверила Е. И. Д. и в какую-то секунду – полное превращение Елизаветы Ивановны Димитриевой в Черубину де Габриак.

– Начнемте, Елизавета Ивановна?
– Начнемте, Максимилиан Александрович!

В редакцию «Аполлона» пришло письмо. Острый отвесный почерк. Стихи. Женские. В листке заложен не цветок, пахучий листок, в бумажном листке – древесный листок. Адрес «До востребования Ч. де Г.».

В редакцию «Аполлона» через несколько дней пришло другое письмо – опять со стихами, и так продолжали приходить, переложенные то листком маслины, то тамариска, а редакторы и сотрудники «Аполлона» – как начали, так и продолжали ходить как безумные, влюбленные в дар, в почерк, в имя – неизвестной, скрывшей лицо.

Где-то в Петербурге, через ров рода, богатства, католичества, девичества, гения, в неприступном, как крепость, но достоверном – стоит же где-то! – особняке живет девушка. Эта девушка присылает стихи, ей отвечают цветами, эта девушка по воскресеньям поет в костеле – ее слушают. Увидеть ее нельзя, но не увидеть ее – умереть.

И вот началась эпоха Черубины де Габриак.

Влюбился весь «Аполлон» – имен не надо, ибо носители иных уже под землей – будем брать «Аполлон» как единство, каковым он и был – перестал спать весь «Аполлон», стал жить от письма к письму весь «Аполлон», захотел увидеть весь «Аполлон». Их было много, она – одна. Они хотели видеть, она – скрыться. И вот – увидели, то есть выследили, то есть изобличили. Как лунатика – окликнули и окликом сбросили с башни ее собственного Черубининого замка – на мостовую прежнего быта, о которую разбилась вдребезги.

– Елизавета Ивановна Димитриева – Вы?
– Я.

Одно имя назову – Сергея Маковского, поведшего себя, по словам М. Волошина, безупречным рыцарем, то есть не только не удивившегося ей, такой, а сумевшего убедить ее, что все давно знал, а если не показывал, то только затем, чтобы дать ей, Е. И. Д., самораскрыть себя в Черубине до конца. За этот кровный жест – Сергею Маковскому спасибо.

Это был конец Черубины. Больше она не писала. Может быть, писала, но больше ее никто не читал, больше ее голоса никто не слыхал. Но знаю, что ее дружбе с М. В. конца не было. Из стихов ее помню только уцелевшие за двадцатилетие жизни и памяти – строки:

> В небе вьется красный плащ, –
> Я лица не увидала!

И еще:

> Даже Ронсара сонеты
> Не разомкнули мне грусть.
> Все, что сказали поэты,
> Знаю давно наизусть!

И – в ответ на какой-то букет:

> И лик бесстыдных орхидей
> Я ненавижу в светских лицах!

– образ ахматовский, удар – мой, стихи, написанные и до Ахматовой, и до меня – до того правильно мое утверждение, что все стихи, бывшие, сущие и будущие, написаны одной женщиной – безымянной.

И последнее, чтó помню:

> О, суждено ль, чтоб я узнала
> Любовь и смерть в тринадцать лет!

– магически и естественно перекликающееся с моим:

> Ты дал мне детство лучше сказки
> И дал мне смерть – в семнадцать лет!

С той разницей, что у нее суждено (смерть), а у меня – дай. Так же странно и естественно было, что Черубина, которой я, под непосредственным ударом ее судьбы и стихов, сразу послала свои, из всех них, в своем ответном письме, отметила именно эти, именно эти две строки. Помню узкий лиловый конверт с острым почерком и сильным запахом духов, Черубинины конверт и почерк, меня в моей рожденной простоте скорее оттолкнувшие, чем привлекшие. Ибо я-то, и трижды: как женщина, как поэт и как неэстет любила не гордую иностранку в хорах и на хорах жизни, а именно школьную учительницу Димитриеву – с душой Черубины. Но дело-то ведь для Черубины было – не в моей любви.

Черубина де Габриак умерла два года назад в Туркестане. Не знаю, знал ли о ее смерти Макс.

***

Почему я так долго на этом случае остановилась? Во-первых, потому, что Черубина в жизни Макса была не случаем, а событием, то есть он сам на ней долго, навсегда остановился. Во-вторых, чтобы дать Макса в его истой сфере – женских и поэ-товых душ и судеб. Макс в жизни женщин и поэтов был providentiel,[108] когда же это, как в случае Черубины, Аделаиды Герцык и моем, сливалось, когда женщина оказывалась поэтом или, что вернее, поэт – женщиной, его дружбе, бережности, терпению, вниманию, поклонению и сотворчеству не было конца. Это был прежде всего человек со-бытийный. Как вся его душа – прежде всего – сосуществование, которое иные, не глубоко глядящие, называли мозаикой, а любители ученых терминов – эклектизмом.

То единство, в котором было всё, и то всё, которое было единством.

Еще два слова о Черубине, последних. Часто слышала, когда называла ее имя:

«Да ведь, собственно, это не она писала, а Волошин, то есть он все выправлял». Другие же: «Неужели вы верите в эту мистификацию? Это просто Волошин писал – под женским и, нужно сказать, очень неудачным псевдонимом». И сколько я ни оспаривала, ни вскипала, ни скрежетала – «Нет, нет, никакой такой поэтессы Черубины не было. Был Максимилиан Волошин-под псевдонимом».

Нет обратнее стихов, чем Волошина и Черубины. Ибо он, такой женственный в жизни, в поэзии своей – целиком мужественен, то есть голова и пять чувств, из которых больше всего – зрение. Поэт – живописец и ваятель, поэт – миросозерцатель, никогда не лирик как строй души. И он так же не мог написать стихов Черубины, как Черубина – его. Но факт, что люди были знакомы, что один из них писал и печатался давно, второй никогда, что один – мужчина, другой – женщина, даже факт одной и той же полыни в стихах – неизбежно заставляли людей утверждать невозможность куда бо́льшую, чем сосуществование поэта и поэта, равенство известного с безвестным, несущественность в деле поэтической силы – мужского и женского, естественность одной и той же полыни в стихах при одном и том же полынном местопребывании – Коктебеле, право всякого на одну полынь, лишь бы полынь выходила разная, и, наконец, самостоятельный Божий дар, ни в каких поправках, кроме собственного опыта, не нуждающийся.

---

[108] Ниспосланным провидением, провидцем (фр.).

«Я бы очень хотел так писать, как Черубина, но я так не умею», – вот точные слова М. В. о своем предполагаемом авторстве.

Макс больше сделал, чем написал Черубинины стихи, он создал живую Черубину, миф самой Черубины. Не мистификация, а мифотворчество, и не псевдоним, а великий аноним народа, мифы творящего. Макс, Черубину создав, остался в тени, – из которой его ныне, за руку, вывожу на белый свет своей любви и благодарности – за Черубину, себя, всех тех, чьих имен не знаю – благодарности.

А вот листочки, которыми Черубина перекладывала стихи, – маслина, тамариск, полынь – действительно волошинские, ибо были сорваны в Коктебеле.

Эта страсть М. В. к мифотворчеству было сказалась и на мне.

– Марина! Ты сама себе вредишь избытком. В тебе материал десяти поэтов и сплошь – замечательных!.. А ты не хочешь (вкрадчиво) все свои стихи о России, например, напечатать от лица какого-нибудь его, ну хоть Петухова? Ты увидишь (разгораясь), как их через десять дней вся Москва и весь Петербург будут знать наизусть. Брюсов напишет статью. Яблоновский напишет статью. А я напишу предисловие. И ты никогда (подымает палец, глаза страшные), ни-ког-да не скажешь, что это ты, Марина (умоляюще), ты не понимаешь, как это будет чудесно! Тебя – Брюсов, например, – будет колоть стихами Петухова:

«Вот, если бы г-жа Цветаева, вместо того чтобы воспевать собственные зеленые глаза, обратилась к родимым зеленым полям, как г. Петухов, которому тоже семнадцать лет…» Петухов станет твоей bête noire,[109] Марина, тебя им замучат, Марина, и ты никогда – понимаешь? никогда! – уже не сможешь написать ничего о России под своим именем, о России будет писать только Петухов, – Марина! ты под конец возненавидишь Петухова! А потом (совсем уж захлебнувшись) нет! зачем потом, сейчас же, одновременно с Петуховым мы создадим еще поэта, – поэтессу или поэта? – и поэтессу и поэта, это будут близнецы, поэтические близнецы, Крюковы, скажем, брат и сестра. Мы создадим то, чего еще не было, то есть гениальных близнецов. Они будут писать твои романтические стихи.

– Макс! – а мне что останется?

– Тебе? Всё, Марина. Всё, чем ты еще будешь! Как умолял! Как обольщал! Как соблазнительно расписывал анонимат такой славы, славу такого анонимата!

– Ты будешь, как тот король, Марина, во владениях

---

[109] Наваждением (фр.).

которого никогда не заходило солнце. Кроме тебя, в русской поэзии никого не останется. Ты своими Петуховыми и близнецами выживешь всех, Марина, и Ахматову, и Гумилева, и Кузмина…

– И тебя, Макс!

– И меня, конечно. От нас ничего не останется. Ты будешь – всé, ты будешь – всё. И (глаза белые, шепот) тебя самой не останется. Ты будешь– те.

Но Максино мифотворчество роковым образом преткнулось о скалу моей немецкой протестантской честности, губительной гордыни всё, что пишу, – подписывать. А хороший был бы Петухов поэт! А тех поэтических близнецов по сей день оплакиваю.

* * *

Сосуществование поэта с поэтом – равенство известного с безвестным. Я сама тому живой пример, ибо никто никогда с такой благоговейной бережностью не относился к моим так называемым зрелым стихам, как тридцатишестилетний М. В. к моим шестнадцатилетним. Так люди считаются только с патентованным, для них – из-за большинства голосов славы – несомненным. Ни в чем и никогда М. В. не дал мне почувствовать преимуществ своего опыта, не говоря уже об имени. Он меня любил и за мои промахи. Как всякого, кто чем-то был. Ничего от мэтра (а времена были сильно мэтровые!), все от спутника. Могу сказать, что он стихи любил совершенно так, как я, то есть как если бы сам их никогда не писал, всей силой безнадежной любви к недоступной силе. И, одновременно, всякий хороший стих слушал, как свой. Всякая, хорошая строка была ему личным даром, как любящему природу – солнечный луч. («Было, было, было», – а как это бывшее несравненно больше есть, чем сущее! Как есть навсегда есть! Как бывшего – нет!) Помню одну, только одну его поправку, попытку поправки – за весь толстый «Вечерний альбом» в самом начале знакомства:

> И мы со вздохом, в темных
> лапах,
> Сожжем, тоскуя, корабли…

– А вы не думаете, Марина (пауза, выжидательные глаза)… Ивановна, что это немножко трудно – и сложно – сжигать корабли – в темных лапах? что для этого – в лапах – как будто мало места? Причем, несомненно, в медвежьих, то есть очень сильных лапах, которые сильно жмут. Ведь корабли как будто принято сжигать на море, а здесь – медвежьи лапы – явно – лес, дремучий. Трудно же предположить, что медведь расположился с вами на берегу моря, на котором – тут же – горят ваши корабли.

Так это у меня и осталось в памяти: коктебельский пустынный берег, на нем медведь, то есть Макс, со мной, а тут же у берега, чтобы удобнее, целая флотилия кораблей, которые горят.

Еще одно, тоже полушуточное, но здесь скобка о шутке. Я о Максе рассказываю совершенно так же, как Макс о тех, кого любил, и я о Максе – нынче, совершенно так же, как о Максе – вчера, то есть с живой любовью, улыбки не только не боящейся, но часто ее ищущей – как отвода и разряда.

Итак, из всех изустных стихов одного его посещения мне больше всего, до тоски, понравилось такое двустишие:

Вместе в один водоем поглядим ли мы осенью темной.
Сблизятся две головы – три отразятся в воде.

– Максимилиан Александрович, а почему не четыре, ведь каждый вспоминает своего!

– Четыре головы – это было бы две пары, две пары голов скота, и никаких стихов бы не было, – вежливо, но сдержанно ответил Макс.

Сраженная доводом, а еще больше видением четырех рогастых голов в глубине версальского водоема, от поправки отказываюсь. В следующий приход, протягивая ему его же в первый приход подаренную книгу:

– Впишите мне в нее те, ну самые чудные, мои любимые:

«Вместе в один водоем забредем ли мы осенью темной…»

Он негодующе:

– То есть как – забредем, (убежденно) – заглянем! (спохватываясь) – заглядим! – то есть поглядим, конечно, вы меня совсем сбили! (Пауза. Задумчиво.) А вы знаете, это тоже хорошо: забредем, так, кажется, еще лучше…

Я:

– Да, как две коровы, которые забрели и поют (с озарением) – Максимилиан Александрович! Да ведь это же те самые и есть! Две пары голов рогатого скота!

Помню еще, из сразу полюбленных стихов Макса:

Теперь я мертв, я стал листами книги,
И можешь ты меня перелистать…

Послушно и внимательно перелистываю и – какая-то пометка, вглядываюсь:

(Демон)

> Я, как ты, тяжелый, темный,
> И безрылый, как и ты…

Над безрылым, чернилом, увесистое К., то есть бескрылый. Макс этой своей опечаткой всегда хвастался. Максина книга стихов. Вижу ее, тут же отданную в ярко-красный переплет, в один том – в один дом – со стихами Аделаиды Герцых.

> Не царевич я, похожий
> На него – я был иной.
> Ты ведь знаешь, я – прохожий,
> Близкий всем, всему чужой.
>
> Мы друг друга не забудем,
> И, целуя дольний прах,
> Понесу я сказку людям
> О царевне Таиах.

Эти стихи я слушала двойною болью: оставленной и уходящего, нет, еще третьей болью: оставшейся в стороне: не мне! А эту царевну Таиах воочию вскоре увидела в мастерской Макса в Коктебеле: огромное каменное египетское улыбающееся женское лицо, в память которого и была названа та, мне неизвестная, любимая и оставленная земная женщина.

Но тут уместен один рассказ матери Макса:

– Макс тогда только что женился и вот, приезжает в Коктебель с Маргаритой, а у нас жила одна дама с маленькой девочкой. Сидим все, обедаем. Девочка смотрит, смотрит на молодых, то на Макса, то на Маргариту, то опять на Маргариту, то опять на Макса, и громким шепотом – матери: «Мама! Почему эта царевна вышла замуж за этого дворника?» А Маргарита, действительно, походила на царевну, во Флоренции ее на улице просто звали: Ангел!

– И никто не обиделся?

– Никто, Маргарита смеялась, а Макс сиял. От себя прибавлю, что дворник в глазах трехлетней девочки существо мифическое и на устах трехлетней девочки слово мистическое. Дворник рубит дрова огромным колуном, на который страшно и смотреть. Дворник на спине приносит целый лес, дворник топит печи, то есть играет с огнем огромной железиной, которая называется кочерга. А кочерга – это Яга. Дворник стоит по шею в снегу и не замерзает, лопаты у дворника вдесятеро больше девочкиной, а сапог выше самой девочки. Дворник и в воде не тонет, и в огне не горит. Дворник может сделать то, на чем кататься, и то, с чего кататься, салазки и гору. Дворник, в конце концов, единственное видение мужественности в глазах девочки того времени. Папа ничего не может, а дворник – всё. Значит, дворник – великан. А может быть. если рассердится – и людоед. Так, один трехлетний мальчик, пришедший к нам в гости и упорно не желающий играть в нижних комнатах: «Убери того белого людоеда!» – «Но какого?» – «С бородой! На меня со шкафа смотрит! Глаза белые! Убери того страшного дворника!»

Страшный дворник – Зевес.

Я сказала, что стихи Макса я переплела со стихами А. Герцык. Сказать о ней – мой отдельный живой долг, ибо она в моей жизни такое же событие, как Макс, а я в ее жизни событие, может быть, больше, чем в жизни Макса. Пока же –

Одно из жизненных призваний Макса было сводить людей, творить встречи и судьбы. Бескорыстно, ибо случалось, что двое, им сведенные, скоро и надолго забывали его. К его собственному определению себя как коробейника идей могу прибавить и коробейника друзей. Убедившись сейчас, за жизнь, как люди на друзей скупы (почти как на деньги: убудет! мне меньше останется!), насколько всё и всех хотят для себя, ничего для другого, насколько страх потерять в людях сильнее радости дать, не могу не настаивать на этом рожденном Максимом свойстве: щедрости на самое дорогое, прямо обратной ревности. Люди, как Плюшкин ржавый гвоздь, и самого завалящего знакомого от глаз берегут – а вдруг в хозяйстве пригодится? Да, ревности в нем не было никакой – никогда, кроме рвения к богатству ближнего – бывшего всегда. Он так же давал, как другие берут. С жадностью. Давал, как отдавал. Он и свой коктебельский дом, таким трудом добытый, так выколоченный, такой заслуженный, такой его по духовному праву, кровный, внутренне свой, как бы с ним сорожденный, похожий на него больше, чем его гипсовый слепок, – не ощущал своим, физически своим. Комнаты (по смехотворной цене) сдавала Елена Оттобальдовна. Макс физически не мог сдавать комнат друзьям. Еще меньше – чужим. Этот человек, никогда ни перед кем ни за что ни в чем не стеснявшийся, в человеческих отношениях – плававший, стоял перед вами, как малый ребенок или как бык, опустив голову.

– Марина! Я правда не могу. Это невыносимо. Поговори с мамой… Я… – И топот убегающих сандалий по лестнице.

Зато море, степь, горы – три коктебельских стихии и собирательную четвертую – пространство, он ощущал та́к своими, как никакой кламарский рантье свой «павильон». Полынь он произносил как: моя. А Карадаг (название горы) просто как: я. Но одна физическая собственность, то есть собственность признания и физически, у него была: книги. Здесь он был лют. И здесь, и единственно здесь – капризен, давал, что хотел, а не то, что хотел – ты.

«Макс, можно?..» – «Можно, Марина, только уверяю, что тебе не понравится... Возьми лучше...» – «Нет, не непонравится, а ты боишься, что слишком понравится и что я, как кончу, буду опять сначала, и так до конца лета». – «Марина, уверяю тебя, что...» – «Или что замажу в черешнях. Макс, я очень аккуратна». – «Я знаю, и дело не в том, а в том, что тебе гораздо будет интересней Капитан Фракасс». – «Но я не хочу Фракасс, я хочу Жанлис. Макс, милый Макс, дорогой Макс, Плюшкин-Макс, ведь ты же ее сейчас не читаешь!» – «Но ты мне обещаешь, что никому не дашь из рук, даже подержать? Что ты вернешь ее мне не позже как через неделю, здесь же, из рук в руки и в том же виде...» – «Нет, на три секунды раньше и на три страницы толще! Макс, я ее удлиню!»

Давал, голубчик, но со вздохом, вздохом, который был еще слышен на последней ступеньке лестницы. Давал – все, давал – всем. Но сколько выпущенных из рук книг – столько побед над этой единственной из страстей собственничества, для меня священной: страстью к собственной книге. Святая жадность.

* * *

Возвратимся к Аделаиде Герцык. В первую горячую голову нашего с ним схождения он живописал мне ее: глухая, некрасивая, немолодая, неотразимая. Любит мои стихи, ждет меня к себе. Пришла и увидела – только неотразимую. Подружились страстно. Кстати, одна опечатка – и везло же на них Максу! В статье обо мне, говоря о моих старших предшественницах: «древние заплатки Аделаиды Герцык»... «Но, М. А., я не совсем понимаю, почему у этой поэтессы – заплатки? И почему еще и древние?» Макс, сияя: «А это не заплатки, это заплачки, женские народные песни такие, от плача». А потом А. Герцык мне, философски:

«Милая, в опечатках иногда глубокая мудрость: каждые стихи в конце концов – заплата на прорехах жизни. Особенно – мои. Слава Богу еще, что древние! Ничего нет плачевнее – новых заплат!»

И вот, может быть год спустя нашего с А. Г. схождения, Макс мне: «Марина! (мы давно уже были на „ты"), а ты знаешь, что я тебя тогда Аделаиде Казимировне – подарил». – «То есть как?» – «Разве ты не знаешь (глубоко серьезно), что можно дарить людей – без их ведома и что это неизменно удается, то есть что тот, кого ты даришь, становится неотъемлемой духовной собственностью того, кому даришь. Но я тебя в хорошие руки подарил». – «Макс, а случайно – не продал?» Он, совершенно серьезно: «Нет. А мог бы. Потому что А. Г. очень жадна на души, она тебя у меня целый вечер выпрашивала и очень многих предлагала взамен: и Булгакова, и Бердяева, и какую-то переводчицу с польского. Но они, во-первых, мне были не нужны, а во-вторых, я друзьям друзей только дарю… В конце вечера она тебя получила. Ты довольна?»

Молчание. Он, заискивающе; «Я ведь знал, кому тебя дарю. Как породистого щенка – в хорошие руки». – «Макс, а тебе не жаль?» – «Нет. Мне никогда не жаль и никогда не меньше. (Пауза.) Марина, а тебе – жаль?» – «Макс, я теперь собака – другого садовника!»

А как было жаль, как сердце сжалось – от такой свободы, своей от него, его от меня, его от всех. Хотя и расширилось радостью, что А. Г., которая мне так нравилась, меня целый вечер выпрашивала. Сжалось – расширилось – в этом его, сердца, и жизнь.

При первом свидании с Аделаидой Казимировной: «А я теперь знаю, почему вы меня так особенно любите! Нет, нет, не за стихи, не за Германию, не за сходство с собой – и за это, конечно, – но я говорю особенно любите…» – «Говорите!» – «Потому что Макс вам меня подарил. Не глядите, пожалуйста, такими невинными глазами! Он мне сам рассказал». – «Марина! (Молчит, переводя дыхание.) Марина! Макс Александрович вас мне не подарил, он вас мне проиграл». – «Что-о-о?» – «Да, милая. Когда он мне принес вашу книгу, я сразу обнаружила полное отсутствие литературных влияний, а М. А. настаивал на необнаруженном. Мы целый вечер проспорили и в конце держали пари: если М. А. в течение месяца этого влияния не обнаружит, он мне вас проигрывает, как самую любимую вещь. Потому что он вас очень любил, Марина, и еще любит, но только так и поскольку разрешаю – я. Никакого влияния, кроме Наполеона, который не есть влияние литературное, он обнаружить не мог – потому что, я это сразу знала, никакого литературного влияния и не было – и я вас через месяц, день в день, час в час – получила. О, он очень старался вас отстоять, то есть вашего духовного отца изобличить, он даже пытался представить Наполеона, как писателя, ссылаясь на его воззвания к солдатам: „Soldats, du haut de ces pyramides quarante siécles vous regardent…"[110] Но тут я его изобличила и заставила замолчать. Так, милая, вы и сделались моей собственностью. (С неподдельным негодованием:) А сам теперь ходит и хвастается, что подарил… это очень некрасиво».

---

[110] Солдаты, с этих пирамид сорок веков смотрят на вас… (фр.)

Макс стоял на своем. Аделаида Казимировна стояла на своем. Совместно я их спросить как-то не решилась. Может быть, тайно боясь, что вдруг – в порыве великодушия – начнут меня друг другу передаривать, то есть откажутся оба, и опять останусь собака без хозяина либо, по сказке Киплинга, кошка, которая гуляет сама по себе. Так правды я и не узнала, кроме единственной правды своей к ним обоим любви и благодарности. Но – проиграл или подарил – «Передайте Марине», – писала она в последнем письме тому, кто мне эти слова передал – «что ее книга „Версты", которую она нам оставила, уезжая, – лучшее, что осталось от России». Это ответственное напутствие я привожу не из самохвальства, а чтобы показать, что она Максиным подарком – или проигрышем – до конца осталась довольна.

Так они и остались – Максимилиан Волошин и Аделаида Герцык – как тогда соереплетенные в одну книгу (моей молодости), гак ныне и навсегда сплетенные в единстве моей благодарности и любви.

Коктебель

Пятого мая 1911 года, после чудесного месяца одиночества на развалинах генуэзской крепости в Гурзуфе, в веском обществе пятитомного Калиостро и шеститомной Консуэлы, после целого дня певучей арбы по дебрям восточного Крыма, я впервые вступила на коктебельскую землю, перед самым Максиным домом, из которого уже огромными прыжками, по белой внешней лестнице, несся мне навстречу – совершенно новый, неузнаваемый Макс. Макс легенды, а чаще сплетни (злостной!). Макс, в кавычках, «хитона», то есть попросту длинной полотняной рубашки, Макс сандалий, почему-то признаваемых обывателем только в виде иносказания «не достоин развязать ремни его сандалий» и неизвестно почему страстно отвергаемых в быту – хотя земля та же, да и быт приблизительно тот же, быт, диктуемый прежде всего природой, – Макс полынного веночка и цветной подпояски. Макс широченной улыбки гостеприимства, Макс – Коктебеля.

– А теперь я вас познакомлю с мамой. Елена Оттобальдовна Волошина – Марина Ивановна Цветаева.

Мама: седые отброшенные назад волосы, орлиный профиль с голубым глазом, белый, серебром шитый, длинный кафтан, синие, по щиколотку, шаровары, казанские сапоги. Переложив из правой в левую дымящуюся папиросу: «Здравствуйте!»

Е. О. Волошина, рожденная – явно немецкая фамилия, которую сейчас забыла.[111] Внешность явно германского –

говорю германского, а не немецкого – происхождения: Зигфрида, если бы прожил до старости, та внешность, о которой я в каких-то стихах:

– Длинноволосым я и прямоносым
Германцем славила богов.

(Что для женщины короткие волосы – то для германца длинные.) Или же, то же, но ближе, лицо старого Гёте, явно германское и явно божественное. Первое впечатление – осанка. Царственность осанки. Двинется – рублем подарит. Чувство возвеличенности от одного ее милостивого взгляда. Второе, естественно вытекающее из первого: опаска. Такая не спустит. Чего? Да ничего. Величественность при маленьком росте, величие – изнизу, наше поклонение – сверху. Впрочем, был уже такой случай – Наполеон.

Глубочайшая простота, костюм как прирос, в другом немыслима и, должно быть, неузнаваема: сама не своя, как и оказалось, два года спустя на крестинах моей дочери: Е. О., из уважения к куму – моему отцу – и снисхождения к людским навыкам, была в юбке, а юбка не спасла. Никогда не забуду, как косился старый замоскворецкий батюшка на эту крестную мать, подушку с младенцем державшую, как ларец с регалиями, и вокруг купели выступавшую как бы церемониальным маршем. Но вернемся назад, в начало. Все: самокрутка в серебряном мундштуке, спичечница из цельного сердолика, серебряный обшлаг кафтана, нога в сказочном казанском сапожке, серебряная прядь отброшенных ветром волос – единство. Это было тело именно ее души.

Не знаю, почему – и знаю, почему – сухость земли, стая не то диких, не то домашних собак, лиловое море прямо перед домом, сильный запах жареного барана, – этот Макс, эта мать – чувство, что входишь в Одиссею.

Елена Оттобальдовна Волошина. В детстве любимица Шамиля, доживавшего в Калуге последние дни. «Ты бы у нас первая красавица была, на Кавказе, если бы у тебя были черные глаза». (Уже сказала – голубые.) Напоминает ему его младшего любимого сына, насильную чужую Калугу превращает в родной Кавказ. Младенчество на коленях побежденного Шамиля – как тут не сделаться Кавалером Надеждой Дуровой или, по крайней мере, не породить поэта! Итак, Шамиль. Но следующий жизненный шаг – институт. Красавица, все обожают. «Поцелуй меня!» – «Дашь третье за обедом – поцелую». (Целоваться не любила никогда.) К концу обеда перед корыстной бесстрастной красавицей десять порций пирожного, то есть десять любящих

---

111 Нотабене! Вспомнила! Тиц. (5 апреля 1938 года, при окончательной правке пять лет спустя!) (примеч. АС. Цветаевой).

сердец. Съев пять, остальными, царственным жестом, одаривала: не тех, кто дали, а тех, кто не дали.

Каникулы дома, где уже ходит в мужском, в мальчишеском – пижам в те времена (шестьдесят лет назад!) не было, а для пиджака, кроме его куцего уродства, была молода.

О ее тогдашней красоте. Возглас матроса, видевшего ее с одесского мола, купающейся: «И где же это вы, такие красивые, родитесь?!» – самая совершенная за всю мою жизнь словесная дань красоте, древний возглас рыбака при виде Афродиты, возглас – почти что отчаяния! – перекликающийся во мне с недавними строками пролетарского поэта Петра Орешина, идущего полем:

> Да разве можно, чтоб фуражки
> Пред красотой такой не снять?

Странно, о родителях Е. О. не помню ни слова, точно их и не было, не знаю даже, слышала ли что-нибудь. И отец, и мать для меня покрыты орлиным крылом Шамиля. Его сын, не их дочь.

После института сразу, шестнадцати лет, замужество. Почему так сразу и именно за этого, то есть больше чем вдвое старшего и совсем не подходящего? Может быть, здесь впервые обнаруживается наличность родителей. Так или иначе, выходит замуж и в замужестве продолжает ходить – тонкая, как тростинка – в мальчишеском, удивляя и забавляя соседей по саду. Дело в Киеве, и сады безмерные.

Вот ее изустный рассказ:

– Стою на лесенке в зале и белю потолок – я очень любила белить сама – чтобы не замазаться, в похуже – штанах, конечно, и в похуже – рубашке. Звонок. Кого-то вводят. Не оборачивая головы, белю себе дальше. К Максиному отцу много ходили, не на всех же смотреть.

«Молодой человек!» – не оборачиваюсь. – «А молодой человек?» Оборачиваюсь. Какой-то господин, уже в летах. Гляжу на него с лестницы и жду, что дальше. «Соблаговолите передать папаше... то-то и то-то...» – «С удовольствием». Это он меня не за жену, а за сына принял. Потом рассказываю Максиному отцу – оказался его добрым знакомым. «Какой у вас сынок шустрый, и все мое к вам дело передал толково, и белит так славно». Максин отец – ничего. «Да, – говорит, – ничего себе паренек». (Кстати, никогда не говорила муж, всегда – Максин отец, точно этим указывая точное его значение в своей жизни – и назначение.) Сколько-то там времени прошло – у нас парадный обед, первый за мою бытность замужем, все Максиного отца сослуживцы. Я, понятно: уже не в штанах, а настоящей хозяйкой дома: и рюши, и буфы, и турнюр на заду – все честь честью. Один за другим подходят к ручке. Максин отец подводит какого-то господина:

«Узнаешь?» Я-то, конечно, узнаю – тот самый, которого я чуть было заодно не побелила, а тот: «Разрешите представиться». А Максин отец ему: «Да что ты, что ты! Давно знакомы». – «Никогда не имел чести». – «А сынишку моего на лестнице помнишь, потолок белил? Она – самый». Тот только рот раскрыл, не дышит, вот-вот задохнется. «Да я, да оне, да простите вы меня, сударыня, ради Бога, где у меня глаза были?» – «Ничего, – говорю, – там где следует». Целый вечер отдышаться не мог!

Из этой истории заключаю, что рожденная страсть к мистификации у Макса была от обоих родителей. Языковой же дар – явно от матери. Помню, в первое коктебельское лето, на веранде, ее возмущенный голос:

– Как ужасно нынче стали говорить! Вот Лиля и Вера, – ведь не больше, как на двести слов словарь, да еще ка́к они эти слова употребляют! Рассказывает недавно Лиля о каком-то своем знакомом, ссыльном каком-то: «И такой большой, печальный, интеллигентный глаз...» Ну, как глаз может быть интеллигентным? И все у них интеллигентное, и грудной ребенок с интеллигентным выражением, и собака с интеллигентной мордой, и жандармский полковник, с интеллигентными усами... Одно слово на всё, да и то́ не русское, не только не русское, а никаковское, ведь по-французски intelligent – умный. Ну, вы, Марина, знаете, что это такое?

– Футляр для очков.

– И вовсе не футляр! Зачем вам немецкое искаженное Futteral, когда есть прекрасное настоящее русское слово – очешник. А еще пишете стихи! На каком языке?

Но вернемся к молодой Е. О. Потеряв первого ребенка – обожаемую, свою, тоже девочку-мальчика, четырехлетнюю дочку Надю, по которой тосковала до седых и белых волос, Е. О., забрав двухлетнего Макса, уходит от мужа и селится с сыном – кажется, в Кишиневе. Служит на телеграфе. Макс дома, с бабушкой – ее матерью. Помню карточку в коктебельской комнате Е. О., на видном месте: старинный мальчик или очень молодая женщина являют миру стоящего на столе маленького Геракла или Зевеса – как хотите, во всяком случае нечто совсем голое и очень кудрявое.

Два случая из детского Макса. (Каждая мать сына, даже если он не пишет стихов, немного мать Гёте, то есть вся ее жизнь о нем, том, рассказы; и каждая молодая девушка, даже если в этого Гёте не влюблена, при ней – Беттина на скамеечке.)

Жили бедно, игрушек не было, разные рыночные. Жили – нищенски. Вокруг, то есть в городском саду, где гулял с бабушкой, – богатые, счастливые, с ружьями, лошадками, повозками, мячиками, кнутиками, вечными игрушками всех времен. И неизменный вопрос дома:

– Мама, почему у других мальчиков есть лошадки, а у меня нет, есть вожжи с бубенчиками, а у меня нет? На который неизменный ответ:

– Потому что у них есть папа, а у тебя нет. И вот после одного такого папы, которого нет, – длительная пауза и совершенно отчетливо:

– Женитесь.

Другой случай. Зеленый двор, во дворе трехлетний Макс с матерью.

– Мама, станьте, пожалуйста, носом в угол и не оборачивайтесь.

– Зачем?

– Это будет сюрприз. Когда я скажу можно, вы обернетесь! Покорная мама орлиным носом в каменную стену. Ждет, ждет:

– Макс, ты скоро? А то мне надоело!

– Сейчас, мама! Еще минутка, еще две. – Наконец: – Можно! Оборачивается. Плывущая улыбкой и толщиной трехлетняя упоительная морда.

– А где же сюрприз?

– А я (задохновение восторга, так у него и оставшееся) к колодцу подходил – до-олго глядел – ничего не увидел.

– Ты просто гадкий непослушный мальчик! А где же сюрприз?

– А что я туда не упал.

Колодец, как часто на юге, просто четырехугольное отверстие в земле, без всякой загородки, квадрат провала. В такой колодец, как и в тот наш совместный водоем, действительно можно забрести. Еще случай. Мать при пятилетнем Максе читает длинное стихотворение, кажется, Майкова, от лица девушки, перечисляющей все, чего не скажет любимому: «Я не скажу тебе, как я тебя люблю, я не скажу тебе, как тогда светили звезды, освещая мои слезы, я не скажу тебе, как обмирало мое сердце, при звуке шагов – каждый раз не твоих, я не скажу тебе, как потом взошла заря», и т. д. и т. д. Наконец – конец. И пятилетний, глубоким вздохом:

– Ах, какая! Обещала ничего не сказать, а сама все взяла да и рассказала!

Последний случай дам с конца. Утро. Мать, удивленная долгим неприходом сына, входит в детскую и обнаруживает его спящим на подоконнике.

– Макс, чтó это значит? Макс, рыдая и зевая:

– Я, я не спал! Я – ждал! Она не прилетала!

– Кто?

– Жар-птица! Вы забыли, вы мне обещали, если я буду хорошо вести себя...

– Ладно, Макс, завтра она непременно прилетит, а теперь – идем чай пить.

На следующее утро – до-утро, ранний или очень поздний прохожий мог бы видеть в окне одного из белых домов Кишинева, стойком, как на цоколе – лбом в зарю – младенческого Зевеса в одеяле, с прильнувшей у изножья, другой головой, тоже кудрявой. И мог бы услышать – прохожий – но в такие времена, по слову писателя, не проходит никто:

«Si quelqu'un était venu à passer... Mais il ne passe jamais personne...»[112]

И мог бы услышать прохожий:

– Ма-а-ма! Что это?

– Твоя Жар-птица, Макс, – солнце!

Читатель, наверное, уже отметил прелестное старинное Максино «Вы» матери – перенятое им у нее, из ее обращения к ее матери. Сын и мать уже при мне выпили на брудершафт: тридцатишестилетний с пятидесятишестилетней – чокнулись, как сейчас вижу, коктебельским напитком ситро, то есть попросту лимонадом. Е. О. при этом пела свою единственную песню – венгерский марш, сплошь из согласных.

Думаю, что те из читателей, знавшие Макса и Е. О. лично, ждут от меня еще одного ее имени, которое сейчас произнесу:

Пра – от прабабушки, а прабабушка не от возраста – ей тогда было пятьдесят шесть лет, – а из-за одной грандиозной мистификации, в которой она исполняла роль нашей общей прабабки, Кавалерственной Дамы Кириенко (первая часть их с Максом фамилии) – о которой, мистификации, как вообще о целом мире коктебельского первого лета, когда-нибудь отдельно, обстоятельно и увлекательно расскажу.

Но было у слова Пра другое происхождение, вовсе не шутливое – Праматерь, Матерь здешних мест, ее орлиным оком открытых и ее трудовыми боками обжитых. Верховод всей нашей молодости. Прародительница Рода – так и не осуществившегося, Праматерь – Матриарх – Пра.

Никогда не забуду, как она на моей свадьбе, в большой приходской книге, в графе свидетели, неожиданно и неудержимо через весь лист – подмахнула:

«Неутешная вдова Кириенко-Волошина».

---

[112] Если бы кто-нибудь прошел мимо... Но никто никогда не проходит здесь (фр.).

В ней неизбывно играло то, что немцы называют Einfall («в голову пришло»), и этим она походила, на этот раз, уже на мать Гёте, с которым вместе Макс любовно мог сказать:

> Von Mütterchen – die Frohnatur
> Und Lust zum Fabulieren.[113]

А сколького я еще не рассказала! О ней бы целую книгу, ибо она этой целой книгой – была, целым настоящим Bilderbuch'ом[114] для детей и поэтов. Но помимо ее человеческой и всяческой исключительности, самоценности, неповторимости – каждая женщина, вырастившая сына одна, заслуживает, чтобы о ней рассказали, независимо даже от удачности или неудачности этого ращения. Важна сумма усилий, то есть одинокий подвиг одной – без всех, стало быть – против всех. Когда же эта одинокая мать оказывается матерью поэта, то есть высшего, что есть после монаха – почти пустынника и всегда мученика, всякой хвалы – мало, даже моей.

На какие-то деньги, уж не знаю, какие, во всяком случае, нищенские, именно на гроши, Е. О. покупает в Коктебеле кусок земли, и даже не земли, а взморья. Макс на велосипеде ездит в феодосийскую гимназию, восемнадцать верст туда, восемнадцать обратно. Коктебель – пустыня. На берегу только один дом – волошинский. Сам Коктебель, то есть болгарско-татарская деревня этого наименования, за две версты, на шоссе. Е. О. ставит редким проезжающим самовары и по вечерам, от неизбывного одиночества, выходит на пустынный берег и воет. Макс уже печатается в феодосийском листке, за ним уже слава поэта и хвост феодосийских гимназисток:

– Поэт, скажите экспромт!

Е. О. В. никогда больше не вышла замуж. Это не значит, что она никого не любила, это значит, что она очень любила Макса, больше любимого и больше себя тоже. Отняв у сына отца – дать ему вотчима, сына обратить в пасынка, собственного сына в чужого пасынка, да еще такого сына, без когтей и со стихами... Были наезды какого-то стройного высокого всадника, были совместные и, нужно думать, очень высокие верховые прогулки в горы. Был, очевидно, последний раз: «Да?» – «Нет!» – после которого высокий верховой навсегда исчез за поворотом. Это мне рассказывали феодосийские старожилы и даже называли имя какого-то иностранца. Увез бы в свою

---

[113] От матушки – веселый нрав и страсть к сочинительству (нем.).

[114] Книгой с иллюстрациями (нем.).

страну, была бы – кто знает – счастливой... но – Максимилиан Александрович того приезжего терпеть не мог, – это говорит старожил, от которого все это слышала, – всех любил, ко всем был приветлив, а с этим господином сразу не пошло. И господин этот его тоже не любил, даже презирал за то, что мужского в нем мало: и вина не пьет, и верхом не ездит, разве что на велосипеде... А к стихам этот господин был совсем равнодушен, он и по-русски неважно говорил, не то немец, не то чех. Красавец зато! Так и остались М. А. с мамашей, одни без немца, а зато в полном согласии и без всяких неприятностей.

Это была неразрывная пара, и вовсе не дружная пара. Вся мужественность, данная на двоих, пошла на мать, вся женственность – на сына, ибо элементарной мужественности в Максе не было никогда, как в Е. О. элементарной женственности. Если Макс позже являл чудеса бесстрашия и самоотверженности, то являл их человек и поэт, отнюдь не муж (воин). Являл в делах мира (перемирия), а не в делах войны. Единственное исключение – его дуэль с Гумилевым из-за Черубины де Габриак, чистая дуэль защиты. Воина в нем не было никогда, что́ особенно огорчало воительницу душой и телом – Е. О.

– Погляди, Макс, на Сережу, вот – настоящий мужчина! Муж. Война – дерется. А ты? Что ты, Макс, делаешь?

– Мама, не могу же я влезть в гимнастерку и стрелять в живых людей только потому, что они думают, что думают иначе, чем я.

– Думают, думают. Есть времена, Макс, когда нужно не думать, а делать. Не думая – делать.

– Такие времена, мама, всегда у зверей – это называется животные инстинкты.

Настолько не воин, что ни разу не рассорился ни с одним человеком из-за другого. Про него можно сказать, «qu'il n'épousait pas les querelles de ses amis».115

В начале дружбы я часто на этом с ним сшибалась, расшибалась – о его неуязвимую мягкость. Уже без улыбки и как всегда, когда был взволнован, подымая указательный палец, даже им грозя:

– Ты не понимаешь, Марина. Это совсем другой человек, чем ты, у него и для него иная мера. И по-своему он совершенно прав – так же, как ты – по-своему.

Вот это «прав по-своему» было первоосновой его жизни с людьми. Это не было ни мало-, ни равно-душие, утверждаю, Не малодушие, потому что всего, что в нем было, было много – или совсем не было, и не равнодушие, потому что у него в миг

---

115 Что он не ввязывался в ссоры своих друзей (фр.)

такого средостояния душа раздваивалась на целых и цельных две, он был одновременно тобою и твоим противником и еще собою, и все это страстно, это было не двоедушие, а вседушие, и не равнодушие, а некое равноденствие всего существа, то солнце полдня, которому всё иначе и верно видно.

О расчете говорить нечего. Не став ни на чью сторону, или, что то же, став на обе, человек чаще осужден обеими. Ведь из довода: «он так же прав, как ты» – мы, кто бы мы ни были, слышим только: он прав и даже: он прав, настолько, когда дело идет о нас, равенства в правоте нету. Не становясь на сторону мою или моего обидчика, или, что то же, становясь на сторону и его, и мою, он просто оставался на своей, которая была вне (поля действия и нашего зрения) – внутри него и au-dessus de la mêlée.[116]

Ни один человек еще не судил солнце за то, что оно светит и другому, и даже Иисус Навин, остановивший солнце, остановил его и для врага. Человек и его враг для Макса составляли целое:

мой враг для него был часть меня. Вражду он ощущал союзом. Так он видел и германскую войну, и гражданскую войну, и меня с моим неизбывным врагом – всеми. Так можно видеть только сверху, никогда сбоку, никогда из гущи. А так он видел не только чужую вражду, но и себя с тем, кто его мнил своим врагом, себя – его врагом. Вражда, как дружба, требует согласия (взаимности). Макс на вражду своего согласия не давал и этим человека разоружал. Он мог только противо-стоять человеку, только предстоянием своим он и мог противостоять человеку: злу, шедшему на него.

Думаю, что Макс просто не верил в зло, не доверял его якобы простоте и убедительности: «Не всё так просто, друг Горацио…» Зло для него было тьмой, бедой, напастью, гигантским недоразумением – du bien mal entendu[117] – чьим-то извечным и нашим ежечасным недосмотром, часто – просто глупостью (в которую он верил) – прежде всего и после всего – слепостью, но никогда – злом. В этом смысле он был настоящим просветителем, гениальным окулистом. Зло – бельмо, под ним – добро.

Всякую занесенную для удара руку он, изумлением своим, превращал в опущенную, а бывало, и в протянутую. Так он в одно мгновение ока разоружил злопыхавшего на него старика Репина, отошедшего от него со словами: «Такой образованный и

---

[116] Над схваткой (фр.)

[117] Плохо понятым добром (фр.).

приятный господин – удивительно, что он не любит моего Иоанна Грозного!» И будь то данный несостоявшийся наскок на него Репина, или мой стакан – через всю террасу – в дерзкую актрису, осмелившуюся обозвать Сару Бернар старой кривлякой, или, позже, распря русских с немцами, или, еще позже, белых с красными. Макс неизменно стоял вне: за каждого и ни против кого. Он умел дружить с человеком и с его врагом, причем никто никогда не почувствовал его предателем, себя – преданным, причем каждый (вместе, как порознь) неизменно чувствовал всю исключительную его, М. В., преданность ему, ибо это – было. Его дело в жизни было – сводить, а не разводить, и знаю, от очевидцев, что он не одного красного с белым человечески свел, хотя бы на том, что каждого, в свой час, от другого спас. Но об этом позже и громче.

Миротворчество М. В. входило в его мифотворчество: мифа о великом, мудром и добром человеке.

Если каждого человека можно дать пластически, Макс – шар, совершенное видение шара: шар универсума, шар вечности, шар полдня, шар планеты, шар мяча, которым он отпрыгивал от земли (походка) и от собеседника, чтобы снова даться ему в руки, шар шара живота, и молния, в минуты гнева, вылетавшая из его белых глаз, была, сама видела, шаровая.

Разбейся о шар. Поссорься с Максом.

Да, земной шар, на котором, как известно, горы, и высокие, бездны, и глубокие, и который все-таки шар. И крутился он, бесспорно, вокруг какого-то солнца, от которого и брал свой свет, и давал свой свет. Спутничество: этим продолжительным, протяжным словом дан весь Макс с людьми – и весь без людей. Спутник каждого встречного и, отрываясь от самого близкого, – спутник неизвестного нам светила. Отдаленность и неуклонность спутника. То что-то, вечно стоявшее между его ближайшим другом и им и ощущаемое нами почти как физическая преграда, было только – пространство между светилом и спутником, то уменьшавшееся, то увеличивавшееся, но неуклонно уменьшавшееся и увеличивавшееся, ни на пядь ближе, ни на пядь дальше, а в общем все то же. То равенство притяжения и отдаления, которое, обрекая друг на друга два небесных тела, их неизменно и прекрасно рознит.

* * *

Помню, относительно его планетарности, в начале встречи – разминовение. В ответ на мое извещение о моей свадьбе с Сережей Эфроном Макс прислал мне из Парижа, вместо одобрения или, по крайней мере, ободрения – самые настоящие соболезнования, полагая нас обоих слишком настоящими для такой лживой формы общей жизни, как брак. Я, новообращенная жена, вскипела: либо признавай меня всю, со всем, что я делаю и сделаю (и не то еще сделаю!) – либо... И его ответ: спокойный, любящий, бесконечно-отрешенный, непоколебимо-уверенный, кончавшийся словами: «Итак, до свидания – до следующего перекрестка!» – то есть когда снова попаду в сферу его влияния, из которой мне только кажется – вышла, то есть совершенно как светило – спутнику. Причем – умилительная наивность! – в полной чистоте сердца неизменно воображал, что спутник в человеческих жизнях – он. Сказанного, думаю, достаточно, чтобы не объяснять, почему он никогда не смог стать попутчиком – ни тамошним, ни здешним.

Макс принадлежал другому закону, чем человеческому, и мы, попадая в его орбиту, неизменно попадали в его закон. Макс сам был планета. И мы, крутившиеся вокруг него, в каком-то другом, большем круге, крутились совместно с ним вокруг светила, которого мы не знали.

Макс был знающий. У него была тайна, которой он не говорил. Это знали все, этой тайны не узнал никто. Она была в его белых, без улыбки, глазах, всегда без улыбки – при неизменной улыбке губ. Она была в нем, жила в нем, как постороннее для нас, однородное ему – тело. Не знаю, сумел ли бы он сам ее назвать. Его поднятый указательный палец: это не так! – с такой силой являл это так, что никто, так и не узнав этого так, в существовании его не сомневался. Объяснять эту тайну принадлежностью к антропософии или занятиями магией – не глубоко. Я много штейнерианцев и несколько магов знала, и всегда впечатление: человек – и то, что он знает; здесь же было единство. Макс сам был эта тайна, как сам Рудольф Штейнер – своя собственная тайна (тайна собственной силы), не оставшаяся у Штейнера ни в писаниях, ни в учениках, у М. В. – ни в стихах, ни в друзьях, – самотайна, унесенная каждым в землю.

– Есть духи огня, Марина, духи воды, Марина, духи воздуха, Марина, и есть, Марина, духи земли.

Идем по пустынному уступу, в самый полдень, и у меня точное чувство, что я иду – вот с таким духом земли. Ибо каким (дух, но земли), кроме как вот таким, кем, кроме как вот этим, дух земли еще мог быть!

Макс был настоящим чадом, порождением, исчадием земли. Раскрылась земля и породила: такого, совсем готового, огромного гнома, дремучего великана, немножко быка, немножко Бога, на коренастых, точеных как кегли, как сталь упругих, как столбы устойчивых ногах, с аквамаринами вместо глаз, с дремучим лесом вместо волос, со всеми морскими и земными солями в крови («А ты знаешь, Марина, что наша кровь – это древнее море...»), со всем, что внутри земли кипело и остыло, кипело и не остыло. Нутро Макса, чувствовалось, было именно нутром земли.

Макс был именно земнородным, и все притяжение его к небу было именно притяжением к небу – небесного тела. В Максе жила четвертая, всеми забываемая стихия – земли. Стихия континента: сушь. В Максе жила масса, можно сказать, что это единоличное явление было именно явлением земной массы, гущи, толщи. О нем, как о горах, можно было сказать: массив. Даже физическая его масса была массивом, чем-то непрорубным и неразрывным. Есть аэролиты небесные. Макс был – земной монолит, Макс был именно обратным мозаике, то есть монолитом. Не составленным, а сорожденным. Это одно было создано из всего. По-настоящему сказать о Максе мог бы только геолог. Даже черепная коробка его, с этой неистовой, неистощимой растительностью, которую даже волосами трудно назвать, физически ощущалась как поверхность земного шара, отчего-то и именно здесь разразившаяся таким обилием. Никогда волосы так явно не являли принадлежности к растительному царству. Так, как эти волосы росли, растет из трав только мята, полынь, ромашка, всё густое, сплошное, пружинное, и никогда не растут волосы. Растут, но не у обитателей нашей средней полосы, растут у целых народов, а не у индивидуумов, растут, но черные, никогда – светлые. (Росли светлые, но только у богов.) И тот полынный жгут на волосах, о котором уже сказано, был только естественным продолжением этой шевелюры, ее природным завершением и пределом.

– Три вещи, Марина, вьются: волосы, вода, листва. Четыре, Марина, – пламя.

О пламени. Рассказ. Кто-то из страстных поклонников Макса, в первый год моего с Максом знакомства, рассказал мне почти шепотом, что:

...в иные минуты его сильной сосредоточенности от него, из него – концов пальцев и концов волос – было пламя, настоящее, жгущее. Так, однажды за его спиной, когда он сидел и писал, загорелся занавес.

Возможно. Стоял же над Екатериной Второй целый столб искр, когда ей чесали голову. А у Макса была шевелюра – куда екатерининской! Но я этого огня не видала никогда, потому не настаиваю, кроме того, такой огонь, от которого загорается занавес, для меня не в цене, хотя бы потому, что вместо и вместе с занавесом может неожиданно спалить тетрадь с тем огнем, который для меня только один и в цене. На огне не настаиваю, на огнеиспускаемости Макса не настаиваю, но легенды этой не упускаю, ибо каждая – даже басня о нас – есть басня именно о нас, а не о соседе. (Низкая же ложь – автопортрет самого лжеца.)

Выскакивал или не выскакивал из него огонь, этот огонь в нем был – так же достоверно, как огонь внутри земли. Это был огромный очаг тепла, физического тепла, такой же достоверный тепловой очаг, как печь, костер, солнце. От него всегда было жарко – как от костра, и волосы его, казалось, так же тихонько, в концах, трещали, как трещит хвоя на огне. Потому, казалось, так и вились, что горели (crépitement[118]). Не могу достаточно передать очарования этой физики, являвшейся целой половиной его психики, и, что важнее очарования, а в жизни – очарованию прямо обратно – доверия, внушаемого этой физикой.

О нем всегда хотелось потереться, его погладить, как огромного кота, или даже медведя, и с той же опаской, так хотелось, что, несмотря на всю мою семнадцатилетнюю робость и дикость, я однажды все-таки не вытерпела: «М. А., мне очень хочется сделать одну вещь…» – «Какую вещь?» – «Погладить вас по голове…» – Но я и договорить не успела, как уже огромная голова была добросовестно подставлена моей ладони. Провожу раз, провожу два, сначала одной рукой, потом обеими – и изнизу сияющее лицо: «Ну что, понравилось?» – «Очень!» И, очень вежливо и сердечно: «Вы, пожалуйста, не спрашивайте. Когда вам захочется – всегда. Я знаю, что многим нравится», – объективно, как о чужой голове. У меня же было точное чувство, что я погладила вот этой ладонью – гору. Взлобье горы.

Взлобье горы. Пишу и вижу: справа, ограничивая огромный коктебельский залив, скорее разлив, чем залив, – каменный профиль, уходящий в море. Максин профиль. Так его и звали. Чужие дачники, впрочем, попробовали было приписать этот профиль Пушкину, но ничего не вышло, из-за явного наличия широченной бороды, которой профиль и уходил в море. Кроме того, у Пушкина головка была маленькая, эта же голова явно принадлежала огромному телу, скрытому под всем Черным морем. Голова спящего великана или божества. Вечного купальщика, как залезшего, так и не вылезшего, а вылезшего бы – пустившего бы волну, смывшую бы все побережье. Пусть лучше такой лежит. Так профиль за Максом и остался.

Скобка о руке

Когда я писала о том, как гладила Макса, я невольно поглядела на свою руку и вспомнила, как, в одно из наших первых прощаний. Макс – мне:

– М. И., почему вы даете руку так, точно подкидываете мертвого младенца? Я, с негодованием:

[118] Треск (фр.).

– То есть? Он, спокойно:

– Да, да, именно мертвого младенца – без всякого пожатия, как посторонний предмет. Руку нужно давать открыто, прижимать вплоть, всей ладонью к ладони, в этом и весь смысл рукопожатия, потому что ладонь – жизнь. А не подсовывать как-то боком, как какую-то гадость, ненужную ни вам, ни другому. В вашем рукопожатии отсутствие доверия, просто обидеться можно. Ну дайте мне руку, как следует! Руку дайте, а не…

Я, подавая:

– Так? Он сияя:

– Так!

Максу я обязана крепостью и открытостью моего рукопожатия и с ними пришедшему доверию к людям. Жила бы, как прежде, – не доверяла бы, как прежде, может быть, лучше было бы – но хуже. И, чтобы кончить о руке, один Максин возглас, дающий весь тон наших отношений:

Марина! Почему у тебя рука так удивительно похожа на заднюю ногу Одноглаза?!

* * *

Макс с мифом был связан и через коктебельскую землю – киммерийскую, родину амазонок. Недаром его вечная мечта о матриархате. Вот, со слов очевидца, разговор в 1920 году, накануне разгрома Крыма. Феодосийский обыватель: «М. А., вы, который все знаете, чем же все это кончится?» Макс, спокойно: «Матриархатом». Феодосиец, испуганно: «Как?» Макс невозмутимо: «Просто, вместо патриарха будет матриарх». Шутка, конечно, ибо что же иное ответить, когда к тебе идут, как к гадалке, но, как та легенда о сгоревшем занавесе, – не случайная шутка. О женском владычестве слышала от Макса еще в 1911 году, до всяких германских и гражданских войн.

Киммерия. Земля входа в Аид Орфея. Когда Макс, полдневными походами, рассказывал мне о земле, по которой мы идем, мне казалось, что рядом со мной идет – даже не Геродот, ибо Геродот рассказывал по слухам, шедший же рядом повествовал, как свой о своем.

Тайновидство поэта есть прежде всего очевидчество: внутренним оком – всех времен. Очевидец всех времен есть тайновидец. И никакой тут «тайны» нет.

Этому, по полицейским и литературным паспортам, тридцатишестилетнему французскому модернисту в русской поэзии было, по существу, много тысяч лет, те много тысяч лет назад, когда природа, создав человека и коня, женщину и рыбу, не окончательно еще решила, где конец человеку, где коню, где женщине, где рыбе, – своих творений не ограничила. Макс мифу принадлежал душой и телом куда больше, чем стихами, которые скорее являлись принадлежностью его сознания. Макс сам был миф.

* * *

Макс, я. На веслах турки-контрабандисты. Лодка острая и быстрая: рыба-пила. Коктебель за много миль. Едем час. Справа (Максино определение, – счастлива, что сохранила) реймские и шартрские соборы скал, чтобы увидеть вершины которых, необходимо свести затылок с уровнем моря, то есть опрокинуть лодку – что бы и случилось, если бы не противовес Макса: он на носу, я на корме. Десятисаженный грот: в глубокую грудь скалы.

– А это, Марина, вход в Аид. Сюда Орфей входил за Эвридикой. – Входим и мы. Света нет, как не было и тогда, только искры морской воды, забрасываемой нашими веслами на наседающие, наседающие и все-таки расступающиеся – как расступились и тогда – базальтовые стены входа. Конца гроту, то есть выхода входу, не помню; прорезали ли мы скалу насквозь, то есть оказался ли вход воротами, или, повернув на каком-нибудь морском озерце свою рыбу-пилу, вернулись по своим, уже сглаженным следам, – не знаю. Исчезло. Помню только: вход в Аид.

Об Орфее я впервые, ушами души, а не головы, услышала от человека, которого – как тогда решила – первого любила, ибо надо же установить первого, чтобы не быть потом в печальной необходимости признаться, что любила всегда или никогда. Это был переводчик Гераклита и гимнов Орфея. От него я тогда и уехала в Коктебель, не «любить другого», а не любить – этого. И уже перестрадав, отбыв – вдруг этот вход в Аид, не с ним!

И в ответ на мое молчание о нем – так издалека – точно не с того конца лодки, а с конца моря:

– В Аид, Марина, нужно входить одному. И ты одна вошла, Марина, я – как эти турки, я не в счет, я только средство, Марина, как эти весла…

Забыла я или не забыла переводчика гимнов Орфея – сама не знаю. Но Макса, введшего меня в Аид на деле, введшего с собой и без себя – мне никогда не забыть. И каждый раз, будь то в собственных стихах или на «Орфее» Глюка, или просто слово Орфей – десятисаженная щель в скале, серебро морской воды на скалах, смех турок при каждом удачном весловом заносе – такой же высокий, как всплеск…

Сколькие водили меня по черным ходам жизни, заводили и бросали, – выбирайся как знаешь. Что я в жизни видела, кроме черного хода? и чернейших людских ходов?

А вот что: вход в Аид!

* * *

Еще одно коктебельское воспоминание. Большой поход, на этот раз многолюдный. По причуде бесед и троп и по закону всякой русской совместности, отбились, разбрелись, и вот мы с Максом, после многочасового восхождения – неизвестно на какой высоте над уровнем моря, но под самым уровнем неба, с которого непосредственно нам на головы льет сильный отвесный дождь, на пороге белой хаты, первой в ряду таких же белых.

– Можно войти переждать грозу?
– Можно, можно.
– Но мы совершенно мокрые.
– Можно ошаг посушить.

Так как снять нам нечего: Макс в балахоне, а я в шароварах, садимся мокрые в самый огонь и скромно ждем, что вот-вот его загасим. Но старушка в белом чепце подбрасывает еще кизяку. Огонь дымит, мы дымимся.

– Как барышня похош на свой папаш! (Старичок.)

Макс, авторски-скромно:

– Всé говорят.

– А папаш (старушка) ошень похош на свой дочк. У вас много дочк?

Макс уклончиво:

– Она у меня старшая.

– А папаш и дочк ошень похош на свой царь.

Следим за направлением пальца и сквозь дым очага и пар одежд различаем Александра III, голубого и розового, во всю стену.

Макс:

– Этот царь тоже папаш: нынешнего царя и дедушка будущего.

Старичок:

– Как вы хорошо сказаль: дэдушк будущий! Дай Бог здорофь и царь, и папаш, и дочк!

Старушка, созерцательно:

– А дочк ф панталон.

Макс:

– Так удобнее лазить по горам.

Старичок, созерцательно:

– А папаш в камизоль.

Макс, опережая вопрос о штанах:

– А давно вы здесь живете?

Старички (в один голос):

— Дафно. Сто и двадцать лет. Колонисты времен Екатерины.

* * *

Полдневных походов было много, больше чем полуночных. Полночные были приходы — после дня работы и, чаще уединенных, восхождений на Карадаг или другую гору — полночные приходы к друзьям, рассеянным по всему саду. Я жила в самой глубине. Но тут не миновать коктебельских собак. Их было много, когда я приехала, когда я пожила, то есть обжилась, их стало — слишком много. Их стало — стаи. Из именных помню Лапко, Одноглаза и Шоколада. Лапко — орфография двойная: Лапко от лапы и Лобко от лоб, оправдывал только последнюю, от лба, ибо шел на тебя лбом, а лапы не давал. Сплошное: иду на вы. Это был крымский овчар, что то же, огромный волк, порода, которую только в издевку можно приставлять к сторожбе овец. Но, слава Богу, овец никаких не было. Был огромный красавец-волк, ничего и никого не стороживший и наводивший страх не на овец, а на людей. Не на меня. Я сразу, при первом его надвижении лбом, взяла его обеими руками за содрогающиеся от рычания челюсти и поцеловала в тот самый лоб, с чувством, что целую, по крайней мере, Этну. К самому концу лета я уже целовала его без рук и в ответ получала лапу. Но каждый следующий приезд — та же гремящая морда под губами, — Лапко меня за зиму забывал наглухо, и приходилось всю науку дружбы вбивать — вцеловывать ему сызнова. Таков был Лапко. Вторым, куда менее казистым, был Одноглаз, существо совершенно розовое от парши и без никаких душевных свойств, кроме страха, который есть свойство физическое. Третий был сын Одноглаза (оказавшегося Одноглазкой — Шоколад, в детстве дивный щенок, позже — дикий урод. Остальных никак не звали, потому что они появлялись только ночью и исчезали с зарей. Таких были — сонмы. Но — именные и безымянные — все они жили непосредственно у моего дома, даже непосредственно у порога. И вот однажды утром, на большой террасе, за стаканом светлого чая с бубликом и даже без бублика (в Коктебеле ели плохо, быстро и мало, так же, как спали). Макс мне: «Марина! Ты знаешь, что я к тебе вечером шел» (вечером на коктебельском языке означало от полуночи до трех). — «Как — шел?» — «Да, шел и не дошел. Ты расплодила такое невероятное количество… псов, что я всю дорогу шел по живому, то есть по каким-то мертвым телам, которые очень гнусно и грозно рычали. Когда же я наконец протолкался через эту гущу и захотел ступить к тебе на крыльцо, эта гуща встала и разом, очень тихо, оскалила зубы. Ты понимаешь, что после этого…»

Никогда не забуду, как я в полной черноте ночи, со всего размаху кинувшись на раскинутое плетеное кресло, оказалась лежащей не на раскидном кресле, а на огромной собаке, которой тут же была сброшена – и с нее и с шезлонга.

Макс собак не то чтобы любил. Не любил, но убеждена, что без людей с собакой, с тем же Лапко, беседовал совершенно как со мной, вовсе не интонациями, а словами, и не пропуская ни одного. К примеру, выгоняя Одноглаза с плантажа: «Одноглаз! Я тебе советую убираться, пока тебя не видела мама», – так же подняв палец, не повышая голоса, холодно, как когда выгонял с плантажа мальчишку. И Одноглаз так же слушался, как мальчишка: не от страха мамы, а от священного страха Макса. Для Макса собака была человеком, сам же Макс был больше чем человек. И Одноглаз Макса слушался не как родного Бога, а как чужого Бога. Никогда не помню, чтобы Макс собаку гладил, для него погладить собаку было так же ответственно, как погладить человека, особенно чужого! Лапко, самая надменная, хмурая и несобачья из коктебельских собак, ибо был волк, несхотя, за версту назад, но за Максом – ходил. В горах высоко жили дикие овчары, разрывавшие на части велосипедиста и его велосипед. Когда Макс был вдвое моложе и тоньше, он тоже был велосипедист с велосипедом. И вот однажды – нападение: стая овчаров на велосипед с велосипедистом. А пастух где-то на третьем холму, профилем, в синей пустоте, изваянием, как коза. Овец – ни следу… «Как же ты, Макс, отбился?» – «Не буду же я, в самом деле, драться с собаками! А я с ними поговорил».

Если Керенского когда-то, в незлую шутку, звали Главноуговаривающим, то настоящим главноуговаривающим был Макс – и всегда успешным, ибо имел дело не с толпами, а с человеком, всегда одним, всегда с глазу на глаз: с единственной совестью или тщеславием одного. И будь то комиссар, предводитель отряда или крымский овчар, вожак стаи, – успех был обеспечен.

Уговоры, полагаю, происходили вот как:

Макс, отведя самого лютого в сторону:

– Ты, как самый умный и сильный, скажи, пожалуйста, им, что велосипед, во-первых, невкусен, во-вторых, мне нужен, а им нет. Скажи еще, что очень неприлично нападать на безоружного и одинокого. И еще непременно напомни им, что они овчары, то есть должны стеречь овец, а не волки, – то есть не нападать на людей. Теперь позволь мне пожать твою благородную лапу и поблагодарить за сочувствие (которое, пока что, вожак изъявил только рычанием).

Так ли уж убежден был Макс в человечности овчара или озверевшего красного или белого командира, во всяком случае он их в ней убеждал. Не сомневаюсь, что, когда, годы спустя, к его мирной мифической даче подходили те или иные банды, первым его делом, появившись на вызовы, было длительное молчание, а первым словом: «Я бы хотел поговорить с кем-нибудь одним», – желание всегда лестное и требование всегда удовлетворимое, ибо во всякой толпе есть некий (а иногда даже несколько), ощущающий себя именно тем одним. Успех его уговоров масс был только взыванием к единственности.

Чтобы кончить о собаках. Два года спустя – я ту зиму жила в Феодосии – редкий праздник явления Макса, во всем тирольском рубчатом – как мельник, или сын мельника, или Кот в сапогах.

– Марина! А я к тебе гостей привел. Угадай! Скорей, скорей! Они очень волнуются.

Выбегаю. За спиной Макса – от крыльца до калитки, в три сторожевых поста, в порядке старшинства и красоты: Лапко – Одноглаз – Шоколад.

– Марина! Ты очень рада? Ты ведь по ним соскучилась? Нужно знать всю непонятность для Макса такого моего скучанья и степень уродства Шоколада и Одноглаза, с которыми ему пришлось идти через весь город, чтобы по достоинству оценить этот приход и привод.

В революцию, в голод, всех моих собак пришлось отравить, чтобы не съели болгары или татары, евшие похуже. Лапко участи избежал, ибо ушел в горы – сам умирать. Это я знаю из последнего в Москве письма Макса, того, с которым ходила в Кремль, по вызову Луначарского, доложить о голодающих писателях Крыма.

* * *

К зиме этого собачьего привода относится единственная наша новогодняя встреча с Максом за всю нашу дружбу. Выехали в метель, Сережа Эфрон, моя сестра Ася и я. В такой норд-ост никто бы не повез, а пешком восемнадцать верст и думать нечего – сплошной сногосшиб. И так бы Макс нас и не дождался, если бы не извозчик Адам, знавший и возивший Макса еще в дни его безбородости и половинного веса и с тех пор, несмотря на удвоенный вес и цены на феодосийском базаре, так и не надбавивший цены. Возил, можно сказать, даром – и с жаром. Взгромоздились в податливый разлатый рыдван, Адам накрыл чем мог – поехали. Поехали и стали. Лошади на свежем снегу скользили, колеса не скользили, но чего не могут древнее имя Адам, пара старых коней и трое неудержимых седоков, которым всем вместе пятьдесят четыре года? Так или иначе, до заставы доехали. Но тут-то и начинались те восемнадцать верст пространства– между нами и Максиной башней, нами и новым 1914 годом. Метель мела, забивала глаза и забивалась не только под кожаный фартук, но и под собственную нашу кожу, даже фартуком не ощущаемую. Норд-ост, ударив в грудь, вылетал между лопаток, ни тела, ни дороги, никакой достоверности не было: было поприще норд-оста. Нет, одна достоверность была: достоверная снеговая стена спины Адама, с появлявшейся временами черно-белой бородой: «Что, как, панычи, живы?»

Холодно не было, нечему было, ничего не было, ехали голые веселые души, которым не страшно вывалиться, которым ничего не делается. «Ася!» – «Да, Марина, так будем ехать после смерти!» Ехала, впрочем, еще веская достоверная корзина, с которой все делается и которой есть чем вывалиться. Если мы тогда – все с конями, с повозкой, с Адамом – не сорвались в небо, то только из-за новогоднего фрахта Максиного любимого рислинга, который нужно было довезти.

А этот смех! Как метель – мела, так мы от смеха – мотались, как норд-ост – налетал, так смех из нас – вылетал. Метель Вожатого из «Капитанской дочки». И у Адама та же борода!

Не вывалил норд-ост, не выдал Адам. Дом. Огонь. Макс.

– Сережа! Ася! Марина! Это – невозможно. Это – невероятно.

– Макс, а разве ты забыл:
Я давно уж не приемлю чуда,
Но как сладко видеть: чудо – есть!

* * *

Тройным чудом, то есть тремя мокрыми чудами выпрастываемся из повозки, метели, корзины, вожжей, стоим в жаркой Максиной мастерской, обтекаем лужами. Поим рислингом Адама так же щедро, как он нынче вечером будет поить коней.

Макс совсем один, Е. О. в Москве. Дом нетопленый, ледяной и нежилой – что́ мрачнее летних мест зимою, прохладных синих от лета белых стен – в мороз? – Море еще ближе, чем было, ворочается у изножья башни, как зверь. Мы на башне. Башня-маяк. Но нужно сказать о башне. Была большая просторная комната, со временем Макс надстроил верх, а потолок снял, – получилась высота в два этажа и в два света. Внизу была мастерская, из которой по внутренней лестнице наверх, в библиотеку, расположенную галереей. Там же Макс на чем-то рыжем, цвета песка и льва, спал. На вышке башни, широкой площадке с перилами, днем, по завистливому выражению дачников, «поклонялись солнцу», то есть попросту лежали в купальных костюмах, мужчины и дамы отдельно, а по ночам, в той же передаче дачников, «поклонялись луне», то есть беседовали и читали стихи.

Мастерская пустая, только мольберт и холсты, верх, с подавляющей головою египтянки Таиах, полон до разрыва. Много тысяч томов книг, чуда и дива из всех Максиных путешествий – скромные ежедневные чуда тех стран, где жил: баскский нож, бретонская чашка, самаркандские четки, севильские кастаньеты – чужой обиход, в своей стране делающийся чудом, – но не только людской обиход, и морской, и лесной, и горный, – куст белых кораллов, морская окаменелость, связка фазаньих перьев, природная горка горного хрусталя…

В башне жара. Огромный Макс носится вверх и вниз с чашками без ручек и с ножами без черенков.

– Мама, уезжая, все заперла, чтобы не растащили, а кому растаскивать? – собаки вилками не едят.

– Макс, а где же…

– Все на даче Юнге, потому что, ты знаешь, от меня и объедков не остается (делая страшные глаза): Je mange tout.[119] Пожили, пожили со мною недели две и, видя, что это верная голодная смерть, ушли к Юнге. Просыпаюсь – ни одной.

Красное жерло и вой чугунной печки. Но об этой печке – рассказ. До моего знакомства с Волошиными Е. О. и Максу по летам, когда съезжались, прислуживала пара: татарин и его жена, с татарским именем, в Максином переводе Животея. Животея эта была старая, тощая и страшная: татарин решил жениться на молодой. Некоторые антропософские девушки, гостившие тогда у Макса, стали татарина уговаривать: «Как тебе не стыдно! Она тебе так предана, ты всю жизнь с нею прожил, и теперь хочешь жениться на молодой. Разве молодость важна? Красота важна? Важна душа. Селим, понимаешь. Душа, которая всегда полна и всегда молода!» Татарин слушал, слушал и, поняв, что они указывают ему на то, что он не может внести калыма за невесту: «Твоя правда, барышня, бедному человеку и с душой жить приходится».

Эта самая душа, с которой бедному человеку приходится жить, была страшная воровка, по-научному сказали бы: клептоманка, по-народному – сорока. Макс задумал ставить печь. Сам купил, сам принес, сам стал ставить. Поставил. Зажег. Весь дым в дом. Ничего, в первый раз, обживется. Но второй и

---

[119] Я ем все (фр.).

третий день, – дымит, как паровоз! Думал, гадал, главное нюхал, проверил трубы, колена – разгадки нет. И вдруг озарение: Животея! Бежит, бычьи опустив голову, в ее камору; лезет под кровать, в самую ее грабиловку, – и в самой глубине – колено, крохотное, не колено, а коленце, самое необходимое, то. «Зачем же ты взяла, Животея? – Молчит. – Зачем оно тебе? – Молчит. – Ты понимаешь, что я из-за тебя мог угореть. У-ме-реть». Та молча перекатывает на желтом лице черные бусы-глаза. Рассказывают, что Макс от обиды – плакал.

Глядим в красное жерло чугуна, загадываем по Максиной многочитанной Библии на Новый, 1914 год. За трехгранником окна – норд-ост. Море бушует и воет. Печка бушует и воет. Мы на острове. Башня – маяк. У Макса под гигантской головой Таиах его маленькие преданные часики. Что бы они ни показывали – правильно, ибо других часов нет. Еще двадцать минут, еще пятнадцать минут. «Давай погадаем, доехал Адам или нет». С некоторой натяжкой и в несколько иносказательной форме выходит, что доехал. Еще десять минут. Еще пять. Наполняем и сдвигаем три стакана и одну чашку и пьем за Новый – 1914-й – тогда еще не знали, какой – первый из каких годов – год. И Ася: «Макс, ты не находишь, что странно пахнет?» – «Здесь всегда так пахнет, когда норд-ост». Читаем стихи. Макс, я. Стихов, как всегда, много, особенно у меня.

И – что это? Из-под пола, на аршин от печки, струечка дыма. Сначала думаем, что заметает из печки. Нет, струечка местная, именно из данного места пола – и странная какая-то, легкими взрывами, точно кто-то, засев под полом, пускает дымные пузыри. Следим. Переглядываемся и, Сережа, внезапно срываясь:

– Макс, да это пожар! Башня горит!

Никогда не забуду ответного, отсутствующего лица Макса, лица, с которого схлынула всякая возможность улыбки, его непонимающих-понимающих глаз, сделавшихся вдруг большими.

– Внизу ведро? Одно?
– Неужели же ты думаешь, Сережа, что можно затушить ведрами?

Мчимся – Сережа, Ася, я – вниз, достаем два ведра и один кувшин, летим, гремя жестью в руках и камнями из-под ног, к морю, врываемся, заливая лестницу – и опять к морю, и опять на башню...

Дым растет, уже два жерла, уже три. Макс, как сидел, так и не двинулся. Внимательно смотрит в огонь, всем телом и всей душой. Этот пожар – конец всему. В секундный перерыв между двумя прибегами, кто-то из нас:

– Да неужели ты не понимаешь, что сгореть не может.

Ну?? И – в ответ – первый проблеск жизни в глазах. Очнулся! Проснулся.

– Мы – водой, а ты… Да ну же!

И опять вниз, в норд-ост, гремя и спотыкаясь, в явном сознании, что раз мы – только водой, так эта вода быть – должна.

И на этот раз, взбежав – молниеносное видение Макса, вставшего и с поднятой – воздетой рукой, что-то неслышно и раздельно говорящего в огонь.

Пожар – потух. Дым откуда пришел, туда и ушел. Двумя ведрами и одним кувшином, конечно, затушить нельзя было. Ведь горело подполье! И давно горело, ибо запах, о котором сказала Ася, мы все чувствовали давно, только за радостью приезда, встречи, года, осознать не успели.

Ничего не сгорело: ни любимые картины Богаевского, ни чудеса со всех сторон света, ни египтянка Таиах, не завилась от пламени ни одна страничка тысячетомной библиотеки. Мир, восставленный любовью и волей одного человека, уцелел весь. Хозяин здешних мест, не пожелавший спасти одно и оставить другое, Максимилиан Волошин, и здесь не пожелавший выбрать и не смогший предпочесть, до того он сам был это все, и весь в каждой данной вещи, Максимилиан Волошин сохранил все.

Что наши ведра? Только добрая воля тех, кто знает, что он огня не остановит подъятием руки, что ему руки даны – носить. Только выход энергии: когда горит – не сидеть руки сложа.

Пожар был остановлен – словом.

Самое замечательное в этой примечательной новогодней ночи, что мы с Асей, принеся очередное, уже явно ненужное ведро, внезапно и каменно заснули. Каждая, где стояла. Так потихонечку и сползли. И до того заспались, что, увидев над собой широченную во все лицо улыбку Макса – в эту секунду лицо равнялось улыбке и улыбка – лицу, – невольно зажмурились от него, как от полдневного солнца.

Макс и сказка

Чем глубже я гляжусь в бездонный колодец памяти, тем резче встают мне навстречу два облика Макса: греческого мифа и германской сказки. Гриммовской сказки. Добрый людоед, ручной медведь, домовитый гном и, шире: дремучий лес, которым прирученный медведь идет за девушкой. Макс был не только действующим лицом, но местом действия сказки Гримма. Медведь-Макс за Розочкой и Беляночкой пробирался по зарослям собственных кудрей.

Помню картинку над своей детской кроватью: в лесу, от роста лежащего кажущемся мхом, в мелком и курчавом, как мох, лесу, на боку горы, как на собственном, спит великан. Когда я десять лет спустя встретила Макса, я этого великана и этот лес узнала. Этот лес был Макс, этот великан был Макс. Так, через случайность детской картинки над кроватью, таинственно восстанавливается таинственная принадлежность Макса к германскому миру, моим тем узнаванием в нем Гримма – подтверждается. О германской крови Макса я за всю мою дружбу с ним не думала, теперь, идя назад к истокам его прародины и моего младенчества – я эту кровь в нем знаю и утверждаю.

В его физике не было ничего русского. Даже курчавые волосы (в конце концов не занимать стать: у нас все добрые молодцы и кучера курчавые) за кучерские не сошли. (Свойство русского волоса – податливость, вьются как-то от всего, у Макса же волос был неукротимый.) И такие ледяные голубо-зеленые глаза никогда не сияли под соболиными бровями ни одного доброго молодца. Никому и в голову не приходило наградить его «богатырем». Богатырь прежде всего тяжесть (равно как великан прежде всего скорость). Тяжесть даже не физическая, а духовная. Физика, ставшая психикой. Великан – шаг, богатырь – вес. Богатырь и по земле ступить не может, потому что провалится, ее, землю, провалит. Богатырю ничего не остается, кроме как сидеть на коне и на печке сиднем. (Один даже от собственной силы, то есть тяжести, ушел в землю, сначала по колено, потом по пояс, а потом совсем.) Сила богатыря есть сила инерции, то есть тяжесть. В Максе ни сидня, ни тяжести, ни богатыря. Он сам был конь! Помню, как на скамейке перед калиткой – я сидела, он стоял – он, читая мне свой стих, кончающийся названием греческих островов, неожиданно: Наксос – прыжок, Делос – прыжок и Микэн – до неба прыжок!

Его веское тело так же не давило землю, как его веская дружба – души друзей. А по скалам он лазил, как самая отчаянная коза. Его широкая ступня в сандалии держалась на уступе скалы только на честном слове доверия к этой скале, единстве с этой скалой.

Еще особенность наших сказок: полное отсутствие уюта: Страшные – скрызь. Макс же в быту был весь уют. И чувство, которое он вызывал даже в минуты гнева, был тот страх с улыбкой, сознание, что хорошо кончится, которое неизменно возбуждают в нас все гриммовские великаны и никогда не возбудит Кащей или другое какое родное чудовище. Ибо гнев Макса – как гнев божества и ребенка – мог неожиданно кончиться смехом-дугой радуги! Гнев же богатыря неизменно кончается ударом по башке, то есть смертью. Макс был сказка с хорошим концом. Про Макса, как про своего сына, – кстати, в детстве они очень похожи, – могу сказать, что:

…славянской скуки–
Ни тени в красоте твоей!

Позднеславянской, то есть интеллигентской.

Физика Макса была широкими воротами в его сущность, физическая обширность – только введением в обширность духовную, физический жар его толстого тела только излучением того светового и теплового очага духа, у которого все грелись, от которого все горели; вся физическая сказочность его – только входом и вводом в тот миф, который был им и которым он был.

Но этим Макс и сказка не исчерпаны. Это действующее лицо и место действия сказки было еще и сказочник: мифотворец. О, сказочник прежде всего. Не сказитель, а слагатель. Отношение его к людям было сплошное мифотворчество, то есть извлечение из человека основы и выведение ее на свет. Усиление основы за счет «условий», сужденности за счет случайности, судьбы за счет жизни. Героев Гомера мы потому видим, что они гомеричны. Мифотворчество: то, что быть могло и быть должно, обратно чеховщине: тому, что есть, а чего, по мне, вовсе и нет. Усиление основных черт в человеке вплоть до видения – Максом, человеком и нами – только их. Все остальное: мелкое, пришлое, случайное, отметалось. То есть тот же творческий принцип памяти, о которой, от того же Макса слышала: «La mémoire a bon goût»,[120] то есть несущественное, то есть девяносто сотых – забывает.

Макс о событиях рассказывал, как народ, а об отдельных людях, как о народах. Точность его живописания для меня всегда была вне сомнения, как несомненна точность всякого эпоса. Ахилл не может быть не таким, иначе он не Ахилл. В каждом из нас живет божественное мерило правды, только перед коей прегрешив человек является лжецом. Мистификаторство, в иных устах, уже начало правды, когда же оно дорастает до мифотворчества, оно – вся правда. Так было у Макса в том же случае Черубины. Что не насущно – лишне. Так и получаются боги и герои. Только в Максиных рассказах люди и являлись похожими, более похожими, чем в жизни, где их встречаешь не так и не там, где встречаешь не их, где они просто сами-не-свои и – неузнаваемы. Помню из уст Макса такое слово маленькой девочки. (Девочка впервые была в зверинце и пишет письмо отцу:)

– Видела льва – совсем не похож.

[120] У памяти хороший вкус (фр.).

У Макса лев был всегда похож. Кстати, чтобы не забыть. У меня здесь, в Кламаре, на столе, на котором пишу, под чернильницей, из которой пишу, тарелка. Столы и чернильницы меняются, тарелка пребывает, вывезла ее в 1913 году из Феодосии и с тех пор не расставалась. В моих руках она стала еще на двадцать лет старше. Тарелка страшно тяжелая, фаянсовая, старинная, английская, с коричневым по́белу бордюром из греческих героев и английских полководцев. В центре лицо, даже лик: лев. Собственно, весь лев, но от величины головы тело просто исчезло. Грива, переходящая в бороду, а из-под гривы маленькие белые сверла глаз. Этот лев самый похожий из всех портретов Макса. Этот лев – Макс, весь Макс, более Макс, чем Макс. На этот раз жизнь занялась мифотворчеством.

Один-единственный пример на живой мне. В первый же день приезда в Коктебель – о драгоценных камнях его побережья всякий знает – есть даже бухта такая: Сердоликовая, – в первый день приезда в Коктебель я Максу: «М. А., как вы думаете, вы могли бы отгадать, какой мой самый любимый камень на всем побережье?» И уже час спустя, сама о себе слышу: – «Мама! Ты знаешь, что мне заказала М. И.? Найти и принести ей ее любимый камень на всем побережье!» Ну, не лучше ли так и не больше ли я? Я была тот черновик, который Макс мгновенно выправил.

Острый глаз Макса на человека был собирательным стеклом, собирательным – значит зажигательным. Все, что было своего, то есть творческого, в человеке, разгоралось и разрасталось в посильный костер и сад. Ни одного человека Макс – знанием, опытом, дарованием – не задавил. Он, ненасытностью на настоящее, заставлял человека быть самим собой. «Когда мне нужен я – я ухожу, если я к тебе прихожу – значит, мне нужен ты». Хотела было написать «ненасытность на подлинное», но тут же вспомнила, даже ушами услышала: «Марина! Никогда не употребляй слово „подлинное"». – «Почему? Потому что похоже на подлое?» – «Оно и есть подлое. Во-первых, не по́длинное, а подлинное, подлинная правда, та правда, которая под линьками, а линьки – те ремни, которые палач вырезает из спины жертвы, добиваясь признания, лжепризнания. Подлинная правда – правда застенка».

Все, чему меня Макс учил, я запомнила навсегда.

Итак, Макс, ненасытностью на настоящее, заставлял человека быть самим собой. Знаю, что для молодых поэтов, со своим, он был незаменим, как и для молодых поэтов – без своего. Помню, в самом начале знакомства, у Алексея Толстого литературный вечер. Читает какой-то титулованный гвардеец: луна, лодка, сирень, девушка... В ответ на это общее место –

тяжкое общее молчание. И Макс вкрадчиво, точно голосом ступая по горячему:

«У вас удивительно приятный баритон. Вы – поете?» – «Никак нет». – «Вам надо петь, вам непременно надо петь». Клянусь, что ни малейшей иронии в этих словах не было; баритону, действительно, надо петь.

А вот еще рассказ о поэтессе Марии Паппер.

– М. И., к вам еще не приходила Мария Паппер?

– Нет.

– Значит, придет. Она ко всем поэтам ходит: и к Ходасевичу, и к Борису Николаевичу, и к Брюсову.

– А кто это?

– Одна поэтесса. Самое отличительное: огромные, во всякое время года, калоши. Обыкновенные мужские калоши, а из калош на тоненькой шейке, как на спичке, огромные темные глаза, на ниточках, как у лягушки. Она всегда приходит с черного хода, еще до свету, и прямо на кухню. «Что вам угодно, барышня?» – «Я к барину». – «Барин еще спят». – «А я подожду». Семь часов, восемь часов, девять часов. Поэты, как вы знаете, встают поздно. Иногда кухарка, сжалившись: «Может, разбудить барина? Если дело ваше уж очень спешное, а то наш барин иногда только к часу выходят. А то и вовсе не встают». – «Нет, зачем, мне и так хорошо». Наконец кухарка, не вытерпев, докладывает: «К вам барышни одни, гимназистки или курсистки, с седьмого часа у меня на кухне сидят, дожидаются». – «Так чего ж ты, дура, в гостиную не провела?» – «Я было хотела, а оне: мне, мол, и здесь хорошо. Я их и чаем напоила – и сама пила, и им налила, обиды не было».

Наконец встречаются: «барин» и «барышня». Глядят: Ходасевич на Марию Паппер, Мария Паппер на Ходасевича. «С кем имею честь?» Мышиный голос, как-то всё на и: «А я – Мария Па-аппер». – «Чем могу служить?» – «А я стихи-и пи-ишу…»

И, неизвестно откуда, огромный портфель, департаментский. Ходасевич садится к столу, Мария Паппер на диван. Десять часов, одиннадцать часов, двенадцать часов. Мария Паппер читает. Ходасевич слушает. Слушает – как зачарованный! Но где-то внутри – пищевода или души, во всяком случае, в месте, для чесания недосягаемом, зуд. Зуд все растет, Мария Паппер все читает. Вдруг, первый зевок, из последних сил прыжок, хватаясь за часы: «Вы меня – извините – я очень занят – меня сейчас ждет издатель – а я – я сейчас жду приятеля». – «Так я пойду-у, я еще при-иду-у».

Освобожденный, внезапно поласковевший Ходасевич:

– У вас, конечно, есть данные, но надо больше работать над стихом…

– Я и так все время пи-ишу…

– Надо писать не все время, а надо писать иначе…

– А я могу и иначе… У меня есть… Ходасевич, понимая, что ему грозит:

– Ну конечно, вы еще молоды и успеете… Нет, нет, вы не туда, позвольте я провожу вас с парадного…

Входная дверь защелкнута, хозяин блаженно выхрустывает суставы рук и ног, и вдруг – бурей – пронося над головой обутые руки – из кухни в переднюю – кухарка:

– Ба-арышни! Ба-арышни! Ай, беда-то какая! Калошки забыли!..Вы знаете, М. И., не всегда так хорошо кончается, иногда ей эти калоши летят вслед… Иногда, особенно если с верхнего этажа, попадают прямо на голову, но на голову или на ноги, Ходасевич или (скромно) со мной тоже было – словом: неделю спустя сидит поэт, пишет сонет… «Барин, а барин?» – «Что тебе?» – «Там к вам одне барышни пришли, с семи часов дожидаются… Мы с ними уже два раза чайку попили… Всю мне свою жизнь рассказали… (Конфузливо.) Писательницы».

* * *

Так некоторых людей Макс возводил в ранг химер. Книжку ее мне Макс принес. Называлась «Парус». Из стихов помню одни:

> Во мне кипит, бурлит волна
> Горячей крови семитической,
> Я вся дрожу, я вся полна
> Заветной тайны эстетической.
> Иду я вверх, иду я вниз.
> Я слышу пенье разнотонное, –
> Родной сестрой мне стала рысь,
> А братом озеро бездонное.

И еще такое четверостишие:

> Я великого, нежданного,
> Невозможного прошу,
> И одной струей желанного
> Вечный мрамор орошу.

* * *

Сказка была у него на всякий случай жизни, сказкой он

отвечал на любой вопрос. Вот одна, на какой-то – мой:

Жил-был юноша, царский сын. У него был воспитатель, который, полагая, что все зло в мире от женщины, решил ему не показывать ни одной до его совершеннолетия. («Ты, конечно, знаешь, Марина, что на Афоне нет ни одного животного женского пола, одни самцы».) И вот в день его шестнадцатилетия воспитатель, взяв его за руку, повел его по залам дворца, где были собраны все чудеса мира. В одной зале – всё драгоценные ткани, в другой – всё оружие, в третьей – всё музыкальные инструменты, в четвертой – всё драгоценные ткани, в пятой, шестой (ехидно) – и так до тридцатой – всё изречения мудрецов в пергаментных свитках, а в тридцать первой – всё редкостные растения и, наконец, в каком-то сотом зале – сидела женщина – «А это что?» – спросил царский сын своего воспитателя. «А это, – ответил воспитатель, – злые демоны, которые губят людей».

Осмотрев весь дворец со всеми его чудесами, к концу седьмого дня воспитатель спросил у юноши: «Так что́ же тебе, сын мой, из всего виденного больше всего понравилось?

– А, конечно, те злые демоны, которые губят людей!»

* * *

– Марина! Марина! слушай!

> Когда же вырос Га́кон,
> Ему дал царство Бог,
> Но песни той никак он
> Забыть уже не мог:
> Шибче, шибче, мальчик мой!
> Бианкой конь зовется твой!

Сейчас пытаюсь восстановить: что? откуда? Явно, раз Га́кон – норвежское, явно, раз «шибче, шибче, мальчик мой» – колыбельная или скаковая песня мальчику – матери, некоей вдовствующей Бианки – обездоленному Га́кону, который все-таки потом добился престола. Начало песенки ушло, нужно думать: о врагах, отнявших престол и отцовского коня, ничего не оставивших, кроме престола и коня материнских колен. Перевод – Макса. Вижу, как сиял. Так сияют только от осуществленного чуда перевода.

А вот еще песенка из какой-то детской книжки Кнебеля:

> У Мороза-старика
> Дочь – Снегурочка.
> Полюбился ей слегка

Мальчик Юрочка…

– Марина, нравится?
– Очень.
– К сожалению, не я написал.
И еще одна, уже совсем умилительная, которую пел – мне:

> Баю-бай-бай,
> Медведёвы детки,
> Косо-лапы,
> Да лох-маты…

* * *

Все, что могло тогда понравиться мне. Макс мне приволакивал как добычу. В зубах. Как мсдведь медвежонку. У Макса для всякого возраста был свой облик. Моему, тогда, почти детству он предстал волшебником и медведем, моей, ныне – зрелости или как это называется – он предстает мифотворцем, миротворцем и миротворцем. Всё Макс давал своим друзьям, кроме непрерывности своего присутствия, которое, при несчетности его дружб, уже было бы вездесущим, то есть физической невозможностью. Из сказок, мне помнится, Макс больше всего любил звериные, самые старые, сказки прародины, иносказания – притчи. Но об отдельной любви к сказке можно говорить в случае, когда существует не-сказка. Для Макса не-сказки не было, и он из какой-нибудь лисьей истории так же легко переходил к случаю из собственной жизни, как та же лиса из лесу в нору.

Одним он не был: сказочником письменным. Ни его сказочность, ни сказочничество в его творчестве не перешли. Этого себя, этих двух себя он в своем творчестве – очень большом по охвату – не дал. Будь это я, я бы так на его сказочности не настаивала. Он сам был из сказки, сам был сказка, сама сказка, и, закрепляя этот его облик, я делаю то же, что все собиратели сказок, с той разницей, что собиратели записывают слышанную, я же виденную и совместно с Максом: житую: vécue.[121]

* * *

На этом французском незаменимом и несуществующем слове (vie vécue – житая жизнь, так у нас не говорят, а прожитая

---

[121] Пережитую (фр.).

– уже в окончательном прошлом, не передает) остановлюсь, чтобы сказать о Максе и Франции.

Явным источником его творчества в первые годы нашей встречи, бывшие последними до войны, была бесспорно и явно Франция. Уже хотя бы по тем книгам, которые он давал друзьям, той же мне: Казанова или Клодель, Аксёль или Консуэла – ни одной, за годы и годы, ни немецкой, ни русской книги никто из его рук не получал. Ни одного рассказа, кроме как из жизни французов – писателей или исторических лиц – никто из его уст тогда не слышал. Ссылка его всегда была на Францию. Оборот головы всегда на Францию. Он так и жил, головой, обернутой на Париж. Париж XIII века или нашего нынешнего, Париж улиц и Париж времен был им равно исхожен. В каждом Париже он был дома, и нигде, кроме Парижа, в тот час своей жизни и той частью своего существа, дома не был. (Не говорю о вечном Коктебеле, из которого потом разрослось – всё.) Его ношение по Москве и Петербургу, его всеприсутствие и всеместность везде, где читались стихи и встречались умы, было только воссозданием Парижа. Как некоторые из нас, во всяком случае, русские няни, Arc de Triomphe[122] превращают в Триумфальные или даже Триухмальные ворота и Пасси в Арбат, так и Макс в те годы превращал Арбат в Пасси и Москва-реку в Сену. Париж прошлого, Париж нынешний, Париж писателей, Париж бродяг, Париж музеев, Париж рынков, Париж парижан, Париж – калужан (был и тогда такой!), Париж первой о нем письменности и Париж последней песенки Мистенгетт, – весь Париж, со всей его, Парижа, вместимостью, был в него вмещен. (Вмещался ли в него весь Макс?)

Одного, впрочем. Макс в Париже не вместил. Сейчас увидите, чего. «М. А., что вам больше всего нравится в Париже?» Макс, молниеносно: «Эйфелева башня». – «Неужели?». – «Да, потому что это единственное место, откуда ее не видать». Макс Эйфелеву ненавидел так, как никогда не мог ненавидеть живое лицо. «Знаешь, Марина, какая рифма к Эйфелевой? – И, боясь, что опережу: – Тейфелева!» (То есть чертова.)

У меня нет его первой книги, но помню, что, где ни раскроешь, везде Париж. Редкая страница нас не обдаст Парижем, если не прямым Парижем, то Парижем иноска́занным. Первая книга его, на добрую половину, чужестранная. В этом он сходится с большинством довоенных поэтов: Бальмонт – за́морье, Брюсов – все истории, кроме русской, ранний Блок – <u>Незнакомка, запад; Золото в лазури</u> Белого – готика и

---

[122] Триумфальную арку (фр.).

романтика. И, позже: Гумилев – Африка, Кузмин – Франция, даже первая Ахматова, Ахматова первой книжки, если упоминает Россию, то как гостья – из страны Любви, которая в России тоже экзотика. Только иноземность Макса (кроме «экзотики» Ахматовой) была скромнее и сосредоточеннее.

Теперь оговорюсь. Как все предшествующее: о Максе и мире, о Максе и людях, о Максе и мифе – достоверность, то есть безоговорочно, то есть как бы им подписано или даже написано, так последующее – только мои домыслы, неопровержимые только для меня. Справиться, увы, мне не у кого, ибо только ему одному поверила бы больше, чем себе.

Я сказала: явным источником его творчества, но есть источники и скрытые, скрытые родники, под землей идущие долго, всё питающие по дороге и прорывающиеся – в свой час. Этих скрытых родников у Макса было два: Германия, никогда не ставшая явным, и Россия, явным ставшая – и именно в свой час. О физическом родстве Макса с Германией, то есть простой наличности германской крови, я уже сказала. Но было, по мне, и родство духовное, глубокое, даже глубинное, которого – тут-то и начинается опасная и очень ответственная часть моего утверждения – с Францией не было. Да простит мне Макс, если я ошибаюсь, но умолчать не могу.

Возьмем шире: у нас с Францией никогда не было родства. Мы – разные. У нас к Франции была и есть любовь, была, может быть, еще есть, а если сейчас нет, то, может быть, потом опять будет – влюбленность, наше взаимоотношение с Францией – очарование при непонимании, да, не только ее – нас, но и нашем ее, ибо понять другого – значит этим другим хотя бы на час стать. Мы же и на час не можем стать французами. Вся сила очарования, весь исток его – в чуждости.

Расширим подход, подойдем надлично. Мы Франции обязаны многим – обязан был и Макс, мы от этого не отказываемся – не отказываюсь и за Макса, какими-то боками истории мы совпадаем, больше скажу: какие-то бока французской истории мы ощущаем своими боками. И больше своими, чем свои.

Возьмем только последние полтора столетия. Французская революция во всем ее охвате: от Террора и до Тампля (кто за Террор, кто за Тампль, но всякий русский во французской революции свою любовь найдет), вся Наполеониада, 48-й год, с русским Рудиным на баррикадах, вся вечерняя жертва Коммуны, даже катастрофа 70-го года.

Vous avez pris l'Alsace et la Lorraine.

Mais notre coeur vous ne l'aurez jamais…[123] – все это наша

---

[123] Вы захватили Эльзас и Лотарингию,

родная история, с молоком матери всосанная. Гюго, Дюма, Бальзак, Жорж Занд, и многие, и многие – наши родные писатели, не менее, чем им современные русские. Все это знаю, во всем этом расписываюсь, но – все это только до известной глубины, то есть все-таки на поверхности, только ниже которой и начинается наша суть, Франция чуждая.

На поверхности кожи, ниже которой начинается кровь.

Наше родство, наша родня – наш скромный и неказистый сосед Германия, в которую мы – если когда-то давно ее в лице лучших голов и сердец нашей страны и любили, – никогда не были влюблены. Как не бываешь влюблен в себя. Дело не в историческом моменте: «В XVIII веке мы любили Францию, а в первой половине XIX-го Германию», дело не в истории, а в до-истории, не в моментах, преходящих, а в нашей с Германией общей крови, одной прародине, в том вине, о котором русский поэт Осип Мандельштам, в самый разгар войны:

> А я пою вино времен –
> Источник речи италийской,
> И в колыбели праарийской
> Славянский и германский лен.

Гениальная формула нашего с Германией отродясь и навек союза.

Вернемся к Максу. Голословным утверждением его германства, равно как ссылкой хотя бы на очень сильную вещь: кровь – я и сама не удовлетворюсь. Знаю одно: германство было. Надо дознаться: в чем. В жизни? На первый взгляд нет. Ни его живость, ни живопись, ни живописность, ни его – по образу многолюбия: многодружие, ни быстрота его схождения с людьми, ни весь его внешний темп германскими не были. Уж скорее бургундец, чем германец. (Кстати, Макс вина, кроме как под Новый год, в рот не брал: не нужно было!)

Но – начнем с самого простого бытового – аккуратность, даже педантичность навыков, «это у меня стоит там, а это здесь, и будет стоять», но – страсть к утренней работе: функция утренней работы, но культура книги, но культ книжной собственности, но страсть к солнцу и отвращение к лишним одеждам (Luftbad, Sonnenbad![124]), но – его пешеходство и, мы на пороге больших вещей – его одиночество: восемь месяцев в году один в Коктебеле со своим ревущим морем и собственными

Но сердец наших не завоюете никогда… (фр.).

[124] Воздушная ванна, солнечная ванна (нем.).

мыслями, – но действенная страсть к природе, вне которой физически задыхался, равенство усидчивости за рабочим столом (своего Аввакума, по его выражению, переплавил семь раз) и устойчивости на горных подъемах, – Макс не жил на большой дороге, как русские, он не был ни бродягой, ни, в народном смысле, странником, ни променёром, он был именно Wanderer,[125] тем, кто выходит с определенною целью: взять такую-то гору, и к концу дня, или лета, очищенный и обогащенный, домой – возвращается. Но – прочность его дружб, без сносу, срок его дружб, бессрочных, его глубочайшая человеческая верность, тщательность изучения души другого были явно германские. Друг он был из Страны Друзей, то есть Германии. Для ясности: при явно французской общительности – германская качественность дружбы, сразу, как бургундец, но раз навсегда, как германец. Здесь действительно уместно помянуть достоверную и легендарную deutsche Treue,[126] верность, к которой ни один народ, кроме германского, не может приставить присвоительного прилагательного.

Это о жизни бытовой и с людьми, самой явной. Но важнее и неисследимее жизни с людьми жизнь человека без людей – с миром, с собой, с Богом, жизнь внутри. Тут я смело утверждаю германство Макса. Глубочайший его пантеизм: всебожественность, всебожие, всюдубожие, – шедший от него лучами с такой силой, что самого его, а по соседству и нас с ним, включал в сонм – хотя бы младших богов, – глубочайший, рожденнейший его пантеизм был явно германским, – прагерманским и гётеянским. Макс, знал или не знал об этом, был гётеянцем, и здесь, я думаю, мост к его штейнерианству, самой тайной его области, о которой ничего не знаю, кроме того, что она в нем была, и была сильнее всего.

Это был – скрытый мистик, то есть истый мистик, тайный ученик тайного учения о тайном. Мистик – мало скрытый – зарытый. Никогда ни одного слова через порог его столь щедрых, от избытка сердца глаголящих уст. Из этого заключаю, что он был посвященный. Эта его сущность, действительно, зарыта вместе с ним. И, может быть, когда-нибудь там, на коктебельской горе, где он лежит, еще окажется – неизвестно кем положенная – мантия розенкрейцеров.

Знаю, что германства я его не доказала, но знаю и почему. Германством в нем были родник его крови и родник его мистики, родники, скрытые из скрытых и тайные из тайных.

---

[125] Путник (нем.).

[126] Немецкую верность (нем.).

Француз культурой, русский душой и словом, германец – духом и кровью.

Так, думаю, никто не будет обижен.

В другой свой дом, Россию, Макс явно вернулся. Этот французский, нерусский поэт начала – стал и останется русским поэтом. Этим мы обязаны русской революции.

Думали, нищие мы, нету у нас ничего…

Действие нашей встречи длилось: 1911 год – 1917 год – шесть лет.

* * *

1917 год. Только что отгремевший Московский Октябрь. Коктебель. Взлохмаченные седины моря. Макс, Пра, я и двое, вчерашнего выпуска, офицеров, только что живыми выпущенных большевиками из Московского Александровского училища, где отбивались до последнего часа. Один из них тот Сережа, который с таким рвением в ту новогоднюю ночь заливал пожар дырявым ведром.

Вот живые записи тех дней:

Москва, 4 ноября 1917 года.

Вечером того же дня уезжаем: С., его друг Гольцев и я, в Крым. Гольцев успевает получить в Кремле свое офицерское жалованье (200 р.). Не забыть этого жеста большевиков.

* * *

Приезд в бешеную снеговую бурю в Коктебель. Седое море. Огромная, почти физическая жгущая радость Макса В. при виде живого Сережи. Огромные белые хлеба.

* * *

Видение Макса на приступочке башни, с Тьером на коленях, жарящего лук. И, пока лук жарится, чтение вслух, С. и мне, завтрашних и послезавтрашних судеб России.

– А теперь, Сережа, будет то-то…

И вкрадчиво, почти радуясь, как добрый колдун детям, картину за картиной – всю русскую революцию на пять лет вперед: террор, гражданская война, расстрелы, заставы, Вандея, озверение, потеря лика, раскрепощенные духи стихий, кровь, кровь, кровь…

* * *

25 ноября 1917 года я выехала в Москву за детьми, с

которыми должна была тотчас же вернуться в Коктебель, где решила – жить или умереть, там видно будет, но с Максом и Пра, вблизи от Сережи, который на днях должен был из Коктебеля выехать на Дон.

Адам. Рыдван. Те самые кони. Обнимаемся с Пра.

– Только вы торопитесь, Марина, тотчас же поезжайте, бросайте всё, что́ там вещи, только тетради и детей, будем с вами зимовать…

– Марина! – Максина нога на подножке рыдвана. – Только очень торопись, помни, что теперь будет две страны: Север и Юг.

Это были его последние слова. Ни Макса, ни Пра я уже больше не видала.

* * *

В ноябре 1920 года, тотчас же после разгрома Крыма, я получила письмо от Макса, первое за три года, и первое, что прочла, – была смерть Пра. Восстанавливаю по памяти:

«Такого-то числа умерла от эмфиземы легких мама. Она за последний год очень постарела, но бодрилась и даже иногда по-прежнему напевала свой венгерский марш. Главной ее радостью все эти последние годы был Сережа, в котором она нашла (подчеркнуто) настоящего сына – воина. Очень обрадовало ее и Алино письмо, ходила и всем хвастала – ты ведь знаешь, как она любила хвастать: „Ну и крестница! Всем крестницам крестница! Ты, Макс – поэт, а такого письма не напишешь!"»

Описание феодосийского и коктебельского голода, трупов, поедаемых не собаками, а людьми, и дальше, о Пра: «Последние месяцы своей жизни она ела орлов, которых старуха Антонида – ты, наверное, ее помнишь – ловила для нее на Карадаге, накрыв юбкой. Последнее, что она ела, была орлятина». И дальше:

«О Сереже ты не тревожься. Я знаю, что он жив и будет жив, как знал это с первой минуты все эти годы».

* * *

11 августа 1932 года я, в лавчонке всякого барахла возле кламарского леса, вижу пять томов Жозефа Бальзамо. Восемь франков, все пять в переплете. Но у меня только два франка, на которые покупаю Жанну д'Арк англичанина Андрью Ланга – кстати (и естественно) лучшую книгу о Жанне д'Арк. И, под бой полдня в мэрии, иду домой, раздираясь между чувством предательства – не вызволила Бальзамо, то есть Макса, то есть собственной молодости – и радости: вызволила из хлама Жанну

д'Арк.

Вечером того же дня, в гостях у А. И. Андреевой, я о большевиках и писателях:

— Волошин, например, ведь с их точки зрения – явный контрреволюционер, а дали ему пенсию, 240 рублей в месяц, и, убеждена, без всякой его просьбы.

А. И.:

— Но разве Волошин не умер?

Я, в каком-то ужасе:

— Как умер! Жив и здоров, слава Богу! У него был припадок астмы, но потом он совсем поправился, я отлично знаю.

* * *

16 августа читаю в «Правде»:

11 августа, в 12 часов пополудни скончался в Коктебеле поэт Максимилиан Волошин, – то есть как раз в тот час, когда я в кламарской лавчонке торговала Бальзамо.

А вот строки из письма моей сестры Аси: «Макса похоронили на горе Янычары, высоко – как раз над ней встает солнце. Это продолжение горы Хамелеон, которая падает в море, левый край бухты. Так он хотел, и это исполнили. Он получал пенсию и был окружен заботой. Так профилем в море по один бок и могилой по другой – Макс обнял свой Коктебель».

А вот строки из письма, полученного о. Сергием Булгаковым: «Месяца за полтора был сильный припадок астмы, такой тяжелый, что после него ждали второго и на благополучный исход не надеялись. Страдал сильно, но поражал кротостью. Завещал похоронить его на самом высоком месте. Самое высокое место там – так называемая Святая гора (моя скобка: там похоронен татарский святой), – на которую подъем очень труден и в одном месте исключительно труден».

А вот еще строки из письма Екатерины Алексеевны Бальмонт (Москва):

«...Зимой ему было очень плохо, он страшно задыхался. К весне стало еще хуже. Припадки астмы учащались. Летом решили его везти в Ессентуки. Но у него сделался грипп, осложненный эмфиземой легких, от чего он и умер в больших страданиях. Он был очень кроток и терпелив, знал, что умирает. Очень мужественно ждал конца. Вокруг него было много друзей, все по очереди дежурили при нем и все удивлялись ему. Лицо его через день стало замечательно красиво и торжественно. Я себе это очень хорошо представляю. Похоронили его, по его желанию, в скале, которая очертанием так напоминала голову Макса в профиль. Вид оттуда изумительной красоты на море.

Его дом и библиотека им уже давно были отданы Союзу писателей. Оставшиеся бумаги и рукописи разбирают его друзья».

Ася пишет Янычары, по другим источникам – на Святой горе, по третьим в скале «собственного профиля»… Вот уже начало мифа, и, в конце концов, Макс окажется похороненным на всех горах своего родного Коктебеля. Как бы он этому радовался!

* * *

Макса Волошина в Революцию дам двумя словами: он спасал красных от белых и белых от красных, вернее, красного от белых и белого от красных, то есть человека от своры, одного от всех, побежденного от победителей. Знаю еще, что его стихи «Матрос» ходили в правительственных листовках на обоих фронтах, из чего вывод, что матрос его был не красный матрос и не белый матрос, а морской матрос, черноморский матрос.

И как матрос его – настоящий матрос, так поэт он – настоящий поэт, и человек – настоящий человек, по всем счетам, то есть по единственному счету внутренней необходимости – плативший. За любовь к одиночеству – платившийся восемью месяцами в год одиночества абсолютного, а с 17-го года и всеми двенадцатью, за любовь к совместности – неослабностью внутреннего общения, за любовь к стихам – слушанием их, часами и томами, за любовь к душам – не двухчасовыми, а двадцати и тридцатилетними беседами, кончавшимися только со смертью собеседника, а может быть, не кончившимися вовсе? За любовь к друзьям – делом, то есть всем собой, за любовь к врагам – тем же.

Этого человека чудесно хватило на всё, всё самое обратное, всё взаимно исключающееся, как: отшельничество – общение, радость жизни – подвижничество. Скажу образно: он был тот самый святой, к которому на скалу, которая была им же, прибегал полечить лапу больной кентавр, который был им же, под солнцем, которое было им же.

На одно только его не хватило, вернее, одно только его не захватило: партийность, вещь заведомо не человеческая, не животная и не божественная, уничтожающая в человеке и человека, и животное, и божество.

Не политические убеждения, а мироубежденность, не мировоззрение, а миротворчество. Мифотворчество – миротворчество, и, в последние годы своей жизни и лиры, міротворчество – творение мира заново.

Бытовой факт его пенсии в 240 рублей, пенсии врагов, как

бы казалось, врагу – вовсе не бытовой и вовсе не факт, а духовный акт победы над самой идеей вражды, самой идеей зла.

Так, окольными путями мистики, мудрости, дара, и прямым воздействием примера. Макс, которого как-то странно называть христианином, настолько он был всё, еще всё, заставил тех, которые его мнили своим врагом, не только простить врагу, но почтить врага.

Поэтому все, без различия партий, которых он не различал, преклонимся перед тем очагом Добра, который есть его далекая горная могила, а затем, сведя затылок с лопатками, нахмурившись и все же улыбнувшись, взглянем на его любимое полдневное солнце – и вспомним его.

Последнее видение

И ризу ветхую мою
Сушу на солнце под скалою

«...Встретившись с остальными под скалой, мы заговорились и незаметно забрели в восточную часть бухты. Знакомая, давно примелькавшаяся фигура старика, в длинной толстовке, с длинной широкой и белой бородой, в широких простых брюках, в развалившихся допотопных туфлях, вышла навстречу нам из-за поворота дороги, осторожно ощупывая дорогу палкой.

– Это что за мухомор такой? – спросил я шедшего с нами журналиста И. Грозного.

Мне никто не ответил, но „Клара Цеткин" (особа блудная и неразборчивая, охотно принимавшая участие во всех заседаниях Ц. К., что буквально означает „целую крепко") уже тарахтела, обращаясь к старику.

– А, премудрый старец Волошин, наше вам пролетарское, сколько лет, сколько зим!

Грозный цыкнул на нее и оттолкнул, а сам, склонившись над ухом старика, почтительно отрекомендовался:

– Здравствуйте, Максимилиан Максимилианович! Это я, Грозный.

Старик прищурился, сложил руку трубочкой у уха и остановился, держа в другой руке корзинку с... камнями.

Журналист, заметя мое недоумение, раздраженно шепнул:

– Вы не знаете Волошина? Когда-то гремел на всю Россию, поэт...

– Нет, не слыхал. Что это они морочат мне голову, что ли? Но старик тем временем продолжал:

– Литературой сейчас не занимаюсь. Не печатают. Говорят, выжил из ума. Рисованием занимаюсь, иногда курортники что-нибудь купят, тем и живу. Да вот камешки собираем.

Вас. Вас. Зевнул с хрустом в челюстях и сказал:

— Поехали! Что с ним разговаривать...»

(Перепечатано из «Последних Новостей».

Москвин: «Хождение по ВУЗам».)

* * *

Милый Макс, тебе было только пятьдесят семь лет, ты же дан старцем, ты был Александрович, тебя дали Максимилиановичем, ты был чуток как лис — тебя дали глухарем, ты был зорок как рысь — тебя дали слепцом, ты был Макс — тебя дали Кузьмичом, ты — вчитайся внимательно — ничего не говорил, тебя заставили «продолжать», ты до последнего вздоха давал — тебя заставили «продавать»... Не останови автор руки, ты бы вот-вот, наставив ухо щитком, сказал бы:

— Ась?

И все-таки ты похож. Величием.

Говорил или не говорил ты приписываемых тебе слов, так ли говорил то, что говорил, или иначе, смеялся ли ты в последний раз над глупостью, вживаясь в роль выжившего из ума старика, или просто отмахивался от назойливых вторженцев («э! да что с ними говорить...»)

— рой вихревых видений: Мельник — Юродивый — Морской Дед — Лир — Нерей —

— мистификация или самооборона, последняя игра или в последний раз мифотворчество.

Скала. Из-за скалы — один. На этого одного — все. Меж трех пустынь: морской, земной, небесной — твое последнее перед нами, за нас предстояние, с посохом странника в одной, с уловом радужной игры в другой, с посохом, чтобы нас миновать, с радугой, чтобы нас одарить. И последнее мое о тебе, от тебя, озарение: те сердолики, которые ты так тщательно из груды простых камней, десятилетьями подряд вылавливал, — каждый зная в лицо и каждый любя больше всех, — Макс, разве не то ты, десятилетия подряд, делал с нами, из каждой груды — серой груды простых камней — неизбежно извлекая тот, которому цены нет! И последнее о тебе откровение: лик твоего сердца: сердолик!

Та орава, которая на тебя тогда наскочила, тебе послужила, ибо нашелся в ней один грамотей, который, записав тебя, как мог, неизбежно стал твоим рапсодом.

Седобородый и седогривый как море, с корзиной в руках, в широких штанах, которые так легко могли быть, да и были хламидой – полдень, посох, песок – Макс, это могло быть тогда, было – всегда, будет – всегда.

Так ты, рукой безвестного бытописца (проходимца)[127] еще до воссоединения своего со стихиями, заживо взят в миф.

1932

Пленный дух
(Моя встреча с Андреем Белым)

Посвящается Владиславу Фелициановичу Ходасевичу

I. Предшествующая легенда

Легкий огнь, над кудрями пляшущий,
Дуновение – вдохновения!

– Спаси, Господи, и помилуй папу, маму, няню, Асю, Андрюшу, Наташу, Машу и Андрея Белого…

– Ну, помолилась за Андрея Белого, теперь за Сашу Черного помолись!

Самое забавное, что нянька и не подозревала о существовании Саши Черного (а существовал ли он уже тогда, как детский поэт? 1916 год), что она его в противовес: в противоцвет Андрею Белому – сама сочинила, по женскому деревенскому добросердечию смягчив полное имя на уменьшительное.

Почему молилась о нем сама трехлетняя Аля? Белый у нас в доме не бывал. Но книгу его «Серебряный голубь» часто называли. Серебряный голубь Андрея Белого. Какой-то Андрей, у которого есть серебряный голубь, а этот Андрей еще и белый. У кого же может быть серебряный голубь, как не у ангела, и кто же еще, кроме ангела, может называться – Белый? Все Ивановичи, Александровичи, Петровичи, а этот просто – Белый. Белый ангел с серебряным голубем на руках. За него и молилась трехлетняя девочка, помещая его, как самое любимое – или самое важное – на самый последок молитвы. (Об ангелах тоже нужно молиться, особенно когда на земле. Вспомним бедного уэльсовского ангела, который в земном бытовом окружении был просто непристоен!)

---

[127] Заменено по требованию В. В. Руднева дабы не обидеть автора записи (примеч. М. Цветаевой).

Но имя Белого прозвучало в нашем доме еще до Алиной молитвы, задолго до самой Али, и совсем не в этом доме, и совсем иначе, ибо произнесено оно было далеко не трехлетним ангелом, а именно: моей теткой, женой моего дяди, историка, профессора Димитрия Владимировича Цветаева, и с далеко не молитвенной интонацией.

– Последние времена пришли! – кипела она и пенилась на моего тихонько отсаживавшегося отца. – Вот еще какой-то Андрей Белый завелся, завтра читает лекцию. Мало им Горького – Максима, Белый – Андрей понадобился! А то еще какой-то Александр Блок (что за фамилия такая? Из жидов, должно быть!) сочинил «Прекрасную Даму», уж одно название чего стоит, стыда нет! Раньше тоже про дам писали, только не печатали, а в стол прятали, – разве что в приятельской компании. А всего хуже, что из приличной семьи, профессорский сын, Николая Димитриевича Бугаева сын. Почему не Бугаев – Борис, а Белый – Андрей? От отца отрекаться? Видно, уж такого насочинил, что подписать стыдно? Что за Белый такой? Ангел или в нижнем белье сумасшедший на улицу выскочил? – разорялась она, вся трясясь бриллиантами, крючковатым носом и непрестанно моргающими (нервный тик) желтыми глазами.

– Молодость, Елизавета Евграфовна, молодость! – кротко отвечал мой отец. – А о чем лекция?

– О символизме, изволите ли видеть! То-то символизм какой-то выдумали, что символа веры не знают!

– Ну, ничего такого особо вредного я в этом еще не вижу... – осторожно (так по неизбежности просовывают руку в клетку к злому попугаю) вставлял мой отец, опасавшийся раздражать людей, а особенно – дам, а особенно – родственных, а особенно – родственных с нервным тиком (всегда – вся – тряслась, как ненадежно поставленная, неосторожно задетая, перегруженная свечами и мелочами зажженная елка, ежесекундно угрожающая рухнуть, загореться и сжечь). – Все лучше, чем ходить на сходки...

– Студент! – уже кричала Какаду (прозвище из-за крючковатости носа и желтизны птичьих глаз). – Учиться надо, а не лекции читать, отца позорить!

– Ну, полно, полно, голубушка, – ввязался вовремя подоспевший добродушнейший мой дядя Митя, заслуженный профессор, автор капитального труда о скучнейшем из царей – Василии Шуйском и директор Коммерческого училища на Остоженке, воспитанниками которого за малый рост, огромную черную бороду, прыть и черносотенство был прозван Черномор. – Что ты так разволновалась? Одни в юности за хорошенькими женщинами ухаживают, другие – про символизм докладывают, ха-ха-ха! Отец – почтенный, может быть, еще и из сына выйдет прок. – А ты как думаешь, Марина? Что лучше: на балах отплясывать или про символизм докладывать? Впрочем, тебе еще рано... – неизвестно к чему относя это «рано», к балам или символизму...

И не мы одни были такая семья. Так встречало молодой символизм, за редчайшими исключениями, все старое поколение Москвы.

Так я и унесла из розовых стен Коммерческого училища на Остоженке в шоколадные стены нашего дома в Трехпрудном имя Андрея Белого, где оно и осталось до поры до сроку, заглохло, притаилось, легло спать.

Разбудил его, года два спустя, поэт Эллис (Лев Львович Кобылинский, сын педагога Поливанова, переводчик Бодлера, один из самых страстных ранних символистов, разбросанный поэт, гениальный человек).

– Вчера Борис Николаевич... Я от вас к Борису Николаевичу... Как бы это понравилось Борису Николаевичу...

Естественно, что мы с Асей, сгоравшие от желания его увидеть, никогда не попросили Эллиса нас с ним познакомить и – естественно, а может быть, не естественно? – что Эллис, дороживший нашим домом, всем миром нашего дома: тополиным двором, мезонином, моими никем не слышанными стихами, полновластным царством над двумя детскими душами – никогда нам этого не предложил. Андрей Белый – табу. Видеть его нельзя, только о нем слышать. Почему? Потому что он – знаменитый поэт, а мы средних классов гимназистки.

Русских – и детей – и поэтов – фатализм.

* * *

Эллис жил в меблированных комнатах «Дон», с синей трактирной вывеской, на Смоленском рынке. Однажды мы с Асей, зайдя к нему вместо гимназии, застали посреди его темной, с утра темной, всегда темной, с опущенными шторами – не выносил дня! – и двумя свечами перед бюстом Данте – комнаты – что-то летящее, разлетающееся, явно на отлете – ухода. И, прежде чем мы опомниться могли, Эллис:

– Борис Николаевич Бугаев. А это – Цветаевы, Марина и Ася.

Поворот, почти пируэт, тут же повторенный на стене его огромной от свечей тенью, острый взгляд, даже укол, глаз, конец перебитой нашим входом фразы, – человек уходил, и ничто уже его не могло остановить, и, с поклоном, похожим на pá какого-то балетного отступления:

– Всего хорошего.

– Всего лучшего.

Дома, ложась спать:

– А все-таки увидели Андрея Белого. Он мне сказал: «Всего лучшего».

– Нет, мне – всего лучшего. Тебе – всего хорошего.

– Нет, именно тебе – всего хорошего, а мне...

– Ну, тебе – лучшего! (Про себя: сама знаешь, что – мне!)

«Хорошего» или «лучшего» – осуществилось оно не через него. Встреча не повторилась. Странно, что, вращаясь в самом близком его кругу: Эллис, его друг Нилендер, К. П. Христофорова, сестры Тургеневы, Сережа Соловьев, брат и сестра Виноградовы – я его в той моей дозамужней юности больше не встретила. Никогда и не искала. Дала судьба раз – не надо просить второго. Слава Богу, что – раз. Могло бы и не быть.

Впрочем, видела его часто, года два спустя, в «Мусагете», но именно – видела, и чаще – спиной, с белым мелком в руке обтанцовывающего черную доску, тут же испещряемую – как из рукава сыпались! – запятыми, полулуниями и зигзагами ритмических схем, так напоминавших гимназические геометрические, что я, по естественному чувству самосохранения (а вдруг обернется и вызовет к доске?), с танцующей спины Белого переходила на недвижные фасы тайного советника Гёте и доктора Штейнера, во все свои огромные глаза глядевшие или не глядевшие на нас со стены.

Так это у меня и осталось: первый Белый, танцующий перед Гёте и Штейнером, как некогда Давид перед ковчегом. В жизни символиста всё – символ, не-символов – нет.

* * *

...Но есть у меня еще одно, более раннее, до знакомства, воспоминание, незначительное, но рассказа стоящее, хотя бы уже из-за тургеневских мест, с которыми Белый вдвойне связан: как писатель и как страдатель.

Тульская губерния, разъезд «Толстое», тут же город Чермь, где Иван беседовал с чертом, тут же Бежин Луг. И вот, на каких-то именинах, в сновиденном белом доме с сновиденным черным парком –

– Какая вы розовая, здоровая, наверное рассудительная, – поет, охая от жары и жиру, хозяйка-помещица – мне, – а вот мои – сухие, как козы, и совсем сумасшедшие. Особенно Бишетка – это ее бабушка так назвала, за глаза и за прыжки. Ну, подумайте, голубушка, сижу я, это, у нас в Москве в столовой и слышу, Бишетка в передней по телефону: «Позовите, пожалуйста, к телефону Андрея Белого». Ну, тут я сразу насторожилась, уж странно очень – ведь либо Андрей, либо Андрей Петрович, скажем, а то что же это за «Андрей Белый» такой, точно каторжник или дворник?

Стоит, ждет, долго ждет, должно быть, не идет, и вдруг, голубушка моя, ушам своим не верю: «Вы – Андрей Белый? Будьте так любезны, скажите, пожалуйста, какие у вас глаза? Мы с сестрами держали пари...» Тут молчание настало долгое, – ну, думаю, наверное, ее отчитывает – Бог знает за кого принял! – уж встать хочу, объяснить тому господину, что она – по молодости, и без отца росла, и без всякого там, скажем, какого-нибудь умысла... словом: дура – что... и вдруг, опять заговорила: «Значит, серые? Правда, серые? Нет, вовсе не как у всех людей, а как ни у кого в Москве и па всем свете! Я на лекции была и сама видела, только не знала, серые или зеленые... Вот и выиграла пари... Ура! Ура! Ура! Спасибо вам, Андрей Белый, за серые!»

Влетает ко мне: «Ма-ама! Серые!» – «Да уж слышу, что серые, а отдала бы я тебя лучше в Екатерининский институт, как мне Анна Семеновна советовала...» – «Да какие там Екатерининские институты? Ты знаешь, с кем я сейчас по телефону говорила? (А сама скачет вверх вниз, вверх вниз, под самый потолок, – вы ведь видите, какая она у меня высокая, а потолки-то у нас в Москве низкие, сейчас люстру башкой сшибет!) С Андреем Белым, с самым знаменитым писателем России! А ты знаешь, что он мне ответил? „Совсем не знаю, сейчас посмотрю". И пошел смотреться в зеркало, оттого так долго. И, конечно, оказались – серые. Ты понимаешь, мама: Андрей Белый, тот, что читал лекцию, еще скандал был, страшно свистели... Я теперь и с Блоком познакомлюсь...»

Рассказчица переводит дух и, упавшим голосом:

– Уж какой он там самый великий писатель – не знаю. Мы Тургенева читали, благо и места наши... Ну, великий или не великий, писатель или не писатель, а все же человек порядочный, не выругал, не заподозрил, а сразу понял – дура... и пошел в зеркало смотреться... как дурак... Потом я ее спрашиваю: «А не спросил он, Бишетка, какие у тебя глаза?» – «Да что ты, мама, очень ему интересно, какие у меня глаза? Разве я знаменитость какая-нибудь?»

Милый Борис Николаевич, когда я четырнадцать лет спустя в берлинской «Pragerdiele» вам это рассказала, ваш первый вопрос был:

– А какие у нее были? Бишет? Bichette?[128] Козочка? Серые, наверное? И вот такие? (перерезает воздух вкось) – как у настоящей козы? Сколько ей тогда было лет? Семнадцать?

---

[128] Козочка (фр.).

Такая, такая, такая высокая? Пепельно-русая? И прыгала неподвижно (чуть не опрокидывает стол) – вот так, вот так, вот так?

(«Борис Николаевич показывает Марине Ивановне эвритмию», – шепот с соседнего столика.)

– Почему же она мне никогда не написала? Родная, голубушка, ее нельзя было бы найти? Нельзя – нигде? Она, конечно, умерла. Все, все они умирают – или уходят (вызывающий взгляд на круговую) – вы не понимаете! Абрам Григорьевич, и вы слушайте! Девушка с козьими глазами, Bichette, которая была на моем чтении...

Издатель, вяло:

– На котором чтении? Уже здесь? Он, вперясь:

– Конечно, здесь, потому что я сейчас там, потому что там сейчас здесь, и никакого здесь, кроме там! Никакого сейчас, кроме тогда, потому что тогда вечно, вечно, вечно!.. Это и есть фетовское теперь.

(Подходит и другой его издатель.) Белый моляще:

– Соломон Гитманович, слушайте и вы. Девушка. Четырнадцать лет назад. Bichette, с козьими глазами, которая вот так от радости, что я ей ответил по телефону, какие у меня глаза... Четырнадцать лет назад. Она сейчас – Валькирия... Вернее, она была бы Валькирия... Я знаю, что она умерла...

(Почтительное, сочувственно-недоуменное и чуть-чуть комическое молчание. Так молчат, когда внезапно узнают о смерти человека, о котором впервые слышат, и о котором тут же убивается один из присутствующих.) Белый, с внезапным поворотом всего тела, хотя странно о нем говорить всего и тела, до того этого всего было мало, и до того это было не тело, – напуская на меня всю птицу своего тела:

– А эта Bichette – действительно была? Вы это не... сочинили? (Подозрительно и агрессивно.) Потому что я ничего не помню, никаких глаз по телефону... Я вам, конечно, верю, но... (Окружающим.) Потому что это чрезвычайно важно. Потому что, если она была – то это была моя судьба. Моя не-судьба. Потому у меня и не было судьбы. И я только теперь знаю, отчего я погиб. До чего я погиб!

Не зная, что сказать, и чувствуя, что девушка уже исчерпана, что остается одно беловское беснование, издатели с женами и писатели с женами незаметно и молниеносно... даже не: исчезают: их – нет. Белый, изучающий тиснение скатерти, точно ища в ней рун, письмен, следов – внезапно вскинув голову и заливая меня светом – каких угодно, только не серых глаз, явно меня не видящих:

– Bichette... Bichette... Я что-то, что-то, что-то помню. Но... не совпадает! Я тогда был совсем маленьким, меня почти еще не было, меня просто не было…

Не зная и я, что́ сказать в ответ на такое полное небытие, жду, что́ через секунду он уже опять будет.

Меня не было, было: я, оно. Вы, конечно, меня понимаете? (Вечный вопрос всех, на понимание до того не рассчитывающих, что даже не пережидают ответа.) Одну секунду… Стойте! Сейчас всплывет. (Властный жест мага.) Сейчас появится! Но почему Bichette, когда – Biquette! Потому что – на эшафот готов взойти, что – Biquette! Но почему Biquette, когда Bichette?

– Борис Николаевич, теперь уж вы – стойте!

(и, напевом)

    Ah, tu sortiras, Biquette,
  Biquette,
    Ah, tu sortiras de ce chou là![129]

Потому что вам в младенчестве, когда вас еще не было, это вам пела ваша французская – нет, швейцарская M-lle, которая у вас была.

Пауза. Сижу, буквально залитая восторгом из его глаз, одетая им, как плащом, как лучом, как дождем, вся, от темени до подола моего пока еще нового, пока еще синего, пока еще единственного берлинского платья. Беря через стол мою руку, неся ее к губам, не донеся до губ:

– Вы, вы мне поверьте, что я за эту Biquette – заметьте, что я сейчас о Biquette – капустной козе говорю, что я за эту швейцарскую молочную капустную младенческую козу готов для вас десять лет подряд с утра до поздней ночи таскать на себе булыжники.

Я, потрясенная:

– Господи!

Он, императивно:

– Булыжники. (Пауза.) И должен сказать вам, что я никогда никого в жизни еще так не уважал, как вас в эту минуту.

     * * *

Милая Bichette, может быть, вы все-таки еще живы и это прочтете? А может быть, уже сейчас, через плечо, пока пишу, нет, до написанного – читаете? А что, если вы первая встретили его у входа и взяли за руку и повели, сероглазая – сероглазого, вечно-юная – вечно-юного, по рощам блаженных, его настоящей

---

[129] Ах, ты выйдешь, Бикетта, Бикетта.
Ах, ты выйдешь из этого кочна! (фр.).

родине...

* * *

Из Берлина 1922 года в Москву 1910 года. Странно, только сейчас замечаю, что имя Белого до встречи с ним дважды представало мне в окружении трех сестер. В первый раз – в кругу трех сестер, из которых старшая была Bichette, во второй раз в трехсестринском кругу Тургеневых.

О сестрах Тургеневых шла своя отдельная легенда. Двоюродные внучки Тургенева, в одну влюблен поэт Сережа Соловьев, племянник Владимира, в другую – Андрей Белый, в третью, пока, никто, потому что двенадцать лет, но скоро влюбятся все. Первая Наташа, вторая Ася, третья Таня. Говорю – легенда, ибо при знакомстве оказалось, что Наташа – уже замужем, что Таня пока что самая обыкновенная гимназистка, а что в Асю – и Андрей Белый, и Ссрежа Соловьев.

Асю Тургеневу я впервые увидела в «Мусагете», куда привел меня Макс. Пряменькая, с от природы занесенной головкой в обрамлении гравюрных ламартиновских «anglaises»,[130] с вечно дымящей из точеных пальцев папироской, в вечном сизом облаке своего и мусагетского дыма, из которого только еще точнее и точеней выступала ее прямизна. Красивее из рук не видала. Кудри и шейка и руки, – вся она была с английской гравюры, и сама была гравер, и уже сделала обложку для книги стихов Эллиса «Stigmata», с каким-то храмом. С английской гравюры – брюссельской школы гравер, а главное, Ася Тургенева – тургеневская Ася, любовь того Сергея Соловьева с глазами Владимира, «Жемчужная головка» его сказок, невеста Андрея Белого и Катя его «Серебряного голубя», Дарьяльский которого – Сережа Соловьев. (Все это, гордясь за всех действующих лиц, а немножечко и за себя, захлебываясь сообщил мне Владимир Оттонович Нилендер, должно быть, сам безнадежно влюбленный в Асю. Да не влюбиться было нельзя.)

Не говорила она в «Мусагете» никогда, разве что – «да», впрочем, как раз не «да», а «нет», и это «нет» звучало так же веско, как первая капля дождя перед грозой. Только глядела и дымила, и потом внезапно вставала и исчезала, развевая за собой пепел локонов и дымок папиросы. Помню, как я в общей сизой туче всех дымящих папирос всегда ловила ее отдельную струйку, следя ее от исхода губ до моря – морей – потолка. На лекциях «Мусагета», честно говоря, я ничего не слушала, потому что ничего не понимала, а может быть, и не понимала, потому что не слушала, вся занятая неуловимо-вскользнувшей

[130] Локонов (фр.).

Асей, влетающим Белым, недвижным Штейнером, черным оком царящим со стены, гримасой его бодлеровского рта. Только слышала: гносеология и гностики, значения которых не понимала и, отвращенная носовым звучанием которых, никогда не спросила. В гимназии – геометрия, в «Мусагете» – гносеология. А это, что сейчас вот как-то коварно изнизу, а уж через секунду, чуть повернувшись (как осколок в калейдоскопе!), уже отвесно сверху Гершензону возражает, это Андрей Белый, тот самый, который – вечность! уже две зимы назад – сказал нам тогда с Асей, мне (утверждаю и сейчас, а ведь как не сбылось!) – «Всего лучшего», – ей – «Всего доброго!» Со мной он не говорил никогда, только, случайно присев на смежный стул, с буйной и несказанно-изумленной радостью: «Ах! Это – вы?» – за которым никогда ничего не следовало, ибо я-то знала, что это – он.

В «Мусагете» я, как Ася Тургенева, никогда ничего не говорила, только она от превосходства своего над всеми, я – всех над собой. Она – от торжествующей, я от непрерывно-ранимой гордости. Не говорила, конечно, и с ней, которую я с первой встречи ощутила «царицей здешних мест».

Каким чудом осуществилось наше сближение? Кто настоял? Думаю – никто, а нечто: простой голый факт, та срочная деловая необходимость, служащая нам несравненно больше чужой доброй воли и нашего собственного страстного желания, когда нужно – горы сводящая! В данном случае предполагавшееся издание «Мусагетом» моей второй книги и поручение Асе для нее обложки.

Помню, что первая пришла я – к ней. В какие-то переулочные снега. Кажется – на Арбат.

Из каких-то неосвещенных глубин на слабый ламповый исподлобный свет Ася в барсовой шкуре на плечах, в дыму «anglaises» и папиросы, кланяющаяся – исподлобья, руку жмущая по-мужски.

Прелесть ее была именно в этой смеси мужских, юношеских повадок, я бы даже сказала – мужской деловитости, с крайней лиричностью, девичеством, девчончеством черт и очертаний. Когда огромная женщина руку жмет по-мужски – одно, но – такой рукою! С гравюры! От такой руки – такое пожатье!

На диване старшая сестра Наташа, и вбег Тани, трепаной, розовой, гимназической и которую я в свой культ включила явно в придачу, для ровного счета, достоверно зная от моей Аси, учившейся с ней в гимназии, что она самая обыкновенная девчонка, без никакого ни отношения, ни интереса к литературе, читать совсем не любящая, и с которой моя Ася, несмотря ни на какие мои просьбы, не соглашалась дружить. «Очень нужно, дружи сама, что мне от ее тургеневства, только и говорит, что о пирогах и о грудных детях – как нáзло!» (Может быть, действительно – нáзло? Зная, что от нее ждут «поэзии»? Вернее же – просто настоящая четырнадцатилетняя девчонка, помещичья дочка, дитя природы.)

Водяная диванная гладь Наташи, самостоятельный гром Тани и зоркое безмолвие застывшей передо мной Аси – в барсовом пледе.

– Какая киса чудная!
– Барс.
– Барс, это с кистями на ушах?
– Рысь.

(Не поговоришь!) Оттянув к себе барсью полу, глажу, счастливая, что нашла себе безмолвное увлекательное занятие. И вдруг, со всей безудержностью настоящего откровения:

– Да вы сама, Ася, барс! Это вы с себя шкуру сняли: надели. Чудный смех, взблеск чудных глаз, – волшебная смена из «Цветов маленькой Иды» – хватая мою руку, другой с лампы колпак:

– А у вас какие? Ну, конечно, зеленые, я так и знала! Дитя символистической эпохи, ее героиня, что же для нее могло быть важней – цвета глаз? И что больше ценилось – зеленых, открытых Бальмонтом и канонизированных его последователями?

– И какое у вас чудное имя. (Испытующе:) А вы действительно Марина, а не Мария? Марина: морская. Вы курите? (Молча протягиваю портсигар.) И курит, и глаза зеленые, и морская, – Ася, тоном счетовода – сестрам.

Сидим уже на диване, уже стихи, под неугомонный гром Тани – такая тонкая девочка, а как гремит! – разнообразимый дребезгом со всего размаху ставимых на стол чашек, блюдец, вазочек.

Ни слова не помню про обложку. (Так кончались все мои деловые свидания!) Зато всё помню про барса, этого вот барсенка: бесенка с собственной шкурой на плечах, зябкого, знобкого... Ни слова и про Андрея Белого. (Слово «жених» тогда ощущалось неприличным, а «муж» (и слово и вещь) просто невозможным.)

И, странно (впрочем, здесь все странно или ничего), уже начало какой-то ревности, уже явное занывание, уже первый укол Zahnschmerzen im Herzen,[131] что вот – уедет, меня – разлюбит, и чувство более благородное, более глубокое: тоска за всю расу, плач амазонок по уходящей, переходящей на тот берег, тем отходящей – сестре.

---

[131] Зубной боли в сердце (нем.).

– Чудный барс. В следующий раз в «Мусагет» приходите в барсе. Приводите барса, чтобы было на чем отвести душу.

(Молча: «Ася! Ася! Ася! Не выходите замуж, хотя бы за Андрея Белого!»)

Вслух:

– Я не понимаю, что такое гносеология и почему все время о ней говорят. И почему вес – разное, когда она – одна.

(Молча: «Ася! Ведь вы – Mignon,[132] не из оперы, а из Гёте. Mignon не должна выходить замуж – даже за молодого Гёте...») Вслух:

– Я не люблю Вячеслава Иванова, потому что он мне сказал, что мои стихи – выжатый лимон. Чтобы посмотреть, что я на это скажу. А я сказала: «Совершенно верно». Тогда на меня очень рассердился, сразу разъярился – Гершензон.

(Молча: «O lasst mich scheinen, bis ich werde! Zieht mir das weisse Kleid nicht aus![133] Ася! ведь это измена этому же, вашему же – Белому! Вы должны быть умнее, сильнее, потому что вы женщина... За него понять!»)

Вслух:

– Вы отлично знаете, что ваши стихи – не выжатый лимон! Зачем же вы смеетесь над Вячеславом Ивановичем – и всеми нами?

(Молча: «Ася, у меня, конечно, квадратные пальцы, совсем не художественные, и я вся не стою вашего мизинца и ногтя Белого, но, Ася, я все-таки пишу стихи и сама не знаю, чем еще буду – знаю, что буду! – так вот, Ася, не выходите замуж за Белого, пусть он один едет в Сицилию и в Египет, оставайтесь одна, оставайтесь с барсом, оставайтесь – барсом».)

– Марина, о чем вы думаете?

Замечаю, что я совсем забыла говорить про Гершензона. (О, потрясение человека, который вдруг осознал, что молчит и совсем не знает, сколько.)

– Бойтесь меня, я умею читать мысли.

И оборотом головы на сестер:

– Почему у Цветаевых такие красные губы? И у Марины и у Аси. Они – не вампиры? Может быть, мне вас, Марина, надо бояться? Вы не придете ко мне ночью? Вы не будете пить мою кровь?

– А ваш барс на что? Ночью он спит у вашей постели, и у него – клыки!

---

[132] Миньона (фр.).

[133] Какой кажусь, такой я стану!//Не троньте белый мой убор! (нем.).

* * *

Другое явление – видение – Аси, знобкой и зябкой, без барса, но незримо – в нем, на границе нашей залы и гостиной в Трехпрудном, с потолками такими высокими, что всякому дыму есть куда уйти.

Между нами уже простота любви, сменившая во мне веревку – удавку – влюбленности. Я знаю, что она знает, что мы одной породы. Влюбляешься ведь только в чужое, родное – любишь. Про ее отъезд не говорим, его не называем, не называем никогда. Это еще пока – девичество, вольница, по ею сторону той реки.

Ей нужно уходить, ей не хочется уходить, стягивает, натягивает, перебрасывает с плеча на плечо невидимого барса. Не удерживаю, ибо в жизни свое место знаю, и если оно не последнее, то только потому, что вовсе не становлюсь в ряд... (А со мной, в моей простой любви (а есть – простая?) – в моем веселом девичьем дружестве, в Трехпрудном переулке, дом № 8, шоколадный, со ставнями, ты бы все-таки была счастливее, чем с ним в Сицилии, с ним, которого ты неизбежно потеряешь...)

– Ася, вы скоро едете?

– Скоро еду, а сейчас иду.

Простившись с ней совсем в нашем полосатом, в винно-белую полоску, матрасном парадном, естественным следствием всех последних прощаний, влезаю в своего гимназического синего барана (мне – баран, тебе – барс, все как следует, и они бар(ан) и бар(с) все-таки родня) и иду с ней вдоль снежного переулка – ряда переулков – до какого-то белого дома (может быть – ее, может быть, его, может быть – ничьего), который зовется «здесь». Здесь – прощаемся.

* * *

– А завтра Ася с Борисом Николаевичем уезжают в Сицилию!

Это Владимир Оттонович Нилендер, тоже мятущаяся и смещенная разом со всех земных мест душа, âme en peine – d'éternité,[134] уже с порога, вознеся над головой руки, точно моля ими зальную Афродиту отвести от этой головы беду. (Теперь замечаю, что и у Нилендера и у Эллиса были беловские жесты. Подвлиянность? Сродство?)

– Вы можете передать от меня Асе стихи?

– А вы на вокзале не будете?

---

[134] Душа, смятенная вечностью (фр.)

— Нет. В руки. В руку. После третьего звонка, конечно, чтобы...

— Понял. Понял.

— Нет. Не поняли и не после третьего, потому что после третьего все сразу лезут на подножку опять прощаться. Так вот, после последней подножки и последней руки. Ей, в машущую...

День спустя, выпрастывая шею из седого и от снега бобра. (Барс, баран, бобер... Бобром он этим потом тушил свой филологический пожар. Бобер сгорел, но зато были спасены все книги филолога!)

— Марина! Уехали! Это было растравительно. Она, бедняжка, храбрилась, не плакала, но вся сжалась, скрутилась в жгут, как собственный платочек — и ни слезы!

(Точно в Нерчинск! А ведь, кажется, — в Монреале, да еще с любимым, да еще этот любимый — Андрей Белый! Но таковы тогда были души и чувства.)

— А он?

— Он, кажется, был (с величайшим недоумением) — просто счастлив? От него шло сияние!

— От него всегда идет сияние.

— Вы правы. Но вчера — особенное. Он не уезжал — отлетал! Точно не паром двинулись вагоны, а его...

Я:

— Вдохновением.

— Счастливая Ася. Бедная Ася.

И я, вторя:

> Никому, с участьем или
> гневно,
> Не позволь в былое заглянуть.
> Добрый путь, погибшая
> царевна,
> Добрый путь!

— Марина, какое безумие, какое преступление — брак! Это говорит — мне говорит! В глаза говорит! — человек, которого... который... — и весь рассказ об Асе и Белом — о нас рассказ, если бы один из нас был хоть чуточку безумнее или преступнее другого из нас. Но зато — и какое в этом несравненное сияние! — знаю, что если я, сейчас, столько лет спустя, или еще через десять лет, или через все двадцать, войду в его филологическую берлогу, в грот Орфея, в пещеру Сивиллы, он правой оттолкнет молодую жену, левой обвалит мне же на голову подпотолочную стопу старых книг — и кинется ко мне, раскрывши руки, которые будут — крылья.

Это нам и всем подобным нам награда за все нами

отвергнутые Монреале.

* * *

От Аси, год спустя, уже не знаю откуда, прилетело письмо: разумное, точное, деловое. С адресами и с ценами. В ответ на мой такой же запрос: куда ехать в Сицилию. И мое свадебное путешествие, год спустя, было только хождение по ее – Аси, Кати, Психеи – следам. И та глухонемая сиракузская девочка в черном диком лавровом саду, в дикий полдневный, синий дочерна час, от которого у меня и сейчас в глазах синё и черно, бежавшая передо мною по краю обрыва и внезапно остановившаяся с поднятым пальчиком: «вот!» – а «вот» была статуя благороднейшего из поэтов Гр. Августа Платена – August von Platen – seine Freunde[135] – та глухонемая девочка, самовозникшая из чащи, была, конечно, душа Аси, или хоть маленький ее мой отрез! – стерегшая меня в этом черном саду.

Больше я Аси никогда не видала.

Девочка… козочка… Bichette… ах, это вы, Bichette?

* * *

1920 год. В филологической берлоге Нилендера встречаю священника с страшными глазами: синими поднебесными безднами. Я эти глаза – знаю. Только это глаза со стены, и не подобает им глядеть на меня через советский примус.

– Вы меня не узнаете? Неузнаваем? Соловьев. Сережа Соловьев. (Да, да, нужно было именно сказать: Сережа, чтобы не подумала – среди бела дня, в гостях Владимир! Но куда же девался чудный, розового мрамора, круг лица? Священник – куда стихи?)

«Как Таня?» – «Таня в деревне. У Тани три девочки». – «Опять – три?» – «Опять – три». – «Тургеневской породы?» – «Тургеневской. И одна очень похожа на Асю». – «Спасибо».

Для пояснения нужно прибавить, что Таня Тургенева, прельщенная примером моей Аси, вышла замуж из того же шестого класса гимназии – за Сережу Соловьева. Так что разговор шел о соловьевско-тургеневских девочках.

По выходе этого прекрасно- и страшноглазого священника, Нилендер – мне:

– Мечтает о воссоединении церквей. Сначала был православным, потом перешел в католичество, а теперь – униат. Сначала был поэт!

---

[135] Августу фон Платену – его друзья (нем.).

> Знают, стройно и напевно
> В полночь вставшие снега,
> Что свершает путь царевна,
> Взяв оленя за рога…

– О, это давно… Это был – другой человек… Это было в Асины времена… – с той особенной отраженной нежностью мужчины, самого не бывшего влюбленным – не решавшегося! – но возле влюбленного, влюбленных стоящего и их нежностью кормившегося…

У-ни-ат… Какая сосущая гимназическая жуть: рассвет… водовоз… вставать… жить… отвечать про польскую Унию…

* * *

Но не сбылись вторично сестры Тургеневы. В 1922 году, на Воздвиженке, меня окликнула молодая женщина с той обычной советской присыпкой пепла на лице, серьезной заботы и золы, уравнивающей и пол и возраст, молодость заравнивающей как лопатой.

– Таня. Таня Тургенева. Но вы тоже очень изменились. А у меня (все еще те глаза внезапно и до краев наливаются слезами) – умерла дочка. Вторая. Вот карточка, где они еще три.

На меня с дешевой, уже посеревшей, как Танино и мое лицо, открытки глядят три маленьких Тургеневы, три Леди Джен. Таня, тыча все еще точеным пальчиком с черным ногтем в одну из головок:

– Эта умерла.

Эта, конечно, «Ася».

* * *

Аси я больше никогда не видала. Есть встречи, есть чувства, когда дается сразу все и продолжения не нужно. Продолжать, ведь это – проверять.

Они даже не оставляют тоски. Тоска (зарез), когда не додано, тем или мною, нами. Пустота, когда – недостойному – передаю. (Достойному не передашь!) Асю я с первой секунды ощутила – уезжающей, для себя, в длительности – потерянной. Так любят умирающего: разом – все, все слова последние, или никаких слов. Встреча началась с моего безусловного, на доверии, подчинения, с полного признания ее превосходства. Я сразу внутренне уступила ей все места, на которых мы когда-либо могли столкнуться. Так же естественно, как уступают место видению, привидению: ведь все равно пройдет насквозь.

Уже шестнадцати лет я поняла, что внушать стихи больше, чем писать стихи, больше «дар Божий», бо́льшая богоизбранность, что не будь в мире «Ась» – не было бы в мире поэм.

Проще же говоря, я поступила, как все меня окружавшие мужские друзья: я просто в нее влюбилась, душевно ей предалась, со всей беззаветностью и бескорыстностью поэта.

Не хочешь ревности, обиды, ранения, ущерба – не тягайся-предайся, растворись всем, что в тебе растворимо, из оставшегося же создай видение, бессмертное. Вот мой завет какой-нибудь моей дальней преемнице, поэту, возникшему в женском образе.

***

Белого после его возвращения из Дорнаха я просто не помню. Помню только, что он сразу стал налетать на меня со всех лестниц Тео и Наркомпроса: редких лестниц, ибо я присутственные места всегда огибала, редких, но всех. Два крыла, ореол кудрей, сияние.

– Вы? Вы? Вы? Как всегда приятно вас видеть! Вы всегда улыбаетесь!

И обежав как цирковая лошадка по кругу, овеяв как птица шумом рассекаемого воздуха, оставляя в глазах сияние, в ушах и в волосах – веяние, – куда-то трещащими от машинок коридорами, на бегу уже обвешиваемый слушателями, слушательницами. В такие минуты он напоминал советский перегруженный, не всегда безопасный трамвай.

Или, во Дворце искусств (дом Ростовых на Поварской) на зеленой лужайке. Что это? Воблу выдают? Нет, хвоста нет, и хвостов нет, что-то беспорядочнее и праздничнее и воблы вдохновительнее, ибо даже рыжебородый лежебок, поэт Рукавишников, встал и, руки в карманы, прислонился к березе.

Я, какой-то барышне:

– Что это?

– Борис Николаевич.

– Лекцию читает?

– Нет, слушает ничевоков.

– Ничего – что́? (Барышня, деловито:)

– Это новое направление, группа. Они говорят, что ничего нет.

Подхожу. То есть как же слушает, когда говорит? Говорит, не закрывая рта, а обступившие его молодые люди, эти самые ничевоки, только свои раскрыли. И, должно быть, давно говорит, потому что, вот, вытер с сияющего лба пот.

– Ничего: чего: черно. Ч – о, ч – чернота – о – пустота:

zéro.[136] Круг пустоты и черноты. Заметьте, что ч – само черно: ч: ночь, черт, чара. Ничевоки... а ки – ваша множественность, заселенность этой черной дыры мелочью: чью, мелкой черной мелочью: меленькой, меленькой, меленькой... Ничевоки, это блохи в опустелом доме, из которого хозяева выехали на лето. А хозяева (подымая палец и медленно его устремляя в землю и следя за ним и заставляя всех следить) – выехали! Выбыли! Пустая дача: ча, и в ней ничего, и еще ки, ничего, разродившееся... ки... Дача! Не та бревенчатая дача в Сокольниках, а дача – дар, чей-то дар, и вот, русская литература была чьим-то таким даром, дачей, но... (палец к губам, таинственно) хо-зя-е-ва вы-е-ха-ли. И не осталось – ничего. Одно ничего осталось, поселилось. Но это еще не вся беда, совсем не беда, когда одно ничего, оно – ничего, само – ничего, беда, когда – ки... Ки, ведь это, кхи... При-шел сме-шок. При-тан-це-вал на тонких ножках сме-шок, кхи-шок. Кхи... И от всего осталось... кхи. От всего осталось не ничего, а кхи, хи... На черных ножках – блошки... И как они колются! Язвят! Как они неуязвимы... как вы неуязвимы, господа, в своем ничего-ше-стве! По краю черной дыры, проваленной дыры, где погребена русская литература (таинственно)... и еще что-то...на спичечных ножках – ничегошки. А детки ваши будут – ничего-шеньки.

Блок оборвался, потому что Блок – чего, и если у Блока – черно, то это черно – чего, весь плюс черноты, чернота, как присутствие, наличность, данность. В комнате, из которой унесли свет – темно, но ночь, в которую ты вышел из комнаты, есть сама чернота, она.

> ...Не потому, что от нее светло,
> А потому, что с ней – не надо света...

С ночью – не надо света.

И Блок, не выйдя с лампой в ночь – мудрец, такой же мудрец, как Диоген, вышедший с фонарем – днем, в белый день – с фонарем. Один света прибавил, другой – тьмы. Блок, отдавши себя ночи, растворивший себя в ней – прав. Он к черноте прибавил, он ее сгустил, усугубил, углубил, учернил, он сделал ночь еще черней – обогатил стихию... а вы – хи-хи? По краю, не срываясь, хи-хи-хи... Не платя – хи-хи... Сти-хи?..

...Но если вы мне скажете, что... – тогда я вам скажу, что... А если вы мне на это ответите, что... – я вам уже заранее

---

[136] Нуль (фр.).

объявляю, что... Заметьте, что — сейчас, в данную минуту, когда вы еще ничего не сказали.

«Не сказали»... А поди — скажи! Скажешь тут...

Но это не просто вдохновение словесное, это — танец. Барышня с таким же успехом могла бы сказать: «Это Белый übertanzt[137] ничевоков...» Ровная лужайка, утыканная желтыми цветочками, стала ковриком под его ногами — и сквозь кружавшегося, приподымающегося, вспархивающего, припадающего, уклоняющегося, вот-вот имеющего отделиться от земли — видение девушки с козочкой, на только что развернутом коврике, под двубашенным видением веков...

— Эсмеральда! Джали!

То с перил, то с кафедры, то с зеленой ладони вместе с ним улетевшей лужайки, всегда обступленный, всегда свободный, расступаться не нужно, ich überflieg euch![138] в вечном сопроводительном танце сюртучных фалд (пиджачных? все равно — сюртучных!), старинный, изящный, изысканный, птичий — смесь магистра с фокусником, в двойном, тройном, четвертном танце: смыслов, слов, сюртучных ласточкиных фалд, ног, — о, не ног! — всего тела, всей второй души, еще-души своего тела, с отдельной жизнью своей дирижерской спины, за которой — в два крыла, в две восходящих лестницы оркестр бесплотных духов...

— о, таким тебя видели все, от швейцарского тайновидца до цоссенской хозяйки, о, таким ты останешься, пребудешь, легкий дух, одинокий друг!

Прелесть — вот тебе слово: прельститель, и, как все говорят, впрочем, с нежнейшей улыбкой — предатель! О, в высоком смысле, как все — здесь, заведет тебя в дебри, занесет за облака и там, одного, внезапно уклонившись, нырнув в соседнюю смежную родную бездну — бросит: задумается, воззрится, забудем тебя, которого только что, с мольбой и надеждой («Мы никогда не расстанемся? Мы никогда не расстанемся?») звал своим лучшим другом.

> Не верь, не верь поэту, дева,
> Его своим ты не зови...

О, не только «дева», — дева — что! а лучший друг, потому, что у поэта над самым лучшим другом — друг еще лучший, еще ближайший, которому он не изменит никогда и ради которого

---

[137] Перетанцовывает (нем.).

[138] Я перелетаю через вас! (нем.).

изменит всем, которому он предан – не в переводном смысле верности, а в первичном страшном страдательном преданности: кем-нибудь кому-нибудь в руки: предан – как продан, предан – как пригвожден.

— Бисер перед свиньями... – шепчет милая человечная поэтесса Ада Чумаченко, тамошняя служащая, – я и то расстраиваюсь, когда он передо мной начинает... Стыдно... Точно – разбрасывает, а я подбираю...

— А эти не расстраиваются.

— Потому что не понимают, кто – он.

— И кто – они.

Но кроме Ады Чумаченки, да меня, случайной редкой гостьи, не смевшей и близко подойти, да такого же редкого и робкого гостя Бориса Пастернака – никто Белого не жалел, о нем не болел, все его использовывали, лениво, вяло, как сытые кошки сливки – подлизывали, полизывали, иные даже полеживая на лужку, беловский жемчуг прикарманивая – лежа.

«Что́ это?» – «Да опять Белый из себя выходит».

Не входя в вас. Ибо когда наше входит, доходит, растраты нет, пустоты нет – есть разгрузка и пополнение, обмен, общение, взаимопроникновение, гармония.

А так...

Бедный, бедный, бедный Белый, из «Дворцов искусств» шедший домой, в грязную нору, с дубящим топором справа, визжащей пилой слева, сапожищами над головой и грязищей под ногами, в то ужасное одиночество совместности, столь обратное благословенному уединению.

* * *

В 1921 году, вскоре после смерти Блока, в мою последнюю советскую зиму я подружилась с последними друзьями Блока, Коганами, им и ею. Коган недавно умер, и если я раньше не сказала всего того доброго, что о нем знаю и к нему чувствую, то только потому, что не пришлось.

П. С. Коган ни поэтов, ни стихов не понимал, но любил и чтил и делал для тех и других, что мог: и тех, и других – устраивал. И между пониманием, пальцем не шевелящим, и непониманием, руками и ногами помогающим (да, и ногами, ибо в те годы, чтобы устроить человека – ходили!), каждый поэт и вся поэзия, конечно, выберет непонимание.

Восхищаться стихами – и не помочь поэту! Пить воду и давать источнику засоряться грязью, не вызволить его из земной тины, смотреть руки сложа и даже любуясь его «поэтичной» зеленью. Слушать Белого и не пойти ему вслед, не затопить ему печь, не вымести ему сор, не отблагодарить его за то, что он –

есть. Если я не шла вслед, то только потому же, почему и близко подойти не смела: по устоявшему благоговению моих четырнадцати лет. Помочь ведь тоже – посметь. И еще потому, что как-то с рождения решила (и тем, может быть, в своей жизни и предрешила), что все места возле несчастного величия, все бертрановские посты преданности уже заняты. От священной робости – помехи.

– А еще писатель, большой человек, скандал!.. – вяло, без малейшей интонации негодования, надрывается Петр Семенович Коган, ероша и волосы, и усы (одни у него ввысь, другие вниз).

– Кто? Что?

– Да Белый. Настоящий скандал. Думали – доклад о Блоке, литературные воспоминания, оценка. И вдруг: «С голоду! С голоду! С голоду! Голодная подагра, как бывает – сытая! Душевная астма!»

– Вы же сами посылали Блоку мороженую картошку из Москвы в Петербург.

– Но я об этом не кричу. Не время. Но это еще не все. И вдруг – с Блока – на себя. «У меня нет комнаты! Я – писатель русской земли (так и сказал!), а у меня нет камня, где бы я мог преклонить свою голову, то есть именно камень, камень – есть, но – позвольте – мы не в каменной Галилее, мы в революционной Москве, где писателю должно быть оказано содействие. Я написал „Петербург"! Я провидел крушение царской России, я видел во сне конец царя, в 1905 еще году видел, – слева пила, справа топор...»

Я:

– Такой сон?

Коган, с гримасой:

– Да нет же! Это уже не сон, это у него рядом: один пилит, другой рубит. «Я не могу писать! Это позор! Я должен стоять в очереди за воблой! Я писать хочу! Но я и есть хочу! Я – не дух! Вам я не дух! Я хочу есть на чистой тарелке, селедку на мелкой тарелке, и чтобы не я ее мыл. Я заслужил! Я с детства работал! Я вижу здесь же в зале лентяев, дармоедов (так и сказал!), у которых по две, по три комнаты – под различными предлогами, да: по комнате на предлог – да, и они ничего не пишут, только подписывают. Спекулянтов! Паразитов! А я – пролетариат: Lumpenproletariat! Потому что на мне лохмотья. Потому что уморили Блока и меня хотят! Я не дамся! Я буду кричать, пока меня услышат: „А-а-а-а!"» Бледный, красный, пот градом, и такие страшные глаза, еще страшнее, чем всегда, видно, что ничего не видят. А еще – интеллигент, культурный человек, серьезный писатель. Вот так почтил память вставанием...

– А по-вашему – все это неправда?

– Правда, конечно. Должна быть у него комната,

во-первых – потому что у всех должна быть, во-вторых – потому что он писатель, и нам писатель не враждебный. И, вообще, мы всячески... Но нельзя же – так. Вслух. Криком. При всех. Точно на эшафоте перед казнью. И если Блок действительно умер от последствий недоедания, то – кто же его ближе знал, чем я? – только потому, что был настоящий великий человек, скромный, о себе не только не кричал, но погнали его разгружать баржу – пошел, себя не назвал. Это – действительно величие.

– Но так ведь может не остаться писателей...

– И это – верно. Писатели нужны. И не только общественные. Вы, может быть, удивитесь, что это слышите от старого убежденного марксиста, но я, например, сам люблю поваляться на диване и почитать Бальмонта – потребность в красоте есть и у нас, и она, с улучшением экономического положения, все будет расти – и потребность, и красота... Писатели нужны, и мы для них все готовы сделать – дали же вам паек и берем же вашу «Царь-Девицу» – но при условии – как бы сказать? – сдержанности. Как же теперь, после происшедшего, дать ему комнату? Ведь выйдет, что мы его... испугались?

– Дадите?

– Дадим, конечно. Свою бы отдал, чтобы только не произошло – то, что произошло. За него неприятно: подумают – эгоист. А я ведь знаю, что это не эгоизм, что он из-за Блока себе комнаты требует, во имя Блока, Блоку – комнату, Блока любя – и нас любя (потому что он нас все-таки как-то чем-то любит – как и вы) – чтобы опять чего-нибудь не произошло, за что бы нам пришлось отвечать. Но, позвольте, не можем же мы допустить, чтобы писатели на нас... кричали? Это уж (с добрым вопросительным выражением близоруких глаз)... слишком?

Жилье Белому устроил мгновенно, и не страха людского ради, а страха Божия, из уважения к человеку, а также и потому, что вдруг как-то особенно ясно понял, что писателю комната – нужна. Хороший был человек, сердечный человек. Все мог понять и принять – всякое сумасбродство поэта и всякое темнейшее место поэмы, – только ему нужно было хорошо объяснить. Но шуток он не понимал. Когда на одной его вечеринке – праздновали его свежее университетское ректорство – жена одного писателя, с размаху хлопнув его не то по плечу, не то по животу (хлопала кого попало, куда попало – и всегда попадало) – «Да ну их всех, П. С., пускай их домой едут, если спать хотят. А мы с вами здесь – а? – вдвоем – такое разделаем – наедине-то! А?» – он, не поняв шутки: «С удовольствием, но я, собственно, нынче ночью должен еще работать, статью кончать...» На что она: «А уж испугался! Эх ты, Иосиф Прекрасный, хотя ты и Петр, Семенов сын. А все-таки – а, Маринушка? – хороший он, наш Петр Семенович-то? Красавец бы мужчина, если бы не очки, а? И тебе нравится? Впрочем, все они хорошие. Плохих – нет...»

С чем он, ввиду гуманности вывода, а главное поняв, что – пронесло, почтительно и радостно согласился.

Ныне, двенадцать лет спустя, не могу без благодарности вспомнить этого очкастого и усатого ангела-хранителя писателей, ходатая по их земным делам. Когда буду когда-нибудь рассказывать о Блоке, вспомяну его еще.

Это был мой последний московский заочный Белый, изустный Белый, как ни упрощаемый – всегда узнаваемый. Белый легенды, длившейся 1908 год – 1922 год – четырнадцать лет.

Теперь – наша встреча.

II. Встреча

(Geister auf dem Gange)
Drinnen gefangen isl Einer.[139]

Берлин. «Pragerdiele» на Pragerplatz'e. Столик Эренбурга, обрастающий знакомыми и незнакомыми. Оживление издателей, окрыление писателей. Обмен гонорарами и рукописями. (Страх, что и то, и другое скоро падет в цене.) Сижу частью круга, окружающего.

И вдруг через все – через всех – протянутые руки – кудри – сияние: – Вы? Вы? (Он так и не знал, как меня зовут.) Здесь? Как я счастлив! Давно приехали? Навсегда приехали? А за вами, по дороге, не следили? Не было такого... (скашивает глаза)... брюнета? Продвижения за вами брюнета по вагонному ущелью, по вокзальным сталактитовым пространствам... Пристукиванья тросточкой... не было? Заглядывания в купе: «Виноват, ошибся!» И через час опять «виноват», а на третий раз уж вы – ему:

«Виноваты: ошиблись!» Нет? Не было? Вы... хорошо помните, что не было?

– Я очень близорука.

– А он в очках. Да-с. В том-то и суть, что вы, которая не видит, без очков, а он, который видит, – в очках. Угадываете?

– Значит, он тоже ничего не видит.

– Видит. Ибо стекла не для видения, а для видоизменения... видимости. Простые. Или даже – пустые. Вы понимаете этот ужас: пустые стекла, нечаянно ткнешь пальцем – и теплый глаз, как только что очищенное, облупленное

[139] (Духи в сенях)
Один из нас в ловушке! (нем.).

подрагивающее крутое яйцо. И такими глазами – вкрутую сваренными – он осмеливается глядеть в ваши: ясные, светлые, с живым зрачком. Удивительной чистоты цвет. Где я такие видел? Когда?

...Почему мы с вами так мало встречались в Москве, так мимолетно? Я все детство о вас слышал, все ваше детство, конечно, – но вы были невидимы. Все ваше детство я слышал о вас. У нас с вами был общий друг: Эллис, он мне всегда рассказывал о вас и о вашей сестре – Асе: Марине и Асе. Но в последнюю минуту, когда нужно было вдвоем идти к вам, он – уклонялся.

– А мы с Асей так мечтали когда-нибудь вас увидеть! И как мы были счастливы тогда, в «Доне», когда случайно...

– Вы? Вы? Это были – вы! Неужели та – вы? Но где же тот румянец?! Я тогда так залюбовался! Восхитился! Самая румяная и серьезная девочка на свете. Я тогда всем рассказывал: «Я сегодня видел самую румяную и серьезную девочку на свете!»

– Еще бы! Мороз, владимирская кровь – и вы!

– А вы... владимирская? (Интонация: из Рюриковичей?) Из тех лесов дремучи-их?

– Мало, из тех лесов! А еще из города Тарусы Калужской губернии, где на каждой могиле серебряный голубь. Хлыстовское гнездо – Таруса.

– Таруса? Родная! («Таруса» он произнес как бы «Маруся», а «родную» нам с Тарусой пришлось поделить.) Ведь с Тарусы и начался Серебряный Голубь. С рассказов Сережи Соловьева – про те могилы...

(Наш стол уже давно опустел, растолкнутый явным лиризмом встречи: скукой ее чистоты. Теперь, при двукратном упоминании могил, уходит и последний.)

– Так вы – родная? Я всегда знал, что вы родная. Вы – дочь профессора Цветаева. А я – сын профессора Бугаева. Вы – дочь профессора, и я сын профессора. Вы – дочь, я – сын.

Сраженная неопровержимостью, молчу.

– Мы – профессорские дети. Вы понимаете, что это значит: профессорские дети? Это ведь целый круг, целое Credo. (Углубляющая пауза.) Вы не можете понять, как вы меня обрадовали. Я ведь всю жизнь, не знаю почему, один был профессорский сын, и это на мне было, как клеймо, – о, я ничего не хочу дурного сказать о профессорах, я иногда думаю, что я сам профессор, самый настоящий профессор – но, все-таки одиноко? Schicksalschwer?[140] Если уж непременно нужно быть чьим-то сыном, я бы предпочел, как Андерсен, быть сыном гробовщика. Или наборщика... Честное слово. Чистота и уют

---

[140] Роковой, фатальный (нем.).

ремесла. Вы этого не ощущаете клеймом? Нет, конечно, вы же – дочь. Вы не несете на себе тяжести преемственности. Вы – просто вышли замуж, сразу замуж – да. А сын может только жениться, и это совсем не то, тогда его жена – жена сына профессора Бугаева. (Шепотом:) А бугай, это – бык. (И, уже громко, с обворожительной улыбкой:) Производитель.

Но оставим профессорских детей, оставим только одних детей. Мы с вами, как оказалось, дети (вызывающе:) – все равно чьи! И наши отцы – умерли. Мы с вами – сироты, и – вы ведь тоже пишете стихи? – сироты и поэты. Вот! И какое счастье, что это за одним столом, что мы можем оба заказать кофе и что нам обоим дадут – тот же самый, из одного кофейника, в две одинаковых чашки. Ведь это роднит? Это уже – связь? (Не удивляйтесь: я очень одинок, и мне грозит страшная, страшная, страшная беда. Я – под ударом.) Вы ведь могли оказаться – в Сибири? А я – в Сербии. Есть еще такое простое счастье.

На другое утро издатель, живший в том же пансионе и у которого ночевал Белый, когда запаздывал в свой загород, передал мне большой песочный конверт с императивным латинским Б (B), надписанный вершковыми буквами, от величины казавшимися нарисованными.

– Белый уехал. Я дал ему на ночь вашу «Разлуку». Он всю ночь читал и страшно взволновался. Просил вам передать.

Читаю:

«Zossen, 16 мая 22 г.
Глубокоуважаемая Марина Ивановна.

Позвольте мне высказать глубокое восхищение перед[141] совершенно крылатой мелодией Вашей книги „Разлука".

Я весь вечер читаю – почти вслух; и – почти распеваю. Давно я не имел такого эстетического наслаждения.

А в отношении к мелодике стиха, столь нужной после расхлябанности Москвичей и мертвенности Акмеистов, ваша книга первая (это – безусловно).

Пишу – и спрашиваю себя, не переоцениваю ли я свое впечатление? Не приснилась ли мне Мелодия?

И – нет, нет; я с большой скукой развертываю все новые книги стихов. Со скукой развернул и сегодня „Разлуку". И вот – весь вечер под властью чар ее. Простите за

---

[141] «Перед» вставлено потом (примеч. М. Цветаевой).

неподдельное выражение моего восхищения и примите уверения в совершенном уважении и преданности.

Борис Бугаев»

Письмо это написано такой величины буквами, что каждый из тех немногих, которым я после беловской смерти его показывала: «Так не пишут. Это письмо сумасшедшего». Нет, не сумасшедшего, а человека, желающего остаться в границах, величиной букв занять все то место, оставшееся бы безмерности и беспредметности, во-вторых же, внешней вескостью выявить вескость внутреннюю. Так ребенок, например, в обычном тексте письма, вдруг, до сустава обмакнув и от плеча нажав: «Мама, я очень вырос!» Или: «Мама, я страшно тебя люблю». Так-то, господа, мы в поэте объявляем сумасшествием вещи самые разумные, первичные и законные.

Я сразу ответила – про мелодию. Помню образ реки, несущей на хребте – всё. Именно на хребте, мощном и гибком хребте реки: рыбы, русалки. Реку, данную в образе пловца, расталкивающего плечами берега, плечами пролагающего себе русло, движением создающего течение. Мелодию – в образе этой реки. Он ответил – письма этого у меня здесь нет, мне – письмом, себе самому статьей (в «Днях», кажется) о моей «Разлуке». Помню, что трех четвертей статьи я не поняла, а именно всего ритмического исследования, всех его доказательств. Вечером опять встретились.

– Вы прочли? Не очень неграмотно?
– Так грамотно, что я не поняла.
– Значит, плохо.
– Значит, я – неграмотная. Я, честное слово, никогда не могла понять, когда мне пытались объяснить, что я делаю. Просто, сразу теряю связь, как в геометрии. «Понимаете?» – «Понимаю», – и только один страх, как бы не начали проверять. Если бы для писания пришлось понимать, я бы никогда ничего не смогла. Просто от страху.

– Значит, вы – чудо? Настоящее чудо поэта? И это дается – мне? За что? Вы знаете, что ваша книга изумительна, что у меня от нее физическое сердцебиение. Вы знаете, что это не книга, а песня: голос, самый чистый из всех, которые я когда-либо слышал. Голос самой тоски: Sehnsucht. (Я должен, я должен, я должен написать об этом исследование!) Ведь – никакого искусства, и рифмы в конце концов бедные... Руки – разлуки – кто не рифмовал? Ведь каждый... ублюдок лучше срифмует... Но разве дело в этом? Как же я мог до сих пор вас не знать? Ибо я должен вам признаться, что я до сих пор, до той ночи, не читал ни одной вашей строки. Скучно – читать. Ведь веры нет в стихи.

Изолгались стихи. Стихи изолгались или поэты? Когда стали их писать без нужды, они сказали нет. Когда стали их писать, составлять, они уклонились.

Я никогда не читаю стихов. И никогда их уже не пишу. Раз в три года – разве это поэт? Стихи должны быть единственной возможностью выражения и постоянной насущной потребностью, человек должен быть на стихи обречен, как волк на вой. Тогда – поэт. А вы, вы – птица! Вы поете! Вы во мне каждой строкой поете, я пою вас дальше, вы во мне поете дальше, я вас остановить в себе не могу. С этого уже два дня прошло... Думал – разделаюсь письмом, статьей – нет! И боюсь (хотя не надо этого бояться), что теперь скоро сам...

Статьей и устной хвалой не ограничился. Измученный, ничего для себя не умеющий, сам, без всякой моей просьбы устроил две моих рукописи: «Царь-Девицу» в «Эпоху» и «Версты» в «Огоньки», подробно оговорив все мои права и преимущества. Для себя не умеющий – для другого смог. С смущенной и все же удовлетворенной улыбкой (а глаза у него все-таки были самые неверные, в которые я когда-либо глядела, гляделась):

– Вы меня простите, это вас ни к чему не обязывает, но я подумал, это, может быть, так – проще, что другому, со стороны – легче... Не примите это за вмешательство в вашу личную жизнь...

Такого другого, с той стороны, с которой – легче, всей той стороны, с которой легче – у Белого в жизни не оказалось.

Так мы опять просидели дотемна. Так он опять пропустил свой последний поезд, и на этот раз с утра в дверную щель (влезал всегда, как зверь, головой, причем глядел не на вас, а вкось, точно чего-то на стене или на полу ища или опасаясь), итак, в дверную щель его робкое сияющее лицо в рассеянии серебрящихся волос. (И, вдруг, озарение: да ведь он сам был серебряный голубь, хлыстовский, грозный, но все же робкий, но все же голубь, серебряный голубь. А ко мне приручился потому, что я его не пугала – и не боялась.)

– Встали? Кофе пили? Можно еще раз вместе? Хорошо? – И захватывая в один круговой взгляд: балконную синь, лужу солнца на полу, собственный букет на столе, серый с ремнями чемодан, меня в синем платье:

– Хорошо? (Всё.)

***

В одну из таких ночевок, на этот раз решенную заранее (зачем уезжать, когда с утра опять приезжать? и зачем бояться пропустить последний поезд, на котором все равно не поедешь?), бедный Белый сильно пострадал от моей восьмилетней дочери и пятилетнего сына издателя, объединившихся. Гадкие дети догадались, что с Белым можно то, чего нельзя ни с кем, потому что сам он с ними таков, как никто, потихоньку, никому не сказав, положили ему в постель всех своих резиновых зверей, наполненных водой. Утром к столу Белый с видом настоящего Победоносца. У детей лица вытягиваются. И Белый, радостно:

– Нашел! Нашел! Обнаружил, ложась, и выбросил – полными. Я на них не лег, я только чего-то толстого и холодного... коснулся... Какого-то... живота. (Шепотом:) Это был живот свиньи.

Сын издателя:

– Моя свинья.

– Ваша? И вы ее... любите? Вы в нее... играете? Вы ее... берете в руки? (Уже осуждающе:) – Вы можете взять ее в руки: холодную, вялую, трясущуюся, или еще хуже: страшную, раздутую? Это называется... играть? Что же вы с ней делаете, когда вы в нее играете?

Ошеломленный «Вы», выкатив чудные карие глаза, явно и спешно глотает. Белый, оторвав от него невидящие (свиным видением заполненные) глаза и скосив их в пол, как Георгий на дракона, со страхом и угрозой:

Я... не люблю свинью... Я – боюсь свинью!..

Этим ю как перстом или даже копьем упираясь в свинорыльный пятак.

* * *

Перерыв, который лучше всего бы заполнить графически – тире; уезжал, писал, тосковал, – не знаю. Просто пропал на неделю или десять дней. И вдруг возник, днем, в кафе «Pragerdiele».

Я сидела с одним писателем и двумя издателями, столик был крохотный и весь загроможденный посудой и локтями, и еще рукописями, и еще рукопожатиями непрерывно подходящих и здоровающихся. И вдруг – две руки. Через головы и чашки и локти две руки, хватающие мои.

– Вы! Я по вас соскучился! Стосковался! Я все время чувствовал, что мне чего-то не хватает, главного не хватает, только не мог догадаться, как курильщик, который забыл, что можно курить, и, не зная чего, все время ищет: перемещает предметы, заглядывает под вешалку, под бювар...

Кто-то ставит стул, расчищает стол.

– Нет, нет, я хочу рядом с... ней. Голубушка, родная, я – погибший человек! Вы, конечно, знаете? Все – уже знают! И все знают, почему, а я – нет! Но не надо об этом, не спрашивайте, дайте мне просто быть счастливым. Потому что сейчас я – счастлив, потому что от нее – всегда сияние. Господа, вы видите, что от нее идет сияние?

Писатель вытряс трубку, один издатель полупоклонился в мою сторону, а другой, Белого отечески любивший и опекавший, отчетливо сказал:

– Конечно, видим все.

– Сияние и успокоение. Мне с ней сразу спокойно, покойно. Мне даже сейчас, вот, внезапно захотелось спать, я бы мог сейчас заснуть. А ведь это, господа, высшее доверие – спать при человеке. Еще большее, чем раздеться донага. Потому что спящий – сугубо наг: весь обнажен вражде и суду. Потому что спящего – так легко убить! Так – соблазнительно убить! (В себе, в себе, в себе убить, в себе уничтожить, развенчать, изобличать, поймать с поличным, заклеймить, закатать в Сибирь!)

Кто-то:

– Борис Николаевич, вам, может быть, кофе?

– Да. Потому что на лбу у спящего, как тени облаков, проходят самые тайные мысли. Глядящий на спящего читает тайну. Потому так страшно спать при человеке. Я совсем не могу спать при другом. Иногда, в России (оборот головы на Россию), я этим страшно мучился, среди ночи вставал и уходил. Заснешь, а тот проснется – и взглянет. Слишком пристально посмотрит – и сглазит. Даже не от зла, просто – от глаз. Я больше всего боялся, когда ехал из России, что очнусь – под взглядом. Я просто боялся спать, старался не спать, стоял в коридоре и глядел на звезды... (К одному из издателей:) Вы говорите во сне? Я – кричу.

...А при ней – могу... Она на меня наводит сон. Я буду спать, спать, спать. Ну дайте вашу руку, ну, дайте мне руку и не берите обратно, совершенно все равно, что они все здесь...

Смущенная, все ж руку даю, обратно не беру, улыбкой на шутку не свожу, на окружающие улыбки – не иду. И он, должно быть, по напряженности моей руки, внезапно поняв:

– Простите! Я, может быть, не так себя вел. Я ведь отлично знаю, что нельзя среди бела дня, в кафе, говорить вещи – раз навсегда! Но я – всегда в кафе! Я – обречен на кафе! Я, как беспризорный пес, шляюсь по чужим местам. У меня нет дома, своего места. (Будка есть, но я не пес!) Я всегда должен пить кофе... или пиво... эту гадость!.. весь день что-то пить, маленькими порциями, и потом звенеть ложкой о кружку или чашку и вынимать бумажку... Не может человек весь день пить! Вот опять кофе... Я должен его выпить, а я не хочу: я не бегемот, наконец, чтобы весь день глотать, с утра до вечера и даже ночью, потому что в Берлине ночи нет. Родная!

Голубушка! Уйдем отсюда, пусть они сами пьют...

Не забыв заплатить за кофе (таких вещей не забывал никогда), выводит меня, почти бегом, но никогда и ничего не задев, за руку между столиками.

– Теперь куда? Хотите – просто к вам? Но у вас дочь, обязанности... А нельзя же, чтобы маленькая девочка сейчас знала, как поступить через двадцать лет, когда человек отдаст ей всю свою жизнь, а она на нее наступит... хуже! Перешагнет – как через лужу.

...Как чист Берлин! Я иногда устаю от его чистоты... Хотите просто ходить? Но ходить это ведь (лукаво) заходить: и опять пить, а я от этого бегу...

– Можно просто на скамейку.

– А вы знаете такую скамейку? Без глаз? Потому что, если даже шутцман – как это у них издевательски: муж защиты! – если даже такой муж защиты, так мало похожий на человека, так сильно похожий на столб – вдруг, вперит, нет, вопрёт, свое око, не обернув головы: только око, оловянное око – как, знаете, были в детстве такие приманки в кофейных витринах, на Неглинной: неподвижная рожа, с вращающимися глазами. Точно прозревший голландский сыр... Я в детстве так боялся. Мамочка думала развлечь, а я из деликатности делал вид – устарелое слово «деликатность» – из деликатности, говорю, делал вид, что страшно весело, а сам дрожал, дрожал... Рожа не двигается, а глаза вот так, вот так, ни разу – эдак. Как я тогда молча молил: «Сломайся!»

Значит, вы знаете такую скамейку? Как на Никитском бульваре, подойдет собака, погладишь, опять уйдет... Желтая, с желтыми глазами... Здесь нет такой собаки, я уже смотрел, здесь все – чьи-нибудь, всё – чье-нибудь, здесь только люди – ничьи, а может быть, я один – ничей? Потому что самое главное – быть чьим, о, чьим бы ни было! Мне совершенно все равно – вам тоже? – чей я, лишь бы тот знал, что я – его, лишь бы меня не «забыл», как я в кафе забываю палку. Я тогда бы и кафе любил. Вот Икс, Игрек, все, что с нами сидят, ведь у них, кроме нас, есть еще что-то – неважно, что у них есть (и неважно, что у них – есть), но каждый из них чей-то, принадлежность. Они могут идти в кафе, потому что могут из него уйти не в кафе... В кафе – всё вам это уже рассказали, а теперь я скажу – три дня назад кончилась моя жизнь.

– Но вы где-то все-таки...

– По-ка-жу. Сами увидите, что это за «где-то» и какое это «все-таки». Именно – все-таки. Вы гениально сказали: все-таки. О, я бы вас сейчас с собой повез, ннo... это ужасно далёко: сначала на трамвае, потом по железной дороге, и гораздо дольше и дальше, это уже за краем всех... возможностей. Это – без адреса... Удивительно, что туда доходят письма, ваши письма, потому что другие – вполне естественно, нельзя более естественно. По существу, туда бы должны доходить только одни счета – за шляпу в английском магазине «Жак» двадцать лет назад или за мою будущую могилу на Ваганькове...

А знаете? Мы туда возьмем дочь, вы приедете с ней, мы будем втроем, ребенок – это всегда имманентность мгновению, это разгоняет всякие видения...

– А теперь я поеду, нет, нет, не провожайте, я вас уже измучил, я вам бесконечно благодарен... Видите? Наш трамвай!

Привычным движением – сына, отродясь подсаживавшего мать в карету – подсаживает. Вскакивает следом. Стоим на летящей площадке, плечо к плечу. Беря мою руку:

– Я больше всего на свете хотел бы сейчас положить вам голову на плечо... И спать стоя. Лошади стоя ведь спят.

Перед зданием вокзала, отпустив наконец руку (держал ее все время у сердца, вжимал в него):

– Нет. Сегодня – нет. Я ведь знаю, сколько я беру сил. Берегите на когда совсем задохнусь. Сейчас я – счастлив, совсем успокоен. Приеду домой и буду писать вам письмо.

* * *

– Как Белый сегодня к вам кинулся! Ведь – на глазах загорелся! Это был настоящий coup de foudre![142] – сказал мне за ужином издатель.

– Человек, громом пораженный, может упасть и на человека, – был мой ответ.

Coup de foudre? Нет. Не так они происходят. Это было общение с моим покоем, основным здоровьем, всей моей неизбывной жизненностью. Больше – ничего. Но такая малость в такие минуты – много. Всё.

А минута была тяжелая. Полный перелом хребта.

* * *

Держа в руках подробнейший трогательнейший рукописный и рисованный маршрут – в мужчинах того поколения всегда было что-то отеческое, старинный страх, что заблудимся, испугаемся, где-нибудь на повороте будем сидеть и плакать, – маршрут мало в стрелках и в крестиках, но с трамваями в виде трамваев, с нарисованным вокзалом и, уж конечно, собственным, как дети рисуют, домиком: вот дом, вот труба, вот дым идет из трубы, а вот я стою.

[142] Удар молнии. Здесь: любовь с первого взгляда (фр.).

– Я бы с величайшим счастьем сам за вами заехал и довез бы, но – вы не сердитесь, я знаю, что это бессовестнейший готтентотский эгоизм – мне так хочется завидеть вас издали, синей точкой на белом шоссе – так хорошо, что вы носите синее, какая в этом благость! – сначала точкой синей, потом тенью синей, такой же синей, как ваша собственная, вашей же тенью, длинной утренней тенью, вставшей с земли и на меня идущей... Знаете, синяя тень, напоенная небесной лазурью...

– Золото в лазури! – по ассоциации говорю я. Он, хватая мою руку:

– Вы не знаете, что вы сейчас сказали! – Вы – назвали. Я об этом все время думаю – и боюсь. Боюсь – начать. Боюсь – все выйдет по-другому... Для них – «переиздать»... Для них – «стихи». Но теперь, когда вы это слово сказали, я начну... Я со всем усердием примусь, это будет ваша лазурь.

...Выйдя с вокзала – прямо, потом (переводя меня через нарисованный шлях) перейти шоссе (умоляюще:) только раз перейти! Не сердитесь, не сердитесь, родная! Но мне так безумно хочется вас ждать, вас наверное ждать. Завидеть вас издали, в синем платье, ведущей дочь за руку...

Не отрываясь от маршрута, тщательностью которого больше смущена, чем просвещена: столько нарисовал и написал, так крестиками и стрелками путь к себе заставил, что, кажется, добраться невозможно; устрашенная силой его ожидания – когда так ждут, всегда что-нибудь случается, ясно сознавая, что дело не во мне, а в моей синеве – сначала еду, потом еще еду, а затем, наконец, иду, держа дочь за руку, по тому белому шоссе, на котором должна возникнуть синей тенью.

Пустынно. Неуют новорожденного поселка. Новосотворенного, а не рожденного. Весь неуют муниципальной преднамеренности. Была равнина, решили – стройтесь. И построились, как солдаты. Дома одинаковые, заселенно-нежилые. Постройки, а не дома. Сюда можно приезжать и отсюда можно – нужно! – уезжать, жить здесь нельзя. И странное население. Странное, во-первых, чернотою; в такую жару – все в черном. (Впрочем, эту же черноту отметила уже в вагоне, и слезла она вся на моей станции.) В черном суконном, душном, непродышанном. То и дело обгоняют повозки с очень краснолицыми господами в цилиндрах и такими же краснолицыми дамами, очень толстыми, с букетами – и, кажется, венками? – на толстых животах. Цветы – лиловые.

Наконец – дом, все тот же первый увиденный и сопровождавший нас слева и справа вдоль всего шоссе. Барак, а не дом. Между насестом и будкой. С крыльцом. А на крыльце, с крыльца:

– Вы? Вы? Родная! Родная!

Ведет вверх по новейшей и отзывчивейшей лесенке, явно для пожара – уж и спички готовы: перила! – вводит в совершенно голую комнату с белым некрашеным столом посредине, усаживает.

– Как вам здесь нравится? Мне... не нравится. Не знаю почему, но не нравится... Не понравилось сразу, как вошел... Уже когда ехал – не понравилось... Говорили, у Берлина чудные окрестности... Я ждал... вроде Звенигорода... А здесь... как-то... голо? Вы заметили деревья? (Не заметила никаких, ибо нельзя же счесть деревьями тончайшие прутья, обнесенные толстенными решетками.) Без тени! Это человек был без тени – в каком-то немецком предании, но это был – человек, деревья – обязаны отбрасывать тень! И птицы не поют – понятно: в таких деревьях! У меня в Москве по утрам – всегда пели, даже в двадцатом году – пели, даже в больнице – пели, даже в тифу – пели...

И население противнос. Подозрительно-тихое. Ступают, точно на войлочных подошвах. Вы не заметили? И – может быть, это под Берлином мода такая? – все в черном, ни одного даже коричневого и серого, все черное, даже женщины – в черном.

(Я, мысленно: «А, милый, вот откуда твоя страсть к моей синеве!»)

– А мебель – белая, и пахнет свежим тесом. В этом что-то (отрясаясь)... зловещее? Может быть, это какой-нибудь особенный поселок?

Я, быстро отводя:

– Нет, нет, после войны – везде так. Он, явно облегченно:

– Ах! Значит – вдовы и вдовцы! Отдельный поселок для вдов и вдовцов... Как это по-немецки... по-прусски... И как по-немецки, что они не догадаются пережениться и одеться во что-нибудь другое... Теперь я понимаю и венки, это обилие венков и букетов – совершенно необъяснимое при отсутствии цветов, – потому что цветов, вы заметили, нет, потому что – садов нет, только сухие дворы. Здесь, наверное, где-нибудь близко кладбище? Гигантское кладбище! Они просто построились на кладбище, теперь я понимаю однородность построек... Но вот что изумительно: вид у них, при всем их вдовстве, цветущий, я нигде не видал таких красных лиц... Впрочем, понятно: постоянные поминки... Как с кладбища, так поминать – сосисками и пивом, помянули – опять на кладбище! Но так ведь поправиться можно! Ожирение сердца нажить – с тоски!

Теперь я и цилиндры понимаю. Когда он идет на могилу к жене, он надевает цилиндр, который перед могилой снимает, – в этом жесте весь обряд. Но, знаете, странно, они на могилу ездят целыми фурами, фургонами... Вы таковых не встречали? Полные фургоны черных людей... Немецкий корпорационный дух: и слезы вместе, и расходы вместе... Вдовье место, вдовцово место, противное место...

И слово не нравится: Zossen. Острое и какое-то плоское, точно клецка.

Простите, что я вас сюда позвал!

Но мы ведь ничем не связаны? (Наклоняясь к моему уху:) Мы ведь можем уехать? Сначала – посидеть, а потом – уехать? Провести чудный день?

Я только что сам приехал. Вы знаете, ведь я вчера туда – сюда! – не поехал, я тотчас же свернул вам вслед, следующим же трамваем – в «Pragerdiele», но... устыдился... Весь вечер ходил по кафе и в одном встретил (называет язвящее его имя). Что вы об этом думаете? Может она его любить?

Я, твердо:

– Нет.

– Не правда ли: нет? Так что же вес это значит? Инсценировка? Чтобы сделать больно – мне? Но ведь она же меня не любит, зачем же ей тогда мне делать больно? Но ведь это же прежде всего – делать больно себе. Вы его знаете?

Рассказываю.

– Значит, неплохой человек... Я пробовал читать его стихи, но... ничего не чувствую: слова. Может быть, я – устарел? Я очень усердно читал, всячески пытался что-нибудь вычитать, почувствовать, обрести. Так мне было бы легче.

...Можно любить и совершенно даже естественно полюбить после писателя человека совсем простого, дикаря... Но этот дикарь не должен писать теоретических стихов!

(Взрывом.) О, вы не знаете, как она зла! Вы думаете – он ей нужен, дикарь ей нужен, ей, которой (отлет головы)... тысячелетия... Ей нужно (шепотом) ранить меня в самое сердце, ей нужно было убить прошлое, убить себя – ту, сделать, чтобы той – никогда не было. Это – месть. Месть, которую оценил я один. Потому что для других это просто увлечение. Так... естественно. После сорокалетнего лысеющего нелепого – двадцатилетний черноволосый, с кинжалом и так далее. Ну, влюбилась и забылась: разбила всю жизненную форму. О, если бы это было так! Но вы ее не знаете: она холодна, как нож. Все это – голый расчет. Она к нему ничего не чувствует. Я даже убежден, что она его ненавидит... О, вы не знаете, как она умеет молчать, вот так: сесть – и молчать, стать и молчать, глядеть – и молчать.

– Месть? Но за что?

– За Сицилию. За «Офейру». «Я вам больше не жена». – Но – прочтите мою книгу! Где же я говорю, что она мне – жена?

Она мне – она... Мерцающее видение... Козочка на уступе... Нелли. Что же я такого о ней сказал? Да и книга уже была отпечатана... Где она увидела «интимность», «собственничество», печать (недоуменно) мужа?

Гордость демона, а поступок маленькой девочки. Я тебе настолько не жена, что, вот... жена другого. Точно я без этого не ощутил. Точно я всегда этого не знал. И вот, из сложнейших душевных источников, грубейший факт, которым оскорблены все, кроме меня.

...Мне ее так жаль.

Вы ее видели? Она прекрасна. Она за эти годы разлуки так выросла, так возмужала. Была Психея, стала Валькирия. В ней – сила! Сила, данная ей ее одиночеством. О, если бы она по-человечески, не проездом с группой, с труппой, полчаса в кафе, а дружески, по-человечески, по-глубокому, по-высокому – я бы, обливаясь кровью, первый приветствовал и порадовался...

Вы не знаете, как я ее любил, как ждал! Все эти годы – ужаса, смерти, тьмы – как ждал. Как она на меня сияла...

И его мне жаль. Если он человек с сердцем, он за это жестоко поплатится. Она зальет его презрением... «Мавр сделал свое дело, Мавр может уйти». А он, должно быть, ее безумно любит!

(«Как у тебя все по-высокому, говорю я внутри рта, вот он уже у тебя и Мавр... И как с мужской, по крайней мере, стороны все несравненно проще, – той простотой, которой тебе не дано понять. А „безумная любовь" – сидит в „Pragerdiele", угрюмый, как сыч, и, заглатывая зевоту: „Ну и скучища же с ней! Молчит, не разговаривает, никогда не улыбнется. Точно сова какая-то..." Но этого ты не узнаешь никогда».)

– Простите, я вас измучил! Такое солнце, а я вас измучил! Только приехали, а я вас уже измучил. Не надо больше о ней. Ведь – кончено. Ведь я – стихи пишу. Ведь я после вашей «Разлуки» опять стихи пишу. Я думаю – я не поэт. Я могу – годами не писать стихов. Значит, не поэт. А тут, после вашей «Разлуки» – хлынуло. Остановить не могу. Я пишу вас – дальше. Это будет целая книга: «После Разлуки», – после разлуки-с нею, и «Разлуки» – вашей. Я мысленно посвящаю ее вам и если не проставляю посвящения, то только потому, что она ваша, из вас, я не могу дарить вам вашего, это было бы – нескромно.

Можно вам прочесть? Когда устанете, остановите, я сам не остановлюсь, я никогда не остановлюсь...

И вот над унынием цоссенского ландшафта:

> Ты, вставая, сказала, что – нет!
> И какие-то призраки мы.
> Не осиливает – свет.

     Не осиливает – тьмы.
     Ты ушла. Между нами года –
     Проливаемая – куда
     Проливаемая – вода?
     Не увижу тебя никогда.
     Пробегает листки, как клавиши.
     Да, ты выспренней ложью обводишь
     Злой круг вкруг себя.
     И ты с искренней дрожью уходишь
     Навеки, злой друг, от меня
     Без ответа.
     И я никогда не увижу тебя
     И – себя – ненавижу за это!

  И еще это! – В его руке листки, как стайка белых, готовых сорваться, крыльев.

     – Ты – тень теней, тебя не назову,
     Твое лицо холодное и злое…
     Плыву туда, за дымку дней, зову
     За дымку дней, – нет, не тебя: былое,
     Которое я рву (в который раз!),
     Которое в который раз восходит,
     Которое в который раз, алмаз,
     Алмаз звезды, звезды любви, низводит…

  И, точно удивившись внезапно проступившей тишине:
  – А какая тихая дочь. Ничего не говорит. (Зажмурившись:) Приятно! Вы знаете, я ведь боюсь детей. (Глядя из всех глаз и этим их безмерно расширяя:) Я бе-зум-но их боюсь. О, с детства! С Пречистенского бульвара. С каждой елки, с каждого дня рождения. (Шепотом, как жалуются на могущественного врага:) Они у меня все ломали, их приход был нашествие… (Вскипая:) Ангелы? Я и сейчас еще слышу треск страницы: листает такой ангел любимую книгу и перервет вкось – точно рваная рана… И не скажите – нечаянно, редко – нечаянно, всегда – нарочно, всё нарочно, назло, искоса, исподлобья – скажу или нет. О, они, как звери, не выносят чужого и чуют

слабого. Все дело только – не показать страха, не дрогнуть... Больной волк ведь, когда заболеет, наступает на больную лапу... Знает, что разорвут. О, как я их боюсь! А вы – не боитесь?

– Своих – нет.

– А у меня своих – нет. И, наверное, уже не будет. Может быть – жаль? Может быть, лучше было бы, если бы-были? Я иногда жалею. Может быть, я как-то... прочнее был бы на земле?..

Аля, давно уже хмуро и многозначительно на меня поглядывавшая:

– Ма-ама!

Я, с самонасильственной простотой:

– Борис Николаевич, где у вас здесь, а то девочке нужно.

– Конечно, девочке нужно. Девочке нужно, нужно, нужно.

Убедившись, что другого ответа не будет, настойчивее:

– Ей в одно местечко нужно.

– А-ах! Этого у нас нет. Местечка у нас нет, но место есть, сколько угодно – все место, которое вы видите из окна. На лоне природы, везде, везде, везде! Это называется – Запад (шипя, как змея:) цивилизация.

– Но кто же вас здесь... поселил? (Сказав это, понимаю, что он здесь именно на поселении.)

– Друзья. Не знаю. Уложили. Привезли. Очевидно – так нужно. Очевидно, это кому-то нужно. – И, уже как узаконенный припев: – Девочке нужно, нужно, нужно.

* * *

– Аля, как тебе не стыдно! Прямо перед окном!

– Во-первых, вы слишком долго с ним разговаривали, во-вторых, он все равно ничего не видит.

– Как не видит? Ты думаешь, он слепой?

– Не слепой, а сумасшедший. Очень тихий, очень вежливый, но настоящий сумасшедший. Разве вы не видите, что он все время глядит на невидимого врага?

Чтобы кончить о «девочке, которой нужно» и Белом. Несколько дней спустя приехал из Праги ее отец и ужаснулся ее страсти к пиву.

– Бездонная бочка какая-то! В восемь лет! Нет, этому нужно положить конец. Сегодня я ей дам столько пива, сколько она захочет – чтобы навсегда отучить.

И вот, после которой-то кружки, Аля, внезапно:

– А теперь я иду спать, а то я уже чувствую, что скоро начну говорить такие глупости, как Андрей Белый.

* * *

— Конечно, Пушкин писал своего «Годунова» в бане, — говорит Белый, обозревая со мной из окна свои цоссенские просторы. Но разве это сравнимо с баней? О, я бы дорого дал за баню! (Шепотом, стыдливо улыбаясь:) Я же ведь здесь совершенно перестал мыться. Воды нет, таза нет – разве это таз? Ведь сюда – только нос! Так и не моюсь, пока не попаду в Берлин, оттого я так часто и езжу в Берлин и в конце концов ничего не пишу. (Уже угрожающе:) Чтобы вымыть лицо, мне нужно ехать в Берлин!

А теперь… (дверь без стука, но с треском открывается, впуская сначала поднос, потом женский клетчатый живот) – чем богаты, тем и рады! Не осудите: я обречен на полное отсутствие кулинарной фантазии моей хозяйки.

Суп безмолвно и отрывисто рóзлит по тарелкам. После хозяйкиного ухода Белый, упавшим голосом:

— Haferbrühe…[143] Овсянка… Я так и знал… Сидим, браво хлебаем не то суп, не то кашу, для гущи – жидкое, для жидкости – густое…

— Haferbrühe, Haferbrühe, Naferbrühe, — бормочет Белый. — Brühe… brüten… точно она этот овес высиживает, в жару собственного тела его размаривает, собой его морит… Milchsuppe – Haferbrühe, Haferbrühe – Milchsuppe[144]…

И дохлебав последнюю ложку, просияв, как больной, у которого вырвали зуб:

— А теперь едемте обедать!

* * *

Берлин. Ресторан «Медведь»: «zum Bären».

— Никаких супов, да? Супы мы уже ели! Мы будем есть мясо, мясо, мясо! Два мясных блюда! Три? (С любопытством и даже любознательностью:) А дочь сможет съесть три мясных блюда?

— Пива, — флегматический ответ.

— Как она у вас хорошо говорит – лаконически. Конечно, пива. А мы – вина. А дочь не пьет вина?

Первое из трех мясных блюд. (Потом Аля, мне: «Мама, он ел совершенно как волк. С улыбкой и кося… Он точно нападал на мясо…»)

---

[143] Овсяная похлебка (нем.).

[144] Brühe – похлебка; brüten – высиживать (птенцов); Milchsuppe – молочный суп (нем.).

По окончании второго и в нетерпении третьего Белый, мне:

– Не примите меня за волка! Я три дня на овсе. Один – я не смею: некрасиво как-то и предательство по отношению к хозяйке. Она ведь то же ест и в Берлин не ездит... Но сегодня я себе разрешил, потому что вы-то с моей хозяйкой никакими узами совместной беды не связаны. За что же вы будете терпеть? Да еще с дочерью. А я уж к вам – присоседился.

И, по явной ассоциации с волком:

– А теперь – едем в Zoo.[145]

* * *

В Zoo, перед клеткой огромного льва, львам – льва, Аля:

– Мама, смотрите! Совершенный Лев Толстой! Такие же брови, такой же широкий нос и такие же серые маленькие злые глаза – точно все врут.

– Не скажите! – учтиво и агрессивно сорокалетний – восьмилетней. – Лев Толстой, это единственный человек, который сам себя посадил под стеклянный колпак и проделал над собой вивисекцию.

Поглощенная спутником, кроме льва, из всего Zoo на этот раз помню только бегемота, и то из-за следующего беловского примечания:

– В прошлый раз я попал сюда на свадьбу бегемотов. За это иные любители деньги платят! Я не расслышал, что говорит смотритель, и пошел за ним, потому что он шел. Это был такой ужас! Я чуть в обморок не упал...

Помню еще, что с тигром он поздоровался по-тигрячьи: как-то «иау», между лаем и мяуканьем, сопровождаемым изворотом всего тела, с которого, как водопад, хлынул плащ. (Ходил он в пелерине, которая в просторечье зовется размахайкой, а на нем выглядела крылаткой. Оттого, может быть, я так остро помню его руки, совсем свободные и бедные, точно голые без верхних рукавов, вероломным покроем якобы освобожденные, на самом же деле – связанные. Оттого он так и метался, что пелерина за ним повторяла, усугубляла каждый его жест, как разбухшая и разбушевавшаяся тень. Пелерина была его живым фоном, античным хором. Из Kaufhaus des Westens[146] или еще старинная московская – не знаю. Серая.)

Простоявши поклеточно весь сад:

---

[145] Зоопарк (нем.).

[146] Название торговой фирмы (нем.).

— Я очень люблю зверей. Но вы не находите, что их здесь… слишком много? Почему я на них должен смотреть, а они на меня — нет? Отворачиваются!

Сидим на каком-то бревне, невозможном бы в Германской империи, — совсем пресненском! — друг с другом и без зверей, и вдруг, как в прорвавшуюся плотину — повесть о молодом Блоке, его молодой жене и о молодом нем-самом. Лихорадочная повесть, сложнейшая бесфабульная повесть сердца, восстановить которую совершенно не могу и оставшаяся в моих ушах и жилах каким-то малярийным хинным звоном, с обрывочными видениями какой-то ржи — каких-то кос — чьего-то шелкового пояса — ранний Блок у него вставал добрым молодцом из некрасовской «Коробушки», иконописным ямщиком с лукутинской табакерки, — чем-то сплошь-цветным, совсем без белого, и — сцена меняется — Петербург, метель, синий плащ… вступление в игру юного гения, демона, союз трех, смущенный союз двух, неосуществившийся союз новых двух — отъезды — приезды — точное чувство, что отъездов в этой встрече было больше, чем приездов, может быть, оттого, что приезды были короткие, а отъезды — такие длинные, начинавшиеся с самой секунды приезда и все оттягиваемые, откладываемые до мгновения внезапного бегства… Узел стягивается, все в петле, не развязать, не разрубить. И последнее, отчетливо мною помнимое слово:

— Я очень плохо с ней встретился в последний раз. В ней ничего от прежней не осталось. Ничего. Пустота.

Тут же я впервые узнала о сыне Любови Димитриевны, ее собственном, не блоковском, не беловском — Митьке, о котором так пекся Блок: «Как мы Митьку будем воспитывать?» — и которого так сердечно оплакивал в стихах, кончающихся обращением к Богу:

> Нет, над младенцем, над блаженным
> Стоять я буду без тебя!

Строки, которых я никогда не читаю без однозвучащих во мне строк пушкинской эпитафии первенцу Марии Раевской:

> С улыбкой он глядит в изгнание земное,
> Благословляет мать и молит за отца.

Помню еще одно: что слово «любовь» в этой сложнейшей любовной повести не было названо ни разу, — только подразумевалось, каждый раз благополучно миновалось, в последнюю секунду заменялось – ближайшим и отдаляющим, так что я несколько раз в течение рассказа ловила себя на мысли: «Что ж это было?» – именно на мысли, ибо чувством знала: то. Убеждена, что так же обходилось, миновалось, заменялось, не называлось оно героями и в жизни. Такова была эпоха. Таковы были тогда души. Лучшие из душ. Символизм меньше всего литературное течение.

И – еще одно. Если нынешние не говорят «люблю», то от страха, во-первых – себя связать, во-вторых – передать: снизить себе цену. Из чистейшего себялюбия. Те – мы – не говорили «люблю» из мистического страха, назвав, убить любовь, и еще от глубокой уверенности, что есть нечто высшее любви, от страха это высшее – снизить, сказав «люблю» – недодать. Оттого нас так мало и любили.

* * *

Тогда же, в Zoo, я узнала, что «Синий плащ», всей Россией до тоски любимый…

> Я звал тебя, но ты не оглянулась,
> Я слезы лил, но ты не снизошла,
> Ты в синий плащ печально завернулась,
> В сырую ночь ты из дому ушла… –

синий плащ Любови Димитриевны. «О, он всю жизнь о ней заботился, как о больной, ее комната всегда была готова, она всегда могла вернуться… отдохнуть… но то было разбито, жизни шли врозь и никогда больше не сошлись».

* * *

Zoo закончилось очередным Алиным пивом в длинном сквозном бревенчатом строении, тоже похожем на клетку. Никогда не забуду Белого, загоревшего за этот день до какого-то чайного, самоварного цвета, от которого еще синей синели его явно азиатские глаза, на фоне сквозь брусья клетки зеленью и солнцем брызжущей лужайки. Откидывая серебро волос над медью лба:

– Хорошо ведь? Как я все это люблю. Трава, вдалеке большие звери, вы, такая простая… И дочь тихая, разумная, ничего не говорит... (И, уже как припев:) Приятно!

* * *

Оттого ли, что было лето, оттого ли, что он всегда был взволнован, оттого ли, что в нем уже сидела его смертная болезнь – сосудов, я никогда не видела его бледным, всегда – розовым, желто-ярко-розовым, медным. От розовости этой усугублялась и синева глаз, и серебро волос. От серебра же волос и серый костюм казался серебряным, мерцающим. Серебро, медь, лазурь – вот в каких цветах у меня остался Белый, летний Белый, берлинский Белый, Белый бедового своего тысяча девятьсот двадцать второго лета.

* * *

В первый раз войдя в мою комнату в Pragerpension'е, Белый на столе увидел – вернее, стола не увидел, ибо весь он был покрыт фотографиями царской семьи: наследника всех возрастов, четырех великих княжон, различно сгруппированных, как цветы в дворцовых вазах, матери, отца...
И он наклонясь:
– Вы это... любите?
Беря в руки великих княжон:
– Какие милые!.. Милые, милые, милые!
И с каким-то отчаянием:
– Люблю тот мир!

* * *

Стоим с ним на какой-то вышке, где – не помню, только очень-очень высоко. И он, с разлету беря меня за руку, точно открывая со мной мазурку:
– Вас тянет броситься? Вот так (младенческая улыбка)... кувырнуться!
Честно отвечаю, что не только не тянет, а от одной мысли мутит.
– Ах! Как странно! А я, я оторвать своих ног не могу от пустоты! Вот так (сгибается под прямым углом, распластывая руки)... Или еще лучше (обратный загиб, отлив волос) – вот так...

* * *

Через несколько дней после Zoo и Zossen'a приехал из Праги мой муж – после многих лет боев пражский студент-филолог.

Помню особую усиленную внимательность к нему Белого, внимание к каждому слову, внимание каждому слову, ту особую жадность поэта к миру действия, жадность, даже с искоркой зависти... (Не забудем, что все поэты мира любили военных.)

– Какой хороший ваш муж, – говорил он мне потом, – какой выдержанный, спокойный, безукоризненный. Таким и должен быть воин. Как я хотел бы быть офицером! (Быстро сбавляя:) Даже солдатом! Противник, свои, черное, белое – какой покой. Ведь я этого искал у Доктора, этого не нашел.

Выдержанность воина скоро была взята на испытание, и вот как: Белый потерял рукопись. Рукопись своего «Золота в лазури», о которой его издатель мне с ужасом:

– Милая Марина Ивановна, повлияйте на Бориса Николаевича. Убедите его, что раньше – тоже было хорошо. Ведь против первоначального текста – камня на камне не оставил. Был разговор о переиздании, а это – новая книга, неузнаваемая! Да я против нового ничего не имею, но зачем тогда было набирать старую? Ведь каждая его корректура – целая новая книга! Книга неудержимо и неостановимо новеет, у наборщиков руки опускаются...

И вот, эту новизну, этот весь ворох новизн – огромную, уже не вмещающую папку – Белый вдруг потерял.

– Потерял рукопись! – с этим криком он ворвался ко мне в комнату. – Рукопись потерял! Золото потерял! В Лазури – потерял! Потерял, обронил, оставил, провалил! В каком-то из проклятых кафе, на которые я обречен, будь они трекляты! Я шел к вам, но потом решил – я хоть погибший человек, но я приличный человек – что сейчас вам не до меня, не хотел омрачать радости вашей встречи – вы же дети по сравнению со мной! вы еще в Парадизе! а я горю в аду! – не хотел вносить этого серного Ада с дирижирующим в нем Доктором – в ваш Парадиз, решил: сверну, один ввергнусь, словом – зашел в кафе: то, или другое, или третье (с язвительной усмешкой): сначала в то, потом в другое, потом в третье... И после – которого? – удар по ногам: нет рукописи! Слишком уж стало легко идти, левая рука слишком зажила своей жизнью – точно в этом суть: зажить своей жизнью! – в правой трость, а в левой – ничего... И это «ничего» – моя рукопись, труд трех месяцев, что – трех месяцев! Это – сплав тогда и теперь, я двадцать лет своей жизни оставил в кабаке... В каком из семи?

На пороге – недоуменное явление Сергея Яковлевича.

– Борис Николаевич рукопись потерял, – говорю я спешно, объясняя крик.

– Вы меня простите! – Белый к нему навстречу. – Я сам временами слышу, как я ужасно кричу. Но – перед вами погибший человек.

— Борис Николаевич, дорогой, успокойтесь, найдем, отыщем, обойдем все места, где вы сидели, вы же, наверное, куда-нибудь заходили? Вы ее, наверное, где-нибудь оставили, не могли же вы потерять ее на улице.

Белый, упавшим голосом:

— Боюсь, что мог.

— Не могли. Это же вещь, у которой есть вес. Вы где-нибудь ее уже искали?

— Нет, я прямо кинулся сюда.

— Так идем.

И — пошли. И — пошло! Во-первых, не мог точно сказать, в которое кафе заходил, в которое — нет. То выходило, во все заходил, то — ни в одно. Подходим — то, войдем — не то. И, ничего не спросив, только обозрев, ни слова не сказав — вон. «Die Herrschaften wünschen? (Господа желают?)». Белый, агрессивно: «Nichts! Nichts! (Ничего, ничего!)». Легкое пожатие кельнерских плечей, — и мы опять на улице. Но, выйдя: «А вдруг — это? Там еще вторая зала, я туда не заглянул». Сережа, великодушно: «Зайдем опять?» Но и вторая зала — неузнаваема.

В другом кафе — обратное: убежден, что был, — и стол тот, и окно так, и у кассирши та же брошь, все совпадает, только рукописи нет. «Aber der Herr war ja gar nicht bei uns (Но господин к нам вовсе не заходил), — сдержанно-раздраженно — обер. — Полчаса назад? За этим столом? Я бы помнил». (В чем не сомневаемся, ибо Белый — красный, с взлетевшей шляпой, с взлетевшими волосами, с взлетевшей тростью — действительно незабываем.) «Ich habe hier meine Handschrift vergessen! Manuskript, versteheh Sie? Hier, auf diesem Stuhl! Eine schwarze Pappe: Mappe! (Я здесь забыл свою рукопись! Манускрипт, понимаете? Здесь на этом стуле! Черную папку!¹⁴⁷) — кричит все более и более раскрасневающийся Белый, стуча палкой. — Ich bin Schriftsteller, russischer Schriftsteller! Meine Handschrift ist alles für mich! (Я — писатель, русский писатель, моя рукопись для меня — всё!)»

— Борис Николаевич, посмотрим в соседнем, — спокойно советует Сережа, мягко, но твердо увлекая его за порог, — тут ведь рядом еще одно есть. Вы легко могли перепутать.

— Это? Чтобы я в этом сидел? (Ехидно:) Не-ет, я в этом не сидел! Это — явно нерасполагающее, я бы в такое и не зашел. (Упираясь палкой в асфальт.) И сейчас не зайду.

Сережа, облегченно:

— Ну, тогда зайду — я. А вы с Мариной здесь постойте.

---

¹⁴⁷ Папка, по-немецки — Mappe, а Pappe — бессмыслица (примеч. М. Цветаевой.)

Стоим. Выходит с пустыми руками. Белый, торжествующе:

– Вот видите? Разве я мог в такое зайти? Да в таком кафе не то что рукопись, – руки-ноги оставишь. Разве вы не видите, что это – кокаин??

Очередное по маршруту – просто минуем. Несмотря на наши увещевания, даже не оборачивает головы и явно ускоряет шаг.

– Но почему же вы даже поглядеть не хотите?

– Вы не заметили, что там сидит брюнет? Я не говорю вам, что тот самый, но, во всяком случае, – из тех. Крашеных. Потому что таких черных волос нет. Есть только такая черная краска. Они все – крашеные. Это их тавро.

И, останавливаясь посреди тротуара, с страшной улыбкой:

– А не проделки ли это – Доктора? Не повелел ли он оттуда моей рукописи пропасть: упасть со стула и провалиться сквозь пол? Чтобы я больше никогда не писал стихов, потому что теперь – кончено, я уже ни строки не напишу. Вы не знаете этого человека. Это – Дьявол.

И, поднимая трость, в такт, ею – по чем попало: по торцам, прямым берлинским стволам, по решеткам, и вдруг – со всего размаху ярости – по огромному желтому догу, за которым, во весь рост своего самодовольства, вырастает лейтенант.

«Verzeihen Sie, Herr Leutnant, ich habe meine Handschrift verloren. (Простите, господин лейтенант, я потерял свою рукопись)». – «Ja was? (Что такое?)» – «Der Herr ist Dichter, ein grosser russischer Dichter. (Этот господин – поэт, большой русский поэт)», – спешно и с мольбою оповещаю я. «Ja was? Dichter? (Что такое? Поэт?)» – и – не снизойдя до обиды, залив со всего высока своего прусского роста всем своим лейтенантским презрением этого штатского – да еще русского, да еще Dichter'a, оттянув собаку – минует.

– Дьявол! Дьявол! – вопит Белый, бия и биясь.

– Ради Бога, Борис Николаевич, ведь лейтенант подумает, что вы – о нем!

– О нем? Пусть успокоится. Есть только один дьявол – Доктор Штейнер.

И, выпустив этот последний заряд, совершенно спокойно:

– Больше не будем искать. Пропала. И, может быть, лучше, что пропала. Ведь я, по существу, не поэт, я годы могу не писать, а кто может не писать – писать не смеет.

* * *

Замечаю, что в моем повествовании нет никакого crescendo. Нет в повествовании, потому что не было в жизни. Наши отношения не развивались. Мы сразу начали с лучшего.

На нем и простояли – весь наш недолгий срок.

Лично он меня никогда не разглядел, но, может быть, больше ощутил меня, мое целое, живое целое моей силы, чем самый внимательный ценитель и толкователь, и, может быть, никому я в жизни, со всей и всей моей любовью, не дала столько, сколько ему – простым присутствием дружбы. Присутствием в комнате. Сопутствием на улице. Возле.

Рядом с ним я себя всегда чувствовала в сохранности полного анонимата.

Он не собой был занят, а своей бедой, не только данной, а отрожденной: бедой своего рождения в мир.

Не эгоист, а эгоцентрик боли, неизлечимой болезни – жизни, от которой вот только 8 января 1934 года излечился.

* * *

Чтобы не забыть. К моему имени-отчеству он прибегал только в крайних случаях, с третьими лицами, и всегда в третьем лице, говоря обо мне, не мне, со мной же – Вы, просто – Вы, только – Вы. Мое имя-отчество для него было что-то постороннее, для посторонних, со мной не связанное, с той мной, с которой так сразу связал себя он, условное наименование, которое он сразу забывал наедине. Я у него звалась Вы. (Как у Каспара Гаузера сторож звался «der Du».[148])

И, в нашем случае, он был прав. Имя, ведь, останавливает на человеке, другом, именно – этом. Вы – включает всех, включает всё. И еще: имя разграничивает, имя это явно – не-я. Вы (как и ты) это тот же я. («Вы не думаете, что?..» Читай: «Я думаю, что…») Вы – включительное и собирательное, имя-отчество – отграничительное и исключительное.

И еще: что ему было «Марина Ивановна» и даже Марина, когда он даже собственным ни Борисом, ни Андреем себя не ощутил, ни с одним из них себя не отождествил, ни в одном из них себя не узнал, так и прокачался всю жизнь между нареченным Борисом и сотворенным Андреем, отзываясь только на я.

Так я и осталась для него «Вы», та Вы, которая в Берлине, Вы – неизбежно-второго лица. Вы – присутствия, наличности, очности, потому что он меня так скоро и забыл, ибо, рассказывая обо мне, он должен был неминуемо говорить «Марина Ивановна», а с Мариной Ивановной он никогда никакого дела не имел.

Единственный раз, когда он меня назвал по имени, было, когда он за мной в нашу первую «Pragerdiele» повторил слово

[148] Ты (нем.).

«Таруса». Меня назвал и позвал.

Двойственность его не только сказалась на Борисе Николаевиче Бугаеве и Андрее Белом, она была вызвана ими, – С кем говорите? Со мной, Борисом Николаевичем, или со мной, Андреем Белым? Конечно, и каждый пишущий, и я, например, могу сказать: с кем говорите, со мной, «Мариной Цветаевой», или мной – мной (я, Марина Ивановна, для себя так же не существую, как для Андрея Белого); но и Марина – я, и Цветаева – я, значит, и «Марина Цветаева» – я. А Белый должен был разрываться между нареченным Борисом и самовольно-осознанным Андреем. Разорвался – навек.

Каждый литературный псевдоним прежде всего отказ от отчества, ибо отца не включает, исключает. Максим Горький, Андрей Белый – кто им отец?

Каждый псевдоним, подсознательно, – отказ от преемственности, потомственности, сыновнести. Отказ от отца. Но не только от отца отказ, но и от святого, под защиту которого поставлен, и от веры, в которую был крещен, и от собственного младенчества, и от матери, звавшей Боря и никакого «Андрея» не знавшей, отказ от всех корней, то ли церковных, то ли кровных. Avant moi le déluge![149] Я – сам!

Полная и страшная свобода маски: личины: не-своего лица. Полная безответственность и полная беззащитность.

Не этого ли искал Андрей Белый у доктора Штейнера, не отца ли, соединяя в нем и защитника земного, и заступника небесного, от которых, обоих, на заре своих дней столь вдохновенно и дерзновенно отрекся?

Безотчесть и беспочвенность, ибо, как почва, Россия слишком все без исключения, чтобы только собою, на себе, продержать человека.

«Родился в России», это почти что – родился везде, родился – нигде.

* * *

Ничего одиноче его вечной обступленности, обсмотренности, обслушанности я не знала. На него смотрели, верней: его смотрели, как спектакль, сразу, после занавеса бросая его одного, как огромный Императорский театр, где остаются одни мыши.

А смотреть было на что. Всякая земля под его ногою становилась теннисной площадкой: ракеткой: ладонью. Земля его как будто отдавала – туда, откуда бросили, а то – опять возвращало. Просто, им небо и земля играли в мяч.

---

[149] После меня – потоп! (фр.)

Мы – смотрели.

* * *

Его доверчивость равнялась только его недоверчивости. Он доверял – вверялся! – первому встречному, но что-то в нем не доверяло – лучшему другу. Потому их и не было.

* * *

Как он всегда боялся: задеть, помешать, оказаться лишним! Как даже не вовремя, а раньше времени – исчезал, тут же, по мнительности своей, выдумав себе срочное дело, которое оказывалось сидением в первом встречном осточертелом кафе. Какой – опережающий вход – опережающий взгляд, сами глаза опережающий страх из глаз, страх, которым он как щупальцами ощупывал, как рукой обшаривал и, в нетерпении придя, как метлой обмахивал пол и стены – всю почву, весь воздух, всю атмосферу данной комнаты, страх – меня бы первую ввергший в столбняк, если бы я разом, вскочив на обе ноги, не дав себе понять и подпасть – на его страх, как Дуров на злого дога: «Борис Николаевич! Господи, как я вам рада!»

Страх, сменявшийся – каким сиянием!

Не знаю его жизни до меня, знаю, что передо мною был затравленный человек. Затравленность и умученность ведь вовсе не требуют травителей и мучителей, для них достаточно самых простых нас, если только перед нами – не-свой: негр, дикий зверь, марсианин, поэт, призрак. Не-свой рожден затравленным.

* * *

О Белом всегда говорили с интонацией «бедный». «Ну, как вчера Белый?» – «Ничего. Как будто немножко лучше». Или: «А Белый нынче был совсем хорош». Как о трудно-больном. Безнадежно-больном. С тем пусть крохотным, пусть истовым, но непременным оттенком превосходства: здоровья над болезнью, здравого смысла над безумием, нормы – хотя бы над самым прекрасным казусом.

* * *

Остается последнее: вечерне-ночная поездка с ним в Шарлоттенбург. И это последнее осталось во мне совершенным сновидением. Просто – как схватило дух, так до самого подъезда и не отпустило, как я до самого подъезда не отпустила его руки, которую на этот раз – сама взяла.

Помню только расступающиеся статуи, рассекаемые перекрестки, круто огибаемые площади – серизну – розовизну – голубизну…

Слов не помню, кроме отрывистого: «Weiter! Weiter![150]» – звучащего совсем не за пределы Берлина, а за пределы земли.

Думаю, что в этой поездке я впервые увидела Белого в его основной стихии: полете, в родной и страшной его стихии- пустых пространств, потому и руку взяла, чтобы еще удержать на земле.

Рядом со мной сидел пленный дух.

* * *

Как это было? Этого вовсе не было. Прощания вовсе не было. Было – исчезновение.

Думаю, его просто увезли – друзья, так же просто на неуютное немецкое море, как раньше в то самое Zossen, и он так же просто дал себя увезти. Белый всякого встречного принимал за судьбу и всякое случайное жилище за суждённое.

Одно знаю, – что я его не провожала, а не проводить я его не могла только потому, что не знала, что он едет. Думаю, он и сам до последней секунды не знал.

* * *

А дальше уже начинается – танцующий Белый, каким я его не видела ни разу и, наверное, не увидела бы, миф танцующего Белого, о котором так глубоко сказал Ходасевич, вообще о нем сказавший лучше нельзя, и к чьему толкованию танцующего Белого я прибавлю только одно: фокстрот Белого – чистейшее хлыстовство: даже не свистопляска, а (мое слово) – христопляска, то есть опять-таки «Серебряный голубь», до которого он, к сорока годам, физически дотанцевался.

* * *

Со своего моря он мне не писал.

* * *

Но был еще один привет – последний. И прощание все-таки было – и какое беловское!

В ноябре 1923 года – вопль, письменный вопль в четыре страницы, из Берлина в Прагу: «Голубушка! Родная! Только Вы!

---

[150] Дальше! (нем.)

Только к Вам! Найдите комнату рядом, где бы Вы ни были – рядом, я не буду мешать, я не буду заходить, мне только нужно знать, что за стеной – живое – живое тепло! – Вы. Я измучен! Я истерзан! К Вам – под крыло!» (И так далее, и так далее, полные четыре страницы лирического вопля вперемежку с младенчески-беспомощными практическими указаниями и даже описаниями вожделенной комнаты: чтобы был стол, чтобы этот стол стоял, чтобы было окно, куда глядеть, и, если возможно, – не в стену квартирного дома, но если мое – в такую стену, то пусть и его, ничего, лишь бы рядом.) «Моя жизнь этот год – кошмар. Вы мое единственное спасение. Сделайте чудо! Устройте! Укройте! Найдите, найдите комнату».

Тотчас же ответила ему, что комната имеется: рядом со мной, на высоком пражском холму – Смихове, что из окна деревья и просторы: косогоры, овраги, старики и ребята пускают змеев, что и мы будем пускать... Что М. Л. Слоним почти наверное устроит ему чешскую стипендию в тысячу крон ежемесячно, что обедать будем вместе и никогда не будем есть овса, что заходить будет, когда захочет, и даже, если захочет, не выходить, ибо он мне дороже дорогого и роднее родного, что в Праге археологическое светило – восьмидесятилетний Кондаков, что у меня, кроме Кондакова, есть друзья, которых я ему подарю и даже, если нужно, отдам в рабство...

Чего не написала! Всё написала!

Комната ждала, чешская стипендия ждала. И чехи ждали. И друзья, обреченные на рабство, ждали.

И я – ждала.

* * *

Через несколько дней, раскрывши «Руль», читаю в отделе хроники, что такого-то ноября 1923 года отбыл в Советскую Россию писатель Андрей Белый.

Такое-то ноября было таким-то ноября его вопля ко мне. То есть уехал он именно в тот день, когда писал ко мне то письмо в Прагу. Может быть, в вечер того же дня.

* * *

– А меня он все-таки когда-нибудь вспоминал? – спросила я в 1924 году одного из последних очевидцев Белого в Берлине, приехавшего в Прагу.

Тот, с заминкой...

– Да... но странно как-то.

– То есть как – странно?

– А – так: «Конечно, я люблю Цветаеву, как же мне не

любить Цветаеву: когда она тоже дочь профессора...» Сами посудите, что...

Но я, молча, посудила – иначе.

* * *

Больше я о нем ничего не слыхала.

Ничего, кроме смутных слухов, что живет он где-то под Москвой, не то в Серебряном Бору, не то в Звенигороде (еще порадовалась чудному названию!), пишет много, печатает мало, в современности не участвует и порядочно-таки – забыт.

* * *

(Geister auf dem Gange)...
Und er hat sich losgemacht![151]
10-го января 1934 года мой восьмилетний сын Мур, хватая запретные «Последние новости»:
– Мама! Умер Андрей Белый!
– Что???
– Нет, не там, где покойники. Вот здесь.

Между этим возгласом моего восьмилетнего сына и тогдашней молитвой моей трехлетней дочери – вся моя молодость, быть может, – вся моя жизнь.

Умер Андрей Белый «от солнечных стрел», согласно своему пророчеству 1907 года.

Золотому блеску верил,
А умер от солнечных стрел... –

то есть от последствий солнечного удара, случившегося с ним в Коктебеле, на бывшей даче Волошина, ныне писательском доме. Перед смертью Белый просил кого-то из друзей прочесть ему эти стихи, этим в последний раз опережая события: наше посмертное, этих его солнц, сопоставление: свое посмертье.

Господа, вглядитесь в два последних портрета Андрея Белого в «Последних новостях».

Вот на вас по каким-то мосткам, отделяясь от какого-то здания, с тростью в руке, в застывшей позе полета – идет человек. Человек? А не та последняя форма человека, которая остается после сожжения: дохнешь – рассыпется. Не чистый дух? Да, дух в пальто, и на пальто шесть пуговиц – считала, но какой счет, какой вес когда-либо кого-либо убедил? разубедил?

---

[151] (Духи в сенях)
И он освободился! (нем.)

Случайная фотография? Прогулка? Не знаю, как другие, я, только взглянув на этот снимок, сразу назвала его: переход. Так, а не иначе, тем же шагом, в той же старой шляпе, с той же тростью, оттолкнувшись от того же здания, по тем же мосткам и так же перехода не заметив, перешел Андрей Белый на тот свет.

Этот снимок – астральный снимок.

Другой: одно лицо. Человеческое? О нет. Глаза – человеческие? Вы у человека видали такие глаза? Не ссылайтесь на неясность отпечатка, плохость газетной бумаги, и т. д. Все это, все эти газетные изъяны, на этот раз, на этот редкий раз поэту – послужило. На нас со страницы «Последних новостей» глядит лицо духа, с просквоженным тем светом глазами. На нас – сквозит.

* * *

На панихиде по нем в Сергиевском Подворье, – православных проводах сожженного, которыми мы обязаны заботе Ходасевича и христианской широте о. Сергия Булгакова, – на панихиде по Белом было всего семнадцать человек – считала по свечам – с десяток из пишущего мира, остальные завсегдатаи. Никого из писателей, связанных с ним не только временем и ремеслом, но долгой личной дружбой, кроме Ходасевича, не было. Зато с умилением обнаружила среди стоявших Соломона Гитмановича Каплуна, издателя, пришедшего в последний раз проводить своего трудного, неуловимого, подчас невыносимого опекаемого и писателя. Убеждена, что не меньше, чем я, и больше, чем всем нам, порадовался ему и сам Белый.

Странно, я все время забывала, вернее, я ни разу не осознала, что гроба – нет, что его – нет: казалось – о Сергий его только застит, отойдет о. Сергий – и я увижу – увидим – и настолько сильно было во мне это чувство, что я несколько раз ловила себя на мысли: «Сначала все, потом – я. Прощусь последняя…»

До того, должно быть, эта панихида была ему необходима и до того сильно он на ней присутствовал.

И никогда еще, может быть, я за всю свою жизнь с таким рвением и осознанием не повторяла за священником, как в этой темной, от пустоты огромной церкви Сергиевского Подворья, над мерещимся гробом за тридевять земель сожженного:

– Упокой, Господи, душу новопреставленного раба твоего – Бориса.

* * *

Post Scriptum.

Я иногда думаю, что конца – нет. Так у меня было с Максом, когда, много спустя по окончании моей рукописи, все еще долетали о нем какие-то вести, как последние от него приветы.

Вчера, 26 февраля, Сергей Яковлевич, вечером, мне:

– Достал «После Разлуки». Прочел стихи – вам.

– Как – мне? Вы шутите!

– Это вы – шутите, не можете же вы не помнить этих стихов. Последние стихи в книге. Единственное посвящение. Больше никому нет.

Все еще не веря, беру в руки и на последней странице, в постепенности узнавания, читаю:

М. И. Цветаевой

>
> Неисчисляемы
> Орбиты серебряного прискорбия.
> Где праздномыслия
> Повисли тучи.
> Среди них –
> Тихо пою стих
> В неосязаемые угодия
> Ваших образов.
> Ваши молитвы –
> Малиновые мелодии
> И –
> Непобедимые
> Ритмы.

Цоссен, 1922 года.

1934

Слово о Бальмонте

Трудно говорить о такой несоизмеримости, как поэт. С чего начать? И на чем кончить? И как начать и кончить, когда то, о чем ты говоришь: – душа – всё – везде – всегда.

Поэтому ограничусь личным, и это личное ограничу самым насущным, – тем, без чего Бальмонт бы не был Бальмонтом.

Если бы мне дали определить Бальмонта одним словом, я бы не задумываясь сказала: – Поэт.

Не улыбайтесь, господа, этого бы я не сказала ни о

Есенине, ни о Мандельштаме, ни о Маяковском, ни о Гумилеве, ни даже о Блоке, ибо у всех названных было еще что-то, кроме поэта в них. Большее или меньшее, лучшее или худшее, но – еще что-то. Даже у Ахматовой была – отдельно от стихов – молитва.

У Бальмонта, кроме поэта в нем, нет ничего. Бальмонт: поэт: адекват. Поэтому когда семейные его, на вопрос о нем, отвечают: «Поэт – спит», или «Поэт пошел за папиросами» – нет ничего смешного или высокопарного, ибо именно поэт спит, и сны, которые он видит – сны поэта, и именно поэт пошел за папиросами – в чем, видя и слыша его у прилавка, никогда не усумнился ни один лавочник.

На Бальмонте – в каждом его жесте, шаге, слове – клеймо – печать – звезда – поэта.

> Пока не требует поэта
> К священной жертве Аполлон,
> В заботы суетного света
> Он малодушно погружен.
> Молчит его святая лира,
> Душа вкушает хладный сон,
> И меж детей ничтожных мира –
> Быть может, всех ничтожней он.

Это сказано не о Бальмонте. Бальмонта Аполлон всегда требовал, и Бальмонт в заботы суетного света никогда не погружался, и святая лира в его руках никогда не молчала, и душа хладного сна никогда не вкушала, и меж детей ничтожных мира Бальмонт не только не был всех ничтожней, но вообще между ними никогда не был и таковых не знал, самого́ понятия ничтожества не знал:

> Я не знаю, что такое –
> презренье, –
> Презирать никого не могу!
> У самого слабого были минуты
> горенья,
> И с тайным восторгом смотрю
> я в лицо ВРАГУ.

Возьмем быт. Бальмонт от него абсолютно свободен, ни малейшей – даже словесной – сделки. «Марина, я принес тебе монеты...» Для него деньги – именно монеты, даже бумажные жалкие ассигнации для него – червонцы. До франков и рублей, частности, он не снижается никогда. Больше скажу: он с бытом незнаком. Кламар под Парижем, два года назад. Встречаю его, после довольно большого перерыва на неминуемой в каждом предместье главной улице с базарным названием «Rue de Paris» (Вариант: «Rue de la République»). Радость, рукопожатия, угрызения, что так долго не виделись, изумление, что так долго могли друг без друга... – «Ну, как ты жил все это время? Плохо?» – «Марина! Я был совершенно счастлив: я два месяца пребывал в древней Индии».

Именно – пребывал. Весь.

С Бальмонтом – всё сказочно. «Дороги жизни богаты» – как когда-то сказал он в своих «Горных Вершинах». – Когда идешь с Бальмонтом – да, добавлю я.

Я часто слышала о Бальмонте, что он – высокопарен.

Да, в хорошем, корневом, смысле – да.

Высоко парит и снижаться не желает. Не желает или не может? Я бы сказала, что земля под ногами Бальмонта всегда приподнята, т. е.: что ходит он уже по первому низкому небу земли.

Когда Бальмонт в комнате, в комнате – страх.

Сейчас подтвержу.

Я в жизни, как родилась, никого не боялась.

Боялась я в жизни только двух человек: Князя Сергея Михайловича Волконского (ему и о нем – мои стихи Ученик – в Ремесле) – и Бальмонта.

Боялась, боюсь – и счастлива, что боюсь.

Чтó значит – боюсь – в таком свободном человеке, как я?

Боюсь, значит – боюсь не угодить, задеть, потерять в глазах – высшего. Но что между Кн. Волконским и Бальмонтом – общего? Ничего. Мой страх. Мой страх, который есть – восторг.

Никогда не забуду такого случая.

1919 г. Москва. Зима. Я, как каждый день, зашла к Бальмонтам. Бальмонт от холода лежит в постели, на плечах – клетчатый плед.

Бальмонт: – Ты, наверное, хочешь курить?

Я: – Нне очень... (Сама – изнываю.)

– Нá, но кури сосредоточенно: трубка не терпит отвлечений. Главное – не говори. Потом поговоришь.

Сижу и сосредоточенно дую, ничего не выдувая. Бальмонт, радостно: – Приятно? Я, не менее радостно: – М-м-м...

– Когда ты вошла, у тебя было такое лицо – такое, Марина, тоскующее, что я сразу понял, что ты давно не курила. Помню, однажды, на Тихом Океане...

– Рассказ. – Я, не вытянув ничего, неослабно тяну, в

смертном страхе, что Бальмонт, наконец, заметит, что курение – призрачное: тень воина курит тень трубки, набитой тенью табачного листа, и т. д. – как в индейском загробном мире.

– Ну, теперь покурила. Дай мне трубку.

Даю.

Бальмонт, обнаруживая целостность табака: – Но – ты ничего не выкурила?

Я: – Ннет... все-таки... немножечко...

Бальмонт: – Но зелье, не загоревшись, погасло?... (Исследует.) Я ее слишком плотно набил, я ее просто – забил! Марина, от любви к тебе, я так много вложил в нее... что она не могла куриться! Трубка была набита – любовью! Бедная Марина! Почему же ты мне ничего не сказала?

– Потому что я тебя боюсь!

– Ты меня боишься? Элэна, Марина говорит, что меня – боится. И это мне почему-то – очень приятно. Марина, мне – лестно: такая амазонка – а вот меня – боится.

(Не тебя боялась, дорогой, а хоть на секунду омрачить тебя. Ибо трубка была набита – любовью.)

* * *

Бальмонт мне всегда отдавал последнее. Не мне – всем. Последнюю трубку, последнюю корку, последнюю щепку. Последнюю спичку.

И не из сердобольности, а все из того же великодушия. От природной – царственности.

Бог не может не дать. Царь не может не дать. Поэт не может не дать.

А брать, вот, умел – меньше. Помню такой случай. Приходит с улицы – встревоженно-омраченный, какой-то сам-не-свой. – Марина! Элэна! Мирра![152] Я сейчас сделал ужасную вещь – прекрасную вещь – и в ней раскаиваюсь.

– Ты – раскаиваешься?

– Я. – Иду по Волхонке и слышу зов, женский зов. Смотрю – в экипаже – нарядная, красивая, все такая же молодая – Элэна, ты помнишь ту прелестную шведку, с которой мы провели целый блаженный вечер на пароходе? – Она. Подъезжает. Сажусь. Беседа. Все помнит, каждое мое слово. Взволнована. Взволнован. Мгновения летят. И вдруг вижу, что мы уже далеко, т. е. что я – очень далеко от дому, что едем мы – от меня, невозвратно – от меня. И она, взяв мою руку и покраснев сразу вся – именно до корней волос – так краснеют

---

[152] Имена жены и малолетней, тогда, дочери (примеч. М Цветаевой).

только северянки: – Константин Димитриевич, скажите мне просто и простите меня за вопрос: – Как Вы живете и не могла бы ли я Вам в чем-нибудь... У меня есть всё – мука, масло, сахар, я на днях уезжаю...

И тут, Марина, я сделал ужасную вещь: я сказал: – Нет. Я сказал, что у меня все есть. Я, Марина, физически отшатнулся. И в эту минуту у меня действительно все было: возвышенная колесница, чудесное соседство красивого молодого любящего благородного женского существа – у нее совершенно золотые волосы – я ехал, а не шел, мы парили, а не ехали... И вдруг – мука, масло? Мне так не хотелось отяжелять радости этой встречи. А потом было поздно, Марина, клянусь, что я десять раз хотел ей сказать: – Да. Да. Да. И муку, и масло, и сахар, и все. Потому что у меня нет – ничего. Но – не смог. Каждый раз – не мог. «Так я Вас по крайней мере довезу. Где Вы живете?» И тут, Марина, я сделал вторую непоправимую вещь. Я сказал: – Как раз здсcь. И сошл – посреди Покровки. И мы с ней совершенно неожиданно поцеловались. И была вторая заря. И все навсегда кончено, ибо я не узнал, где она живет, и она не узнала – где я.

Девятнадцать лет прошло с нашей первой встречи. И никогда ни одну секунду мне с Бальмонтом не было привычно. За девятнадцать лет общения я к Бальмонту не привыкла. Священный трепет – за девятнадцать лет присутствия – уцелел. В присутствии Бальмонта я всегда в присутствии высшего. В присутствии Бальмонта я и ем по-другому, другое – ем. Хлеб с Бальмонтом именно хлеб насущный, и московская ли картошка, кламарская ли картошка, это не картошка, а – трапеза. Все же, что не картошка – пир.

Ибо присутствие Бальмонта есть действительно присутствие.

Этот трепет перед высшим испытывает – единственно перед Бальмонтом и Кн. Волконским – и мой юный сын.

Старость ни при чем. Мало ли в эмиграции стариков – сплошь старики, – а для современного ребенка это скорее повод к незамечанию, нежели к трепету.

И – писательство ни при чем. Мало ли в эмиграции писателей, сплошь – писатели, и для сына писательницы это опять-таки скорее повод к равнодушию, нежели к трепету.

И мой пример ни при чем: для современного ребенка, а может быть, для ребенка всех времен – для сильного ребенка – родительский пример – можно не договаривать?

Нет, не старость, не знаменитость и не подражательность заставляют этого независимого и даже строптивого ребенка – не возражать, отвечать тотчас же и точно, всячески собираться, а та способность, имя которой – личность и вершина которой –

величие.

* * *

Часто приходится слышать о бальмонтовской – позе. Даже от писателей. Даже от хороших. Начну с общего возражения раз навсегда: во-первых, поэту – не перед кем позировать. Где его живописцы? Во-вторых – не́зачем: он настолько отмечен, что первое его, насущное желание – пройти незамеченным. «Хотел бы я не быть Валерий Брюсов» и «Всю жизнь хотел я быть, как все» – Борис Пастернак. Если позировать – так уж в обратную сторону – незаметности, в защитный цвет – общности.

То, что так часто принимается за позу, есть чуждая обывателю сама природа поэта, – так у Бальмонта, например, носовое произношение ен и ан.

Да, Бальмонт произносит иначе, чем другие, да, его ен и ан имеют тигриный призвук, но ведь он не только произносит по-другому, он мыслит и чувствует по-другому, видит и слышит по-другому, он – поступает по-другому, он – весь другой. И странно было бы, если бы он произносил как все – он, вкладывающий в самое простое слово – другое, чем все.

Кроме того, господа, в поэте громче, чем в ком-либо, говорит кровь предка. Не менее громко, чем в собаке – волк.

Литовские истоки – вот, помимо лирической особости, объяснение бальмонтовской «позы».

Посадка головы? Ему ее Господь Бог так посадил. Не может быть смиренной посадки у человека, двадцати лет от роду сказавшего:

> Я вижу, я помню, я тайно дрожу,
> Я знаю, откуда приходит гроза.
> И если другому в глаза я гляжу –
>
> Он вдруг – закрывает глаза.

Отсюда и бальмонтовский взгляд: самое бесстрашное, что́ я в жизни видела. Верный: от взгляда – стих. И еще, друзья, как сказал бы устами персидского поэта подсолнечник: – Высокая посадка головы у того, кто часто глядит на солнце.

Еще одно: поза есть обратное природе. А вот слово Бальмонта о природе, в важный и даже страшный час его жизни. Два года назад. Тот же Кламар. Бальмонт жалуется на зрение: какое-то мелькание, мерцание, разбегание... Читать у меня берет только книги крупным шрифтом. – André Chénier? Я так давно мечтал об этой встрече! Но мой друг-издатель 1830-го года не учел моих глаз в 1930 году.

Солнечный день. Стоим у моего подъезда.

– Марина! Не сочти меня за безумца! Но – если мне суждено ослепнуть – я и это приму. Ведь это – природа, а я всегда жил согласно ее законам.

И, подымая лицо к солнцу, подавая его солнцу извечным жестом жреца – и уже слепца:

– Слепота – прекрасная беда. И... (голосом, которым сообщают тайну)... я не один. У меня были великие предшественники: Гомер, Мильтон...

Приношу тут же свою сердечную неизбывную благодарность доктору Александру Петровичу Прокопенко, тогда Бальмонта вылечившему и так скрасившему неустанностью своей преданности и неподдельности совдохновения последние бальмонтовские здоровые годы. (Счастлива, что Вас друг другу подарила – я.)

Господа, я ничего не успела сказать. Я могла бы целый вечер рассказывать вам о живом Бальмонте, любящим очевидцем которого я имела счастье быть в течение девятнадцати лет, Бальмонте – совершенно неотразимом и нигде не записанном, – у меня целая тетрадь записей о нем и целая душа, полная благодарности.

Но – закончу срочным и необходимым.

Бальмонту необходимо помочь.

Бальмонт – помимо Божьей милостью лирического поэта – пожизненный труженик.

Бальмонтом написано: 35 книг стихов, т. е. 8750 печатных страниц стихов.

20 книг прозы, т. е. 5000 страниц, – напечатано, а сколько еще в чемоданах!

Бальмонтом, со вступительными очерками и примечаниями, переведено:

Эдгар По – 5 томов – 1800 стр<аниц>

Шелли – 3 тома – 1000 стр<аниц>

Кальдерон – 4 тома – 1400 стр<аниц)

– и оставляя счет страниц, простой перечень: Уайльд, Кристоф Марло, Лопе де Вега, Тирсо де Молина, Шарль-Ван-Лерберг, Гауптман, Зудерман, Иегер «История Скандинавской Литературы» – 500 стр<аниц> (сожжена русской цензурой и не существует) – Словацкий, Врхлицкий, грузинский эпос Руставели «Носящий Барсову Шкуру» – 700 стр<аниц>, Болгарская поэзия – Славяне и Литва – Югославские народные песни и былины – Литовские поэты наших дней – Дайны: литовские народные песни, Океания (Мексика, Майя, Полинезия, Ява, Япония) – Душа Чехии – Индия: Асвагоша, Жизнь Будды, Калидала, Драмы. И еще многое другое.

В цифрах переводы дают больше 10000 печатных страниц. Но это лишь – напечатанное. Чемоданы Бальмонта (старые, славные, многострадальные и многославные чемоданы его) – ломятся от рукописей. И все эти рукописи проработаны до последней точки.

Тут не пятьдесят лет, как мы нынче празднуем, тут сто лет литературного труда.

Бальмонт, по его собственному, при мне, высказыванию, с 19 лет – «когда другие гуляли и влюблялись» – сидел над словарями. Он эти словари – счетом не менее пятнадцати – осилил, и с ними души пятнадцати народов в сокровищницу русской речи – включил.

Бальмонт – заслужил.

Мы все ему обязаны.

Вечный грех будет на эмиграции, если она не сделает для единственного великого русского поэта, оказавшегося за рубежом, – и безвозвратно оказавшегося, – если она не сделает для него всего, что можно, и больше, чем можно.

Если эмиграция считает себя представителем старого мира и прежней Великой России – то Бальмонт одно из лучших, что напоследок дал этот старый мир. Последний наследник. Бальмонтом и ему подобными, которых не много, мы можем уравновесить того старого мира грехи и промахи.

Бальмонт – наша удача.

Я знаю: идут войны – и воинская повинность – и нарушаются – и заключаются – всемирной важности договоры.

Но благодарность Бальмонту – наша первая повинность, и помощь Бальмонту – с нашей совестью договор.

Это срочнее и вечнее конгрессов и войн.

* * *

Бальмонту нужна: природа, человеческое обращение, своя комната – и больше ничего.

Он болен, но он остался Бальмонтом.

Он каждое утро садится за рабочий стол.

В своей болезни он – поэт.

Если бы за ним сейчас записывать – получилась бы одна из прекраснейших его книг.

То, что он, уже больной, говорил прошлую Пасху о пасхальной заутрене, у которой мы семь лет подряд стояли с ним, плечо с плечом, невмещенные в маленькую Трубецкую домашнюю церковь, в большом саду, в молодой листве, под бумажными фонарями и звездами... – то, что Бальмонт, уже больной, говорил о Пасхе, я никогда не забуду.

Расскажу, чтобы закончить, такой случай:

Прошлая весна 1935 г. Начало бальмонтовской болезни. Кламар. Хочу узнать о его здоровье и не решаюсь идти сама, потому что у меня только четверть часа времени, а войти – не выйти: Бальмонт просто не отпускает. Поэтому прошу одну свою знакомую, и даже малознакомую, случайно ко мне зашедшую и никогда Бальмонта не видавшую, чтобы только зашла и спросила у жены, как здоровье. А сама стою с мужем этой дамы (она, кстати, будущий врач) и его волком на пустыре, в одной минуте отстояния от бальмонтовского дома.

Стоим ждем. Проходит десять минут. Проходит пятнадцать. Проходит – двадцать. Дамы – нет. Полчаса прошло – дамы нет.

– А ну-ка я пойду... Марина Ивановна, подержите, пожалуйста, волка. Я – мигом! А как его имя-отчество?

– Константин Димитриевич.

Стою одна с чужим волком. Стоим с чужим волком и ждем. Десять минут прошло, пятнадцать минут прошло, двадцать минут прошло (я давно уже всюду опоздала) – сорок минут прошло... Совсем как в сказке: один пошел, за ним второй пошел, за вторым третий пошел – первый пропал – за первым второй пропал – за вторым третий пропал... Я уже начинаю подумывать, не послать ли на разведку – Волка, тем более, что только слово, что – стоим: волк именно не стоит, мечется, рвется – и вдруг срывается – отрывается вместе с рукой и ремнем: хозяева!

Я, скача наперегонки: – В чем дело, господа? Ради Бога! Что случилось?

– Да ничего, Марина Ивановна, все в порядке – он здоров и в отличном настроении.

Я: – Но почему же вы так долго не выходили? Теперь я всюду опоздала – сорок минут прошло!

Оба, в голос: – Сорок минут? Быть не может! Простите, ради Бога, совершенно не заметили! С ним так интересно, я в жизни не встречал такого человека. Сразу спросил: – «Вы офицер Добровольческой Армии?» Я: – «Было дело». – «Я уважаю всякого воина». И о войне стал говорить, страшно интересно: уважаю воина, но ненавижу войну. Потом спросил – где был после Армии. Говорю – в Болгарии. Ну, о болгарах тут – за – ме – чательно. Всё в точку. И такое рассказал, о чем я и понятия не имел: что вся наша грамота оттуда, и даже христианство, и вообще нар-род, за – ме – чательный! И нет не замечательного народа. Каждый народ замечательный. И почему – объяснил. И про простой народ тут... И что тоже – замечательный. А когда не замечательный, значит не народ, а сброд.

И тут же книжку мне подарил – про Болгарию – я у него

чем-то вроде болгарина оказался. – А какой у него, Марина Ивановна, на полках – порядок! Сразу подошел и вынул – как клювом выклюнул. Тут я не стерпел: – А я, Константин Димитриевич, по правде сказать, думал, что у писателей – хао́с.

– Это, говорит, мой благородный друг, злые слухи, распространяемые невежественными и недобросовестными людьми. Чтобы ясно было в голове – нужно, чтобы ясно было на столе. А когда в голове ясно – то и на столе ясно. И тут же про первые дни творения: свет от тьмы и твердь от воды... Первый порядок. И греческого философа какого-то помянул: числа – и звезды... Я в философии не знаток, а сразу понял.

Я думал: поэт – только о стихах умеет – какое! Всё зна́ет, точно в нем сто профессоров сидят – да что профессора! – просто, сразу, без всякой скуки, каждое слово глазами видишь... (обращаясь к жене:) – Ну, конечно, это уж ваше медицинское дело – я в болезнях не знаток – (здоров, Марина Ивановна, как медведь – никогда даже зубы не болели!) – А вот так, здраво рассуждая – никакой в нем душевной болезни, и дай Бог нам с вами такой ясной головы на старость лет.

Она: – А какая у него голова красивая! В коридоре темно, стоит на пороге комнаты, за спиною свет, лица не видно, одно сиянье над головой. Я сначала не хотела заходить, как Вы говорили, вызвала тихонечко Елену Константиновну, стоим на площадке, шепчемся. И вдруг – голос:

– Я слышу незнакомый голос. Женский шепот слышу. Кто пришел?

Пришлось войти. Ну, объясняю: Марина Ивановна просила зайти справиться, как самочувствие, не нужно ли чего – сама не может...

А он – так ласково: – Заходите, заходите, я всегда рад гостю, особенно – от Марины...

И так широко раскрыл мне дверь, пропуская, так особенно-почтительно...

А какой он молодой! Совсем молодые глаза, ясные. И смелые какие! Я думала – блондин, только потом рассмотрела: седой. И такой особенный: простой и вместе с тем – торжественный. У меня сразу сердце забилось и сейчас – бьется. А какой порядок на столе! Книжки, тетрадки, все стопками, карандаши очинены, чернильница блестит: ни одной бумажки не валяется. О Вас стал говорить: – У меня никогда не было сестры. Она – моя сестра. Вспомнил, как вместе жили в Советской Москве, как Вы ключ от дома потеряли и не решились сказать, чтобы не обеспокоить – так и ночевали на лестнице...

Стихи говорил – замечательные. Про Бабу-Ягу – и про кукушку – и про Россию... Сначала наизусть, а потом по книжечке. Я посмотреть попросила – дал. Как бисер! И точно напечатанные.

Книжку мне подарил – с надписью. Вот.

Стоим на пустыре: будущая женщина-врач, бывший офицер, серый волк и я – читаем стихи. И когда опоминаемся – еще сорок минут прошло!

Господа. Годы пройдут. Бальмонт – литература, а литература – история.

И пусть не останется на русской эмиграции несмываемого пятна: равнодушно дала страдать своему больному большому поэту.

Ванв, 15 апреля 1936

Нездешний вечер

Над Петербургом стояла вьюга. Именно – стояла: как кружащийся волчок – или кружащийся ребенок – или пожар. Белая сила – уносила.

Унесла она из памяти и улицу и дом, а меня донесла – поставила и оставила – прямо посреди залы – размеров вокзальных, бальных, музейных, сновиденных.

Так, из вьюги в залу, из белой пустыни вьюги – в желтую пустыню залы, без промежуточных инстанций подъездов и вводных предложений слуг.

И вот, с конца залы, далекой – как в обратную сторону бинокля, огромные – как в настоящую его сторону – во весь глаз воображаемого бинокля – глаза.

Над Петербургом стояла вьюга и в этой вьюге – неподвижно как две планеты – стояли глаза.

* * *

Стояли? Нет, шли. Завороженная, не замечаю, что сопутствующее им тело тронулось, и осознаю это только по безумной рези в глазах, точно мне в глазницы вогнали весь бинокль, краем в край.

С того конца залы – неподвижно как две планеты – на меня шли глаза.

Глаза были – здесь.

Передо мной стоял – Кузмин.

* * *

Глаза – и больше ничего. Глаза – и все остальное. Этого остального было мало: почти ничего.

* * *

Но голос не был здесь. Голос точно не поспел за глазами, голос шел еще с того конца залы – и жизни, – а, может быть, я, поглощенная глазами, не поспевала? – первое чувство от этого голоса: со мной говорит человек – через реку, а я, как во сне, все-таки слышу, как во сне – потому что это нужно – все-таки слышу.

…Мы все читали ваши стихи в «Северных Записках»… Это была такая радость. Когда видишь новое имя, думаешь: еще стихи, вообще стихи, устное изложение чувств. И большею частью – чужих. Или слова – чужие. А тут сразу, с первой строки – свое, сила. «Я знаю правду! Все прежние правды – прочь!»… И это мы почувствовали – все.

– А я пятнадцати лет читала ваше «Зарыта шпагой – не лопатой – Манон Леско!». Даже не читала, мне это говорил наизусть мой вроде как жених, за которого я потом не вышла замуж, именно потому, что он был – лопата: и борода лопатой, и вообще…

Кузмин, испуганно:

– Бо-ро-да? Бородатый жених? Я, сознавая, что пугаю:

– Лопатный квадрат, оклад, а из оклада бессовестно-честные голубые глаза. Да. И когда я от него же узнала, что есть такие, которых зарывают шпагой, такие, которые зарывают шпагой – «А меня лопатой – ну нет!»… И какой в этом восхитительный, всего старого мира – вызов, всего того века – формула: «Зарыта шпагой – не лопатой – Манон Леско!». Ведь все ради этой строки написано?

– Как всякие стихи – ради последней строки.

– Которая приходит первой.

– О, вы и это знаете!

* * *

О Кузмине в Москве шли легенды. О каждом поэте идут легенды, и слагают их всё та же зависть и злостность. Припев к слову Кузмин был «жеманный, мазаный».

Жеманности не было: было природное изящество чужой особи, особое изящество костяка (ведь и скелет неравен скелету, не только души!), был отлетающий мизинец чаепития – так в XVIII веке держал шоколадную чашку освободитель Америки Лафайет, так в Консьержерии из оловянной кружки пил наимужественнейший поэт Андрей Шенье – были, кроме личного изящества костяка – физическая традиция, физический пережиток, «манерность» – рожденная.

Была – севрская чашка.

Был в Петербурге XX века – француз с Мартиники – XVIII-го.

О «мази» же. Мазь – была. Ровная, прочная, темно-коричневая, маврова, мулатова, Господо-Богова. Только не «намазан» был, а – вымазан, и даже – выварен: в адовом ли кофе лирической бессонницы, в ореховом ли настое всех сказок, в наследственной ли чужеземной прикрови – не знаю. Знаю только, что ровнее и коричневее, коричневое – и ровнее – и роднее – я краски на лице не видела. Разве на лице нашего шоколадного дома в Трехпрудном.

Но из этого кофейного цыганского навара, загара, идет на меня другое родное сияние: серебро. Костюм был серебряный, окружение сновиденно-невесомых и сновидение-свободных движений было – серебряное, рукав, из которого цыганская рука – серебряный. А может, и серебряным-то был (простой серый скучный) рукав – от цыганства руки? А может быть – от серебряного Петербурга – ссребро? Так или иначе – в два цвета, в две краски – ореховую и серебряную – и третьей не было. Но что было – кольца. Не ручные (наперстные), если и были – не помню и не о них говорю, и не ушные – хотя к этому лицу пристали бы как припаянные, были – волосяные. С гладкой небольшой драгоценной головы, от уха к виску, два волосяных начеса, дававших на висках по полукольцу, почти кольцу – как у Кармен или у Тучкова IV, или у человека, застигнутого бурей.

Вот он закурил папиросу, и ореховое лицо его с малиновой змейкой улыбки – как сквозь голубую завесу… (А где-то завеса – дымовая. Январь 1916 года. Война.)

Занеся голову на низкую спинку дивана и природно, как лань, красуясь… Но вдруг красованию конец:

– Вы, вы меня простите… Я все время здесь кого-то видел – и я его не вижу – уже не вижу – он только что был – я его видел – а теперь…

Исчезновение видения.

* * *

– Как вам понравился Михаил Алексеевич? – мне – молодой хозяин, верней – один из молодых хозяев, потому что их – двое: Сережа и Лёня. Лёня – поэт, Сережа – путешественник, и дружу я с Сережей. Лёня – поэтичен, Сережа – нет, и дружу я с Сережей. Сереже я рассказываю про свою маленькую дочь, оставшуюся в Москве (первое расставание) и которой я, как купец в сказке, обещала привезти красные башмаки, а он мне – про верблюдов своих пустынь. Лёня для меня слишком хрупок, нежен… цветок. Старинный томик «Медного всадника» держит в руке – как цветок, слегка отставив руку – саму, как цветок. Что можно сделать такими руками?

Кроме того, я Лёне явно должна не нравиться – он все время равняет меня, мою простоту и прямоту, по ахматовскому (тогда!) излому – и все не сходится, а Сережа меня ни по чему не равняет – и все сходится, то есть сошлись – он и я – с первой минуты: на его пустыне и моей дочери, на самом любимом.

Лёню чисто физически должен раздражать мой московский говор: – спасибо – ладно – такое, которое он неизменно отмечает: «Настоящая москвичка!» – что меня уже начинает злить и уже заставляет эту московскость – усиливать, так что с Лёней, гладкоголовым, точным, точеным – я, вьющаяся в скобку, со своим «пуще» и «гуще» – немножко вроде московского ямщика. Сейчас мы с Сережей ушли в кабинет его отца и там беседуем.

– Как вам нравится Кузмин?

– Лучше нельзя: проще нельзя.

– Ну, это для Кузмина – редкий комплимент…

Сижу на шкуре белого медведя, он стоит.

– А, так вот вы где? – важный пожилой голос. Отец Сережи и Лёни, известный строитель знаменитого броненосца – высокий, важный, иронический, ласковый, неотразимый – которого про себя зову – лорд.

– Почему поэты и поэтессы всегда садятся на пол? Разве это удобно? Мне кажется, в кресле гораздо приятнее…

– Так ближе к огню. И к медведю.

– Но медведь – белый, а платье – темное: вы вся будете в волосах.

– Если вам неприятно, что я сижу на полу, то я могу сесть на стул! – я, уже жестким голосом и с уже жаркими от близких слез глазами (Сережа, укоризненно: «Ах, папа!..»).

– Что вы! Что вы! Я очень рад, если вам так – приятно… (Пауза.) И по этой шкуре же все ходят…

– Crime de lèse-Majesté! То же самое, что ходить по лилиям.

– Когда вы достаточно изъявите ему свое сочувствие, мы пройдем в гостиную и вы нам почитаете. Вас очень хочет видеть Есенин – он только что приехал. А вы знаете, что сейчас произошло? Но это несколько… вольно. Вы не рассердитесь?

Испуганно молчу.

– Не бойтесь, это просто – смешной случай. Я только что вернулся домой, вхожу в гостиную и вижу: на банкетке – посреди комнаты – вы с Лёней, обнявшись.

Я:

– Что-о-о?!

Он, невозмутимо:

– Да, обняв друг друга за плечи и сдвинув головы: Ленин

черный затылок и ваш светлый, кудрявый. Много я видел поэтов – и поэтесс – но все же, признаться, удивился…

Я:

– Это был Есенин!

– Да, это был Есенин, что я и выяснил, обогнув банкетку. У вас совершенно одинаковые затылки.

– Да, но Есенин в голубой рубашке, а я…

– Этого, признаться, я не разглядел, да из-за волос и рук ничего и видно не было.

* * *

Лёня. Есенин. Неразрывные, неразливные друзья. В их лице, в столь разительно-разных лицах их сошлись, слились две расы, два класса, два мира. Сошлись – через все и вся – поэты.

Лёня ездил к Есенину в деревню, Есенин в Петербурге от Лёни не выходил. Так и вижу их две сдвинутые головы – на гостиной банкетке, в хорошую мальчишескую обнимку, сразу превращавшую банкетку в школьную парту… (Мысленно и медленно обхожу ее:) Лёнина черная головная гладь. Есенинская сплошная кудря, курча. Есенинские васильки, Лёнины карие миндалины. Приятно, когда обратно – и так близко. Удовлетворение, как от редкой и полной рифмы.

После Лёни осталась книжечка стихов – таких простых, что у меня сердце сжалось: как я ничего не поняла в этом эстете, как этой внешности – поверила.

* * *

Сижу в той желтой зальной – может быть, от Сережиных верблюдов – пустыне и читаю стихи, не читаю – говорю наизусть. Читать по тетрадке я стала только, когда перестала их знать наизусть, а знать перестала, когда говорить перестала, а говорить перестала – когда просить перестали, а просить перестали с 1922 года – моего отъезда из России. Из мира, где мои стихи кому-то нужны были, как хлеб, я попала в мир, где стихи – никому не нужны, ни мои стихи, ни вообще стихи, нужны – как десерт: если десерт кому-нибудь – нужен…

* * *

Читаю в первую голову свою боевую Германию:

> Ты миру отдана на травлю,
> И счета нет твоим врагам.
> Ну, как же я тебя оставлю?

>   Ну, как же я тебя предам?
>   И где возьму благоразумье:
>   «За око – око, кровь – за кровь»?
>   Германия, мое безумье!
>   Германия, моя любовь!
>   Ну как же я тебя отвергну,
>   Мой столь гонимый Vaterland,
>   Где все еще по Кёнигсбергу
>   Проходит узколицый Кант.
>   Где Фауста нового лелея
>   В другом забытом городке –
>   Geheimrat Goethe по аллее
>   Проходит с веточкой в руке.
>   Ну как же я тебя отрину,
>   Моя германская звезда,
>   Когда любить наполовину
>   Я не научена, когда
>   От песенок твоих в восторге
>   Не слышу лейтенантских шпор,
>   Когда мне свят Святой Георгий
>   Во Фрейбурге, на Schwabentor,
>   Когда меня не душит злоба
>   На Кайзера взлетевший ус, –
>   Когда в влюбленности до гроба
>   Тебе, Германия, клянусь!
>   Нет ни волшебной, ни премудрей
>   Тебя, благоуханный край,
>   Где чешет золотые кудри
>   Над вечным Рейном – Лорелей

Эти стихи Германии – мой первый ответ на войну. В Москве эти стихи успеха не имеют, имеют обратный успех. Но здесь, – чувствую – попадают в точку, в единственную цель всех стихов – сердце. Вот самое серьезное из возражений:

— Волшебный, премудрый – да, я бы только не сказал – благоуханный: благоуханны – Италия, Сицилия…

— А – липы? А – елки Шварцвальда? О Tannenbaum, о Tannenbaum![153] А целая область – Harz, потому что Harz – смола. А слово Harz, в котором уже треск сосны под солнцем…

— Браво, браво, М. И., это называется – защита!

Читаю еще:

---

[153] Ель (нем.).

> Я знаю правду! Всé прежние правды – прочь!
> Не надо людям с людьми на земле бороться!
> Смотрите: вечер! Смотрите: уж скоро ночь!
> О чем – поэты, любовники, полководцы?
> Уж ветер стелется, уже земля в росе,
> Уж скоро звездная в небе застынет вьюга,
> И под землею скоро уснем мы все,
> Кто на земле не давали уснуть друг другу.

Читаю весь свой стихотворный 1915 год – а все мало, а все – еще хотят. Ясно чувствую, что читаю от лица Москвы и что этим лицом в грязь – не ударяю, что возношу его на уровень лица – ахматовского. Ахматова! – Слово сказано. Всем своим существом чую напряженное – неизбежное – при каждой моей строке – сравнивание нас (а в ком и – стравливание): не только Ахматовой и меня, а петербургской поэзии и московской, Петербурга и Москвы. Но, если некоторые ахматовские ревнители меня против меня слушают, то я-то читаю не против Ахматовой, а – к Ахматовой. Читаю, – как если бы в комнате была Ахматова, одна Ахматова. Читаю для отсутствующей Ахматовой. Мне мой успех нужен, как прямой провод к Ахматовой. И если я в данную минуту хочу явить собой Москву – лучше нельзя, то не для того, чтобы Петербург – победить, а для того, чтобы эту Москву – Петербургу – подарить, Ахматовой эту Москву в себе, в своей любви, подарить, перед Ахматовой – преклонить. Поклониться ей самóй Поклонной Горой с самой непоклонной из голов на вершине.

Что я и сделала, в июне 1916 года, простыми словами:

> В певучем граде моем купола горят,
> И Спаса Светлого славит слепец бродячий,
> И я дарю тебе свой колокольный град –
> Ахматова! – и сердце свое в придачу.

Чтобы все сказать: последовавшими за моим петербургским приездом стихами о Москве я обязана Ахматовой, своей любви к ней, своему желанию ей подарить что-то вечнее любви, тó подарить – что вечнее любви. Если бы я могла просто подарить ей – Кремль, я бы наверное этих стихов не написала. Так что соревнование, в каком-то смысле, у меня с Ахматовой – было, но не «сделать лучше нее», а – лучше нельзя, и это лучше нельзя – положить к ногам. Соревнование? Рвение. Знаю, что Ахматова потом в 1916-17 году с моими рукописными стихами к ней не расставалась и до того доносила их в сумочке, что одни складки и трещины остались. Этот рассказ Осипа Мандельштама – одна из самых моих больших радостей за жизнь.

Потом – читают все. Есенин читает Марфу Посадницу, принятую Горьким в «Летопись» и запрещенную цензурой. Помню сизые тучи голубей и черную – народного гнева. – «Как Московский царь – на кровавой гульбе – продал душу свою – Антихристу»… Слушаю всеми корнями волос. Неужели этот херувим, это Milchgesicht,[154] это оперное «Отопр**́**ите! Отоприте!» – этот – это написал? – почувствовал? (С Есениным я никогда не перестала этому дивиться.) Потом частушки под гармонику, с точно из короба, точно из ее кузова сыплющимся горохом говорка:

> Играй, играй, гармонь моя!
> Сегодня тихая заря,
> Сегодня тихая заря,–
> Услышит милая моя.

Осип Мандельштам, полузакрыв верблюжьи глаза, вещает:

> Поедем в Ца-арское Се-ело,
> Свободны, веселы и пьяны,
> Там улыбаются уланы,
> Вскочив на крепкое седло.

Пьяны ему цензура переменила на рьяны, ибо в Царском Селе пьяных уланов не бывает – только рьяные!

Критик Григорий Ландау читает свои афоризмы. И еще другой критик, которого зовут Луарсаб Николаевич. Помню из читавших еще Константина Ландау из-за его категорического обо мне, потом, отзыва – Ахматовой. Ахматова: «Какая она?» –

---

[154] Мальчишка, молокосос (нем.).

«О, замечательная!» Ахматова, нетерпеливо: «Но можно в нее влюбиться??» – «Нельзя не влюбиться». (Понимающие мою любовь к Ахматовой – поймут.)

Читают Лёня, Иванов, Оцуп, Ивнев, кажется – Городецкий. Многих – забыла. Но знаю, что читал весь Петербург, кроме Ахматовой, которая была в Крыму, и Гумилева – на войне.

Читал весь Петербург и одна Москва.

…А вьюга за огромными окнами недвижно бушует. А время летит. А мне, кажется, пора домой, потому что больна моя милейшая хозяйка, редакторша «Северных Записок», которая и выводит меня в свет: сначала на свет страниц журналов (первого, в котором я печатаюсь), а сейчас – на свет этих люстр и лиц.

Софья Исааковна Чацкина и Яков Львович Сакер, так полюбившие мои стихи, полюбившие и принявшие меня как родную, подарившие мне три тома Афанасьевских сказок и двух рыжих лисиц (одну – лежачую круговую, другую – стоячую: гонораров я не хотела) – и духи Jasmin de Corse – почтить мою любовь к Корсиканцу, – возившие меня в Петербурге на острова, в Москве к цыганам, все минуты нашей совместности меня праздновавшие…

Софья Исааковна Чайкина и Яков Львович Сакер, спасибо за праздник – у меня его было мало.

Дом «Северных Записок» был дивный дом; сплошной нездешний вечер. Стены книг, с только по верхам приметными темно-синими дорожками обоев, точно вырезанными из ночного неба, белые медведи на полу, день и ночь камин, и день и ночь стихи, особенно – «ночь». Два часа. Звонок по телефону: «К вам не поздно?» – «Конечно, нет! Мы как раз читаем стихи». – Это «как раз» было – всегда.

Так к ней тороплюсь, к Софье Исааковне, которая, наверное, с нетерпением ждет меня – услышать про мой (а этим и свой) успех.

– Михаил Алексеевич! Умоляю – почитайте сейчас! А то мне – уходить. Певуче:

– Куда-а?

Объясняю.

Он, не слушая:

– За-че-ем? Здесь хорошо. Здесь очень хорошо. Нам всем – давно пора уходить.

(О как мы скоро потом – все ушли! В ту самую вьюгу, нас грозно и верно стерегшую…)

Продолжаю умолять.

Он:

– Я прочту – последнее. (Начало о зеркалах. Потом:)

> Вы так близки мне, так родны,
> Что, будто, вы и не любимы.
> Должно быть, так же холодны
> В раю – друг к другу –
> серафимы...

И вольно я вздыхаю вновь.

> Я – детски! – верю в
> совершенство.
> Быть может... это не любовь...
> Но та́к...

(непомерная пауза и – mit Nachdruck[155] всего существа!) – похоже – (почти без голоса)
...на блаженство...
Стихи, собственно, кончаются здесь, но как в жизни, вторым прощанием:

> А ваша синяя тетрадь
> С стихами... было все – так
> ново!
> И понял я, что, вот – страдать –
> И значит – полюбить другого,

Незабвенное на похоже и так ударение, это было именно так похоже... на блаженство! Так только дети говорят: так хочется! Так от всей души – и груди. Так нестерпимо-безоружно и обнаженно и даже кровоточаще среди всех – одетых и бронированных.

* * *

Кузминского пенья я не дождалась, ушла, верная обещанью. Теперь – жалею. (Жалела уже тогда, жалела и уходя, жалела и выйдя – и дойдя – и войдя. Тем более что моя больная, не дождавшись меня, то есть не поверив обещанию, которое я сдержала, – спокойно спала, и жертва, как все, была напрасной.)
Все:
– Но Михаил Алексеевич еще будет читать!
Я, твердо:
– Но я обещала!
– <u>Но Михаил Алексеевич,</u> может быть, будет петь!

---

[155] Порыв (нем.).

Я, жалобно:

— Но я обещала!

Подходит мой милый верблюжий Сережа. Подходит сам Кузмин, чье присутствие я весь вечер непрерывно всеминутно неослабно на себе, как определенное давление, чувствовала.

— Останьтесь же, вы так мало побыли! (И последний невинный неотразимый довод:) Я, может быть, буду петь.

(Шепот и волнение голов, как ржи под ветром: «Будет петь… Будет петь… Будет петь…»).

— Но разве можно уйти после первой песни? Я тогда просто не уйду — никогда. Потому — ухожу сейчас.

— Какая вы, однако, твердая! — восхищенно и немного ошельмованно — Кузмин.

— Ein Mann — ein Wort!

— Но вы ведь — Frau!

— Нет! Mensch! Mensch! Mensch![156]

Последнее, что́ помню — последним оборотом головы — Кузмина, уже подходящего к роялю.

* * *

И все они умерли, умерли, умерли…

Умерли братья: Сережа и Лёня, умерли друзья: Лёня и Есенин, умерли мои дорогие редакторы «Северных Записок», Софья Исааковна и Яков Львович, умер позже всех, в Варшаве, — Лорд, и теперь умер Кузмин.

Остальные — тени.

* * *

Кузмина я больше не видала. Но встреча с ним у меня еще была.

Вот конец моего письма к нему, в июне 1921 года, письма, сгоряча написанного к себе в тетрадку и потому уцелевшего. (Первая половина письма — живописание ему нашей встречи, только что читателем прочитанной.)

…«Вхожу в Лавку писателей, единственный слабый источник моего существования. Робко, кассирше: „Вы не знаете, как идут мои книжки?" (Переписываю стихи, сшиваю в тетрадочки и продаю. Это у нас называется — преодолевать Гутенберга.[157]) Пока она осведомляется, я, pour me donner une

---

[156] «Человек — слово!» — «Но вы ведь — женщина!» — «Нет! Человек! Человек! Человек!» (нем.)

[157] Слово, принадлежащее Б. К. Зайцеву (примеч. М. Цветаевой).

contenance,[158] перелистываю книги на прилавке. Кузмин. „Нездешние вечера". Раскрываю: копьем в сердце – Георгий! Белый Георгий! Мой Георгий, которого пишу уже два месяца – житие. Ревность и радость, двойное острие, читаю – радость растет, кончаю – змей ревности пронзен, пригвожден. Встает из глубины памяти моя встреча.

Открываю дальше: Пушкин – мой Пушкин, то, что всегда говорю о нем – я. И, третье – Гёте, мой Гёте, мой, с шестнадцати лет, Гёте – старый! тайный! – тот, о ком говорю, судя современность: „Перед лицом Гёте…"

Прочла только эти три стиха. Ушла, унося боль, радость, восторг, – все, кроме книжки, которую не могла купить, так как ничто мое не продалось. И чувство: – раз есть еще такие стихи…

Что́ мне еще остается сказать Вам, кроме:

– Вы так близки мне, так родны…

Внешний повод, дорогой Михаил Алексеевич, к этому моему письму – привет, переданный мне госпожой Волковой».

* * *

А вот – те глаза:

> Два зарева! – нет, зеркала!
> Нет – два недуга!
> Два вулканических жерла,
> Два черных круга
> Обугленных – из льда зеркал,
> С плит тротуарных
> Через тысячеверстья зал
> – Дымят – полярных.
> Ужасные! Пламень и мрак!
> Две черных ямы.
> Бессонные мальчишки – так –
> В больницах: – Мама! –
> Страх и укор, ах и аминь…
> Взмах величавый –
> Над каменностию простынь –
> Две черных славы.
> Так знайте же, что реки –
> вспять!
> Что камни – помнят!
> Что уж опять они, опять

---

[158] Чтобы занять себя (фр.).

В лучах огромных
               Встают – два солнца, два
       жерла,
               Нет – два алмаза –
               Подземной бездны зеркала:
               Два смертных глаза.

(Написано и отослано ему в июне 1921 года с письмом.)

* * *

Я эту вещь назвала «Нездешний вечер». Начало января 1916 года, начало последнего года старого мира. Разгар войны. Темные силы.

Сидели и читали стихи. Последние стихи на последних шкурах у последних каминов. Никем за весь вечер не было произнесено слово фронт, не было произнесено – в таком близком физическом соседстве – имя Распутин.

Завтра же Сережа и Лёня кончали жизнь, послезавтра уже Софья Исааковна Чайкина бродила по Москве, как тень ища приюта, и коченела – она, которой всех каминов было мало, у московских привиденских печек.

Завтра Ахматова теряла всех, Гумилев – жизнь.

Но сегодня вечер был наш!

Пир во время Чумы? Да. Но те пировали – вином и розами, мы же – бесплотно, чудесно, как чистые духи – уже призраки Аида – словами: звуком слов и живой кровью чувств.

Раскаиваюсь? Нет. Единственная обязанность на земле человека – правда всего существа. Я бы в тот вечер, честно, руку на сердце положа, весь Петербург и всю Москву бы отдала за кузминское: «так похоже… на блаженство», само блаженство бы отдала за «так похоже»… Одни душу продают – за розовые щеки, другие душу отдают – за небесные звуки.

И – все заплатили. Сережа и Лёня – жизнью, Гумилев – жизнью, Есенин – жизнью, Кузмин Ахматова, я – пожизненным заключением в самих себе, в этой крепости – вернее Петропавловской.

И как бы ни побеждали здешние утра и вечера, и как бы по-разному – всеисторически или бесшумно – мы, участники того нездешнего вечера, ни умирали – последним звучанием наших уст было и будет:

       И звуков небес заменить не могли
       Ей скучные песни земли.

1936

Повесть о Сонечке

Часть первая. Павлик и Юра

> *Elle était pàle – et pourtant rose,*
> *Petite – awe de grands cheveux...*[159]

Нет, бледности в ней не было никакой, ни в чем, все в ней было – обратное бледности, а все-таки она была – pourtant rose,[160] и это своеместно будет доказано и показано.

Была зима 1918–1919 года, пока еще зима 1918 года, декабрь. Я читала в каком-то театре, на какой-то сцене, ученикам Третьей студии свою пьесу «Метель». В пустом театре, на полной сцене.

«Метель» моя посвящалась: «Юрию и Вере З., их дружбе – моя любовь». Юрий и Вера были брат и сестра, Вера в последней из всех моих гимназий – моя соученица: не одноклассница, я была классом старше, и я видела ее только на перемене: худого кудрявого девического щенка, и особенно помню ее длинную спину с полуразвитым жгутом волос, а из встречного видения, особенно – рот, от природы – презрительный, углами вниз, и глаза – обратные этому рту, от природы смеющиеся, то есть углами вверх. Это расхождение линий отдавалось во мне неизъяснимым волнением, которое я переводила ее красотою, чем очень удивляла других, ничего такого в ней не находивших, чем безмерно удивляли – меня. Тут же скажу, что я оказалась права, что она потом красавицей – оказалась и даже настолько, что ее в 1927 году, в Париже, труднобольную, из последних ее жил тянули на экран.

С Верой этой, Вере этой я никогда не сказала ни слова и теперь, девять лет спустя школы, надписывая ей «Метель», со страхом думала, что она во всем этом ничего не поймет, потому что меня, наверное, не помнит, может быть, никогда и не заметила.

(Но почему Вера, когда Сонечка? А Вера – корни, доистория, самое давнее Сонечкино начало. Очень коротенькая история – с очень долгой доисторией. И поисторией.)

Как Сонечка началась? В моей жизни, живая, началась?

---

[159] Она была бледной – и все-таки розовой,
Малюткой – с пышными волосами (фр.).

[160] Все-таки розовой.

Был октябрь 1917 года. Да, тот самый. Самый последний его день, то есть первый по окончании (заставы еще догромыхивали).

Я ехала в темном вагоне из Москвы в Крым. Над головой, на верхней полке, молодой мужской голос говорил стихи. Вот они:

> И вот она, о ком мечтали деды
> И шумно спорили за коньяком,
> В плаще Жиронды, сквозь снега и беды,
> К нам ворвалась – с опущенным штыком!
> И призраки гвардейцев-декабристов
> Над снеговой, над пушкинской Невой
> Ведут полки под переклик горнистов,
> Под зычный вой музыки боевой.
> Сам Император в бронзовых ботфортах
> Позвал тебя, Преображенский полк,
> Когда в заливах улиц распростертых
> Лихой кларнет – сорвался и умолк…
> И вспомнил он, Строитель Чудотворный,
> Внимая петропавловской пальбе –
> Тот сумасшедший – странный – непокорный, –
> Тот голос памятный: «Ужо Тебе!»

– Да что же это, да чье же это такое, наконец?
– Автору – семнадцать лет, он еще в гимназии. Это мой товарищ Павлик А.

Юнкер, гордящийся, что у него товарищ – поэт. Боевой юнкер, пять дней дравшийся. От поражения отыгрывающийся – стихами. Пахнуло Пушкиным: теми дружбами. И сверху – ответом:
– Он очень похож на Пушкина: маленький, юркий,

курчавый, с бачками, даже мальчишки в Пушкине зовут его: Пушкин. Он все время пишет. Каждое утро – новые стихи.

Инфанта, знай: я на любой костер готов взойти,
Лишь только бы мне знать, что будут на меня глядеть
Твои глаза…

– А это – из «Куклы Инфанты», это у него пьеса такая. Это Карлик говорит Инфанте. Карлик любит Инфанту. Карлик – он. Он, правда, маленький, но совсем не карлик.

…Единая – под множеством имен…

* * *

Первое, наипервейшее, что я сделала, вернувшись из Крыма, – разыскала Павлика. Павлик жил где-то у Храма Христа Спасителя, и я почему-то попала к нему с черного хода, и встреча произошла на кухне. Павлик был в гимназическом, с пуговицами, что еще больше усиливало его сходство с Пушкиным-лицеистом. Маленький Пушкин, только – черноглазый: Пушкин – легенды.

Ни он, ни я ничуть не смутились кухни, нас толкнуло друг к другу через все кастрюльки и котлы – так, что мы – внутренне – звякнули, не хуже этих чанов и котлов. Встреча была вроде землетрясения. По тому, как я поняла, кто он, он понял, кто я. (Не о стихах говорю, я даже не знаю, знал ли он тогда мои стихи.)

Простояв в магическом столбняке – не знаю сколько, мы оба вышли – тем же черным ходом, и заливаясь стихами и речами…

Словом, Павлик пошел – и пропал. Пропал у меня, в Борисоглебском переулке, на долгий срок. Сидел дни, сидел утра, сидел ночи… Как образец такого сидения приведу только один диалог.

Я, робко:

– Павлик, как вы думаете – можно назвать – то, что мы сейчас делаем – мыслью?

Павлик, еще более робко:

– Это называется – сидеть в облаках и править миром.

* * *

У Павлика был друг, о котором он мне всегда рассказывал: Юра З. «Мы с Юрой… Когда я прочел это Юре… Юра меня все спрашивает… Вчера мы с Юрой нарочно громко целовались, чтобы подумали, что Юра, наконец, влюбился… И подумайте: студийцы выскакивают, а вместо барышни – я!!!»

В один прекрасный вечер он мне «Юру» – привел.

– А вот это, Марина, мой друг – Юра З., – с одинаковым напором на каждое слово, с одинаковым переполнением его.

Подняв глаза – на это ушло много времени, ибо Юра не кончался, – обнаружила Верины глаза и рот.

– Господи, да не брат ли вы... Да, конечно, вы – брат... У вас не может не быть сестры Веры!

– Он ее любит больше всего на свете!

Стали говорить Юрий и я. Говорили Юрий и я, Павлик молчал и молча глотал нас – вместе и нас – порознь – своими огромными тяжелыми жаркими глазами.

В тот же вечер, который был – глубокая ночь, которая была – раннее утро, расставшись с ними под моими тополями, я написала им стихи, им вместе:

> Спят, не разнимая рук –
> С братом – брат, с другом – друг,
> Вместе, на одной постели...
> Вместе пили, вместе пели...
> Я укутала их в плед,
> Полюбила их навеки,
> Я сквозь сомкнутые веки
> Странные читаю вести:
> Радуга: двойная слава,
> Зарево: двойная смерть.
> Этих рук не разведу!
> Лучше буду, лучше буду
> Полымем пылать в аду!

Но вместо полымя получилась – «Метель».

Чтобы сдержать свое слово – не разводить этих рук – мне нужно было свести в своей любви – другие руки: брата и сестры. Еще проще: чтобы не любить одного Юрия и этим не обездолить Павлика, с которым я могла только «совместно править миром», мне нужно было любить Юрия плюс еще что-то, но это что-то не могло быть Павликом, потому что Юрий плюс Павлик были уже данное, – мне пришлось любить Юрия плюс Веру, этим Юрия как бы рассеивая, а на самом деле – усиливая, сосредоточивая, ибо все, чего нет в брате, мы находим в сестре и все, чего нет в сестре, мы находим в брате. Мне досталась на долю ужасно полная, невыносимо полная любовь. (Что Вера, больная, в Крыму и ничего ни о чем не знает – дела не меняло.)

Отношение с самого начала – стало.

Было молча условлено и установлено, что они всегда будут приходить вместе – и вместе уходить. Но так как ни одно отношение сразу стать не может, в одно прекрасное утро телефон:

— Вы?

— Я.

— А нельзя ли мне когда-нибудь прийти к вам без Павлика?

— Когда?

— Сегодня.

(Но где же Сонечка? Сонечка — уже близко, уже почти за дверью, хотя по времени — еще год.)

Но преступление тут же было покарано: нам с З. наедине было просто скучно, ибо о главном, то есть мне и нем, нем и мне, нас, мы говорить не решались (мы еще лучше вели себя с ним наедине, чем при Павлике?), все же остальное — не удавалось. Он перетрагивал на моем столе какие-то маленькие вещи, спрашивал про портреты, а я — даже про Веру ему говорить не смела, до того Вера была — он. Так и сидели, неизвестно что высиживая, высиживая единственную минуту прощания, когда я, проводив его с черного хода по винтовой лестнице и на последней ступеньке остановившись, причем он все-таки оставался выше меня на целую голову, — да ничего, только взгляд: — да? — нет — может быть да? — пока еще — нет — и двойная улыбка: его восторженного изумления, моя — нелегкого торжества. (Еще одна такая победа, и мы разбиты.)

Так длилось год.

Своей «Метели» я ему тогда, в январе 1918 года, не прочла. Одарить одиноко можно только очень богатого, а так как он мне за наши долгие сидения таким не показался, Павлик же — оказался, то я и одарила ею Павлика — в благодарственную отместку за «Инфанту», тоже посвященную не мне, — для Юрия же выбрала, выждала самое для себя трудное (и для себя бы — бедное) чтение ему вещи перед лицом всей Третьей студии (все они были — студийцы Вахтангова, и Юрий, и Павлик, и тот, в темном вагоне читавший «Свободу» и потом сразу убитый в Армии) и, главное, перед лицом Вахтангова, их всех — бога и отца-командира.

Ведь моей целью было одарить его возможно больше, больше — для актера — когда людей больше, ушей больше, очей больше…

И вот, больше года спустя знакомства с героем, и год спустя написания «Метели», — та самая полная сцена и пустой зал.

(Моя точность скучна, знаю. Читателю безразличны даты, и я ими врежу́ художественности вещи. Для меня же они насущны и даже священны, для меня каждый год и даже каждое время года тех лет явлен — лицом: 1917 год — Павлик А., зима

1918 года – Юрий З., весна 1919 года – Сонечка... Просто не вижу её вне этой девятки, двойной единицы и двойной девятки, перемежающихся единицы и девятки... Моя точность – моя последняя, посмертная верность.)

Итак – та самая полная сцена и пустой зал. Яркая сцена и черный зал.

С первой секунды чтения у меня запылало лицо, но – так, что я боялась – волосы загорятся, я даже чувствовала их тонкий треск, как костра перед разгаром.

Читала – могу сказать – в алом тумане, не видя тетради, не видя строк, наизусть, на авось читала, единым духом – как пьют! – но и как поют! – самым певучим, за сердце берущим из своих голосов.

...И будет плыть в пустыне
графских комнат
Высокая луна.
Ты – женщина, ты ничего не
помнишь.
Не помнишь...

(настойчиво)

не должна.
Страннице – сон.
Страннику – путь.
Помни! – Забудь.

(Она спит. За окном звон безвозвратно удаляющихся бубенцов.)

Когда я кончила – все сразу заговорили. Так же полно заговорили, как я – замолчала. «Великолепно». – «Необычайно». – «Гениально». – «Театрально» и т. д. «Юра будет играть Господина». – «А Лиля Ш. – старуху». – «А Юра С. – купца». – «А музыку-то самые безвозвратные колокольчики – напишет Юра Н. Вот только – кто будет играть Даму в плаще?»

И самые бесцеремонные оценки, тут же, в глаза: «Ты не можешь: у тебя бюст велик». (Вариант: ноги коротки.)

(Я, молча: «Дама в плаще – моя душа, ее никто не может играть».)

Все говорили, а я пылала. Отговорив – заблагодарили. «За огромное удовольствие... За редкую радость...» Все чужие лица, чужие, то есть ненужные. Наконец – он: Господин в плаще. Не подошел, а отошел, высотою, как плащом, отъединяя меня от всех, вместе со мною, к краю сцены: «Даму в плаще может играть только Верочка. Будет играть только Верочка». Их дружбе – моя любовь?

– А это, Марина, – низкий торжественный голос Павлика, – Софья Евгеньевна Голлидэй, – совершенно так же, как год назад: «А это, Марина, мой друг – Юра З.». Только на месте мой друг – что-то – проглочено. (В ту самую секунду, плечом чувствую, Ю. З. отходит.)

Передо мной маленькая девочка. Знаю, что Павликина Инфанта! С двумя черными косами, с двумя огромными черными глазами, с пылающими щеками.

Передо мною – живой пожар. Горит все, горит – вся. Горят щеки, горят губы, горят глаза, несгораемо горят в костре рта белые зубы, горят – точно от пламени вьются! – косы, две черных косы, одна на спине, другая на груди, точно одну костром отбросило. И взгляд из этого пожара – такого восхищения, такого отчаяния, такое: боюсь! такое: люблю!

– Разве это бывает? Такие харчевни… метели… любови… Такие Господины в плаще, которые нарочно приезжают, чтобы уехать навсегда? Я всегда знала, что это – было, теперь я знаю, что это – есть. Потому что это – правда – было: вы, действительно, так стояли. Потому что это вы стояли. А Старуха – сидела. И все знала. А Метель шумела. А Метель приметала его к порогу. А потом – отметала… заметала след… А что было, когда она завтра встала? Нет, она завтра не встала… Ее завтра нашли в поле… О, почему он не взял ее с собой в сани? Не взял ее с собой в шубу?..

Бормочет, как сонная. С раскрытыми – дальше нельзя! – глазами – спит, спит наяву. Точно мы с ней одни, точно никого нет, точно и меня – нет. И когда я, чем-то отпущенная, наконец, оглянулась – действительно, на сцене никого не было: все почувствовали или, воспользовавшись, бесшумно, беззвучно – вышли. Сцена была – наша.

И только тут я заметила, что все еще держу в руке ее ручку.

* * *

– О, Марина! Я тогда так испугалась! Так потом плакала… Когда я вас увидела, услышала, так сразу, так безумно полюбила, я поняла, что вас нельзя не полюбить безумно – я сама вас так полюбила сразу…

– А он не полюбил.

– Да, и теперь кончено. Я его больше не люблю. Я вас люблю. А его я презираю – за то, что не любит вас – на коленях.

– Сонечка! А вы заметили, как у меня тогда лицо пылало?

– Пылало? Нет. Я еще подумала: какой нежный румянец…

— Значит, внутри пылало, а я боялась — всю сцену — весь театр — всю Москву сожгу. Я тогда думала — из-за него, что ему — его — себя, себя к нему — читаю — перед всеми — в первый раз. Теперь я поняла: оно навстречу вам пылало, Сонечка... Ни меня, ни вас. А любовь все-таки вышла. Наша.

Это был мой последний румянец, в декабре 1918 года. Вся Сонечка — мой последний румянец. С тех приблизительно пор у меня начался тот цвет — нецвет — лица, с которым мало вероятия, что уже когда-нибудь расстанусь — до последнего нецвета.

Пылание ли ей навстречу? Отсвет ли ее короткого бессменного пожара?

...Я счастлива, что мой последний румянец пришелся на Сонечку.

* * *

— Сонечка, откуда — при вашей безумной жизни — не спите, не едите, плачете, любите — у вас этот румянец?
— О, Марина! Да ведь это же — из последних сил!

* * *

Тут-то и оправдывается первая часть моего эпиграфа:
Elle était pâle — et pourtant rose[161]
То есть бледной — от всей беды — она бы быть должна была, но, собрав последние силы, — нет! — пылала. Сонечкин румянец был румянец героя. Человека, решившего гореть и греть. Я часто видала ее по утрам, после бессонной со мною ночи, в тот ранний, ранний час, после поздней, поздней беседы, когда все лица — даже самые молодые — цвета зеленого неба в окне, цвета рассвета. Но нет! Сонечкино маленькое темноглазое лицо горело, как непогашенный розовый фонарь в портовой улочке, — да, конечно, это был — порт, и она — фонарь, а все мы — тот бедный, бедный матрос, которому уже опять пора на корабль: мыть палубу, глотать волну...

* * *

Сонечка, пишу тебя на Океане. (О если бы это могло звучать: «Пишу тебе с Океана», но нет:) — Пишу тебя на океане, на котором ты никогда не была и не будешь. По краям его, а главное на островах его, живет много черных глаз. Моряки знают.

---

[161] Она была бледной — и все-таки розовой (фр.).

* * *

Elle avait le rire si près des larmes et les larmes si près du rire – quoique je ne me souvienne pas de les avoir vues couler. On aurait dit que ses yeux étaient trop chauds pour les laisser couler, qu'ils séchaient lors même de leur apparition. C'est pour cela que ces beaux yeux, toujours prêts à pleurer, n'étaient pas des yeux humides, au contraire – des yeux qui, tout en brillant de larmes, donnaient chaud, donnaient l'image, la sensation de la chaleur – et non de l'humidité, puisqu'avec toute sa bonne volonté – mauvaise volonté des autres – elle ne parvenait pas à en laisser couler couler une seule.

Et pourtant – si!

Belles, belles, telles des raisins égrénés, et je vous Jure qu'elles étaient brûlantes, et qu'en la vojant pleurer – on riait de plaisir! C'est peut-être cela qu'on appelle «pleurer à chaudes larmes?» Alors j'en ai vu, moi, une humaine qui les avait vraiment chaudes. Toutes les autres, les miennes, comme celles des autres, sont froides ou tièdes, les siennes étaient brûlantes, et tant le feu de ses joues était puissant qu'on les voyait tomber – roses. Chaudes comme le sang, rondes comme les perles, salées comme la mer.

...On aurait qu'elle pleurait du Mozart.[162]

* * *

А вот что о Сонечкиных глазах говорит Edmond About в своем чудесном «Roi des Montagnes»:

– Quels yeux elle avait, mon cher Monsieur! Je souhaite pour

---

[162] Ее смех был так близок к слезам – а слезы так близки к смеху, – хотя я не помню, чтобы видела их льющимися. Можно было бы сказать: ее глаза были слишком горячими, чтобы дать слезам пролиться, что они сразу высушивали их. И потому эти прекрасные глаза, всегда готовые плакать, не были влажными, напротив: блестя слезами, они излучали жар, являли собой образ, излучение тепла, а не влажности, ибо, при всем своем доброжелательстве (недоброжелательстве – других), она ухитрялась не пролить ни единой слезинки.

И все же –

Прекрасные, прекрасные, подобные виноградинам; и уверяю вас, они были обжигающими, и при виде ее хотелось смеяться – от наслаждения! Это и есть, вероятно, – «плакать жаркими слезами»? Значит, я видела человеческое существо, у которого слезы были действительно жаркими. У всех прочих – у меня, у остальных – они холодные или теплые, а у нее были обжигающие, и так силен был жар ее щек, что они казались розовыми. Горячие, как кровь, круглые, как жемчуг, соленые, как море.

Можно было сказать, что она плакала по-моцартовски (фр.).

votre repos que vous n'en rencétriez jamais de pareils. Ils n'étaient ni noirs, mais d'une couleur spéciale et presonnelle faite expres pour eux. C'était un brun ardent et velouté qui ne se rencontre que dans le grenat de Sibèrie et dans certaines fleurs des jardins. Je vous montrerai une scabieuse et une variétê de rose trémière presque noire qui rappellent, sans la rendre, la nuance merveilleuse de ses yeux. Si vous avez jamais visité les forges à minuit, vous avez du remarquer la lueur étrange que projette une plaque d'acier chauffée au rouge brun: voilá tout justement la couleur de ses régards. Toute la schience de la femme et toute l'innocence de l'enfant s'y lisaient comme dans un livre; mais ce livre, on serait devenu aveugle à le lire longtemps. Son regard brûlait, aussi vrai que je m'appelle, Hermann. Il aurait fait mûrir les pêches de votre espalier.[163]

Понятен теперь возглас Павлика?
Знай, что готов я на любой костер взойти,
Лишь только бы мне знать, что будут на меня глядеть –
Твои глаза...

Мое же, скромное:

Глаза карие, цвета конского каштана, с чем-то золотым на дне, темно-карие с – на дне – янтарем: не балтийским: восточным: красным. Почти черные, с – на дне – красным золотом, которое временами всплывало: янтарь – растапливался: глаза с – на дне – топленым, потопленным янтарем.

Еще скажу: глаза немножко жмурые: слишком много было ресниц, казалось – они ей мешали глядеть, но так же мало мешали нам их, глаза, видеть, как лучи мешают видеть звезду. И еще одно: даже когда они плакали – эти глаза смеялись. Поэтому их слезам не верили. Москва слезам не верит. Та Москва – тем слезам – не поверила. Поверила я одна.

Ей, вообще, не доверяли. О ней, вообще, на мои бьющие

---

[163] Эдмон Абу... в «Горном короле»:
– Какие у нее были глаза, любезный господин' Ради вашего же спокойствия желаю вам никогда не повстречать подобных! Они не были ни синими, ни черными, но цвета особенного, единственного, нарочно для них созданного. Они были темными, пламенными и бархатистыми, такой цвет встречается лишь в сибирских гранатах и в некоторых садовых цветах. Я вам покажу скабиозу и сорт штокрозы, почти черной, которые напоминают, хотя и не передают точно, чудесный оттенок ее глаз. Если вы когда-нибудь бывали в кузнице в полночь, вы должны были заметить тот странный коричневый блеск, который отбрасывает стальная пластина, раскаленная докрасна, вот это будет точно цвет ее глаз. Вся мудрость женщины и вся невинность ребенка читались в них, как в книге; но это была такая книга, от долгого чтения которой можно было ослепнуть. Ее взор сжигал – это так же верно, как то, что меня зовут Герман. Под таким взглядом могли бы созреть персики в вашем саду (фр.)

по всем площадям восторги, отзывались… сдержанно, да и сдержанно-то – из почтения ко мне, сдерживая явный суд и осуждение.

— Да, очень талантливая… Да, но знаете, актриса только на свои роли: на самое себя. Ведь она себя играет, значит – не играет вовсе. Она – просто живет. Ведь Сонечка в комнате – и Сонечка на сцене…

* * *

Сонечка на сцене:

Выходит маленькая, в белом платьице, с двумя черными косами, берется за спинку стула и рассказывает:

— Жили мы с бабушкой… Квартирку снимали… Жилец… Книжки… Бабушка булавкой к платью пришпиливала… А мне – сты-ыдно…

Свою жизнь, свою бабушку, свое детство, свою «глупость»… Свои белые ночи.

Сонечку знал весь город. На Сонечку – ходили. Ходили – на Сонечку. «А вы видали? Такая маленькая, в белом платьице, с косами… Ну, прелесть!» Имени ее никто не знал: «такая маленькая…»

«Белые ночи» были – событие.

Спектакль был составной, трехгранный. Первое: Тургенев, «История лейтенанта Ергунова»: молодая чертовка, морока, где-то в слободской трущобе завораживающая, обмарачивающая молодого лейтенанта. После всех обещаний и обольщений исчезающая – как дым. С его кошельком. Помню, в самом начале она его ждет, наводит красоту – на себя и жилище. Посреди огромного сарая – туфля. Одинокая, стоптанная. И вот – размахом ноги – через всю сцену. Навела красоту!

Но это – не Сонечка. Это к Сонечке – введение.

Второе? Мне кажется – что-то морское, что-то портовое, матросское, – может быть, Мопассан: брат и сестра? Исчезло.

А третье – занавес раздвигается: стул. И за стулом, держась за спинку – Сонечка. И вот рассказывает, робея и улыбаясь, про бабушку, про жильца, про бедную их жизнь, про девичью свою любовь. Так же робея и улыбаясь и сверкая глазами и слезами, как у меня в Борисоглебском рассказывая об Юрочке – или об Евгении Багратионовиче, – так же не играя или так же всерьез, насмерть играя, а больше всего играя – концами кос, кстати никогда не перевязанных лентами, самоперевязанных, самоперекрученных природно, или прядями у висков играя, отстраняя их от ресниц, забавляя ими руки, когда те скучали от стула. Вот эти концы кос и пряди у висков – вся и Сонечкина игра.

Думаю, что даже платьице на ней было не театральное, не нарочное, а собственное, летнее, – шестнадцатилетнее, может быть?

– Ходил на спектакль Второй студии. Видал вашу Сонечку...

Так она для всех сразу и стала моей Сонечкой, – такая же моя, как мои серебряные кольца и браслеты – или передник с монистами – которых никому в голову не могло прийти у меня оспаривать – за никому, кроме меня, не-нужностью.

Здесь уместно будет сказать, потому что потом это встанет вживе, что я к Сонечке сразу отнеслась еще и как к любимой вещи, подарку, с тем чувством радостной собственности, которого у меня ни до, ни после к человеку не было – никогда, к любимым вещам – всегда. Даже не как к любимой книге, а именно – как кольцу, наконец, попавшему на нужную руку, вопиюще – моему, еще в том кургане – моему, у того цыгана – моему, кольцу так же мне радующемуся, как я – ему, так же за меня держащемуся, как я за него – самодержащемуся, неотъемлемому. Или уж – вместе с пальцем! Отношения этим не исчерпываю: плюс вся любовь, только мыслимая, еще и это.

Еще одно: меня почему-то задевало, раздражало, оскорбляло, когда о ней говорили Софья Евгеньевна (точно она взрослая!), или просто Голлидэй (точно она мужчина!), или даже Соня – точно на Сонечку не могут разориться! – я в этом видела равнодушие и даже бездушие. И даже бездарность. Неужели они (они и оне) не понимают, что она – именно Сонечка, что иначе о ней – грубость, что ее нельзя – не ласкательно. Из-за того, что Павлик о ней говорил Голлидэй (начав с Инфанты!), я к нему охладела. Ибо не только Сонечку, а вообще любую женщину (которая не общественный деятель) звать за глаза по фамилии – фамильярность, злоупотребление отсутствием, снижение, обращение ее в мужчину, звать же за глаза – ее детским именем – признак близости и нежности, не могущий задеть материнского чувства – даже императрицы. (Смешно? Я была на два, на три года старше Сонечки, а обижалась за нее – как мать.)

Нет, все любившие меня: читавшие во мне называли ее мне – Сонечка. С почтительным добавлением – ваша.

Но пока она еще стоит перед нами, взявшись за спинку стула, настоим здесь на ее внешности – во избежание недоразумений:

На поверхностный взгляд она, со своими ресницами и косами, со всем своим алым и каштановым, могла показаться хохлушкой, малороссияночкой. Но – только на поверхностный: ничего типичного, национального в этом личике не было – слишком тонка была работа лица: работа – мастера. Еще скажу: в этом лице было что-то от раковины – так раковину работает океан — от раковинного завитка: и загиб ноздрей, и выгиб губ, и общий завиток ресниц — и ушко! — все было резное, точеное — и одновременно льющееся — точно эту вещь работали и ею же — играли: не только Океан работал, но и волна — играла. Je n'ai jamais vu de perle rose, mais je soutient que son visage était plus perle et plus rose.[164]

* * *

Как она пришла? Когда? Зимой ее в моей жизни не было. Значит — весной. Весной 1919 года, и не самой ранней, а вернее — апрельской, потому что с нею у меня связаны уже оперенные тополя перед домом. В пору первых зеленых листиков.

Первое ее видение у меня — на диване, поджав ноги, еще без света, с еще — зарей в окне, и первое ее слово в моих ушах — жалоба:

— Как я вас тогда испугалась! Как я боялась, что вы его у меня отымете! Потому что не полюбить — вас, Марина, не полюбить вас — на коленях — немыслимо, несбыточно, просто (удивленные глаза) — глупо? Потому я к вам так долго и не шла, потому что знала, что вас так полюблю, вас, которую любит он, из-за которой он меня не любит, и не знала, что мне делать с этой своей любовью, потому что я вас уже любила, с первой минуты тогда, на сцене, когда вы только опустили глаза — читать. А потом — о, какой нож в сердце! какой нож! — когда он к вам последний подошел, и вы с ним рядом стояли на краю сцены, отгородившись от всего, одни, и он вам что-то тихонько говорил, а вы так и не подняли глаз, — так что он совсем в вас говорил... Я, Марина, правда не хотела вас любить! А теперь — мне все равно, потому что теперь для меня его нет, есть вы, Марина, и теперь я сама вижу, что он не мог вас любить, потому что — если бы мог вас любить — он бы не репетировал без конца «Святого Антония», а Святым Антонием бы — был, или не Антонием, а вообще святым...

— Юрием.

— Да, да, и вообще бы никогда бы не обедал и не завтракал. И ушел бы в Армию.

— Святым Георгием.

— Да. О, Марина! Именно Святым Георгием, с копьем, как на кремлевских воротах! Или просто бы умер от любви.

И по тому, как она произносила это умер от любви, видно было, что она сама — от любви к нему — и ко мне — и ко всему — умирает; революция — не революция, пайки — не пайки,

---

[164] Я никогда не видела розового жемчуга, но утверждаю, что ее лицо было еще розовее и еще жемчужнее (фр.).

большевики – не большевики – все равно умрет от любви, потому что это ее призвание – и назначение.

– Марина, вы меня всегда будете любить? Марина, вы меня всегда будете любить, потому что я скоро умру, я совсем не знаю отчего, я так люблю жизнь, но я знаю, что скоро умру, и потому, потому все так безумно, безнадежно люблю… Когда я говорю: Юра – вы не верьте. Потому что я знаю, что в других городах… – Только вас, Марина, нет в других городах, а – их!.. – Марина, вы когда-нибудь думали, что вот сейчас, в эту самую минуту, в эту самую сию-минуточку, где-то, в портовом городе, может быть на каком-нибудь острове, всходит на корабль – тот, кого вы могли бы любить? А может быть – сходит с корабля – у меня это почему-то всегда матрос, вообще моряк, офицер или матрос – все равно… сходит с корабля и бродит по городу и ищет вас, которая здесь, в Борисоглебском переулке. А может быть просто проходит по Третьей Мещанской (сейчас в Москве ужасно много матросов, вы заметили? За пять минут – все глаза растеряешь!), но Третья Мещанская, это так же далеко от Борисоглебского переулка, как Сингапур… (Пауза.) Я в школе любила только географию – конечно, не все эти широты и долготы и градусы (меридианы – любила), – имена любила, названия… И самое ужасное, Марина, что городов и островов много, полный земной шар! – и что на каждой точке этого земного шара (у вас есть глобус? Я бы показала) – па каждой точке этого земного шара – потому что шар только на вид такой маленький и точка только на вид – точка, – тысячи, тысячи тех, кого я могла бы любить… (И я это всегда говорю Юре, в ту самую минуту, когда говорю ему, что кроме него не люблю никого, говорю, Марина, как бы сказать, тем самым ртом, тем самым полным ртом, тем самым полным им ртом! потому что и это правда, потому что оба – правда, потому что это одно и то же, я это знаю, но когда я хочу это доказать – у меня чего-то не хватает, ну – как не можешь дотянуться до верхней ветки, потому что вершка не хватает! И мне тогда кажется, что я схожу с ума…)

Марина, кто изобрел глобус? Не знаете? Я тоже ничего не знаю – ни кто глобус, ни кто карты, ни кто часы. – Чему нас в школе учат??! – Благословляю того, кто изобрел глобус (наверное какой-нибудь старик с длинной белой бородой…) – за то, что я могу сразу этими двумя руками обнять весь земной шар – со всеми моими любимыми!

* * *

«…Ни кто – часы…»
Однажды она у меня на столе играла песочными часами,

детскими пятиминутными: стеклянная стопочка в деревянных жердочках с перехватом-талией – и вот, сквозь эту «талию» – тончайшей струечкой – песок – в пятиминутный срок.

– Вот еще пять минуточек прошло... (Потом безмолвие, точно никакой Сонечки в комнате нет, и уже совсем неожиданно, нежданно:) Сейчас будет последняя, после-едняя песчиночка! Все!

Так она играла – долго, нахмурив бровки, вся уйдя в эту струечку. (Я – в нее). И вдруг – отчаянный вопль:

– О, Марина! Я пропустила! Я – вдруг – глубоко – задумалась и не перевернула вовремя, и теперь я никогда не буду знать, который час. Потому что – представьте себе, что мы на острове, кто нам скажет, откуда нам знать?!

– А корабль, Сонечка, приезжающий к нам за кораллами? За коралловым ломом? – Пиратский корабль, где у каждого матроса по трое часов и по шести цепей! Или – проще: с нами после кораблекрушения спасся – кот. А я еще с детства-и-отрочества знаю, что «Les Chinois voient l'heure dans l'oeil des chats».[165] У одного миссионера стали часы, тогда он спросил у китайского мальчика на улице, который час. Мальчик быстро куда-то сбегал, вернулся с огромным котом на руках, поглядел ему в глаза и ответил: «Полдень».

– Да, но я про эту струечку, которая одна знала срок и ждала, чтобы я ее – перевернула. О, Марина, у меня чувство, что я кого-то убила!

Вы время убили, Сонечка:

«Который час?» – его спросили здесь,

А он ответил любопытным: «Вечность».

– О, как это чудесно! Что это? Кто этот он и это правда – было?

– Он, это с ума сшедший поэт Батюшков, и это, правда, было.

– Глупо у поэта спрашивать время. Без-дарно. Потому он и сошел с ума – от таких глупых вопросов. Нашли себе часы! Ему нужно говорить время, а не у него – спрашивать.

– Не то: он уже был на подозрении безумия и хотели проверить.

– И опозорились, потому что это ответ – гения, чистого духа. А вопрос – студента-медика. Дурака. (Поглаживая указательным пальчиком круглые бока стопочки.)... Но, Марина, представьте себе, что я была бы – Бог... нет, не так: что вместо меня Бог бы держал часы и забыл бы перевернуть. Ну, задумался на секундочку – и – кончено время.

...<u>Какая страшная, какая чудная</u> игрушка, Марина. Я бы

---

[165] Китайцы узнают время по кошачьим глазам (фр.).

хотела с ней спать…

* * *

Струечка… Секундочка… Все у нее было уменьшительное (умалительное, умолительное, умилительное…), вся речь. Точно ее маленькость передалась ее речи. Были слова, словца в ее словаре – может быть и актерские, актрисинские, но. Боже, до чего это иначе звучало из ее уст! Например – манерочка. «Как я люблю вашу Алю: у нее такие особенные манерочки…»

Манерочка (ведь шаг, знак до «машерочка»!) – нет, не актрисинское, а институтское, и недаром мне все время чудится, ушами слышится: «Когда я училась в институте…» Не могла гимназия не только дать ей, но не взять у нее этой – старинности, старомодности, этого старинного, век назад, какого-то осьмнадцатого века, девичества, этой насущности обожания и коленопреклонения, этой страсти к несчастной любви.

Институтка, потом – актриса. (Смутно помнятся какие-то чужие дети…)

– Когда Аля вчера просила еще посидеть, сразу не идти спать, у нее была такая трогательная гримасочка…

Манерочка… гримасочка… секундочка… струечка… а сама была… девочка, которая ведь тоже – уменьшительное.

* * *

– Мой отец был скрипач, Марина. Бедный скрипач. Он умер в больнице, и я каждый день к нему ходила, ни минуточки от него не отходила – он только мне одной радовался. Я вообще была его любимицей. (Обманывает меня или нет – память, когда я слышу: придворный скрипач? Но какого двора – придворный? Английского? Русского? Потому что – я забыла сказать – Голлидэй есть английское Holiday – воскресенье, праздник.

Сонечка Голлидэй: это имя было к ней привязано – как бубенец!)

– Мои сестры, Марина, красавицы. У меня две сестры и обе красавицы. Высокие, белокурые, голубоглазые – настоящие леди. Это я – такая дурнушка, чернушка…

Почему они не жили вместе? Не знаю. Знаю только, что она непрерывно была озабочена их судьбою – и делом заботилась.

– Нужно много денег, Марина, нужно, чтобы у них были хорошие платья и обувь, потому что они (с глубоким придыханием восторга) – красавицы. Они высокие, Марина, стройные – это я одна такая маленькая.

– И вы, такая маленькая, младшая, должны…

– Именно потому, что такая маленькая. Мне, некрасавице, мало нужно, а красавицам – всегда – во всех сказках – много нужно. Не могут же они одеваться – как я!

(Белая блузка, черная юбка или белое платьице – в другом ее не помню.)

Однажды в какой-то столовой (воблиный суп с перловой крупой, второе сама вобла, хлеба не было, Сонечка отдала Але свой) она мне их показала – сидели за столиком, ей с высоты английских шей кивнули (потом она к ним побежала) – голубоглазые, фарфоровые, златоволосые, в белых, с выгибом, великокняжнинских шляпах…

– Гляди, Алечка, видишь – эти две дамы. Это мои сестры. Правда, обе – красавицы?

– Вы – лучше.

– Ах ты, дитя мое дорогое! Это тебе лучше, потому что ты меня любишь.

– Я потому вас люблю, что вы лучше всех. Ребенок, обезоруженный ребенком, смолк.

* * *

Повинуясь, очевидно, закону сказки – иначе этого, с моей страстью к именам, не объяснишь – я так и не спросила у нее их имен. Так они у меня и остались – сестры. Сестры – Золушки.

* * *

Мать помню как Сонечкину заботу. Написать маме. Послать маме. Должно быть, осталась в Петербурге, откуда родом была сама Сонечка. Недаром ее «Белые ночи».

– Я же знаю, Марина, я сама так ходила, сама так любила… Когда я в первый раз их прочла… Я никогда не читала их в первый раз! Только я в «Белых ночах», не только она, но еще и он, тот самый мечтатель, так никогда и не выбравшийся из белой ночи… Я ведь всегда двоюсь, Марина, не я – двоюсь, а меня – две, двое: даже в любви к Юре: я – я, и я – еще и он, Юра: все его мысли думаю, еще не сказал – знаю (оттого и не жду ничего!), мне смешно сказать: когда я – он, мне самой лень меня любить…

Только с вами, Марина, я – я, и – еще я.

А верней всего, Марина, я – все, кто белой ночью так любят, и ходят, и бродят… Я сама – белая ночь…

Обнаружила я ее Петербург сразу, по ее «худо» вместо московского «плохо».

– А это очень худо?
– Что?
– Говорить «худо», – и сама смеется.
– Для вашего худа, Сонечка, одна рифма – чудо.
Кто и откуда
Милое чудо?

Так возникла Розанэтта из моей «Фортуны» (Лозэна), так возникла вся последняя сцена «Фортуны», ибо в этом: «Кто и откуда?» – уже весь приказ Розанэтте (Сонечке) быть, Розанэтте, дочке привратника, которая:

…Я за последней волею
прислана.
Может, письмо вам угодно
оставить родным,
Может быть, локон угодно
отрезать на память.
Все, что хотите – просите!
Такой уж день:
Все вам позволено нынче!

О, какая это была живая Сонечка, в этом – все, говоримом за час перед казнью, в этом часе, даримом и творимом, в этом последнем любовном и последнем жизненном часе, в предсмертном часе, вмещающем всю любовь.

В этом – Розанэтта – имени.

* * *

(Сонечка! Я бы хотела, чтобы после моей повести в тебя влюбились – все мужчины, изревновались к тебе – все жены, исстрадались по тебе – все поэты…)

* * *

Началась Сонечка в моих тетрадях с ее жалобного, в первый приход ко мне, возгласа:
– О, Марина! (Эта умница ни разу не назвала меня «Ивановна», как с «Белыми ночами», сразу – второй (тысячный) раз. – Как я бы вашу Даму в «Метели» – сыграла. Как я знаю каждое движение, каждую интонацию, каждый перерыв голоса, каждую паузу – каждое дыхание… Так, Марина, как я бы – ее никто не сыграет. Но я не могу – я такая маленькая…

Не ростом – не только ростом – мало ли маленьких! – и маленькость ее была самая обыкновенная – четырнадцатилетней девочки – ее беда и прелесть были в том, что она этой четырнадцатилетней девочкой – была. А год был – Девятнадцатый. Сколько раз – и не стыжусь этого сказать – я за наш с ней короткий век жалела, что у нее нет старого любящего просвещенного покровителя, который бы ее в своих старых руках держал, как в серебряной оправе... И одновременно бы ею, как опытный штурман, правил... Моей маленькой лодочкой – большого плаванья... Но таких в Москве Девятнадцатого года – не было.

(Знаю, знаю, что своей любовью «эффект» «ослабляю», что читатель хочет сам любить, но я тоже, как читатель, хочу сама любить, я, как Сонечка, хочу «сама любить», как собака – хочу сама любить... Да разве вы еще не поняли, что мой хозяин – умер и что я за тридевять земель и двудевять лет – просто – вою?!)

...Ни малейшего женского кокетства. Задор – мальчишки (при предельно-женственной, девической, девчонческой внешности), лукавство – lutin.[166] Вся – что немцы называют – «Einfall».[167]

(Сонечка, я для тебя три словаря граблю! Жаль, английского не знаю – там бы я много для тебя нашла. А – в испанском!..)

Ряд видений: Наташа Ростова на цветочной кадке: «Поцелуйте куклу!»... Наташа Ростова, охватив колена, как индус, как пес, поющая на луну, пением уносимая с подоконника... Огаревская Консуэла, прощающаяся с герценовской Наташей у дилижанса... Козета с куклой и Фантина с Козетой... Все девические видения Диккенса... Джульетта... Мирэй... Миньона, наконец, нет, даже он: Mignon, – тот мальчик арфист, потом ставший Миньоной, которого с какой-то своей Wanderung[168] привел домой к матери юноша, ставший – Гёте.

(Знаю, что опять ничего не даю (и много – беру), однажды даже вычеркнула это место из рукописи, но они меня так теснят, обступают, так хотят через Сонечку еще раз – быть...)

Но главное имя – утаиваю. И прозвучит оно только в стихах – или нигде.

И вот, почему что ни одной моей взрослой героиней быть не могла – «такая маленькая» – мне пришлось писать маленьких.

---

[166] Шаловливость (фр.).

[167] Причуда (нем.).

[168] Поездка (нем.).

Маленьких девочек. Розанэтта в «Фортуне», девчонка в «Приключении», Франческа в «Конце Казановы» – и все это Сонечка, она, живая, – не вся, конечно, и попроще, конечно, ибо, по слову Гейне, поэт неблагоприятен для театра и театр неблагоприятен для поэта, – но всегда живая, если не вся – она, то всегда – она, никогда: не-она.

А один свой стих я все-таки у нее – украла: у нее, их не писавшей, в жизни не написавшей ни строки, – я, при всей моей безмерной, беспримерной честности – да, украла. Это мой единственный в жизни плагиат.

Однажды она, рассказывая мне о какой-то своей обиде:

– О, Марина! И у меня были такие большие слезы – крупнее глаз!

– А вы знаете, Сонечка, я когда-нибудь это у вас украду в стихи, потому что это совершенно замечательно – по точности и...

– О, берите, Марина! Все, что хотите – берите! Все мое берите в стихи, всю берите! Потому что в ваших руках все будет жить – вечно! А что от меня останется? Несколько поцелуев...

И вот, три года спустя (может быть, кто знает, день в день) стих:

> В час, когда мой милый брат
> Миновал последний вяз
> (Вздохов мысленных:
> «Назад»),
> Были слезы – больше глаз.
> В час, когда мой милый друг
> Огибал последний мыс
> (Вздохов мысленных:
> «Вернись!»),
> Были взмахи – больше рук.
> Руки прочь хотят – от плеч!
> Губы вслед хотят – заклясть!
> Звуки растеряла речь,
> Пальцы растеряла пясть.
> В час, когда мой милый
> гость... –
> Господи, взгляни на нас! –
> Были слезы больше глаз
> Человеческих – и звезд
> Атлантических...

(А атлантические звезды горят над местечком Lacanau-Océan, где я свою Сонечку – пишу, и я, глядя на них вчера, в первом часу ночи, эти строки вспомнила – наоборот: что на океане звезды больше глаз! Вот и сошелся круг.)

Эти стихи написаны и посланы Борису Пастернаку, но автор и адресат их – Сонечка.

И последний отблеск, отзвук Сонечки в моих писаниях – когда мы уже давно, давно расстались – в припеве к моему «Молодцу»: «А Маруся лучше всех! (краше всех, жарче всех…)» – в самой Марусе, которая, цветком восстав, пережила самое смерть, но и бессмертье свое отдаст, чтобы вместе пропасть – с любимым.

* * *

– Марина, вы думаете, меня Бог простит – что я так многих целовала?
– А вы думаете – Бог считал?
– Я – тоже не считала.

* * *

…А главное я всегда целую – первая, так же просто, как жму руку, только – неудержимее. Просто никак не могу дождаться! Потом, каждый раз: «Ну, кто тебя тянул? Сама виновата!» Я ведь знаю, что это никому не нравится, что все они любят кланяться, клянчить, искать случая, добиваться, охотиться… А главное – я терпеть не могу, когда другой целует – первый. Так я по крайней мере знаю, что я этого хочу.

* * *

– Марина, я никогда не могла понять (и себя не понимаю), как можно – только что целовавшись – говорить молитву. Теми же губами… Нет, не теми! Я, когда молюсь – никогда не целовалась и когда целуюсь – никогда не молилась.
– Сонечка! Сонечка! От избытка сердца целуют уста ваши.

* * *

Мы с ней никогда не целовались: только здороваясь и прощаясь. Но я часто обнимала ее за плечи, жестом защиты, охраны, старшинства. (Я была тогда на три года старше, по существу жена всю себя. Во мне никогда ничего не было от «маленькой».)
Братски обнимала.
Нет. это был сухой огонь, чистое вдохновение, без попытки разрядить, растратить, осуществить. Беда без попытки помочь. Вот об этом мой французский рассказ одному моему

французскому другу, пятнадцать лет спустя. Друг прошел, рассказ остался. Пусть останется.

– Je ne me souviens pas de l'avoir embrassèe hors le baiser usuel, presque machinal du bonjour et de l'adieu. Ce n'était pas de la mauvaise – ou bonne – honte, c'était – mais la meme chose qu'avec le tu: je l'amais trop, tout était mouns.

Car un baiser, quand on n'aime pas – dit tellement plus, et quand on aime – dit tellement moins, est tellement moins. Boire pour reboire encore. Le baiser en amour c'est l'eau de mer dans la soif. (Eau de mer ou sang – bon pour les naufragés!) Si cela a dègà été dit – je le redis. L'important, ce n'est pas de dire du neuf, c'est de trouver seui et de dire vrai.

J'aimais mieux garder ma soif entière.

Et – une chose qui n'a surement, par sa simplicité même, jamais été ècrite: le baiser en amour c'est le mauvais chemin menant à l'oubli de l'autre. De l'aimné, non a l'aimé. Commencant par baiser – lc baiser. Anéantissement.

Mais je l'embrassais souvent de mes bras, fraternellement, protectionnellement, pour la cacher un peu à la vie, au froid àla nuit. C'était la Rèvolution, done pour la femme: vie, froid, nuit.

…Ma petite enfant que je n'ai jamais laissée rentrer seule.

Et simplement je n'y avais jamais pensé – qu'il y avait – ça, cette possibilité entre gens comme nous (Cette impasse.) Ce n'est que maintenant, quinze ans aprés que j'y pensé, pleine de gratitude de n'y avoir alors pas même pensé.[169]

[169] Не помню, чтобы я ее целовала, кроме поцелуев обычных, почти машинальных, при встрече и прощании. И вовсе не из-за дурной – или хорошей – стыдливости; это было – так же, как с «ты»: я слишком любила ее, все прочее было меньше.

Ибо когда не любят, поцелуй говорит настолько больше, а когда любят – настолько меньше; сам по себе он недостаточен. Пить, чтобы пить вновь. Поцелуй в любви – это морская вода во время жажды. (Морская вода или кровь хороши для потерпевших кораблекрушение!) Если это уже было сказано – повторю. Потому что главное – не новое сказать, а найти единственно верное слово.

Я предпочитала не утолять жажду вообще.

И еще одна вещь, о которой никогда не писали, несмотря на ее очевидность: поцелуй в любви – дурной путь, ведущий к забвению. От любимого, но не к любимому. Начинают с поцелуя души, продолжают поцелуем уст и кончают поцелуем – поцелуя. Уничтожением. Но я часто обнимала ее братски, покровительственно, чтобы немного оградить от быта, от холода, от ночи.

…Моя малютка, которой я не позволяла возвращаться одной. Да я просто не думала об этом – ибо оно было – эта реальность между такими, как мы. (Эта безысходность.) Только теперь, спустя пятнадцать лет, я вспоминаю обо всем, исполненная благодарности за то, что тогда все это не приходило мне в голову (фр.).

Сонечка жила в кресле. Глубоком, дремучем, зеленом. В огромном зеленом кресле, окружавшем, обступавшем, обнимавшем ее, как лес. Сонечка жила в зеленом кусту кресла. Кресло стояло у окна, на Москва-реке, окруженное пустырями – просторами.

В нем она утешалась от Юры, в нем она читала мои записочки, в нем писала мне свои, в нем учила свои монологи, в нем задумчиво грызла корочку, в нем неожиданно, после всех слез и записочек – засыпала, просыпала в нем всех Юр, и Вахтангов, и Вахтанговых…

C'était son lit, son nid, sa niche…[170]

К Сонечке идти было немножко под гору, под шум плотины, мимо косого забора с косее его бревен надписью: «Исправляю почерк»… (В 1919 году! Точно другой заботы не было! Да еще – такими буквами!)

Стоит дом. В доме – кресло. В кресле – Сонечка. Поджав ноги, как от высящейся воды прилива. (Еще немножко – зальет.) Ножки спрыгивают, ручки – навстречу:

– Марина! Какое счастье!

Заботливо разгружает меня от кошелки и черезплечной сумки. Сонечку не нужно убеждать не-сажать меня в кресло: знает твердость моего нрава – и навыков. Сажусь на окно. Подоконник низкий и широкий. За ним – воля. За спиной – воля, перед глазами – любовь.

– Марина! Я нынче была у ранней обедни и опять так плакала (деловито, загибая в ладонь пальчики:) Юра меня не любит, Вахтанг Леванович меня не любит, Евгений Багратионович меня не любит… А мог бы! хотя бы, как дочь, потому что я – Евгеньевна, – в Студии меня не любят.

– А – я?!

– О – вы? Марина, вы меня всегда будете любить, не потому что я такая хорошая, а потому что не успеете меня разлюбить… А Юра – уже успел, потому что я сама не успела… умереть.

(Любить, любить… Что она думала, когда все так говорила: любить, любить?..

Это напоминает мне один мой собственный, тогда же, вопрос солдату бывшего полка Наследника, рассказывавшему, как спасал знамя:

– Что вы чувствовали, когда спасали знамя?

– А ничего не чувствовал: есть знамя – есть полк, нет знамени – нет полка.

(Есть любовь – есть жизнь, нет любви…)

Сонечкино любить было – быть: небыть в другом:

---

[170] Оно было ее постелью, ее гнездом, ее конурой (фр.).

сбыться.)

Сжалась в комочек, маленькая, лица не видно из-за волос, рук, слез, прячется сама в себя – от всего (как владимирская нянька Надя про мою дочь Ирину:) – угнежживается... А вокруг и над и под – лес, свод, прилив кресла.

По тому, как она в него вгребалась, вжималась, видно было, до чего нужно было, чтобы кто-нибудь держал ее в сильных широких любящих старших руках. (Ведь кресло – всегда старик.)

По Сонечке в кресле видна была вся любящесть ее натуры. (Натура – слово её словаря, странно-старинного, точно переводного из Диккенса.) Ибо вжималась в него не как кошка в бархат, а как живой в живое.

Поняла: она у него просто сидела на коленях!

Чтобы немножко развлечь ее, отвлечь ее от Юры, рассказываю, насказываю ей, как мы вчера ходили с Алей пешком на Воробьевы горы, как я посреди железнодорожного моста, завидев сквозь железные перекладины – воду, от страха – села, как Аля заговаривала моему страху зубы тут же изобретенной историей: как мост тут же раздался, и мы с ней тут же упали в воду, но не потонули, потому что нас в последнюю минуту поддержали ангелы, а поддержали – потому что в последнюю минуту узнали, что «эта дама с солдатской сумкой через плечо» – поэт, а эта девочка с офицерскими пуговицами – ее дочь, и как ангелы на руках отнесли нас на ярмарку, и потом с нами катались на карусели: «Вы, Марина, со своим ангелом на льве, а я со своим на баране...», и как потом эти ангелы отнесли нас в Борисоглебский переулок, и остались с нами жить, и топили нам плиту, и воровали нам дрова... «потому что эти ангелы были не ангелы, а... вы сами, Марина, знаете, какие это были ангелы...»

И как мы, с Алиной и ангельской помощью, действительно, перешли мост и, действительно, катались на карусели: я – на льве, она – на баране... и как я ей тут же, за хороший перевод через мост, покупаю на лотке какую-то малиновую желатиновую трясучку, и как она ее истово, наподобие просфоры, ест, и как потом нас перевозят через реку не ангелы, а двое мужиков в красных рубахах, в одном из которых она узнает своего обожаемого Вожатого из «Капитанской дочки» – и так далее – и так далее – и так далее... – до Сонечкиного просветления – потом смеяния – потом сияния...

– Марина, я тогда играла в провинции. А летом в провинции – всегда ярмарки. А я до страсти люблю всякое веселье. Бедное. С розовыми петухами и деревянными кузнецами. И сама ходила в платочке. Розовом. Как надела – ну, просто чувство, что в нем родилась. Но у меня во всем это чувство, от всего: и в косынке и в огромной белой шляпе моих сестер... я иногда думаю: хоть корону надень! – но нет, провалится: ведь у меня ужасно маленькая голова: смехотворная – нет, нет, не говорите! Это – волосы, а попробуйте меня обрить! Говорю вам: ничего не останется!.. Марина, вы бы меня любили бритую? Впрочем, вы уже меня любите – бритую, потому что перед вами всякий – бритый, перед вами даже Юрочка – бритый, нет, полубритый: арестант! – Марина, я страшно-много говорю? Неприлично-много, и сразу обо всем, и обо всем – все сразу? Вы знаете, нет минуты, когда бы мне не хотелось говорить, даже когда плачу: плачу – навзрыд, а сама говорю. Я и во сне все время говорю: спорю, рассказываю, доказываю, а в общем – как ручей по камням – бессмыслица. – Марина! Меня же никто не слушает. Только вы. Ах, Марина! Первый человек, которого я любила – он был гораздо старше меня, больше чем вдвое, и у него уже были взрослые дети – за это и любила – и он был очень снисходительный, никогда не сердился, даже он мне, часто, шутя, с упреком: «Ах, Соня! Неужели вы не понимаете, что есть минуты – когда не нужно говорить?»

А я – продолжала – не переставала – не переставая говорила – мне все время все приходит в голову, все сразу – и такое разное. Я иногда жалею, что у меня только один голос зараз... Ой, Марина, вот я и договорилась до чревовещателя!

(Да, она «страшно-много» говорила. О ней царицыно любимое слово в тобольских письмах: «Дети болтают, как водопады...»)

...Так – про ту ярмарку. Раз иду в своем платочке и из-под платочка – вижу: громадная женщина, даже баба, бабища в короткой малиновой юбке с блестками под шарманку – танцует. А шарманку вертит – чиновник. Немолодой уже, зеленый, с красным носом, с кокардой. (Нос сам вроде кокарды.) Тут я его страшно пожалела: бедный! должно быть с должности прогнали за пьянство, так он – с голоду... А оказалось, Марина, от любви. Он десять лет тому назад, где-то в своем городе, увидел ее на ярмарке, и она тогда была молоденькая и тоненькая и, должно быть, страшно трогательная. И он сразу в нее влюбился (а она в него – нет, потому что была уже замужем – за чревовещателем), и с утра стал пропадать на ярмарке, а когда ярмарка уехала, он тоже уехал, и ездил за ней всюду, и его прогнали с должности, и он стал крутить шарманку, и так десять лет и крутит, и не заметил, что она разжирела – и уже не красивая, а страшная... Мне кажется, если бы он крутить – перестал, он бы сразу все понял – и умер.

– Марина, я сделала ужасную вещь: ведь его та женщина ни разу не поцеловала – потому что, если бы она его хоть раз поцеловала, он бы крутить перестал: он ведь этот поцелуй выкручивал! – Марина! я перед всем народом... Подхожу к нему, сердце колотится: «Не сердитесь, пожалуйста, я знаю вашу историю: как вы все бросили из-за любви, а так как я сама такая же...» – и перед всем народом его поцеловала. В губы.

Вы не думайте, Марина, я себя – заставила, мне очень не хотелось, и неловко, и страшно: и его страшно, и ее страшно, и... просто не хотелось! Но я тут же себе сказала: «Завтра ярмарка уезжает, – раз. Сегодня последний срок, – два. Его никто в жизни не целовал, – три. И уже не поцелует, – четыре. А ты всегда говоришь, что для тебя выше любви нет ничего, – пять. Докажи, – шесть». И – есть, Марина, поцеловала! Это был мой единственный трудный поцелуй за всю жизнь. Но не поцелуй я его, я бы уж никогда не посмела играть Джульетту.

– Ну, а он?

– Он? (с веселым смехом):

Стоит как громом пораженный –

Евгений...

Да я и не смотрела. Пошла, не оглядываясь. Должно быть – до сих пор стоит... Десять лет, десять лет пыльных площадей и пьяных мужиков, а поцеловала – все-таки не та!

А вот еще, Марина, история – про моряка Пашу...

Где история про моряка Пашу, о котором у меня в записной книжке весны 1919 года только запись: «Рассказ Сонечки Голлидэй про моряка Пашу» – а рядом свободный листок для вписания так и не вписанного. Пропал моряк Паша! Заплыл моряк Паша!

О, кресло историй, исповедей, признаний, терзаний, успокоений...

Вторым действующим лицом Сонечкиной комнаты был – сундук, рыжий, кожаный, еще тех времен, когда Сонечкин отец был придворным музыкантом.

– Сонечка, что в нем?

– Мое приданое! (Какое – потом узнаем.) Потому что я потом когда-нибудь непременно выйду замуж! По самому серьезному: с предложением, с отказом, с согласьем, с белым платьем, с флердоранжем, с фатою... Я ненавижу венчаться... в штатском!

Вот так взять и зайти, только зубы наспех почистив, а потом через месяц объявить: «Мы уже год как женаты». Это без-дарно. Потому что – и смущаться нужно, и чокаться нужно, и шампанское проливать, и я хочу, чтобы меня поздравляли – и чтобы подарки были – а главное – чтобы плакали! О как я буду плакать, Марина! По моему Юрочке, по Евгению Багратионычу, по Театру, по всему, всему тому, потому что тогда уже – кончено: я буду любить только его.

Третьим действующим лицом Сонечкиной комнаты был – порядок. Немыслимый, несбыточный в Революции. Точно здесь три горничных работали, сметая и сдувая. Ни пылинки, ни соринки, ничего сдвинутого. Ни одной (моей или Юриной) записочки. Или все – под подушкой? Это была комната институтки на каникулах, гувернантки на кондициях, комната – сто, нет – двести лет назад. Или еще проще – матросская каюта: порядок, не как отсутствие, а как присутствие. В этой комнате живет порядок. Так гардемарин стоит навытяжку.

И никто на нее не работал. Марьюшка весь день стояла по очередям за воблой и постным маслом (и еще одной вещью, о которой – потом!). А вернувшись, эту воблу – об стенку – била. Все – Сонечка, самолично, саморучно.

Поэтому меня особенно умиляла ее дружба со мною, ее искреннее восхищение моим странным и даже страшным домом – где все было сдвинуто – раз навсегда, то есть непрерывно и неостановимо сдвигалось, все дальше и дальше – пока не уходило за пределы стен: в подарок? в покражу? в продажу?

Но прибавлю, что всем детям, особенно из хороших домов, всегда нравился мой дом (все тот же по нынешний день), его безмерная свобода и... сюрпризность: вот уже boîte à surprises,[171] с возникающими из-под ног чудесами – гигантская boîte, с бездной вместо дна, неустанно подающей все новые и новые предметы, зачастую – sans nom[172]...

Сонечке мой дом детски нравился, как четырнадцатилетнему ребенку, которым она была.

Чтобы совсем все сказать о моем доме: мой дом был – диккенсовский: из «Лавки древностей», где спали на сваях, а немножко из «Оливера Твиста» – на мешках, Сонечка же сама – вся – была из Диккенса: и Крошка Доррит – в долговой тюрьме, и Копперфильдова Дора со счетной книгой и с собачьей пагодой, и Флоренса, с Домби-братом на руках, и та странная девочка из «Общего друга», зазывающая старика-еврея на крышу – не быть: «Montez! Montez! Soyez moit! Soyez mort!»[173] – и та, из «Двух городов», под раздуваемой грозой кисеею играющая на клавесине и в стуке первых капель ливня слышащая топот толп Революции...

Диккенсовские девочки – все – были. Потому что я

---

[171] Коробкой сюрпризов (фр.).

[172] Безымянные (фр.).

[173] Поднимайтесь! Поднимайтесь! Умрите! Умрите! (фр.)

встретила Сонечку.

Сонечкина любовь к моему дому был голос крови: атавизм.

* * *

(Диккенс в транскрипции раннего Достоевского, когда Достоевский был еще и Гоголем: вот моя Сонечка. У «Белых ночей» – три автора. Мою Сонечку писали – три автора.
Как ей было не суметь – «Белых ночей»?!)

* * *

Приходила я к ней всегда утром, – заходила, забегала одна, без детей. Поэтому ее комнату помню всегда в сиянии – точно ночи у этой комнаты не было. Золото солнца на зелени кресла и зелень кресла в темном золоте паркета.

– Ах, Сонечка, взять бы вас вместе с креслом и перенести в другую жизнь. Опустить, так с него и не сняв, посреди Осьмнадцатого века – вашего века, когда от женщины не требовали мужских принципов, а довольствовались – женскими добродетелями, не требовали идей, а радовались – чувствам, и во всяком случае – радовались поцелуям, которыми вы в Девятнадцатом году всех только пугаете.

Чтобы с вашего кресла свешивались не эти вот две квадратных железных необходимости, а – туфельки, и чтобы ступали они не по московскому булыжнику, а – вовсе не ступали, чтобы их подошвы были – как у еще не ходивших детей.

Ибо вы (все искала вам подходящего слова – драгоценность? сокровище? joyau? bijou?) – Kleinod![174] и никто этого в Москве Девятнадцатого года – не видит, кроме меня, которая для вас ничего не может.

* * *

– Ах, Марина! Мне так стыдно было перед ним своих низких квадратных тупоносых ног!

Перед «ним» – на этот раз не перед Юрой. Сонечка в мою жизнь вошла вместе с моим огромным горем: смертью Алексея Александровича Стаховича, в первые дни его посмертья. Кто для меня был Алексей Александрович Стахович – я уже где-то когда-то рассказывала, здесь дам только свои неизданные стихи к нему:

---

[174] Сокровище (фр. и нем.).

  Хоть сто мозолей – трех веков не скроешь!
  Рук не исправишь – топором рубя!
  О, сокровеннейшее из сокровищ:
  Порода! – узнаю тебя.
  Как ни коптись над черной сковородкой –
  Все вкруг тебя твоих Версалей – тишь.
  Нет, самою косой косовороткой
  Ты шеи не укоротишь!
  Над снежной грудой иль над трубной сажей
  Другой согбен – все ж гордая спина!
  Не окриком, – все той же барской блажью
  Тебе работа задана.
  Выменивай по нищему Арбату
  Дрянную сельдь на пачку папирос –
  Все равенство нарушит – нос горбатый:
  Ты – горбонос, а он – курнос.
  Но если вдруг, утомлено получкой,
  Тебе дитя цветок протянет – в дань,
  Ты так же поцелуешь эту ручку,
  Как некогда – царицы длань.

  (Один из слушателей, тогда же: «Что это значит: утомлено получкой?» – «Когда человек, продавщик, устает получать. (Непонимающие глаза.) Устает получать деньги, ну – продавать устает». – «Разве это бывает?» (Я, резво:) «Еще как. Вот с Львом Толстым случилось: устал получать доходы с Ясной Поляны и за сочинения графа Л. Н. Толстого – и вышел в поле». – «Но это – исключительный случай, гений, у вас же рэчь (мой собеседник – поляк) – о „дитя"». – «Мое дитя – женщина, а получать ведь вопрос терпенья, а женщины еще более терпеливы, чем гении. Вот мое „дитя" сразу и подарило розу Стаховичу...»)

Второе:

> Не от запертых на семь замков пекарен
> И не от заледенелых печек –
> Барским шагом, распрямляя плечи,
> Ты сошел в могилу, русский барин.
> Старый мир пылал – судьба свершалась.
> «Дворянин, дорогу – дровосеку!»
> Чернь цвела, а вблизь тебя дышалось
> Воздухом Осьмнадцатого века.
> И пока, с дворцов срывая крыши,
> Чернь рвалась к добыче вожделенной –
> Вы «bon ton, maintien, tenue»* мальчишек
> Обучали – под разгром вселенной.
> Вы не вышли к черни с хлебом-солью,
> И скрестились – от дворянской скуки! –
> В черном царстве трудовых мозолей
> Ваши восхитительные руки.[175]

* * *

(Не мне презирать мозоли – тогда бы я должна была презирать себя первую – но тогда эти мозоли были в любовь навязаны и вменены в обязанность. Отсюда и ненависть.)

Прибавлю еще, что Сонечка со Стаховичем были в одной студии – Второй, где шли и Сонечкины «Белые ночи» с единственным действующим лицом – Сонечкой, и «Зеленое кольцо» с единственным действующим лицом – Стаховичем (кольцо – молодежь).

---

[175] *Хорошим манерам, умению держаться, поведению (фр.).

***

Вот об этих-то leçons «bon ton, maintien, tenue» Сонечка мне и рассказывала, говоря о своих тупоносых башмаках.

– Это был такой стыд, Марина! Каждый раз сгорала! Он, например, объясняет, как женщине нужно кланяться, подавать руку, отпускать человека или, наоборот, принимать.

«Поняли? Ну, пусть кто-нибудь покажет. Никто не может? Ну, вы – Голлидэй, Соня».

И выхожу, Марина, сгорая со стыда за свои грубые низкие ужасные башмаки с бычьими мордами. В таких башмаках проходить через весь зал – перед ним, танцевавшим на всех придворных балах мира, привыкшим к таким уж туфелькам… ножкам…

> О ножки, ножки, где вы ныне,
> Где мнете вешние цветы?

Но выхожу, Марина, потому что другому некому, потому что другие – еще хуже, не хуже одеты, а… ну, еще меньше умеют… дать руку, отпустить гостя. О, как я бы все это умела, Марина, – если бы не башмаки! Как я все это глубоко, глубоко, отродясь все умею, знаю! Как все – сразу – узнаю!

И он всегда меня хвалил, – может быть, чтобы утешить меня в этих ужасных башмаках? – «Так, так, именно – так…» – и никогда на них не смотрел, точно и не видел, как они меня – жгут. И я не глядела, я ведь только до боялась, до того, как он скажет: «Ну, вы – Голлидэй, Соня!» А когда уже сказал – конечно, я свободно шла, я о них и не думала, – о, Марина! я до них ни снисходила.

Но он их – отлично замечал, потому что, когда однажды одна наша ученица пожаловалась, что не умеет, «потому что башмаки тяжелые». – «Какова бы ни была обувь – остается поступь. Посмотрите на Софью Евгеньевну: кто скажет, что у нее на каждой ножке – по пуду железа, как у узника Бонивара?»

– Сонечка, а знаете ли вы сказку о маленькой Русалочке?

– Которая танцевала на ножах? Но ведь это в тысячу раз легче, чем на утюгах! Потому что это именно утюги… битюги… Это моя самая любимая сказка, Марина! Всякий раз, когда я ее читаю, я чувствую себя – ею. Как ей хотелось всплыть – и как всплыла, и увидела верхний мир, и того мраморного мальчика, который оказался мертвым… и принцем, и как потом его оживила – и онемела – и как потом немая танцевала перед ним на ножах… О, Марина, ведь это высшее блаженство – так любить, так любить… Я бы душу отдала – чтобы душу отдать!

– Ах, Марина! Как я люблю – любить! Как я безумно

люблю – сама любить! С утра, нет, до утра, в то самое до-утро – еще спать и уже знать, что опять... Вы когда-нибудь забываете, когда любите – что любите? Я – никогда. Это как зубная боль – только наоборот, наоборотная зубная боль, только там ноет, а здесь – и слова нет. (Подумав: поёт?) Ну, как сахар обратное соли, но той же силы. Ах, Марина! Марина! Марина! Какие они дикие дураки. (Я, все же изумленная: «Кто?») Да те, кто не любят, сами не любят, точно в том дело, чтобы тебя любили. Я не говорю... конечно... – устаешь – как в стену. Но вы знаете, Марина (таинственно), нет такой стены, которую бы я не пробила! Ведь и Юрочка... минуточками... у него почти любящие глаза! Но у него – у меня такое чувство – нет сил сказать это, ему легче гору поднять, чем сказать это слово. Потому что ему нечем его поддержать, а у меня за горою – еще гора, и еще гора, и еще гора... – целые Гималаи любви, Марина! Вы замечаете, Марина, как все они, даже самые целующие, даже самые как будто любящие, боятся сказать это слово, как они его никогда не говорят?! Мне один объяснял, что это... грубо... (фыркает)... отстало, что: зачем слова, когда – дела? (То есть поцелуи и так далее.) А я ему: «Э-э! нет! Дело еще ничего не доказывает, а слово – всё». Мне ведь только этого от человека нужно: лю-блю, и больше ничего, пусть потом что угодно делают, как угодно не любят, я делам не поверю, потому что слово – было. Я только этим словом кормилась, Марина, потому так и отощала.

О, какие они скупые, расчетливые, опасливые, Марина! Мне всегда хочется сказать: «Ты только – скажи. Я проверять – не буду. Но не говорят, потому что думают, что это – жениться, связаться, не развязаться. Если я первым скажу, то никогда уже первым не смогу уйти». (Они и вторым не говорят, Марина, никоторым.) Точно со мной можно не-первому уйти!

Марина! Я – в жизни! – не уходила первая. И в жизни – сколько мне ее еще Бог отпустит – первая не уйду. Я просто не могу. Я всегда жду, чтобы другой ушел, все делаю, чтобы другой ушел, потому что мне первой уйти – легче перейти через собственный труп. (Какое страшное слово. Совсем мертвое. Ах, поняла: это тот мертвый, которого никто никогда не любил. Но для меня и такого мертвого нет, Марина!) Я и внутри себя никогда не уходила первая. Никогда первая не переставала любить. Всегда – до последней возможности, до самой последней капельки – как когда в детстве пьешь. И уж жарко от пустого стакана – а все еще тянешь, и только собственный пар!

Ах, знаете, вы будете смеяться – это была совсем короткая встреча – в одном турне – неважно, кто – совсем молодой, – и я безумно в него влюбилась, потому что он все вечера садился в первый ряд – и бедно одетый, Марина! не по деньгам садился, а по глазам, и на третий вечер так на меня смотрел, что-либо глаза выскочат, либо сам – вскочит на сцену. (Говорю, двигаюсь, а сама все кошусь: ну, как? нет, еще сидит.) Только это нужно понять! Потому что это не был обычный влюбленный мужской едящий взгляд (он был почти мальчик) – это был пьющий взгляд, Марина, он глядел как завороженный, точно я его каждым словом и движением – как на нитке – как на канате – притягиваю, наматываю – это чувство должны знать русалки – и еще скрипачи, верней, смычки – и реки... И пожары, Марина!.. Что вот-вот вскочит в меня – как в костер. Я просто не знаю, как доиграла. Потому что у меня, Марина, все время было чувство, что в него, в эти глаза – оступлюсь.

И когда я с ним, наконец, за кулисами (знаю, что это ужасная пошлость, но всё пошлость, как только оно где, и скáлы, на которых сидели девы д'Аннунцио – ничуть не лучше!)... за этими несчастными кулисами поцеловалась, я ничего не чувствовала, кроме одного: спасена!

...Это длилось страшно коротко. Говорить нам было не о чем. Сначала я все говорила, говорила, говорила, а потом – замолчала. Потому что нельзя, я – не могу, чтобы в ответ на мои слова – только глаза, только поцелуи! И вот лежу утром, до-утром, еще сплю, уже не сплю, и вдруг замечаю, что все время что-то повторяю, да, – губами, словами... Вслушалась – и знаете, что это было: «Еще понравься! Еще чуточку, минуточку, секундочку понравься!»

– Ну, и?
– Нет. Он не смог.
– Чего?
– Еще-понравиться. Не смог бы – даже если бы услышал. Потому что вы не думайте: я не его, спящего, просила – мы жили в разных местах, и вообще... – я в воздух просила, может быть – Бога просила, я просто заклинала, Марина, я сама себя заклинала, чтобы еще немножко вытянуть.

– Ну, и?
(С сияющими глазами:)
– Вытянула. Он – не смог, я – смогла. Никогда не узнал. Все честь честью. И строгий отец-генерал в Москве, который даже не знает, что я играю: я будто бы у подруги (а то вдруг вслед поедет, лампoвщиком сделается?) – и никогда не забуду (это не наврала), и когда уже поезд трогался – потому что я на людях никогда не целуюсь – поцеловала его розы в окне... Потому что, Марина, любовь – любовью, а справедливость – справедливостью. Он не виноват, что он мне больше не нравится. Это не вина, а беда. Не его вина, а моя беда: бездарность. Все равно, что разбить сервиз и злиться, что не железный.

А пьеса – когда мы так друг в друга влюбились – была Юрия Слезкина. Смешное имя? Как раз для меня. Мне даже наш антрепренер сказал: «Маленькая Сонечка, вы все плачете, вот бы вам замуж за Юрия Слезкина». (Деловито:) А он, вы не знаете, Марина, – старик?

(Знаю, что разбиваю единство повествования, но честь выше художества.

Это «еще понравься!» – мой второй плагиат.

> Как та чахоточная, что в ночь
> Стонала: еще понравься!

И, дальше:

> Как та, чахоточная, что всех
> Просила: еще немножко
> Понравься!..

И, наконец:

> Как та с матросом – с тобой, о жизнь,
> Торгуюсь: еще минутку
> Понравься!..

Так, в постепенности, дана и сохранена, пронесена сквозь стихи и допроизнесена вся Сонечкина просьба. Ибо, будь Сонечка старше, она бы именно так – кончила.)

* * *

– Ну, Сонечка, дальше про Стаховича. Кроме поклонов, о чем еще были эти уроки?

– Обо всем. Например – как надо причесываться. «Женская прическа должна давать – сохранять – охранять форму головы. Никаких надстроек, волосы должны только – и точно – обрамлять лицо, чтобы лицо оставалось – главным. Прямой пробор и гладкие зачесы назад, наполовину прикрывающие ухо: как у вас – Голлидэй, Соня». – «Алексей Александрович! А ведь у меня... не очень гладко!» – я, смеясь. «Да, но это – природные завитки, потому что у вас природная волна, и рама остается, только – немножко – рококо... Я говорю об общей линии: она у вас проста и прекрасна, просто – прекрасна». (О, Марина, как я в эти минуты гордилась! Потому что я чувствовала: он меня не только из тех, что перед ним, а из всех, что за ним – выделяет!)... Еще о том, как себя вести, когда, например, на улице падает чулок или что-нибудь развяжется: «С кем бы вы ни шли – спокойно отойти и не торопясь, без всякой суеты, поправить, исправить непорядок... Ничего не рвать, ничего не торопить, даже не особенно прятаться: спо-койно, спо-койно... Покажите вы, Голлидэй! Мы идем с вами вместе по Арбату, и вы чувствуете, что у вас спускается чулок, что еще три шага и совсем упадет... Что вы делаете?»

И – показываю. Отхожу от него немножко вбок, нагибаюсь, нащупываю резинку и спо-койно, спо-койно...

«Браво, браво – Голлидэй, Соня! Если вы, действительно, с любым спутником, а не только со мной (и у него тут такая чудесно-жалкая, насмешливая улыбка, Марина!)... старым учителем... сохраните такое хладнокровие...»

Однажды я не удержалась, спросила: «Алексей Александрович, откуда вы все это знаете: про падающие чулки, тесемки, наши чувства, головы?... Откуда вы нас так знаете – с головы до ног? И он, серьезно (ровно настолько серьезно, чтобы все поверили, а я – нет): „Что я все знаю – неудивительно; я старый человек, а вот откуда у вас, маленькой девочки, такие вопросы?"» Но всегда, всегда я показывала, всегда на мне показывали, на других – как не надо, на мне – как надо, меня мальчишки так и звали: Стаховичев показ.

– А девчонки – завидовали?

Она, торжествующе:

– Лопались!! Это ведь была такая честь! Его все у нас страшно любили, и если бы вы знали, какие у нас матрешки. И вдобавок нахальные, напыженные! И – в каких локонах! (Фыркает.) У них настоящие туфли, дамские.

– Но почему вы, Сонечка, неужели вы так мало зарабатываете?

Она, кротко:

– У других мужья, Марина. У кого по одному, а у кого и по два. А у меня – только Юра. И мама. И две сестры. Они ведь у меня...

– Красавицы. Знаю и видела. А вы – Золушка, которая должна золу золить, пока другие танцуют. Но актриса-то – вы.

– А зато они – старшие. Нет, Марина, после папиной смерти я сразу поняла – и решила.

А их (показывает ножку) я все-таки ненавижу. Сколько они мне вначале слез стоили! Никак не могла привыкнуть.

***

– Марина! Это было ужасно. Он впервые пришел в Художественный театр после тифа – и его никто не узнал. Просто – проходили и не узнавали, так он изменился, постарел.

Потом он сказал одному нашему студийцу: «Я никому не нужный старик...» ...А как он пел, Марина! Какой у него был чудесный голос! (Сидим наверху в нашей пустынной деревянной кухне, дети спят, луна...)

       – Да, то был вальс –
       старинный, томный...
       Да, то был див-ный

(обрывая, как ставят точку)

       – вальс!
       Когда бы мо-лод был,
       Как бы я вас лю-бил!

«Алексей Александрович! Это – уж вы сами! Этого в пссне нет!» – мы ему, смеясь. «В моей – есть».

Почему вы, Алексей Александрович, – женщинам – и жемчужинам – и душам – знавший цену, в мою Сонечку не влюбились, не полюбили ее пуще души? Ведь и вокруг нее дышалось «воздухом Осьмнадцатого века». Чего вам не хватило, чтобы пережить то страшное марта? Без чего вы не вынесли – еще одного часа?

А она была рядом – живая, прелестная, готовая любить и умереть за вас – и умирающая без любви.

Вы, может быть, думали: у нее свои, молодые... Видала я их! Да и вы – видали.

Как вы могли ее оставить – всем, каждому, любому из тех мальчишек, которых вы так бесплодно обучали.

* * *

Был, впрочем, один среди них... Но о нем речь – впереди.

* * *

В театре ее не любили: ее – обносили. Я часто жаловалась на это моему другу Вахтангу Левановичу Мчеделову (ее режиссеру, который Сонечку для Москвы и открыл).

– Марина Ивановна, вы не думайте: она очень трудна. Она не то что капризна, а как-то неучтива. Никогда не знаешь, как она встретит замечание. И иногда – неуместно смешлива (сам был – глубоким меланхоликом) – ей говоришь, а она смотрит в глаза – и смеется. Да так смеется – что сам улыбнешься. И уроку – конец. И престижу – конец. Как с этим быть? И – не честолюбива, о, совсем нет, но – властолюбива, самовластна:

она знает, что нужно – так, и – никаких.

– А может быть, она действительно знает, и действительно нужно – так?

– Но тогда ей нужен свой театр, у нас же – студия, совместная работа, ряд попыток... Мы вместе добиваемся.

– А если она уже отродясь добилась?

– Гм... В «Белых ночах» – да. Она вообще актриса на самое себя; на свой рост, на свой голос, на свой смех, на свои слезы, на свои косы... Она исключительно одарена, но я все еще не знаю, одаренность ли это – актерская – или человеческая – или женская... Она – вся – слишком исключительна, слишком – исключение, ее нельзя употреблять в ансамбле: только ее и видно!

– Давайте ей главные роли!

– Это всегда делать невозможно. Да она и не для всякой роли годится – по чисто внешним причинам – такая маленькая. Для нее нужно бы специально – ставить: ставить ее среди сцены – и все тут. Как в «Белых ночах». Все знает, все хочет и все может – сама. Что тут делать режиссеру? (Я, мысленно: «Склониться».) И, кроме того, мы же студия, есть элементарная справедливость, нужно дать показать себя – другим. Это актриса западного театра, а не русского. Для нее бы нужно писать отдельные пьесы...

– Вахтанг Леванович, у вас в руках – чудо.

– Но что мне делать, когда не это – нужно?

– Не нужно самому – отдайте в хорошие руки!

– Но – где они?

– А я вам скажу: из вашего же обвинительного акта – скажу: эти руки – в Осьмнадцатом веке, руки молодого англичанина-меланхолика и мецената – руки, на которых бы он ее носил – в те часы, когда бы не стоял перед ней на коленях. Чего ей не хватает? Только двух веков назад и двух любящих, могущих рук – и только собственного розового театра-раковины. Разве вы не видите, что это – дитя-актриса, актриса в золотой карете, актриса-птица? Malibran, Аделина Патти, oiseau-mouche,[176] а совсем не студийка вашей Второй или Третьей студии? Что ее обожать нужно, а не обижать?

– Да ее никто и не обижает – сама обидит! Вы не знаете, какая она зубастая, ежистая, неудобная, непортативная какая-то...

Может быть – прекрасная душа, но – ужасный характер. Марина Ивановна, не сердитесь, но вы все-таки ее – не знаете, вы ее знаете поэтически, человечески, у себя, с собой, а есть профессиональная жизнь, товарищеская. Я не скажу, чтобы она

---

[176] Колибри (фр.).

была плохим товарищем, она просто – никакой товарищ, сама по себе. Знаете станиславское «вхождение в круг»? Так наша с вами Сонечка – сплошное выхождение из круга. Или, что то же – сплошной центр.

И – удивительно злой язык! А чуть над ней пошутить – плачет. Плачет и тут же – что-нибудь такое уж ядовитое... Иногда не знаешь: ребенок? женщина? черт? Потому что она может быть настоящим чертом!

(На секундочку меня озарило: так о нелюбимых не говорят! так говорят о любимых: о тщетно, о прежде любимых! Но никто о ней не говорил – иначе, и во всех она осталась – загвоздкой: не любили – с загвоздкой.)

* * *

– Марина! У меня сегодня ужасное горе!
– Опять наш с вами ангел?
– Нет, на этот раз не он, а как раз наоборот! У нас решили ставить «Четыре черта», и мне не дали ни одного, даже четвертого! даже самого маленького! самого пятого!

(Тут-то она и сказала свое незабвенное:
– И у меня были такие большие слезы – крупнее глаз!)

* * *

Да, ее считали злой. Не высказывали мне этого прямо, потому что меня считали – еще злей, но в ответ на мое умиление ее добротой – молчали – или мычали. Я никогда не видела более простой, явной, вопиющей доброты всего существа. Она все отдавала, все понимала, всех жалела. А – «злоба»? – как у нас с Ходасевичем, иногда только вопрос, верней ответ, еще верней рипост языковой одаренности, языковая сдача. Либо рипост – кошачьей лапы.

Petite fille modèle – et bon petit Diable. Toute ma petite Сонечка – immense – tenue dans la C-tesse de Ségur. On n'est compatriotes pour rien![177]

(Графиня де Сегюр – большая писательница, имевшая глупость вообразить себя бабушкой и писать только для детей. Прошу обратить внимание на ее сказки «Nouveaux Contes de Fées» (Bibliotheque Rose)[178] – лучшее и наименее известное из

---

[177] Примерная маленькая девочка и милый чертенок. Вся моя маленькая Сонечка – безмерно – похожа на графиню де Сегюр. Недаром они соотечественницы! (фр.).

[178] «Волшебные сказки» (Розовая библиотека) (фр.).

всего ею написанного — сказки совершенно исключительные, потому что совершенно единоличные (без ни единого заимствования — хотя бы из народных сказок). Сказки, которым я верна уже четвертый десяток, сказки, которые я уже здесь в Париже четырежды дарила и трижды сохранила, ибо увидеть их в витрине для меня — неизбежно — купить.)

* * *

Два завершительных слова о Вахтанге Левановиче Мчеделове — чтобы не было несправедливости. Он глубоко любил стихи и был мне настоящим другом и настоящей человечности человеком, и я бесконечно предпочитала его блистательному Вахтангову (Сонечкиному «Евгению Багратионычу»), от которого на меня веяло и даже дуло — холодом головы: того, что обыватель называет «фантазией». Холодом и бесплодием самого слова «фантазия». (Театрально я, может быть, ошибаюсь, человечески — нет.) И если Вахтанг Леванович чего-нибудь для моей Сонечки не смог, потому что это что было все, то есть полное его самоуничтожение, всеуничтожение, небытие, любовь. То есть, общественно, вопиющая несправедливость. Вахтанг Леванович бесспорно был лучше меня, но я Сонечку любила больше, Вахтанг Леванович больше любил Театр, я больше любила Сонечку. А почему не дал ей «хотя бы самого маленького, самого пятого» — да может быть и черти-то были не настоящие, а аллегорические, то есть не черти вовсе? (Сомнительно, чтобы на сцене, четыре действия сряду — четыре хвостатых.) Я этой пьесы не знаю, мнится мне — из циркового романа Германа Банга «Четыре черта». Мне только было обидно за слово. И — слезы.

* * *

Нет, мою Сонечку не любили. Женщины — за красоту, мужчины — за ум, актеры (mâles et femelles[179]) — За дар, и те, и другие, и третьи — за особость: опасность особости.

Toutes les femmes la trouvent laide,
Mais tous les hommes en sont fous...[180]
Первое — да (то есть как в стихах, как раз наоборот),

---

[179] Самцы и самки (фр.)

[180] Все женщины находили ее безобразной,
Но все мужчины были от нее без ума... (фр.).

второе – нет. Ее в самый расцвет ее красоты и дара и жара – ни один не любил, отзывались о ней с усмешкой…и опаской.

Для мужчин она была опасный… ребенок. Существо, а не женщина. Они не знали, как с ней… Не умели… (Ум у Сонечки никогда не ложился спать. «Спи, глазок, спи, другой…», а третий – не спал.) Они все боялись, что она (когда слезами плачет!) над ними – смеется. Когда я вспоминаю, кого моей Сонечке предпочитали, какую фальшь, какую подделку, какую лже-женственность – от лже-Беатрич до лже-Кармен (не забудем, что мы в самом сердце фальши: театре).

К слову сказать, она гораздо больше была испаночка, чем англичаночка, и если я сказала, что в ней ничего не было национального, то чтобы оберечь ее от первого в ее случае – напрашивающегося – малороссийского-национального, самого типичного-национального. Испански же женское лицо – самое ненациональное из национальных, представляющее наибольший простор для человеческого лица в его общности и единственности: от портрета – до аллегории, испанское женское лицо есть человеческое женское лицо во всех его возможностях страдания и страсти, есть – Сонечкино лицо.

Только – географическая испаночка, не оперная. Уличная испаночка, работница на сигарной фабрике. Заверти ее волчком посреди севильской площади – и станет – своя. Недаром я тогда же, ни о чем этом не думая, о чем сейчас пишу, сгоряча и сразу назвала ее в одних из первых стихов к ней: «Маленькая сигарера!» И даже – ближе: Консуэла – или Кончита – Конча. Concha, – ведь это почти что Сонечка! «О, да, Марина! Ой нет, Марина! Конча – ведь это: сейчас кончится, только еще короче!»

И недаром первое, что я о ней услышала – Инфанта. (От инфанты до сигареры – испанское женское лицо есть самое а-классовое лицо.)

Теперь, когда к нам Испания ближе, Испания придвинулась, а лже-Испания отодвинулась, когда мы каждый день видим мертвые и живые женские и детские лица, мы и на Сонечкино можем напасть: только искать надо – среди четырнадцатилетних. С поправкой – неповторимости.

Еще одно скажу: такие личики иногда расцветают в мещанстве. В русском мещанстве. Расцветали в русском мещанстве – в тургеневские времена. (Весь последний Тургенев – под их ударом.) Кисейная занавеска и за ней – огромные черные глаза. («В кого уродилась? Вся родня – белая».) Такие личики бывали у младших сестер – седьмой после шести, последний. «У почтмейстера шесть дочерей, седьмая – красавица…»

На слободках… На задворках… На окраинах… Там, где концы с концами – расходятся.

Этому личику шли бы – сережки.

* * *

И еще – орешки. Сонечка до страсти любила орехи и больше всего, из всего продовольственно-выбывшего, скучала по ним. И в ее смехе, и в зубах, и в самой речи было что-то от разгрызаемых и раскатывающихся орехов, точно целые белкины закрома покатились. – «Такие зеленые и если зубами – кислые, это самое кислое, что есть: кислей лимона! кислей зеленого яблока! И вдруг – сам орех: кремовый, снизу чуть загорелый, и скок! пополам, точно ножом разрезали – ядро! такое круглое, такое крепкое, это самое крепкое, что есть! две половинки: одна – вам, другая – мне. Но я не только лесные люблю (а их брать, Марина! когда наверху – целая гроздь, и еще, и еще, и никак не можешь дотянуться, гнешь, гнешь ветку и – вдруг! – вырвалась, и опять вверху качается – в синеве – такой синей, что глаза горят! такие зеленые, что глаза болят! Ведь они – как звезды, Марина! Шелуха – как лучи!)... я и городские люблю, и грецкие, и американские, и кедровые – такие чудные негрские малютки!.. целый мешок! и читать „Войну и мир“, я Мир – люблю, Марина, а Войну – нет, всегда – нечаянно – целые страницы пропускаю. Потому что это мужское, Марина, не наше...»

...От раскатываемых орехов, и от ручья по камням – и струек по камням и камней под струйками – и от лепета листвы («Ветер листья на березе перелистывает»...), и от тихо сжимаемых в горсти жемчугов – и от зеленоватых ландышевых – и даже от слез градом! – всем, что в природе есть круглого и движущегося, всем, что в природе смеется, чем природа смеется – смеялась Сонечка, но, так как всем сразу: и листвою, и водою, и горошинами, и орешинами, и еще – белыми зубами и черными глазами, – то получалось несравненно богаче, чем в природе... – словом:

Все бы я слушал этот лепет,
Все б эти ножки целовал...

* * *

Мужчины ее не любили. Женщины – тоже. Дети любили. Старики. Слуги. Животные. Совсем юные девушки.

Все, все ей было дано, чтобы быть без ума, без души, на коленях – любимой: и дар, и жар, и красота, и ум, и неизъяснимая прелесть, и безымянная слава – лучше имени («та, что – „Белые ночи“...»), и все это в ее руках было – прах, потому что она хотела – сама любить. Сама любила.

На Сонечку нужен был поэт. Большой поэт, то есть: такой же большой человек, как поэт. Такого она не встретила. А может, один из первых двухсот добровольцев в Новочеркасске 18-го года. Любой из двухсот. Но их в Москве Девятнадцатого года – не было. Их уже – нигде не было.

* * *

– О, Марина! Как я их любила! Как я о них тогда плакала! Как за них молилась! Вы знаете, Марина, когда я люблю – я ничего не боюсь, земли под собой не чувствую! Мне все: «Куда ты! убьют! там – самая пальба!»

И я каждый день к ним приходила, приносила им обед в корзиночке, потому что ведь есть – надо?

И сквозь всех красногвардейцев проходила. «Ты куда идешь, красавица?» – «Больной мамс обед несу, она у меня за Москва-рекой осталась». – «Знаем мы эту больную маму! С усами и с бородой!» – «Ой, нет, я усатых-бородатых не люблю: усатый – кот, а бородатый – козел! Я, правда, к маме!» (И уже плачу.) – «Ну ежели правда – к маме, проходи, проходи, да только в оба гляди, а то неровен час – убьют, наша, что ли, али юнкерская пуля – и останется старая мама без обеду».

Я всегда с особенным чувством гляжу на Храм Христа Спасителя, ведь я туда им обед носила, моим голубчикам.

* * *

– Марина! Я иногда ужасно вру! И сама – верю. Вот вчера, я в очереди стояла, разговорились мы с одним солдатом – хорошим: того же ждет, что и мы, – сначала о ценах, а потом о более важном, сериозном (ее произношение). «Какая вы, барышня, молоденькая будете, а разумная. Обо всем-то знаете, обо всем правду знаете…» – «Да я и не барышня совсем! Мой муж идет с Колчаком!» И рассказываю, и насказываю, и сама слезами плачу – оттого что я его так люблю и за него боюсь – и оттого что я знаю, что он не дойдет до Москвы – оттого что у меня нет мужа, который идет с Колчаком…

* * *

Сонечка обожала моих детей: шестилетнюю Алю и двухлетнюю Ирину. Первое, как войдет – сразу вынет Ирину из ее решетчатой кровати.

– Ну как, моя девочка? Узнала свою Галлиду? Как это ты про меня поешь? Галли-да, Галли-да! Да?

Ирину на колени, Алю под крыло – правую, свободную от Ирины руку. («Я всегда ношу детей на левой, вы тоже? Чтобы правой защищать. И – обнимать».) Так и вижу их втроем; застывшую в недвижном блаженстве группу трех голов: Иринину, крутолобую, чуть было не сказала – круторогую, с крутыми крупными бараньими ярко-золотыми завитками над выступом лба, Алину, бледно-золотую, куполком, рыцаренка, и между ними – Сонечкину, гладко-вьющуюся, каштановую, то застывшую в блаженстве совершенного объятья, то ныряющую – от одной к другой. И смешно – взрослая Сонечкина казалась только ненамного больше этих детских:

> Мать, что тебя породила,
> Раннею розой была:
> Она лепесток обронила –
> Когда тебя родила…

(Только когда я вспоминаю Сонечку, я понимаю все эти сравнения женщины с цветами, глаз с звездами, губ с лепестками и так далее – в глубь времен.

Не понимаю, а заново создаю.)

* * *

…Так они у меня и остались – группой. Точно это тогда уже был – снимок.

* * *

Когда же Ирина спала и Сонечка сидела с уже-Алей на коленях, это было совершенное видение Флоренсы с Домби-братом: Диккенс бы обмер, увидев обеих!

* * *

Сонечка с моими детьми была самое совершенное видение материнства, девического материнства, материнского девичества: девушки, нет – девочки-Богородицы:

> Над первенцом – Богородицы:
> Да это ж – не переводится!

– Ну, теперь довольно про Галлиду, а то я зазна̀юсь! Теперь «Ай ду-ду» давай (вполголоса нам с Алей – почти что то же самое!) – как это ты поешь, ну?

– Ай ду-ду,
Ай ду-ду,
Сидит воён на дубу.
Он 'гает во тубу.
Во ту-бу.
Во ту-бу.

– Так, так, моя хорошая! Только еще продолжение есть: «Труба то́ченая, позоло́ченная...» – но это тебе еще трудно, это когда ты постарше будешь.

И так далее – часами, никогда не уставая, не скучая, не иссякая.

– Марина, у меня никогда не будет детей.
– Почему?
– Не знаю, мне доктор сказал и даже объяснил, но это так сложно – все эти внутренности...

Серьезная, как большая, с ресницами, уже мерцающими как зубцы звезды.

И большего горя для нее не было, чем прийти к моим детям с пустыми руками.

– Ничего нет, ничего нет сегодня, моя девочка! – она, на вопиюще-вопрошающие глаза Ирины. – Я, понимаешь, до последней минуты ждала, все надеялась, что выдадут... А не дали – потому что они гадкие – и царя убили, и мою Ирину голодную посадили... Но зато обещаю тебе, понимаешь, непременно обещаю, что в следующий раз принесу тебе еще и сахару...

– Сахай давай! – Ирина – радостно-повелительно.
– Ирина, как тебе не стыдно! – Аля, негодующе, готовая от смущения просто зажать Ирине рукою рот.

И Сонечкино подробное разъяснение – ничего кроме «сахар» не понимающей Ирине – что сахар – завтра, а завтра – когда Ирина ляжет совсем-спать, и потом проснется, и мама ей вымоет лицо и ручки, и даст ей картошечки, и...

– Кайтошка давай!
– Ах, моя девочка, у меня сегодня и картошечки нет, я про завтра говорю... – Сонечка, с искренним смущением.
– Сонечка! (Аля, взволнованно) с Ириной никогда нельзя говорить про съедобное, потому что она это отлично понимает, только это и понимает, и теперь уже все время будет просить!

– О, Марина! Ведь сколько я убивалась, что у меня не будет детей, а сейчас – кажется – счастлива: ведь это такой ужас, такой ужас, я бы просто с ума сошла, если бы мой ребенок просил, а мне бы нечего было дать... Впрочем, остаются все чужие...

Чужих для нее не было. Ни детей, ни людей.

***

Две записи из Алиной тетради весны 1919 года (шесть лет). «Пришел вечер, я стала уже мыться. Вдруг послышался стук. Я еще с мокроватым лицом, накинув на себя Маринину шелковую шаль, быстро спустилась и спросила: „Кто там?" (Марина знала ту полудевочку – актрису Софью Евгеньевну Голлидэй.) Там за дверью послышались слова:

– Это я, Аля, это Соня!

Я быстро открыла дверь, сказав:

– Софья Евгеньевна!

– Душенька! Дитя мое дорогое! Девочка моя! – воскликнула Голлидэй, я же быстро взошла через лестницу к Марине и восторженно сказала:

– Голлидэй! – но Марины не было, потому что она ушла с Юрой Н. на чердак.

Я стала мыть ноги. Вдруг слышу стук в кухонную дверь. Отворяю. Входит Софья Евгеньевна. Она садится на стул, берет меня на колени и говорит:

– Моего милого ребенка оставили! Я думаю – нужно всех гостей сюда позвать.

– Но как же я буду мыть ноги?

– Ах, да, это худо.

Я сидела, положив лицо на мягкое плечо Голлидэй. Голлидэй еле-еле касалась моей шали. Она ушла, обещав прийти проститься, я же вижу, что ее нет, и в одной рубашке, накинув на себя шаль, вхожу к Голлидэй и сажусь к ней на колени. Там были Юра С., еще один студиец, и Голлидэй, а Марина еще раньше ушла с Юрой Н. на чердак. Я пришла совсем без башмаков и сандалий, только в одних черных чулках. Трогательно! Юра С. подарил мне белый пирожок. Голлидэй была весела и гладила мои запутанные волосы. Пришла знакомая Голлидэй, послышались чьи-то шаги на крыше. Оказалось, что Марина с Юрой Н. через чердачное окно вместе ушли на крышу. Юра С. влез на крышу со свечой, воскликнув:

– Дайте мне освещение для спасения хозяйки! Я сидела на подоконнике комнаты, слегка пододвигаясь к крыше. Голлидэй звала свою знакомую и говорила:

– Ой, дитя идет на крышу! Возьмите безумного ребенка! Подошла барышня, чтобы взять меня, но я билась. Наконец, сама Голлидэй сняла меня и стала нести в кровать. Я не билась и говорила:

– Галлида гадкая! Галлиду я не люблю!

Она полусмеялась и дала меня С<еро>ву, говоря, что я слишком тяжела для ее рук. Только что они усадили меня, как вдруг я увидала Марину, которая сходила с чердака. (Голлидэй, когда несла меня, то все говорила: „Аля, успокойся! Ты первая увидишь Марину!") Марина держала в руках толстую свечу в медном подсвечнике. Голлидэй сказала Марине:

– Марина, Алечка сказала, что она меня не любит! Марина очень удивилась – как я думаю».

* * *

У нас была актриса Сонечка Голлидэй. Мы сидели в кухне. Было темно. Она сказала мне:

– Знаешь, Алечка, мне Юра написал записочку: «Милая девочка Сонечка! Я очень рад, что вы меня не любите. Я очень гадкий человек. Меня не нужно любить. Не любите меня».

А я подумала, что он это нарочно пишет, чтобы его больше любили. А не презирали. Но я ей ничего не сказала. У Сонечки Голлидэй маленькое розовое лицо и темные глаза. Она маленького роста, и у нее тонкие руки. Я все время думала о нем и думала: «Он зовет эту женщину, чтобы она его любила. Он нарочно пишет ей эти записочки. Если бы он думал, что он, правда, гадкий человек, он бы этого не писал».

* * *

…Не гадкий. Только – слабый. Бесстрастный. С ни одной страстью кроме тщеславия, так обильно – и обидно – питаемой его красотой. Что я помню из его высказываний? На каждый мой резкий, в упор, вопрос о предпочтении, том или ином выборе – хотя бы между красными и белыми – «Не знаю… Все это так сложно…» (Вариант: «так далеко-не-просто»… по существу же «мне так безразлично»…) Зажигался только от театра, помню, однажды больше часу рассказывал мне о том, как бы он сделал (руками сделал?) маленький театр и разделил бы его на бесчисленное количество клеток, и в каждой – человечки, действующие лица своей пьесы, и междуклеточной – общей…

– А что это были бы за пьесы?.. В чем, собственно, было бы дело?.. (Он, таинственно:)

– Не знаю… Этого я еще пока не знаю… Но я все это прекрасно вижу… (Блаженно:) – Такие маленькие, почти совсем не видать…

Иногда – неопределенные мечты об Италии:

– Вот, уедем с Павликом в Италию… будем ходить по флорентийским холмам, есть соленый, жгутами, хлеб, пить кьянти, рвать с дерева мандарины… (Я, эхом:)

– И вспоминать – Марину… (Он, эхом эха:)

– И вспоминать – Марину…

Но и Италия была из Гольдони, а не из глубины тоски.

Однажды Павлик – мне:

– Марина? Юра решил ставить Шекспира. (Я, позабавленно:)

– Ну-у?

– Да. Макбета. И что он сделает – половины не оставит!

– Он бы лучше половину – прибавил. Взял бы – и постарался. Может быть, Шекспир что-нибудь забыл? А Юрий Александрович – вспомнил, восполнил.

Однажды, после каких-то таких его славолюбивых бредней – он ведь рос в вулканическом соседстве бредового, театрального до кости Вахтангова – я ему сказала:

– Юрий Александрович, услышьте раз в жизни – правду. Вас любят женщины, а вы хотите, чтобы вас уважали мужчины.

Его товарищи-студийцы – кроме Павлика, влюбленного в него, как Пушкин в Гончарову, – всей исключенностью для него, Павлика, такой красоты (что Гончарова была женщина, а Юрий З. – мужчина – не меняло ничего, ибо Пушкин, и женясь на Гончаровой, не обрел ее красоты, остался маленьким, юрким и т. д.) – но любовь Павлика была еще и переборотая ревность: решение любить – то, что по существу должен был бы ненавидеть, любовь Павлика была – чистейший романтизм – итак, кроме Павлика, его товарищи-студийцы относились к нему… снисходительно, верней – к нам, его любившим, снисходительно, снисходя к нашей слабости и обольщаемости. – «З‹авадск›ий… да-а…» – и за этим протяжным да не следовало – ничего.

(Их любовь с Павликом была взаимная ревность: Юрия – к дару, Павлика – к красоте, ревность, за невозможностью вытерпеть, решившая стать и ставшая – любовью. И еще – тайный расчет природы: вместе они были – Лорд Байрон.)

Весь он был – эманация собственной красоты. Но так как очаг (красота) естественно – сильнее, то все в нем казалось и оказывалось недостаточным, а иногда и весь он – ее недостойным. Все-таки трагедия, когда лицо – лучшее в тебе и красота – главное в тебе, когда товар – всегда лицом, – твоим собственным лицом, являющимся одновременно и товаром. Все с него взыскивали по векселям этой красоты, режиссеры – как женщины. Все кругом ходили, просили. (Я одна подала ему на красоту.) «Но, помилуйте, господа, я никогда никому ничего такого не обещал…» Нет, родной, такое лицо уже есть – посул. Только оно обещало то, чего ты не мог сдержать. Такие обещания держат только цветы. И драгоценные камни. Драгоценные – насквозь. Цветочные – насквозь. Или уж – святые Себастианы. Нужно сказать, что носил он свою красоту робко, ангельски. (Откуда мне сие?) Но это не улучшало, это только ухудшало – дело. Единственный выход для мужчины – до своей красоты не снисходить, ее – презирать (пре-зри: гляди поверх). Но для этого нужно быть – больше, он же был – меньше, он сам так же обольщался, как все мы...

Как описать Ангела? Ангел ведь не состоит из, а сразу весь. Предстает. Предстоит. Когда говорит Ангел, никакого сомнения быть не может: мы все видим – одно.

Только прибавлю: с седою прядью. Двадцать лет – и седая, чистого серебра, прядь.

И еще – с бобровым воротом шубы. Огромной шубы, потому что и рост был нечеловеческий: ангельский.

Помимо этого нечеловеческого роста, «фигуры» у него не было. Он сам был – фигура. Девятнадцатый год его ангельству благоприятствовал: либо беспредельность шубы, либо хламида св. Антония, то есть всегда – одежда, всегда – туманы. В этом смысле у него и лица не было: так, впадины, переливы, «и от нивы и до нивы – гонит встср прихотливый – золотые переливы»... (серебряные). Было собирательное лицо Ангела, но до того несомненное, что каждая маленькая девочка его бы, из своего сна, узнала. И – узнавала.

Но зря ангельский облик не дается, и было в нем что-то от Ангела: в его голосе (этой самой внутренней из наших внутренностей, недаром по-французски organe), в его бережных жестах, в том, как, склонив голову, слушал, как приподняв ее, склоненную, в двух ладонях, изнизу – глядел, в том, как внезапным недвижным видением в дверях – вставал, в том, как без следу – исчезал.

Его красота, ангельскость его красоты, его все-таки чему-то – учила, чему-то выучила, она диктовала ему шаг («он ступает так осторожно, точно боится раздавить какие-то маленькие невидимые существа», Аля), и жест, и интонацию. Словом (смыслом) она его научить не могла, это уже не ее разума дело, – поэтому сказать он ничего не мог (нечего было!), выказать – все.

Поэтому и обманывались: от самой простой уборщицы – до нас с Сонечкой. «Так любит, что и сказать не может...» (Так – не любил, никак не любил.) «Какая-то тайна...» Тайны не было. Никакой – кроме самотайны такой красоты.

Научить ступить красота может (и учит!), поступить – нет, выказать – может, высказать – нет. Нужному голосу, нужной интонации, нужной паузе, нужному дыханию. Нужному слову – нет. Тут уже мы вступаем в другое княжество, где князья – мы, «карлики Инфанты».

Не «было в нем что-то от Ангела», а – все в нем было от Ангела, кроме слов и поступков, слова и дела. Это были – самые обыкновенные, полушкольные, полуактерские, если не лучшие его среды и возраста – то и не худшие, и ничтожные только на фоне такой красоты.

Я сказала: в каком-то смысле у него лица не было. Но и личины – не было. Было – обличие. Ангельская облицовка рядового (и нежилого) здания. Обличие, подобие (а то, что я сейчас делаю – надгробие), но все-таки лучше, что – было, чем – не было бы!

Ему – дело прошлое, и всему этому уже почти двадцать лет! его тогдашний возраст! – моя стихотворная россыпь «Комедьянт», ему, о нем, о живом, тогдашнем нем, моя пьеса «Лозэн» (Фортуна), с его живым возгласом у меня в комнате, в мороз, под темно-синим, Осьмнадцатого века фонарем:

…да неужели ж руки
И у меня потрескаются? Черт
Побрал бы эту стужу!
Жаль вас, руки.

(Это черт звучало нежнее лютни!) Вижу игру темно-синего света и светло-синей тени на его испуганно-свидетельствуемой руке… Ему моя пьеса (пропавшая) «Каменный ангел»: каменный ангел на деревенской площади, из-за которого невесты бросают женихов, жены – мужей, вся любовь – всю любовь, из-за которого все топились, травились, постриглись, а он – стоял… Другого действия, кажется, не было. Хорошо, что та тетрадь пропала, так же утопла, отравилась, постриглась – как те. Его тень в моих (и на моих!) стихах к Сонечке… Но о нем – другая повесть. Сказанное – только чтобы уяснить Сонечку, показать, на что были устремлены, к чему были неотторжимо прикованы в ту весну 1919 года, чем были до краев наполнены и от чего всегда переливались ее огромные, цвета конского каштана, глаза.

Сонечка! Простим его ангельскому подобию.

* * *

Однажды я зашла к нему – с очередным даром. Его не застала, застала няньку.

– Вот книжечку принесли Юрочке почитать – и спасибо вам. Пущай читает, развлекается. А мало таких, милая вы моя, – с приносом. Много к нему ходят, с утра до ночи ходят, еще глаз не открыл – звонят, и только глаза смежил – звонят – и все больше с пустыми руками да поцалуями. Да я тем барышням не в осуждение – молоденькие! а Юрочка – хорош-расхорош, завсегда хорош был, как родился, хорош был, еще на руках был – все барышни влюблялись, я и то ему: «Чего это ты, Юрий

Алексаныч, уж так хорош? Не мужское это дело!» – «Да я, няня, не виноват». Конечно, не виноват, только мне-то двери отворять бегать от этого – не легче... Пущай цалуют! (все равно ничего не выцалу-ют), а только: коли цалуешь – так позаботься, – чтобы рису, али пшена, али просто лепешечку – вы же видите, какой он из себя худющий, сестра Верочка который год в беркулезе, неровен час и он: одно лицо, одна кровь – не ему, понятно, он у нас стеснительный, не возьмет, – а ко мне на кухню: «Нате, мол, няня, подкрепите своего любимого». Нет, куда там! Коли ко мне на кухню, так – что не любит – плакаться. И голова пуста, и руки пусты. Зато рот по-олон: пустяками да поцалуями.

А зато одна к нему ходит – золото. (Две их у меня – носят. только одна – строгая такая, на манер гувернантки, и носик у них великоват будет, так я сейчас не про них...) Вы барышню Галлиде знаете? Придет: «Юрочка дома? Сначала Юрий Алексаныч говорила, ну а потом быстро пообвыкла, меня стесняться перестала». – «Дома, говорю, красавица, только спит». – «Ну, не будите, не будите, я и заходить не хотела, только вот – принесла ему, только вы, няня, ему не говорите...»

И пакетец сует, а в пакетце – не то чтобы пшено али ржаной хлеб, а завсегда булочка белая: ну, белая... И где она их берет?!

Или носки сядет штопать. «Дайте мне, нянечка, Юрочкины носки». – «Да что вы, барышня, нешто это ваших молодых ручек дело? Старухино это дело». – «Нет уж!» – и так горячо, горячо, ласково, ласково в глаза глядит. «Вы меня барышней не зовите, а зовите – Соня, а я вас – няня». Так и стала звать – Сонечка, как малюточку.

Ну уж и любит она его – и сказать не могу!

Носки перештопает, рубашечку погладит (а наш-то все спит, не ведает!), поцалует меня в щеку – «Кланяйтесь, няня, Юрочке» – и пойдет.

Сколько раз я своему красавцу говорила: «Не думай долго, Юрий Александрович, все равно лучше не сыщешь: и красавица, и умница, и работница, и на театре играет – себя оправдывает, и в самую что ни на есть темнющую ночь к дохтору побежит, весь город на ноги поставит, а уж дохтора приведет: с такой женой болеть мо-жно! – а уж мать твоим детям будет хороша, раз тебя, версту коломенскую, в сыновья взяла. И ростом – под стать: ты – во-о какой, а она – ишь какая малюточка!» (Мне: «Верзилы-то завсегда малюточек любят».) Только мал золотник – да дорог.

– А он?

– Стоит, улыбается, отмалчивается. Не любит – вот что.

– Другую любит?

– Эх, милая вы моя, никого-то он не любит, отродясь не

любил, кроме сестры Верочки да меня, няньки. (Я, мысленно: «И себя в зеркале».)

— Так про Сонечку — чтоб досказать. Не застанет — веселая уходит, а застанет — завсегда со слезами. Прохладный он у нас.

— Прохладный он у вас. Зеркало — тоже прохладное.

* * *

У Сонечки была своя нянька — Марьюшка. «Замуж буду выходить — с желтым сундуком — в приданое». Не нянька — старая прислуга, но старая прислуга, зажившаяся, все равно — нянька. Я этой Марьюшки ни разу, за всю мою дружбу с Сонечкой, не видала — потому что она всегда стояла в очереди: за воблой, за постным маслом и еще за одной вещью. Но постоянно о ней слышала, и все больше, что «Марьюшка опять рассердится» (за Юру, за бессонные ночи, за скормленное кому-то пшено…)

Однажды стук в дверь. Открываю. Черное, от глаз, лицо — и уже с порога:

— Марина! Случилась ужасная вещь. В моей комнате поселился гроб.

— Что-о-о?

— А вот — слушайте. Моя Марьюшка где-то прослышала, что выдают гроба — да — самые настоящие гроба (пауза) — ну, для покойников — потому что ведь сейчас это — роскошь. Вы же знаете, что Алексею Александровичу сделали в Студии — всюду будто уже выдали, а у нас не выдают. Вот и ходила — каждый день ходила, выхаживала — приказчик, наконец, терпение потерял: «Да скоро ли ты, бабка, помрешь, чтоб к нам за гробом не таскаться? Раньше, бабка, помрешь, чем гроб выдадим» — и тому подобные любезности, ну, а она — твердая: «Обешшано — так обешшано, я от своего не отступлюсь». И ходит, и ходит. И, наконец, нынче приходит — есть! Да, да, по тридцатому талону карточки широкого потребления. «Ну, дождалась, бабка, своего счастья?» — и ставит ей на середину лавки — голубой. «Ну-ка примерь, уместишься в нем со всеми своими косточками?» — «Умещусь-то умещусь, говорю, да только не в энтом». — «Как это еще — не в энтом?» — «Так, говорю, потому что энтот — голубой, мужеский, а я — девица, мне розовый полагается. Так уж вы мне, будьте добры, розовенький, — потому что голубого не надо нипочем». — «Что-о, говорит, карга старая, мало ты мне крови испортила, а еще — девица оказалась, в розовом нежиться желаешь! Не будет тебе, чертова бабка, розового, потому что их у нас в заводе нет». — «Так вы уж мне тогда, ваше степенство, беленький», — я ему, — «испужалась больно, как бы совсем без гробику не отпустил — потому что в мужеском голубом лежать для девицы – бесчестье, а я всю жизнь от младенческих пелен до савана честная была». Тут он на меня – ногами как затопочет: «Бери, чертова девица, что дают – да проваливай, а то беду сделаю! Сейчас, орет, Революция, великое сотрясение, мушшин от женщин не разбирают, особенно – покойников. Бери, бери, говорю, а то энтим самым предметом угроблю!» – да как замахнется на меня – гробовой крышечкой-то! Стыд, страм, солдаты вокруг – гогочут, пальцами – тычут...

Ну, вижу, делать нечего, взвалила я на себя свой вечный покой и пошла себе, и так мне, барышня, горько, скоко я за ним таскалась, скоко насмешек претерпела, а придется мне упокоиться в мужеском, голубом.

И теперь, Марина, он у меня в комнате. Вы над дверью полку такую глубокую видели – для чемоданов? Так она меня – прямо-таки умолила: чтобы под ногами не мешался, а главное – чтобы ей глаз не язвил: цветом. «Потому что как на него взгляну, барышня, так вся и обольюсь обидой».

Так и стоит. (Пауза.) Я, наверное, все-таки когда-нибудь к нему – привыкну?

(Это было в Вознесенье 1919 года.)

* * *

Четвертым действующим лицом Сонечкиной комнаты был – гроб.

* * *

А вот моя Сонечка, увиденная другими глазами: чужими.

– Видел сегодня вашу Сонечку Голлидэй. Я ехал в трамвае, вижу – она стоит, держится за кожаную петлю, что-то читает, улыбается. И вдруг у нее на плече появляется огромная лапа, солдатская. И знаете, что она сделала? не переставая читать и даже не переставая улыбаться, спокойно сняла с плеча эту лапу – как вещь.

– Это – живая она! А вы уверены, что это – она была?

– О, да. Я ведь много раз ходил смотреть ее в «Белых ночах», та же самая в белом платьице, с двумя косами... Это было так... прэлэстно (мой собеседник был из Царства Польского), что весь вагон рассмеялся, и один даже крикнул: браво!

– А она?

– Ничего. И тут глаз не подняла. Только, может быть, улыбка стала – чуть-чуть шире... Она ведь очень хорошенькая.

– Вы находите?

– С опущенными веками, и этими косами – настоящая

мадонна. У нее, вероятно, много романов?

– Нет. Она любит только детей…

– Нно… это же не…

– Нет, это мешает.

* * *

Так я охраняла Сонечку от – буржуйских лап.

Романы?

Je n'ai jamais su au juste ce qu'étaient ses relations avec les hommes, si c'étaient ce qu'on appelle des liaisons – ou d'autres liens. Mais rêver ensemble ou dormir ensemble, c'êtait toujours de pleurer seule.[181]

Часть вторая. Володя

Первое слово к его явлению – стать, и в глазах – сразу – стан: опрокинутый треугольник, где плечам дано все, поясу – ничего.

Первое впечатление от лица – буква Т и даже весь крест: поперечная морщина, рассекающая брови и продолженная прямолинейностью носа.

Но здесь – остановка, потому что все остальное зрительно было – второе.

Голос глубокий, изглубока звучащий и посему отзывающийся в глубинах. И – глубоко захватывающий, глубокое и глубоко захватывающий.

Но – не певучий. Ничего от инструмента, все от человеческого голоса в полную меру его человечности и связок.

Весь с головы до пят: «Voilà un homme!»[182]

Даже крайняя молодость его, в нем, этому homme – уступала. Только потом догадывались, что он молод – и очень молод. С ним, заменив Консула – юношей, а Императора – мужем, на ваших глазах совершалось двустишие Hugo:

> Et du Premier Consul déja en maint endroit
> Le front le l'Empereuer perçait le

---

[181] Я никогда не знала в точности, каковы были ее отношения с мужчинами: были ли они тем, что называют любовными связями, или иными узами. Но мечтать ли вместе, спать ли вместе – а плакать всегда в одиночку (фр.).

[182] Се – человек! (фр.).

Этот муж в нем на наших глазах проступал равномерно и повсеместно.

Этот юноша носил лицо своего будущего.

Об этом Володе А. я уже целый год и каждый раз слышала от Павлика А. – с неизменным добавлением – замечательный. «А есть у нас в Студии такой замечательный человек – Володя А.». Но этого своего друга он на этот раз ко мне не привел.

Первая встреча – зимой 1918–1919 года, на морозном склоне 1918 года, в гостях у молодящейся и веселящейся дамы, ногу подымавшей, как руку, и этой ногой-рукой приветствовавшей искусство – все искусства, мое и меня в том числе. Таких дам, с концом старого мира справлявших конец своей молодости, много было в Революцию. В начале ее. К 19-му году они все уехали.

Первое слово этого глубокого голоса:

– Но короли не только подчиняются традициям – они их создают.

Первое слово – мне, в конце вечера, где нами друг другу не было сказано ни слова (он сидел и смотрел, как играют в карты, я – даже не смотрела):

– Вы мне напоминаете Жорж Занд – у нее тоже были дети – и она тоже писала – и ей тоже так трудно жилось – на Майорке, когда не горели печи.

Сразу позвала. Пришел на другой день с утра – пошли бродить. Был голоден. Поделили и съели с ним на улице мой кусок хлеба.

Потом говорил:

– Мне сразу все, все понравилось, И что сразу позвали, не зная. И что сами сказали: завтра. Женщины этого никогда не делают: всегда – послезавтра, точно завтра они всегда очень заняты. И что дома не сидели – пошли. И что хлеб разломили пополам, и сами ели. Я в этом почувствовал – обряд.

А потом, еще позже:

– Вы мне тогда, у Зои Борисовны, напомнили польскую панночку: на вас была такая (беспомощно) – курточка, что ли? Дымчатая, бархатная, с опушкой. Словом, кунтуш? И посадка головы – немножко назад. И взгляд – немножко сверху. Я сразу в вас почувствовал – польскую кровь.

Стал ходить. Стал приходить часто – раза два в неделю, сразу после спектакля, то есть после двенадцати. Сидели на разных концах рыжего дивана, даже так: он – в глубоком его

---

183 И не однажды сквозь стеснительный лик
Первого консула проглядывало чело императора (фр.).

углу, я – наискосок, на мелком, внешнем его краю. Разговор происходил по длинной диагонали, по самой долгой друг к другу дороге.

Темный. Глаза очень большие, но темные от ресниц, а сами – серые. Все лицо прямое, ни малейшей извилины, резцом. В лице та же прямота, что в фигуре: la tête de son corps.[184] Точно это лицо тоже было – стан. (Единственное не прямое во всем явлении – «косой» пробор, естественно прямый прямого.)

Зрительно – прямота, внутренне – прямость. Голоса, движений, в глаза – гляденья, рукопожатья. Все – односмысленно и по кратчайшей линии между двумя точками: им – и миром.

Прямость – и твердость. И даже – непреклонность. При полнейшей открытости – непроницаемость, не в смысле внутренней загадочности, таинственности, а в самом простом смысле: материала, из которого. Такой рукой не тронешь, а тронешь – ни до чего, кроме руки, не дотронешься, ничего в ней не затронешь. Поэтому бесполезно трогать. Совершенно, как со статуей, осязаемой, досягаемой, но – непроницаемой. В каком-то смысле – вещь без резонанса.

Словом, самое далекое, что есть от портрета, несмотря на пластическое несуществование свое, а может быть, благодаря ему, бесконечно-досягаемого и податливого, который, по желанию, можно вглядеть на версту внутрь рамы, или изнутри всех его столетий в комнату – выглядеть. Самое обратное портрету, то есть – статуя, крайней явленностью своей и выявленностью ставящая глазам предел каждой точкой своей поверхности.

(«Неужели это все я – М. И.?» – «Да, это все – вы, Володечка. Но рано обижаться – погодите».)

(Как потом выяснилось – это впечатление его статуарности было ошибочное, но это – потом выяснилось, и я этой ошибкой полтора года кормилась, на этой ошибке полтора года строила – и выстроила.)

Сразу стал – друг. Сразу единственный друг – и оплот.

В Москве 1918–1919 года мне – мужественным в себе, прямым и стальным в себе, делиться было не с кем. В Москве 1918–1919 года из мужской молодежи моего круга – скажем правду – осталась одна дрянь. Сплошные «студийцы», от войны укрывающиеся в новооткрытых студиях… и дарованиях. Или красная молодежь, между двумя боями, побывочная, наверное прекрасная, но с которой я дружить не могла, ибо нет дружбы у побежденного с победителем.

<u>С Володей я отводила свою мужскую душу.</u>

---

[184] Просто – голова (фр.).

Сразу стала звать Володечкой, от огромной благодарности, что не влюблен, что не влюблена, что все так по-хорошему: по-надежному.

А он меня – М. И., так с отчества и не сошел, и прощались по имени-отчеству, и за это была ему благодарна, ибо в те времена кто только меня Мариной не звал? Просто: М. И. – никто не звал! Этим отчеством сразу отмежевался – от тех. Меня по-своему – присвоил.

Разговоры? Про звезды: однажды, возвращаясь из каких-то гостей, час с ним стояли в моем переулке, по колено в снегу. Помню поднятую, все выше и выше подымаемую руку – и имя Фламмариона – и фламмарионы глаз, только затем глядящих в мои, чтобы мои поднялись на звезды. А сугроб все рос: метели не было, были – звезды, но сугроб, от долгого стояния, все рос – или мы в него врастали? – еще бы час постояли – и оказался бы ледяной дом, и мы в нем...

О чем еще? Об Иоанне д'Арк – чуде ее явления – о Наполеоне на св. Елене – о Джеке Лондоне, его, тогда, любимом писателе – никогда о театре.

И – никогда о стихах. Никогда стихов – я ему. Не говорила, не писала. Наше с ним было глубже любви, глубже стихов. Обоим – нужнее. И должно быть – нужнее всего на свете: нужнее, чем он мне и я ему.

Об его жизни (любовях, семье) я не знала ничего. Никогда и не спросила. Он приходил из тьмы зимней тогдашней ночи и в нее, еще более потемневшую за часы и часы сидения, – уходил. («В уже посветлевшую» – будет потом.)

И я даже мысленно его не провожала. Володя кончался за порогом и начинался на пороге. Промежуток – была его жизнь.

Руку на сердце положа: не помню, чтобы мы когда-нибудь с ним уговаривались: «Когда придете?» и т. д. Но разу не было – за зиму, чтобы он пришел и меня не застал, и разу не было, чтобы застал у меня других. И «дней» у нас не было: когда два раза в неделю, а когда и раз в две. «Значит, вы всегда были дома и всегда одна?» – «Нет, уходила. Нет, бывала». Но это было наше с ним чудо, и разу не было, чтобы я, завидев его, не воскликнула: «Володя! Я как раз о вас думала!» Или: «Володя, если бы вы знали, как я мечтала, чтобы вы нынче пришли!» Или просто: «Володя! Какое счастье!»

Потому что с ним входило счастье – на целый вечер, счастье надежное и верное, как любимая книга, на которую даже не надо света.

Счастье без страха за завтрашний день: а вдруг разлюбит? больше не придет? и т. д. Счастье без завтрашнего дня. без его ожидания: выхаживания его большими шагами по улицам, выстаивания ледяными ногами – ледяными ночами – у окна...

Больше скажу: я никогда по Володе не скучала, так же достоверно не скучала по нему и без него, как ему радовалась. Мечтала – да, но так же спокойно, как о вещи, которая у меня непременно будет, как о заказном письме, которое уже знаю, что – послано. (Когда дойдет – дело почти, не мое.)

Сидел – всегда без шубы. Несмотря на холод и даже мороз – всегда без шубы. В сером, элегантном от фигуры костюме, таком же статном, как он сам, весь – очертание, весь – отграниченность от окружающих вещей, стен. Сидел чаще без прислона, а если прислонясь – то никогда не развалясь, точно за спиной не стена – а скала. Ландшафт за ним вставал неизменно морской, и увидев его потом (только раз!) на сцене, в морской пьесе – не то «Гибель „Надежды"», не то «Потоп» – я не только не почувствовала разрыва с моим Володей, а наоборот – может быть впервые увидела его на его настоящем месте: морском и мужском.

* * *

От Павлика я уже год слышала, что «Володя – красавец»… «Не такой, как Юра, конечно, то есть такой же, но не такой… Вы меня понимаете?» – «Еще бы!» – «Потому что Юра так легко мог бы быть – красавицей, а Володя – уж никакими силами…»

Поэтому Володину красоту на пороге первого раза я встретила, как данность, и уже больше ею не занималась, то есть поступила с ней совершенно так, как он – когда родился. Не мешая ему, она не мешала и мне, не смущая и не заполняя его, не смущала и меня, не заполняла и меня. Его красота между нами не стояла – и не сидела, как навязчивый ребенок, которого непременно нужно занять, унять, иначе от скуки спалит дом.

С самого начала скажу: ничего третьего между нами не было, была долгая голосовая диванная дорога друг к другу, немногим короче, чем от звезды до звезды, и был человек (я) перед совершенным видением статуи, и может быть и садилась я так далеко от него, чтобы лучше видеть, дать этой статуе лучше встать, создавая этим перспективу, которой с ним лишена была внутренне, и этой создаваемой физической перспективой заменяя ту, внутреннюю, которая у людей зовется будущее, а между мужчиной и женщиной есть любовь.

Однажды я его, шутя, спросила:

– Володечка, а надоедают вам женщины с вашей красотой? Виснут?

Смущенно улыбаясь, прямым голосом:

– М. И., на каждом молодом виснут. Особенно на актере. Волка бояться… А мне всех, всех женщин жаль. Особенно – не так уж молодых. Потому что мы все перед ними безмерно виноваты. Во всем виноваты.

— А — вы?

— Я (честный взгляд), я стараюсь — исправить.

Дружил он, кроме меня, с одной их студийкой — с кавказской фамилией. Когда он ее очень уж хвалил, я шутя ревновала, немножко ее вышучивала, никогда не видав. И каждый раз: — Нет, нет, М. И., здесь смеяться нельзя. Даже — шутя. Потому что она — замечательный человек.

Неподдающийся, как скала.

— Она сестрой милосердия была в войну, — тоном высшего признания, — на войне была.

— А я — не была.

— Вам — не надо, вам — другое дело.

— Сидеть и писать стихи? О, я даже обижена!

— Нет, не сидеть и писать стихи, а делать то, что вы делаете.

— А что я делаю?

— То, что сделали вы — со мной, и то, что со мной — еще сделаете.

— Володя, не надо!

— Не надо.

Однажды он мне ее привел. И — о, радость! — барышня оказалась некрасивая. Явно-некрасивая. Такая же явно-некрасивая, как он — красивый. И эту некрасивую он, забалованный (бы) и залюбленный (бы), предпочитал всем, с ней сидел — когда не сидел со мной.

Попытка — исправить?

* * *

Володя приходил ко мне с рассказами — как с подарками, точно в ладони принесенными, до того — вещественными, донесенными до моего дома — моего именно, и клал он мне их в сердце — как в руку.

Помню один такой его рассказ об убитом в войну французском летчике. Разбитый аппарат, убитый человек. И вот, через какой-то срок — птица-победитель возвращается — снижается — и попирая землю вражды, победитель-немец — сбитому французу — венок.

Такими рассказами он меня поил и кормил в те долгие ночи.

Никогда — о театре, только раз, смеясь:

— М. И., вы ведь меня не заподозрите в тщеславии?

— Нет.

— Потому что очень уж замечательно сказано, вы —

оцените. У нас есть уборщица в Студии, милая, молоденькая, и все меня ею дразнят – что в меня влюблена. Глупости, конечно, а просто я с ней шучу, болтаю, – молодая ведь и так легко могла бы быть моей партнершей, а не уборщицей. У женщин ведь куда меньшую роль играют рождение, сословие. У них только два сословия: молодость – и старость. Так ведь? Ну, так она нынче говорит мне – я как раз разгримировался, вытираю лицо: «Ах, Володечка А<лексее>в, какой вы жестокий красавец!» – «Что вы, Дуня, – говорю, – какой я жестокий красавец? Это у нас З<авад>ский – жестокий красавец». – «Нет, – говорит, – потому что у Юрия Алекс<аны>ча красота ангельская, городская, а у вас, Володечка, морская, военная, самая настоящая нестерпимая жестокая мужская еройская. У нас бы на деревне Юрия Алекс<аны>ча – засмеяли, а от вас, Володечка, три деревни все сразу бы в уме решились».

Вот какой я (задумчиво) – ерой…

– «Красота страшна, быть может…» А теперь, Володя, в рифму к вашему жестокому красавцу, я расскажу вам свою историю:

Я отродясь помню в нашем доме Марью Васильевну – кто она была, не знаю, должно быть – все: и кто-нибудь из детей заболел – она, и сундуки перетрясать – она, и перешивать – она, и яйца красить – она. А потом исчезала. Худая – почти скелет, но чудные, чудные глаза, такие страдальческие, живое страдание: темно-карие (черных – нет, черные только у восточных – или у очень глупых: бусы) – во все лицо, которого не было. И хотя старая, но не старуха – ни одного седого волоса, черные до синевы, прямым пробором. Ну – монашка и еще лучше – старая Богородица над сыном. Да так оно и было: у нее – я тогда еще была очень маленькая – был сын Саша, реального училища, он жил у нас в пристройке, возле кухни. Потом мы с матерью уехали за границу, а он заболел туберкулезом, и мой отец отправил его в Сухум. «Ах, Мусенька, как он меня ждал, как меня ждал! С каждым пароходом ждал – а уж умирал совсем. Затрубит пароход: „Вот это мама ко мне едет!“ (Сиделка потом рассказывала.) А я взаправду ехала – ваш папаша мне денег дал, и дворник на вокзале билет купил и в поезд посадил, – я ведь в первый раз так далеко ехала. Еду, значит, а он, значит, ждет. И как раз, как нам пристать, пароход затрубил. А он – привстал на постели, руки вытянул: „Приехала мама!“ – и мертвый упал…»

…Это я вам, чтобы дать вам ее лицо, потому что это лицо у нее так и осталось, даже когда манную кашу варила или про генеральшиных мопсов рассказывала – всегда с таким лицом. Но теперь – про ту самую жестокую красоту – тоже рассказ, из ее молодости. «Я, Мусенька, не смотри на меня, что моща, и желтей лимону, и зубы шатаются, – я, Мусенька, красавица была. И было мне тогда пятнадцать лет. Пошла я за чем-то в лавочку, за мной следом молодой человек заходит. Вышла я – он за мной. Вхожу в дом, гляжу из окна – стоит, на занавеску смотрит. Из себя – брюнет, глазищи – во-о, усы еще не растут, ну, лет шестнадцать, что ли. И, ей-Богу, на меня похож – глазами, потому что глазами моими мне все уши прожужжали, пропели, уж я-то их у себя на лице – знала. Смотрю – мои глаза, мои и есть. Ну, словом – братишка мне. (Я одна росла.) Только – рассказывать-то долго, а поглядеть – коротко, разом я занавеску задернула.

Завтрашний день – опять в лавочку, а он уже стоит, ждет. Ничего не говорит, не кланяется, а только глядит. И все дни так пошло: следом – как тень и стоит – как пень. Ну, а на пятый, что ли, – у меня сердце не выдержало: и зло берет, что глядит, и зло берет, что молчит, – как выходит он вслед за мной, я – ему: „И глядеть нечего, и стоять нечего, потому что ничего не выглядишь, потому что я просватана: за богатого замуж выхожу".

А он – весна была – стоит под деревцами, снял картуз да ни-изко поклонился. И – весь воском залился. А на другой день – я еще сплю – крик, шум: у Егоровых малый зарезался. Ночью, видать, потому что весь холодный. Все бегут – и я бегу.

И лежит он, Мусенька, мой недавний знакомец, гляделец, только глаз-то моих уже больше не видать: закрылись».

…Володечка, а ваша уборщица?

– Нет, М. И., времена другие, сейчас все страшно подешевело. Да я бы… почувствовал бы, если бы – действительно. Нет, выйдет замуж – и будут дети.

– И старшего назовет – Володечка.

– Это – может быть.

* * *

Такими рассказами я его кормила и поила долгие ночи: он – в глубоком углу дивана, я на мелком его краю, под синим фонарем, по длинной диагонали – явить имевшей всю нашу друг к другу дорогу, по которой мы никогда никуда не пришли.

* * *

…Теперь я думаю (да и тогда знала!) – Володя был – спутник, и дорога была не друг к другу, а – от нас самих, совместная – из нас самих. Отсюда и простор, и покой, и надежность – и неспешность: спешишь ведь только в тот извечный тупик, из которого одна дорога: назад, шаг за шагом все отнимая, что было дано, и даже – затаптывая, и даже – в землю втаптывая, ногой как лопатой заравнивая.

* * *

О моей завороженности – иного слова нет – Ю. З. Володя, конечно, знал. Но он ее не касался, а может быть, она его не касалась. Только, когда я, изведенная долгими пропаданиями Ю. З. (а пропадать он начал скоро: сразу!), равнодушнейшим из голосов:

– А как З<авад>ский?

– З<авад>ский ничего. Играет.

З<авад>ский был единственный пункт его снисхождения. Это имя, мною произнесенное, сразу ставило его на башню, а меня – в садик под нею, в самый розовый его куст. И как хорошо мне было, внезапно умаленной на все свое превосходство (с ним – равенство) – маленькой девочкой, из своего розового изнизу заглядевшейся на каменного ангела. Володе же, для которого я была всегда на башне, – сама башня, как-то неловко было видеть меня младшей (глупой). Он, даже физически, отвечая о Ю. З., не подымал глаз – так что я говорила с его опущенными веками.

И когда я однажды, прорвавшись:

– Володя, вы меня очень презираете за то, что… – он, как с неба упав:

– Я – вас – презираю? Так же можно презирать – небо над головой! Но чтобы раз навсегда покончить с этим: есть вещи, которые мужчина – в женщине – не может понять. Даже – я, даже – в вас. Не потому, что это ниже или выше нашего понимания, дело не в этом, а потому, что некоторые вещи можно понять только изнутри себя, будучи. Я женщиной быть не могу. И вот, то немногое только-мужское во мне не может понять того немногого только-женского в вас. Моя тысячная часть – вашей тысячной части, которую в вас поймет каждая женщина, любая, ничего в вас не понимающая. З<авад>ский – это ваша общая женская тайна… (усмехнувшись)… даже – заговор.

Не понимая, принимаю, как все всегда в вас – и от вас – приму, потому что вы для меня – вне суда.

– А хороший он актер?

– На свои роли, то есть там, где вовсе не нужно быть, а только являться, представать, проходить, произносить. Видите, говорю вам честно, не перехваливаю и не снижаю. Да и не актера же вы в нем…

– А знаете ли вы, Володечка, вы, который все знаете, – что я всего З., и все свои стихи к нему, и всю себя к нему отдам и отдаю за час беседы с вами – вот так – вы на том конце, я на этом...

Молчит.

– ...Что если бы мне дали на выбор – его всего – и наше с вами – только-всего... Словом, знаете ли вы, что вы его с меня, с моей души, одним своим рукопожатьем – как рукой снимаете?

Все еще молчит.

– Что я вас бесконечно больше?!..

– Знаю, Марина Ивановна.

* * *

Долгие, долгие дни... Это – нет, но:
Долгие, долгие ночи...

Когда уходил? Не на рассвете, потому что светает зимой поздно, но по существу, конечно – утром: в четыре? В пять? Куда уходил? В какую жизнь? (Без меня.) Любил ли кого-нибудь, как я – Ю. З.? Лечился ли у меня от несчастной недостойной любви? Ничего не знаю и не узнаю никогда.

* * *

Я никогда не встречала в таком молодом – такой страсти справедливости. (Не его – к справедливости, а страсти справедливости – в нем.) Ибо было ему тогда много-много – двадцать лет. «Почему я должен получать паек, только потому, что я – актер, а он – нет? Это несправедливо». Это был его главнейший довод, резон всего существа, точно (да точно и есть!) справедливость нечто совершенно односмысленное, во всех случаях – несомненное, явное, осязаемое, весомое, видимое простым глазом, всегда, сразу, отовсюду видимое – как золотой шар Храма Христа Спасителя из самой дремучей аллеи Нескучного.

Несправедливо – и кончено. И вещи уже нет. И соблазна уже нет. Несправедливо – и нет. И это не было в нем головным, это было в нем хребтом. Володя А. потому так держался прямо, что хребтом у него была справедливость.

Несправедливо он произносил так, как князь С. М. Волконский – некрасиво. Другое поколение – другой словарь, но вещь – одна. О, как я узнаю эту неотразимость основного довода! Как бедный: – это дорого, как делец – это непрактично – так Володя А. произносил: – это несправедливо.

Его несправедливо было – неправедно.

* * *

Володя, как все студийцы его Студии, был учеником

Стаховича – но не как все студийцы.

– М. И., Стахович учит нас итогам – веков. Дело не в том, что нужно – так кланяться, а в том – почему надо так кланяться, как от первого дикаря к тому поклону – пришли. От раздирания, например, друг друга зубами – до дуэли. Этому Стахович нас не учит (с усмешкой)... у нас времени нет – на историю жеста, нам нужен... жест, прямая выгода и мгновенный результат: войду и поклонюсь, как Стахович, выйду – и подерусь, как Стахович – но этому я сам учусь, прохожу его уроки – вспять, к истоку, а вы ведь знаете, как трудно установить истоки Рейна и рода... Для меня его поклон и бонтон – не ответ, а вопрос, вопрос современности – прошлому, мой вопрос – тем, и я сам пытаюсь на него ответить, потому что, М. И. (задумчиво), я... не знаю... ответил ли бы на него сам Стахович? Стаховичу эти поклоны даны были отродясь, это был дар его предков – ему в колыбель. У меня нет предков, М. И., и мне никто ничего не положил в колыбель. Я пришел в мир – голый, но, хотя и голый, я не должен бессмысленно одеваться в чужое, хотя бы прекрасное, платье. Их дело было донести, мое – осмыслить.

И я уже многое понял, М. И, и скажу, что это меньше всего – форма, и больше всего – суть. Стахович нас учит быть. Это – уроки бытия. Ибо – простите за грубый пример – нельзя, так поклонившись, заехать друг другу в физиономию – и даже этих слов сказать нельзя, и даже их подумать нельзя, а если их подумать нельзя – я уже другой человек, поклон этот у меня уже внутри.

После смерти Стаховича он сказал мне:

– Я многим ему обязан. Иногда – я молод, М. И., и сейчас Революция, и я часто окружен грубыми людьми – когда у меня соблазн ответить тем же, сказать ему на его языке – хотя бы кулаком – у меня сразу мысль: это не – по Стаховичу. И – язык не поворачивается. И – рука не подымается. Подымется, М. И., но в нужный час – и никогда не сжатая в кулак!

На похоронах Стаховича – пустыней Девичьего Поля...

> Пустыней Девичьего Поля
> Бреду за ныряющим гробом.
> Сугробы – ухабы – сугробы –
> Москва: Девятнадцатый Год...

я среди других его юных провожатых особенно помню Володю, особенную прямость его стана под ударами и над сугробами, ни на шаг не отстающего от учителя. Так мог идти старший, любимый внук.

И – что это? что это? Над хрустальным, кристальным, маленьким, сражающим чистотой и радостью крестом – черные глаза, розовое лицо, двумя черными косами как бы обнимающая крест – Сонечка над соседней могилой Скрябина. Это было первое ее видение, после того, на сцене, на чтении «Метели», первая встреча с ней после моей «Метели», в другой метели, ревевшей и бушевавшей над открытой могилой, куда никак не проходил барский, добротный, в Художественном театре сколоченный, слишком просторный для ямы – гроб. Студийцы, нахмурясь, расширяли, били лопатами мерзлую землю, обивали о нее лопаты, с ней – лопатами – насмерть бились, девочка, на коленях посреди сугроба, обняв руками и обвив косами соседний хрустальный крест, заливала его слезами, зажигала глазами и щеками – та́к, что крест сиял и пылал – в полную метель, без солнца.

– Как мне тогда хотелось, Марина, после этой пытки, – Марина, вы помните этот ужасный возглас: «Батюшка, торопитесь, второй покойник у ворот!» – точно сам пришел и встал с гробом на плечах, точно сам свой гроб пронес, Марина! – Марина, как мне тогда хотелось, ныло́сь, вылось – домой, с вами, отогреться от всей этой смерти, – все равно куда «домой» – куда-нибудь, где я останусь одна с вами, и положу вам голову на колени – как сейчас держу – и скажу вам все про Юру – и тут же сразу вам его отдам – только чтобы вы взяли мою голову в ладони, и тихонько меня гладили, и сказали мне, что не все еще умерли, что я еще не умерла – как все они… О, как я завидовала Вахтангу Левановичу, который шел с вами по́д руку и одно время – положив вам руку на плечо – всю эту долгую дорогу – шел с вами, один, с вашей коричневой шубой, которой вы его иногда ветром, почти запахивали, так что он мог думать, что это вы – его, что идет с вами под одной шубой, что вы его – любите! Я потом ему сказала: «Вахтанг Леванович, как вы могли не позвать меня идти с вами! Вы – плохой друг». – «Но, Софья Евгеньевна, я шел с Мариной Ивановной». – «Так я об этом именно, что вы шли с Мариной Ивановной». – «Но… я не знал, Софья Евгеньевна, откуда я мог знать, что вам вдруг захочется идти со мной!» – «Да не с вами, дикий вы человек, а с нею: что вы с нею идете – а не я!!» Он, Марина, тогда ужасно обиделся, назвал меня комедьянткой и еще чем-то… А я ведь – от всей души. А зато (блаженные жмурые глаза изнизу) – через два месяца – может быть даже день в день – я с вами, и не рядом на улице, а вот так, гляжу на вас глазами, и обнимаю вас руками, и тепло, а не холодно, и мы никуда не придем, где нужно прощаться, потому что я уже пришла, мы уже пришли, и я от вас, Марина, не уйду никуда – никогда…

Новодевичьего кладбища уже нет, и той окраины уже нет, это теперь центр города. Хрустальный крест, не сомневаюсь, стоит и сияет на другом кладбище, но что сталось с его соседом, простым дубовым крестом?

Володя, как я, любил все старое, так же поражая каждое окружение «новизной» своих мнений и так же ставя эту новизну в кавычки – усмешки. Старое – но по-юному. Старое – но не дряхлое. Этого достаточно было, чтобы его не понимали ревнители ни старого мира, ни нового. Старое – но по-своему, бывшее – по еще никогда не бывшему. Еще и потому ему было так хорошо со мной, и еще в первую встречу у развязно-ру́кой и – но́гой дамы я заметила на его руке большой старинный серебряный перстень – печатку. Позже я спросила:

– Откуда он у вас? Ваш, то есть…

– Нет, М. И., не фамильный – купил случайно, потому что мои буквы В. А. (Пауза.) А З<авад>ский свой начищает мелом.

– И не знает, что там написано, потому что он – китайский. А вы не находите, что мелом – как-то мелко?

– Я своего мелом не натираю, я люблю, когда серебро – темное, пусть будет темным – как его происхождение.

(«А З<авад>ский – свой»… то есть – мой, и Володя это – знал.) Этот мел тут же обернулся девятистишием:

> Сядешь в кресла, полон лени.
> Стану рядом на колени –
> До дальнейших повелений.
> С сонных кресел свесишь руку,
> Подыму ее без звука,
> С перстеньком китайским –
> руку.
>
> Перстенек начищен мелом.
> Счастлив ты? Мне нету дела!
> Так любовь моя велела.

(Это «мне нету дела» я потом, в саморучной книжке стихов к нему, которую ему подарила, разбила на: мне нет – удела…)

Юрию З. – серебряный китайский, Павлику – немецкий чугунный с золотом, с какого-нибудь пленного или убитого – чугунные розы на внутреннем золотом ободе: с золотом – скрытым, зарытым. При нем – стихи:

> Дарю тебе железное кольцо:
> Бессонницу – восторг – и
> безнадежность.
> Чтоб не глядел ты девушкам в
> лицо,
> Чтоб позабыл ты даже слово –
> нежность.

> Чтоб голову свою в шальных кудрях
> Как пенный кубок возносил в пространство,
> Чтоб обратило в угль – и в пепл – и в прах
> Тебя – сие железное убранство.
> Когда ж к твоим пророческим кудрям
> Сама Любовь приникнет красным углем,
> Тогда молчи и прижимай к губам
> Железное кольцо на пальце смуглом.
> Вот талисман тебе от красных губ,
> Вот первое звено – в твоей кольчуге –
> Чтоб в буре дней стоял один – как дуб,
> Один – как Бог в своем железном круге.

(Москва, март 1919 года)

***

Судьбы китайского я не знаю (знаю только: я первая подарила ему кольцо!), судьба чугунного – следующая.

Время шло. Однажды приходит – кольца нет. «Потеряли?» – «Нет, отдал его распилить, то есть сделать два. (Павлик, это будет меньше!) Два обручальных Потому что я женюсь – на Наташе». – «Ну, час вам добрый! А стихи – тожс распилили надвое?»

Потом – мы уже видались редко – опять нет кольца. «Где же кольцо, Павлик, то есть полукольцо?» – «М. И., беда! Когда его распилили – оба оказались очень тонкими, Наташино золото сломалось, а я ходил в подвал за углем и там его закатил, а так как оно такое же черное…» – «То давно уже сожжено в печке, на семейный суп. Роскошь все-таки – варить пшено на чугунных военнопленных розах, мной подаренных!»

О судьбе же Володиного – собственного – речь впереди.

Кроме кольца у Володи из старины еще была – пистоль, «гишпанская пиштоль», как мы ее называли, и эту пистоль я, из любви к нему, взяла в свое «Приключение», вручила ее своей (казановиной) Генриэтте:

– Ах, не забыть гишпанскую пиштоль,
Подарок твой!

Потому что эту «пиштоль» он мне на Новый год принес и торжественно вручил – потому что он, как я, не мог вынести, чтобы другому вещь до страсти нравилась и держать ее у себя.

Эту пиштоль мне в России пришлось оставить, зарыть ее на чердаке вместе с чужой мальтийской шпагой, о которой речь впереди, вернее – тело ее осталось в России, душу ее я в «Приключении» перевезла через границу – времени и зримости.

К этому Новому году я им всем троим вместе написала стихи:

>   Друзья мои! Родное триединство!
>   Роднее, чем в родстве!
>   Друзья мои в советской – якобинской –
>   Маратовой Москве!
>   С вас начинаю, пылкий А‹нтоколь›ский,
>   Любимец хладных Муз,
>   Запомнивший лишь то, что – панны польской
>   Я именем зовусь.
>   И этого – виновен холод братский,
>   И сеть иных помех! –
>   И этого не помнящий – З‹авад›ский!
>   Памятнейший из всех!
>   И наконец – герой меж лицедеев –
>   От слова бытиё
>   Все имена забывший – А‹лексее›в!
>   Забывший и свое!
>   И, упражняясь в старческом искусстве
>   Скрывать себя, как черный бриллиант,
>   Я слушаю вас с нежностью и грустью,
>   Как древняя Сивилла – и Жорж Занд.

Вот тогда-то Володя А. и принес мне свою пиштоль – 1-го января 1919 года.

К этому Новому Девятнадцатому Году, который я вместе с ними встречала, я Третьей студии, на этот раз – всей, подарила свою древнюю серебряную маску греческого царя, из раскопок. Маска – это всегда трагедия, а маска царя – сама трагедия. Помню – это было в театре – их благодарственное шествие, вроде Fackelzug'a,[185] который Беттине устроили студенты.

* * *

...Как древняя Сивилла – и Жорж Занд...

Да, да, я их всех, на так немного меня младших или вовсе ровесников, чувствовала – сыновьями, ибо я давно уже была замужем, и у меня было двое детей, и две книги стихов – и столько тетрадей стихов! – и столько покинутых стран! Но не замужество, не дети, не тетради, и даже не страны – я помнить начала с тех пор, как начала жить, а помнить – стареть, и я, несмотря на свою бьющую молодость, была стара, стара, как скала, не помнящая, когда началась.

Эти же были дети – и актеры, то есть двойные дети, с единственной мечтой о том, что мне так легко, так ненужно, то само далось – имени.

– О, как я бы хотел славы! Так, идти, и чтобы за спиной шепот: «Вот идет А<нтоколь>ский!»

– Да ведь это же барышни шепчут, Павлик! Неужели – лестно?! Я бы на вашем месте, внезапно обернувшись и пойдя на них, как на собак: «Да, А<нтоколь>ский! а дальше?»

Им, кроме Володи, я вся – льстила. Я их – любила. Разница.

* * *

Звериной (материнской) нежности у меня к Володе не было – потому что в нем, несмотря на его молодость, ничего не было от мальчика – ни мальчишеской слабости, ни мальчишеской прелести.

Чары в нем вообще не было: норы не было, жары и жара не было, тайны не было, загадки не было – была задача: его собственная – себе.

Этому не могло быть холодно, не могло быть голодно, не могло быть страшно, не могло быть тоскливо. А если все это было (и – наверное было), то не мое дело было мешать ему, нежностью, превозмогать холод, голод, страх: тоску: расти.

---

[185] Факельного шествия (нем.).

Была прохладная нежность сестры, уверенной в силе брата, потому что это её сила, и благословляющей его на все пути. И – все его пути.

* * *

Была Страстная суббота. Поздний вечер ее. Убитая людским и дружеским равнодушием пустотой дома и пустотой сердца (Сонечка пропала, Володя не шел), я сказала Але:

– Аля! Когда люди так брошены людьми, как мы с тобой, – нечего лезть к Богу – как нищие. У него таких и без нас много! Никуда мы не пойдем, ни в какую церковь, и никакого Христос Воскресе не будет – а ляжем с тобой спать – как собаки!

– Да, да, конечно, милая Марина! – взволнованно и убежденно залепетала Аля. – К таким, как мы, Бог сам должен приходить! Потому что мы застенчивые нищие, правда? Не желающие омрачать его праздника.

Застенчивые или нет, как собаки или нет, но тут же улеглись вместе на единственную кровать – бывшую прислугину, потому что жили мы тогда в кухне.

Теперь я должна немножко объяснить дом. Дом был двухэтажный, и квартира была во втором этаже, но в ней самой было три этажа. Как и почему – объяснить не могу, но это было – так: низ, с темной прихожей, двумя темными коридорами, темной столовой, моей комнатой и Алиной огромной детской, верх с той самой кухней, и еще другими, из кухни ход на чердак, даже два чердака, сначала один, потом другой, и один другого – выше, так что, выходит – было четыре этажа.

Все было огромное, просторное, запущенное, пустынное, на простор и пустоту помноженное, и тон всему задавал чердак, спускавшийся на второй чердак и оттуда распространявшийся на все помещение вплоть до самых отдаленных и как будто бы сохраненных его углов.

Зиму 1919 года, как я уже сказала, мы – Аля, Ирина и я – жили в кухне, просторной, деревянной, залитой то солнцем, то луною, а – когда трубы лопнули – и водою, с огромной разливанной плитой, которую мы топили неудавшейся мушиной бумагой какого-то мимолетного квартиранта (бывали – и неизменно сплывали, оставляя все имущество: этот – клейкую бумагу, другой – тысяч пять листов неудавшегося портрета Розы Люксембург, еще другие – френчи и галифе… и все это оставалось – пылилось – и видоизменялось – пока не сжигалось)…

Итак, одиннадцать часов вечера Страстной субботы. Аля, как была в платье – спит, я тоже в платье, но не сплю, а лежу и жгу себя горечью первой в жизни Пасхи без Христос Воскресе, доказанностью своего собачьего одиночества... Я, так старавшаяся всю зиму: и дети, и очереди, и поездка за мукой, где я чуть голову не оставила, и служба в Наркомнаце, и рубка, и топка, и три пьесы – начинаю четвертую – и столько стихов – и такие хорошие – и ни одна собака...

И вдруг – стук. Легкий, резкий, короткий. Команда стука. Одним куском – встаю, тем же – не разобравшимся на руки и ноги – вертикальным пластом пробегаю темную кухню, лестницу, прихожую, нащупываю задвижку – на пороге Володя: узнаю по отграниченности даже во тьме и от тьмы.

– Володя, вы?
– Я, М. И., зашел за вами – идти к заутрене.
– Володя, заходите, сейчас, я только подыму Алю.

Наверху, шепотом (потому что это большая тайна и потому что Христос еще не воскрес):

– Аля! Вставай! Володя пришел. Сейчас идем к заутрене.

Разглаживаю впотьмах ей и себе волосы, бегом сношу ее по темнее ночи лестнице...

– Володя, вы еще здесь? – Голос из столовой:
– Кажется – здесь, М. И., я даже себя потерял, – так темно.

Выходим.

Аля, продолжая начатое и за спешкой недоконченное:

– Я же вам говорила, Марина, что Бог к нам сам придет. Но так как Бог – дух, и у него нет ног, и так как мы бы умерли от страха, если бы его увидели...

– Что? Что она говорит? – Володя. Мы уже на улице.

Я, смущенная:

– Ничего, она еще немножко спит...

– Нет, Марина, – слабый отчетливый голос изнизу, – я совсем не сплю: так как Бог не мог сам за нами прийти – идти в церковь, то он и послал за нами Володю. Чтобы мы еще больше в него верили. Правда, Володя?

– Правда, Алечка.

***

Церковь Бориса и Глеба: наша. Круглая и белая как просфора. Перед церковью, как раз в часы службы, целую зиму учат солдат. Внутри – служат, а снаружи – маршируют: тоже служат. Но сейчас солдаты спят.

Входим в теплое людное многосвечное сияние и слияние. Поют женские голоса, тонко поют, всем желанием и всей немощью, тяжело слушать – так тонко, где тонко, там и рвется, совсем на волоске – поют, – совсем как тот профессор: «У меня на голове один волос, но зато – густой»... Господи, прости меня!

Господи, прости меня! Господи, прости меня!.. Этого батюшку я знаю: он недавно служил с патриархом, который приехал на храмовый праздник – в черной карете, сияющий, слабый... И Аля первая подбежала к нему, и просто поцеловала ему руку, и он ее благословил...

– М. И., идемте?

Выходим с народом – только старухи остаются.

– Христос Воскресе, М. И.!

– Воистину Воскресе, Володя!

* * *

Домой Аля едет у Володи па руках. Как непривычный к детям, несет ее неловко – не верхом, на спине, и не сидя, на одной руке, а именно несет – на двух вытянутых, так что она лежит и глядит в небо.

– Алечка, тебе удобно?

– Бла-женно! Я в первый раз в жизни так еду – лежа, точно царица Савская на носилках!

(Володя, не ожидавший такого, молчит.)

– Марина, подойдите к моей голове, я вам что-то скажу! Чтобы Володя не слышал, потому что это – большой грех. Нет, нет, не бойтесь, не то, что вы думаете! Совсем приличное, но для Бога – неприличное!

Подхожу. Она, громким шепотом:

– Марина! А правда, те монашки пели, как муха, которую сосет паук? Господи, прости меня! Господи, прости меня! Господи, прости меня!

– Что она говорит?

Аля приподымаясь:

– Марина! Не повторяйте! Потому что тогда Володя тоже соблазнится! Потому что эта мысль у меня была от диавола, – ах, Господи, что я опять сказала! Назвала это гадкое имя!

– Алечка, успокойся! – Володя. (Мне: –Она у вас всегда такая? Я: –Отродясь.) – Вот мы уже дома, ты сейчас будешь спать, а утром, когда проснешься...

В его руке темное, но явное очертание яичка.

* * *

Аля водворена и уложена. Стоим с Володей у выходной двери.

– М. И., Аля у вас крепко спит?

– Крепко. Не бойтесь, Володя, она никогда не просыпается!

Выходим. Идем Пречистенским бульваром на

Москва-реку. Стоим на какой-то набережной (все это как сон) — смотрим на реку... И сейчас, когда пишу, чувствую верхними ребрами камень балюстрады, через которую мы оба, неизвестно почему, страшно перегнулись, чтобы разглядеть: прошлое? будущее? или сущее, внутри творящееся?

Это была ночь перил, решеток, мостов. Мы все время что-то высматривали и — не высмотрев здесь — переходили на очередную набережную, на очередной мост, точно где-то было определенное место, откуда — нам вдруг все станет ясно во все концы света... А может быть — совместно — со всем этим: Москва-рекой, мостами, местами, крестами — прощались? Мнится мне (а может быть, только снится мне), что мы на одном из наших сторожевых постов, подходя к нему, встретили Павлика — отходящего, очевидно тоже и то же ищущего. (В ту Пасхальную ночь 1919 года вся Москва была на ногах и вся, приблизительно, в тех же местах — возле-кремлевских.)

А может быть, друг с другом — прощались? Слов этой ночи, долгой, долгой, многочасовой и повсеместной — ибо вышли мы в час, а возвращались уже при полном свете позднего весеннего рассвета — слов этой ночи — я не помню. Вся эта ночь была — жест: его ко мне. Акт — его ко мне.

В эту ночь, на одном из тех мест, над одними из тех перил, в тесном плечевом соседстве со мной, им было принято, в нем тверже камня утвердилось решение, стоившее ему жизни. Мне же целой вечности — дружбы, за один час которой я, по слову Аксакова, отдала бы весь остаток угасающих дней...

* * *

Как это началось? (Ибо сейчас, вопреки тем мостам — начинается.)

Должно быть случайно, счастливым и заранее in den Sternen geschriebenen[186] случаем ее прихода — в его приход.

— Как, Володя, вы — здесь? Вы — тоже бываете у Марины? Марина, я ревную! Так вы не одна сидите, когда меня нет?

— А вы, Сонечка, одна сидите, когда вас нет?

— Я! Я — дело пропащее, я со всеми сижу, я так боюсь смерти, что когда никого нет и не может быть — есть такие ужасные часы! — готова к кошке залезть на крышу — чтобы только не одной сидеть: не одной умереть, Марина! Володя, а что вы здесь делаете?

— То же, что вы, Софья Евгеньевна.

— Значит: любите Марину. Потому что я здесь ничего другого не делаю и вообще на свете — не делаю. И делать не

---

[186] Предначертанным звездами (нем.).

намерена. И не намерена, чтобы мне другие – мешали.

– Софья Евгеньевна, я могу уйти. Мне уйти, Марина Ивановна?

– Нет, Володечка.

– А мне уйти? (Сонечка, с вызовом.)

– Нет, Сонечка. (Пауза.) А мне, господа, уйти?

Смех.

– Ну, Марина, сделаем вид, что его нет. Марина! Я к вам от Юры: представьте себе, у него опять начинается флюс!

– Значит, мне опять придется писать ему стихи. Знаете, Сонечка, мои первые стихи к нему:

> Beau ténébreux*, вам грустно,
> вы больны:
> Мир неоправдан – зуб болит!
> Вдоль нежной
> Раковины щеки – фуляр – как
> ночь…[187]

– Фу-ляр? Клетчатый? Синий с черным. Это я его ему подарила – еще тогда – это год назад было! Я отлично помню, у меня был нашейный платок – я ужасно люблю нашейные платки, а этот особенно! – и я к нему пришла – а у него флюс – а я обожаю, когда больны! А особенно – когда красивые больны – тогда они добрее… (пауза)… когда леопард совсем издыхает, он страшно добрый: ну, добряк!! – и у него такая ужасно-уродливая повязка – вязаная – нянькина, и я, подумать не успев… Потом – угрызлась: папин фуляр, а у меня от папы – так мало осталось…

– Сонечка, хотите отберу? И даже выкраду?

– Чтó вы, Марина, он теперь его ужасно полюбил: каждый флюс носит!

Володя, созерцательно:

– Флюс – это неинтеллигентная болезнь, Софья Евгеньевна.

– Что-о? Дурак!

Володя, так же:

– Ибо она от запущенного зуба, а запущенные зубы, в наш век…

– Идите вы ко всем чертям: зубным врачам! «Неинтеллигентная болезнь»! Точно бывают – интеллигентные болезни. Болезнь, это судьба: нужно же, чтобы человек от чего-нибудь умер, а то жил бы вечно. Болезнь, это судьба – и всегда, а ваша интеллигентность вчера началась и завтра

---

[187] * Мрачный красавец (фр.).

кончилась, уже сегодня – кончилась, потому что посмотрите, как мы все живем? Марина руками разрывает шкафы красного дерева, чтобы сварить миску пшена. Это – интеллигентно?

– Но Марина Ивановна и разламывая шкафы остается интеллигентным человеком.

– Которым никогда не была. Правда, Марина, что вы никогда не были интеллигентным человеком?

– Никогда. Даже во сне, Сонечка.

– Я так и знала, потому что это все: и стихи, и сама Марина, и синий фонарь, и это чучело лисы – волшебное, а не интеллигентное. «Интеллигентный человек» – Марина! – это почти такая же глупость, как сказать о ней «поэтесса». Какая гадость! О, как вы глупы, Володя, как глупы!!

– Софья Евгеньевна, вы мне только что сказали, что я – дурак, а «глупы» – меньше, так что вы... разжижаете впечатление.

– А вы – еще сгущаете мою злобу. Потому что я страшно злюсь на вас, на ваше присутствие, чего вы у Марины не видали, вы актер, вам в студии нужно быть...

(Пауза.)

– ...Я не знаю, кто вы для Марины, но – Марина меня больше любит. Правда, Марина? (Беру ее ручку и целую.)

– Ну, вот я и говорю – больше. Потому что Марина вам руки никогда не целовала. А если и скажете, что целовала...

(Володя: – Софья Евгеньевна!!)

...то только из жалости, за то, что вы – мужчина, бессловесное существо, неодушевленный предмет, единственный неодушевленный предмет во всей грамматике. Я ведь знаю, как мы вам руки целуем! У Марины об этом раз навсегда сказано:

«Та-та-та-та... Прости мне эти слезы – Убожество мое и божество!» Только – правда, Марина? – сначала божество, а потом – убожество! (Чуть ли не плача.) И Марина вас, если я попрошу, выгонит. Правда, Марина?

Я, целуя другую ручку:

– Нет, Сонечка.

– А если не выгонит, то потому, что она вежливая, воспитанная, за границей воспитывалась, но внутренне она вас – уже выгнала, как я только вошла – выгнала. И убирайтесь, пожалуйста, с этого места, это – мое место.

– Сонечка, вы сегодня – настоящий бес!

– А вы думали – я всегда шелковая, бархатная, шоколадная, кремовая, со всеми – как с вами? Ого! Вам ведь Вахтанг Леванович говорил, что я – бес? Бес и есть. Во всяком случае – бешусь. Володя, вы умеете заводить граммофон?

– Умею, Софья Евгеньевна.

— Заведите, пожалуйста, первое попавшееся, чтобы мне самой себя не слышать.

Первое попавшееся было «Ave Maria» — Гуно. И тут я своими глазами увидела чудо: музыки над бесом. Потому что та зверская кошка с выпущенными когтями и ощеренной мордочкой, которой, с минуты прихода Володи, была Сонечка, при первых же звуках исчезла, растворилась сначала в вопросе своих огромных, уже не различающих меня и Володи глаз, и тут же в ответе слез — ну прямо хлынувших:

— Господи боже мой, да что же это такое, да ведь я это знаю, это — рай какой-то.

— «Ave Maria», Сонечка!

— Да разве это может быть в граммофоне? Граммофон, он, я думала, это «Танец апашей» или по крайней мере — танго.

— Это мой граммофон, Сонечка, он все умеет. Володечка, переверните пластинку.

Оборот пластинки был — «Не искушай меня без нужды» Глинки, одна скрипка, без слов, но с явно — явней и полней, произнесенных бы — слышимыми бессмертными баратынскими.

— Марина! Я и это знаю! Это папа играл — когда еще был здоров... Я под это — всё раннее детство засыпала! «Не искушай меня без ну́жды»... и как чудно, что без ну́жды, потому что так в жизни не говорят, так только там говорят, где никакой ну́жды уже ни в чем — нет, — в раю, Марина! И я сейчас сама в раю, Марина, мы все в раю! И лиса в раю, и волчий ковер в раю, и фонарь в раю, и граммофон в раю...

— А в раю, Софья Евгеньевна, — тихий голос Володи, — нет ревности, и все друг другу простили, потому что увидели, что и прощать-то нечего было, потому что — вины не было... И нет местничества: все на своем. А теперь я, Марина Ивановна, пойду.

Сонечка, в слезах:

— Нет, нет, Володя, ни за что, разве можно уходить — после такой музыки, одному — после такой музыки, от Марины — после такой музыки... (Пауза, еле слышно.) От меня...

...Я в жизни себе не прощу — своего нынешнего поведения! Потому что я ведь думала, что вы — пустой красавец — и туда же к Марине, чтобы она вам писала стихи, а вы бы потом хвастались!

— Марина Ивановна мне не написала ни одной строки. Правда, Марина Ивановна?

— Правда, Володечка.

— Марина! Значит, вы его — не любите?

Я, полушутя:

— Так люблю, что и сказать не могу. Даже в стихах не могу.

— Меньше или больше, чем Юру? (Володя: — Софья Евгеньевна!! Она: — Забудьте, что вы в комнате: мне это нужно знать — сейчас.)

Я:

— Володя мой друг на всю жизнь, а Ю. А. ни часу не был мне другом. Володю я с первой минуты назвала Володей, а Ю. А. — ни разу Юрой, разве что в кавычках и заочно.

Сонечка, сосредоточенно, даже страдальчески:

— Но — больше или меньше? Больше или меньше??

— Володю — несравненно — Точка.

— А теперь, Марина Ивановна, я решительно пойду.

* * *

И — пошло. Так же как раньше они никогда у меня не встречались, так теперь стали встречаться — всегда, может быть оттого, что раньше Володя бывал реже, а теперь стал приходить через вечер, а под конец каждый вечер — ибо дело явно шло к концу, еще не названному, но знаемому.

Отъезды начались — с Ирины.

— Дайте мне, барыня, Ирину с собой в деревню — вишь она какая чахлая. Да разве раздобреешь — с советского молочка? (Так в 1919 году в Москве сами дети прозвали — воду.) А у нас молоко — деревенское, и при царе белое, и без царя белое, и картошка живая, немороженая, и хлеб без известки. И вернется к вам Ирина — во-о какая!

Кухня. Солнце во все два окна. Худая как жердь владимирская Надя с принаряженной Ириной на руках. Перед ними — Сонечка, прибежавшая проститься.

— Ну, Ирина, расти большая, красивая, счастливая! Ирина с лукавой улыбкой:

— Галли-да́! Галли-да́!

— Чтобы щечки твои стали розовые, чтобы глазки твои — никогда не плакали, чтобы ручки что взяли — не отпускали, чтобы ножки — бегали… никогда не падали…

Ирина, еще никогда не видавшая слез, во всяком случае — таких, бесцеремонно ловит их у Сонечки на глазах.

— Мок-рый… мок-рый… Газ-ки мок-рый…

— Да, мокрые, потому что это — слёзы… Слёзы. Но не повторяй, пожалуйста, этого тебе знать не надо.

— Барышня Софья Евгеньевна, нам на вокзал пора, ведь мы с Ириной — пешие, за час не дойдем.

— Сейчас, няня, сейчас. Что бы ей еще такого сказать, чтобы она поняла? Да, няня, пусть она непременно молится Богу, каждое утро и каждый вечер, — просто так: «Спаси, Господи, и помилуй папу, маму, Алю, няню…»

Ирина:

— Галли-да́! Галли-да́!

— И Галлиду́, потому что она ведь меня никогда Соней не звала, а я не хочу, чтобы она меня забыла, я ведь в жизни так не любила ребенка, как тебя. И Галлиду́. (Бог уже будет знать!) Няня, не забудете?

— Что вы, Софья Евгеньевна, да Ирина сама напомнит, еще все уши мне Галлидо́й прожужжит…

Ирина, что-то понимая, с невероятным темпераментом:

— Галлида́, Галлида, Галлида, Галлида, Галлида́… (и, уже явно дразнясь:) Даллига́, Даллига́, Даллига́…

— Бог с тобой, Ирина! До бабы-Яги договоришься! А говорите — забудет! Теперь всю дорогу не уймется. Ну, прощайтесь, Софья Евгеньевна, а то вправду опоздаем!

— Ну, прощай, моя девочка! Ручку… Другую ручку… Ножку… Другую ножку… Глазок… Другой глазок… Лобик — и всё, потому что в губы целовать нельзя, и вы, няня, не давайте, скажите — барыня не велела — и все.

Ну, прощай, моя девочка! (Трижды крестит.) Я за тебя тоже буду молиться. Поправляйся, возвращайся здоровая, красивая, румяная! Няня, берегите!

* * *

Тут же скажу, что Ирина свою Галлиду́, Галлида́ свою Ирину больше никогда не увидела. Это было их последнее свидание, 7-го июня 1919 года.

Но около пяти месяцев спустя Ирина, оставленная Сонечкой двух лет трех месяцев, свою Галлиду́ еще помнила, как видно из Алиной записи — в ноябре 1919 года.

«У нас есть одна знакомая, которой нет в Москве. Ее зовут Софья Евгеньевна Голлидэй. Мы в глаза ее называем Сонечка, а за глаза Сонечка Голлидэй. Ирина ее взлюбила. Сонечка уезжала еще и раньше, а Ирина все помнила ее, и теперь еще говорит и поет: Галлида́! Галлида́!»

* * *

— Володечка, вы никогда не были в Марининой кухне?

— Нет, Софья Евгеньевна. Впрочем, раз, на Пасху.

— Господи, какой вы бедный! И никогда не видели Ирины?

— Не видел, Софья Евгеньевна. Впрочем, раз, тогда же — но она спала.

— Господи, как можно дружить с женщиной и не знать, сколько у ее ребенка зубов? Вы ведь не знаете, сколько у Ирины зубов?

— Не знаю, Софья Евгеньевна.

— Значит, это одна умственность, вы дружите с одной головой Марины. Господи, у кого это была одна голова?!

— У нас с вами, Софья Евгеньевна.

— Дурак! Я говорю: одна голова, без ничего... Ах, это у Руслана и Людмилы! Как мне бы от такой дружбы было холодно! Ледяной дом какой-то... О, насколько я счастливее, Володя! У меня и нижняя Марина, хрустальная, фонарная, под синим светом как под водою, потому что ведь это — морское дно, а все гости — чудовища! — и верхняя Марина, над плитой, над пшеном, с топором! с пропиленным коричневым подолом, который — вот — целую! — уважаемая, обожаемая! И ведь только эти две — Марина, эти все — Марина, потому что я вас, Марина, не вижу — только в замке, только на башне...

— В свободное от башни время я пасла бы баранов... Володя:

— И слушали бы — голоса.

* * *

По Сонечкиному началу с Володей я отдаленно стала понимать, почему мужчины ее не любят. Всякое недопонимание, всякое противоречие, даже всякое хотя бы самое скромное собственное мнение неизменно вызывало у нее: дурак! Точно этот дурак у нее уже был заряжен и только ждал сигнала, которым служило — все. С ней нужно было терпение, незамечание — Володины терпение и незамечание.

* * *

Я всегда провожала ее вправо, в сторону Поварской, уходящая Сонечка для меня была светающая Поварская, белая улица без лавок, похожая на реку, — точно никакого влево у моего дома не было.

И только раз случилось иначе: была ночь, и меня вдруг осенило, что я еще не подарила Сонечке своего фонтана.

На совершенно пустой игрушечной лунной площади — днем — Собачьей, а сейчас — Севильской, где только и было живого, что хоровод деревец, тонкой серебряной струечкой, двойным серебром: ушным и глазным, — сплошным...

— Фонтан, Марина?

— Маринин фонтан, Сонечка! Потому что в этом доме Пушкин читал Нащокину своего Годунова.

— Я не люблю Годунова. Я люблю — Дон-Жуана. О, какое здесь все круглое, круглое, круглое!

И — точно ветром отнесло — волной вынесло — как-то без

участья ног – уже на середине площади.

И вот, подняв ручку на плечо невидимого и очень высокого танцора, доверчиво вложив ему в руку – левую, чуть откинув стан на его невидимую левую, чуть привстав на носках и этим восполняя отсутствие каблуков, овеваемая белым платьем и овевая меня им...

Она его, фонтан, именно обтанцовывала, и этот фонтан был – урна, это было обтанцовывание урны, обтандовывание смерти...

Das Mädchen und der Tod.[188]

* * *

– Марина, все у меня уменьшительное, все – уменьшительные, все подруги, вещи, кошки, и даже мужчины, – всякие Катеньки, кисеньки, нянечки, Юрочки, Павлики, теперь – Володечка... Точно я ничего большого произнести не смею. Только вы у меня – Марина, такое громадное, такое длинное... О, Марина! Вы – мое увеличительное.

* * *

Сонечка часто думала вслух, я это сразу узнавала по ее отсутствующим, донельзя раскрытым спящим глазам, глазам – первого раза («Разве это бывает – такие метели, любови...»).

Тогда она вся застывала, и голос становился монотонный, насказывающий, тоже спящий, как глаза, голос, которым матери убаюкивают детей, а дети – себя. (А иногда и матери – себя.) И если она на реплики – мою или Володину – отвечала, то делала это как-то без себя, тоже во сне, без интонации, как настоящая сомнамбула. Нет, не думала вслух, а вслух – сновидела.

– ...Вот одного я еще никогда не любила – монаха. Не пришлось.

– Фу, Сонечка!

– Нет, Марина, вы не думайте – я не про православного говорю, бородатого, а про бритого: католического то есть. Может быть, совсем молодого, может быть, уже старого – неважно. В огромном, холодном как погреб монастыре. И этот монах один живет – была чума, и все умерли, вымерли, он один остался – творить Божье дело... Один из всего ордена. Последний. И этот орден – он.

– Софья Евгеньевна, – трезвый голос Володи, – позвольте вам сказать, что данный монастырь не есть весь орден. Орден не может <u>вымереть оттого, что вымер</u> монастырь. Может вымереть

---

[188] Девушка и смерть (нем.).

монастырь, но не орден.

— Последний из всего ордена, потому что вымерли все монастыри... Две тысячи триста тридцать три монастыря вымерли, потому что это средние века и чума... А я — крестьянка, в белой косынке, и в полосатой юбке, и в таком корсаже — со скрещенными лентами — и я одна выжила из всей деревни — потому что монахи все вокруг зачумили (о, Марина, я их безумно боюсь! Я говорю про католических: птицы, черти какие-то!) — и ношу ему в монастырь — молоко: от последней козы, которая еще не околела, — просто ставлю у порога его кельи.

— А ваш монах — пьет молоко? — Володя с любопытством. — Потому что ведь иногда — пост...

— ...И вот, я однажды прихожу — вчерашнее молоко не тронуто. С бьющимся сердцем вхожу в келью — монах лежит — и тут я впервые его вижу: совсем молодой — или уже немножко состарившийся, но бритый — и я безумно его люблю — и я понимаю, что это — чума.

(Внезапно вскакивая, соскакивая, просыпаясь.)

— Нет! А то так вся история уже кончилась, и он не успел меня полюбить, потому что когда чума — не до любви. Нет, совсем не так. Сначала любовь, потом — чума! Марина, как сделать, чтобы вышло — так?

— Увидеть монаха накануне чумы. В его последний нормальный день. День — много, Сонечка!

— Но почем я буду знать, что у нею завтра будет чума? А если я не буду знать, я не посмею ему сказать, потому что говорю-то я ему только потому, что он сейчас умрет, и слушает-то он меня только от смертной слабости!

Володя, созерцательно:

— Чума начинается с насморка. Чихают.

— Это — докторская чума: чихают, а моя — пушкинская, там никто не чихал, а все пили и целовались. Так как же, Марина?

— Подите к нему на исповедь: и все сказать должны, и слушать обязаны. И не грех, а христианский долг.

— О, Марина! Какой вы, какой вы — гений! Значит, я прихожу к нему в часовню — он стоит на молитве — один из всего ордена — и я становлюсь на колени...

(Володя: — И он на коленях, а вы на коленях? Непластично. Лбами стукнетесь.)

— И он — встает, и я, с колен: «Брат, я великая грешница!» А он спросит: «Почему?» А я: «Потому что я вас люблю». А он: «Бог всех велел любить». А я: «Нет, нет, не так, как всех, а больше всех, и больше никого, и даже больше Бога!» А он: «О-о-о! Милая сестра, я ничего не слышу, у меня в ушах огромный ветер, потому что у меня начинается чума!» И вдруг шатается – клонится – и я его поддерживаю, и чувствую, как сквозь рясу бьется его сердце, безумно бьется! безумно бьется! – и так веду, вывожу его из часовни, но не в келью, а на зеленую лужайку, и как раз первое деревце цветет – и мы садимся с ним под цветущее деревце – и я кладу его голову к себе на колени… и тихонько ему напеваю… «Ave Maria», Марина! И все слабее, и слабее, потому что у меня тоже – чума, но Бог милостив, и мы не страдаем, и у меня чудный голос – Господи, какой у меня голос! и уже не одно деревце цветет, а все, потому что они торопятся, знают, что у нас – чума! – целый цветущий ход, точно мы женимся! – и мы уже не сидим, а идем, рука об руку, и не по земле, а немножко над землей, над маргаритками, и чем дальше – тем выше, мы уже на пол-аршина от земли, уже на аршин, Марина! на целую сажень! и теперь мы уже над деревцами идем… над облаками идем… (Совсем тихо и вопрошающе:) – А можно – над звездами?

Протирая глаза, от всей души:
– Вот, Марина, я и любила – монаха!

**

– …А жить мне приходится с такими – другими! Потому что мой монах сразу все понял – и простил – и исправил, без всяких моих слов, а сколько я говорю, Марина, и объясняю, из кожи, из глаз, из губ – лезу, и никто не понимает, даже Евгений Багратионыч – с его пресловутой «фантазией»!

Впрочем, у него как раз на это есть некоторые резоны. Я в самом начале с ним ужасно оскандалилась. У нас в Студии зашел разговор об о́бразах.

– Образа́х, Сонечка!

– Нет, об о́бразах. Быть – в образе. Кто в образе – кто нет, и так далее. А я говорю: «А Евгений Багратионыч, по-моему, в образе Печорина». Все: «Вот – глупости! Печорин – это сто лет назад, а Евгений Багратионыч – сама современность, театр будущего, и так далее». Я и говорю: «Значит, я не поняла, я не про идеи говорила, а про лицо – „и был человек создан по образу и подобию". Потому что, по-мо́ему, Евгений Багратионыч страшно похож на Печорина: и нос, и подбородок, и геморроидальный цвет лица».

Я:
– Что-о?
Сонечка, кротко:
– То, Марина, то есть точь-в-точь теми словами. Тут уже крик поднялся, все на меня накинулись и даже Евгений Багратионыч: «Софья Евгеньевна, есть предел всему – и даже вашему языку». А я – настаиваю: «Что ж тут обидного? Я всегда

у Чехова читаю, и у Потапенки, и никакой обиды нет – раз такие великие писатели...» – «А что, по-вашему, значит – геморроидальный?» – «Ну, желтый, желчный, горький, разочарованный, – ну, – геморроидальный». – «Нет, Софья Евгеньевна, это не желтый, не желчный, не горький, и не гордый, а это – болезнь». – «Да, да, и болезненный, болезнь печени, потому я, должно быть, и сказала – Печорин». – «Нет, Софья Евгеньевна, это не болезнь печени, а геморрой, – неужели вы никогда не читали в газетах?» – «Читала, и еще...» – «Нет уж, пожалуйста – без еще, потому что в газетах – много болезней и одна другой неназываемей. А мой совет вам: прежде чем говорить...» – «Но я так чувствовала это слово! Оно казалось мне таким печальным, волшебным, совсем желтым, почти коричневым – как вы!»

Потом – мне объяснили. Ах, Марина, это был такой позор! А главное, я его очень часто употребляла в жизни и потом никак не могла вспомнить – кому...

Мне кажется, Евгений Багратионыч так окончательно и не поверил, что я – не знала. То есть поверить-то поверил, но как-то мне всей наперед не поверил. Он, когда я что-нибудь очень хочу сказать – а у меня это всегда видно! – так особенно – неодобрительно и повелительно – смотрит мне в рот, – ну, как змея на птицу! Точно его – взглядом – тут же закрывает! Рукой бы зажал – если б мог!

* * *

Еще о словах.

– Все у нас говорят: революция... революция... А я не знаю... Только какие-то слова – странные: карточка широкого потребления, точно – корабль дальнего плавания, сразу вижу во-оду, и ничего кроме воды... Да ничего кроме воды по ней и нет... А – например: закрытый распределитель? Это совсем глухой старик, наглухо запертый, я ему: «Дедушка!», а он: «Ась?» – «Распредели, пожалуйста!», а он: «Э-эх!», и так – часами... А еще жагра – слово: точно чума, мор, цинга, а это всего-навсего – морковный чай.

* * *

– ...Марина! Почему я так люблю плохие стихи? Так любя – ваши, и Павлика, и Пушкина, и Лермонтова... В полдневный жар, Марина, – как это жжет! Я всегда себя чувствую и им и ею, и лежу, Марина, в долине Дагестана и раной – дымлюсь, и одновременно, Марина, в кругу подруг задумчиво-одна...

И в чудный сон душа моя младая

Бог знает чем всегда погружена…

Все стихи, написанные на свете – про меня, Марина, для меня, Марина, мне, Марина! Потому я никогда не жалею, что их не пишу… Марина, вы – поэт, скажите, разве важно – кто? Разве есть – кто? (Сейчас, сейчас, сейчас зайдут ум-за-разум! Но вы – поймете!) Марина, разве вы – все это написали? Знаю, что ваша рука, гляжу на нее и всегда только с великим трудом удерживаюсь, чтобы не поцеловать – нá людях, не потому, что эти идиоты в этом видят рабство, институтство, истерику, а потому, что вам, Марина, нужно целовать – на всех людях, бывших, сущих и будущих, а не на трех-четырех знакомых. И если я тогда, нечаянно, после той Диккенсовой ночи при Павлике поцеловала, то это – слабость, Марина, я просто не могла удержаться – сдержать благодарность. Но Павлик не в счет, Марина, – и как поэт – и немножко как собака, я хочу сказать, что он не совсем человек – с двух сторон… (И вы, Володя, не в счет: видите – и при вас целую, но вы не в счет – потому что я уж так решила: когда мы втроем, мы с Мариной – вдвоем… А что при всех, у С<еро?>вых – это хуже, но вы так чудно сдали тому фокстерьеру – сдачи, бровью не поведя…) Я вам за всю вас, Марина, целую руку – руки – а вовсе не только за одни стихи, и за ваши шкафы, которые вы рубите, кажется – еще больше! Я всегда обижаюсь, когда говорят, что вы «замечательный поэт», и пуще всего, когда «гениальный». Это Павлик – «гениальный», потому что у него ничего другого за душою – нет, а у вас же – все, вся вы. Перед вами, Марина, перед тем, что есть – вы, все ваши стихи – такая чу-уточка, такая жалкая кро-охотка, – вы не обижаетесь? Мне иногда просто смешно, когда вас называют поэтом. Хотя выше этого слова – нет. И может быть, дела – нет. Но вещи – есть. И все эти вещи – вы. Если бы вы не писали стихов, ни строчечки, были бы глухонемая, немая – как мы с Русалочкой, вы все равно были бы – та же: только с зашитым ртом. И я бы вас любила – нет, не: еще больше, потому что больше – нет, а совершенно так же – на коленях.

(Лицом уже из моих колен:)

– Марина! Знаете мой самый большой подвиг? Еще больше, чем с тем красным носом (шарманщиком), потому что не сделать еще куда трудней, чем сделать: что я тогда, после «Метели», все-таки не поцеловала вам руку! Не рабство, нет, не страх глаз, – страх вас, Марина, страх вас разом потерять, или разом заполучить (какое гнусное слово! заполучить, приобрести, завоевать – все гнусное!), или разом – наоборот, страх – вас, Марина, ну. Божий страх, то, что называется – Божий страх, нет, еще не то: страх – повернуть ключ, проглотить яд – и что-то начнется, чего уж потом не остановить… Страх сделать то.

Марина! «Сезам, откройся!» Марина, и забыть обратное слово! И никогда уже не выйти из той горы... Быть заживо погребенной в той горе... Которая на тебя еще и обрушится...

И просто – страх вашего страха, Марина. Откуда мне было знать? Всю мою жизнь, Марина, я одна была такая: слово, и дело, и мысль – одно, и сразу, одновременно, так что у меня не было ни слова, ни дела, ни мысли, а только... какая-то электрическая молния!

Так о «Метели»: когда я услышала, ушами услышала:

– Князь, это сон – или грех?
– Бедный испуганный птенчик!
– Первая я – раньше всех! –
Ваш услыхала бубенчик!

Вот это первая – и раньше, с этим ударением, как я бы сказала, у меня изо рта вынутое – Марина! У меня внутри – все задрожало, живьем задрожало, вы будете смеяться – весь живот и весь пищевод, все те самые таинственные внутренности, которых никто никогда не видел, – точно у меня внутри – от горла и вниз до колен – сплошь жемчуга, и они вдруг – все – ожили.

И вот, Марина, так любя ваши стихи, я бе-зумно, безумно, безнадежно, безобразно, позорно, люблю – плохие. О, совсем плохие! Не Надсона (я перед ним преклоняюсь!) и не Апухтина (за «Очи черные»!), а такие, Марина, которых никто не писал и все – знают. Стихи из «Чтеца-декламатора», Марина, теперь поняли?

Ее в грязи он подобрал,

        Чтоб угождать ей – красть он стал.
Она в довольстве утопала
И над безумцем хохотала.
Он из тюрьмы ее молил:
Я без тебя душой изныл!
Она на тройке пролетала
И над безумцем хохотала.

И в конце концов – его отвезли в больницу, и –

Он умирал. Она плясала,
Пила вино и хохотала.

(О, я бы ее убила!) И кажется даже, что когда он умер и его везли на кладбище, она –

За гробом шла – и хохотала!

Но, может быть, это я уж сама выдумала, чтобы еще

больше ее ненавидеть, потому что я такого никогда не видела: чтобы за гробом шли – и хохотали, – а вы?

Но вы, может быть, думаете, это – плохие? Тогда слушайте. О, Господи, забыла! забыла! забыла, как начинается, только помню – как кончается!

> А граф был демонски-хорош!
> . . . .
> А я впотьмах точила нож,
> А граф был демонски-хорош!
> Стойте, стойте, стойте!
> Взметнулась красная што́ра:
> В его объятиях – сестра!

Тут она их обоих убивает, и вот, в последнем куплете, сестра лежит с оскаленным страшным лицом, а – граф был демонски-хорош!

А «бледно-палевую розу» – знаете? Он встречает ее в парке, а может быть в церкви, и ей шестнадцать лет, и она в белом платье...

> И бледно-палевая роза
> Дрожала на груди твоей.

Потом она, конечно, пускается в разврат, и он встречает ее в ресторане, с военными, и вдруг она его видит!

> В твоих глазах дрожали слезы,
> Кричала ты: «Вина! скорей!»
> И бледно-палевая роза
> Дрожала на груди твоей.
> Дни проходили чередою,
> В забвенья я искал отрад,
> И вот опять передо мною
> Блеснул твой прежний милый взгляд.
> Тебя семьи объяла проза,
> Ты шла в толпе своих детей,
> И бледно-палевая роза
> Дрожала на груди твоей.

А потом она умерла, Марина, и лежит в гробу, и он подходит к гробу, и видит:

> В твоих глазах застыли слезы...

– и потом уж не знаю что на ей

    И бледно-палевая роза
    Дрожала на груди твоей.

Дрожала, понимаете, на недышащей груди! А – безумно люблю: и толпу детей, и его подозрительные отрады, и бледно-палевую розу, и могилу.

Но это еще не все, Марина. Это еще – как-то – сносно, потому что, все-таки – грустно. А есть совсем глупости, которые я безумно люблю. Вы это знаете?

    Родилась,
    Крестилась,
    Женилась,
    Благословилась.
    Родила,
    Крестила,
    Женила,
    Благословила –
    Умерла.

Вот и вся – женская жизнь!
А это вы знаете?

    Перо мое писало
    Не знаю для кого…

Я:

    – А сердце подсказало:
    Для друга моего.

Сонечка:

    – Дарю тебе собачку,
    Прошу ее любить,
    Она тебя научит,
    Как друга полюбить.

– Любить – полюбить – разве это стихи, Марина? Так и я могу. А я и перо вижу – непременно гусиное, все изгрызанное, а собачка, Марина, с вьющимися ушами, серебряно-шоколадная, с вот-вот заплачущими глазами: у меня самой бывают такие глаза.

Теперь, Марина, на прощание, мои самые любимые. Я – серьезно говорю. (С вызовом:) – Лю-би-ме-е ваших.

> Крутится, вертится шар голубой,
> Шар голубо-ой, побудь ты со мной!
> Крутится, вертится, хочет упасть,
> Ка-валер ба-рыш-ню хочет украсть!

— Нет, Марина! не могу! я это вам – спою!

(Вскакивает, заносит голову и поет то же самое. Потом, подойдя и становясь надо мной:)

— Теперь скажите, Марина, вы это – понимаете? Меня, такую, можете любить? Потому что это мои самые любимые стихи. Потому что это (закрытые глаза) просто – блаженство. (Речитативом, как спящая:) – Шар – в синеве – крутится, воздушный шар Монгольфьер, в сетке из синего шелку, а сам – голубой, и небо – голубое, и тот на него смотрит и безумно боится, чтобы он не улетел совсем! А шар от взгляда начинает еще больше вертеться и вот-вот упадет, и все монгольфьеры погибнут! И в это время, пользуясь тем, что тот занят шаром…

Ка-ва-лер ба-рыш-ню хочет украсть!

Что к этому прибавить?

— А вот еще это, Сонечка:

> Тихо дрогнула портьера.
> Принимала комната шаги
> Голубого кавалера
> И слуги…

Всё тут вам, кроме барышни – и шара. Но шар, Сонечка, – земной, а от барышни он – идет. Она уже позади, кончилась. Он ее уже украл и потом увидел, что – незачем было.

Сонечка, ревниво:

— Почему?

Я:

— А потому, что это был – поэт, которому не нужно было украсть, чтобы иметь. Не нужно было – иметь.

— А если бы это я была – он бы тоже ушел?

— Нет, Сонечка.

* * *

— О, Марина! Как я люблю боль! Даже – простую головную! Потому что зубной я не знаю, у меня никогда не болели зубы, и я иногда плакать готова, что у меня никогда не болели зубы, – говорят, такая чу-удная боль: ну-удная!

– Сонечка, вы просто с ума сошли! Тьфу, тьфу не сглазить, чертовка! Вы Malibran знаете?

– Нет.

– Певица.

– Она умерла?

– Около ста лет назад, и молодая. Ну, вот Мюссе написал ей стихи «Stances à la Malibran»[189] – слушайте:

(И меняя на Сонечку некоторые слова:)

> …Ne savais tu donc pas,
> comédienne imprudente,
> Que ces cries insenses qui
> sortaient de ton coeur
> De ta joue amaigrie augmentaient
> la chaleur?
> Ne savais-tu donc pas que sur ta
> tempe ardente
> Ta main de jour en jour se posait
> plus brûante,
> Et que c'est tenter Dieu que
> d'aimer la douleur?[190]

…Странные есть совпадения. Нынешним летом 1937 года, на океане, в полный разгар Сонечкиного писания, я взяла в местной лавке «Souvenirs», одновременно и библиотеке, годовой том журнала «Lectures» – 1867 года – и первое, что я увидела: Ernest Legouve «Soixante ans de souvenirs – La Malibran» (о которой я до этого ничего не знала, кроме стихов Мюссе).

«Quoi qu'elle tût l'image même de la vie et que l'enchantement pût passer pour un des traits dominants de son caractère, l'idée de la mort lui était toujours présente. Elle disait toujours qu'elle mourrait jeune. Parfois comme si elle eût senti tout à coup je ne sais quel souffle glacé, comme si l'ombre de l'autre monde se fût projetée dans son âme, elle tombait dans d'affreux

---

[189] «Стансы Малибран»

[190] Разве не знала ты, неосторожная актриса,
Что от исступленных криков, которые выходили из твоего сердца,
Твои исхудалые щеки запылают еще ярче?
Разве не знала ты, что, касаясь воспаленно чела,
Твоя рука с каждым днем становилась все горячее
И что любить страдание – значит искушать Бога? (фр.)

accès de mélancolie et son coeur se noyait dans un deluge de larmes. J'ài là sous les yeux ces mots écrits de sa main: – Venez me voir tout de suite! J'étouffe de sanglots! Toutes les idées funébres sont à mon chevet et la mort – à leur tête…»[191]

Чтó это, как не живая Сонечкина «записочка»?

* * *

Встречи были – каждый вечер, без уговора. Приходили они врозь и в разное время, из разных театров, из разных жизней. И всегда Сонечка хотела – еще остаться, последняя остаться, но так как это было бы – не идти домой с Володей, я всякий раз на совместном уходе – настаивала.

– Идите, Сонечка, а то я потом неизбежно пойду вас провожать, и у вас пропаду, и Аля будет голодная – и т. д. Идите, моя радость, ведь день – скоро пройдет!

Мне хорошо и сохранно было их отпускать – в рассвет. Иногда я их, в этот рассвет, до угла Борисоглебского и Поварской, провожала.

– Aimez-vous bien, vous qui m'avez aimée tous deux, et ditesvous parfois mon nom dans un baiser…[192]

* * *

– Марина! А оказывается, Володя – влюблен! Когда увидели, что я – в него – потому что я все время о нем говорю: чтобы произносить его имя – мне сразу рассказали, что он на днях в кафе «Электрик» целый вечер не сводил глаз с танцовщицы, которая танцевала на столе – и даже не допил своего стакана.

Я, когда узнала, сразу ему сказала: «Как вам не стыдно,

---

[191] Эрнст Легуве. «Шестьдесят лет воспоминаний – Малибран». «Несмотря на то, что сама она была воплощенная жизнь и одной из главных черт ее характера было очарование, – ее никогда не покидала мысль о смерти. Она всегда говорила, что умрет молодой. Порой, словно ощущая некое леденящее дуновение и чувствуя, как тень иного мира прикасается к ее душе, она впадала в ужасную меланхолию, сердце ее тонуло в потоке слез. У меня перед глазами стоят сейчас слова, написанные ее рукой: „Приходите ко мне немедленно! Я задыхаюсь от рыданий! Все мрачные видения столпились у моего изголовья и смерть – впереди всех…"» (фр.).

[192] Любите друг друга, вы, прежде любившие меня оба, и иногда, при поцелуе, произносите мое имя (фр.).

Володя, ходить к Марине и заглядываться на танцовщицу! Да у Марины из каждого рукава ее бумазейного платья – по сотне гурий и пэри! Вы просто – дурак!» И сразу ему сказала, что вам непременно скажу – и он очень испугался, Марина, весь потемнел и стал такой злой, такой злой! И знаете, что он мне сказал? «Я всегда думал, что вы такая только с М. И., что это она – в вас. А теперь я это – знаю». И пошел. Теперь посмотрите, какой он к вам придет – поджатый!

Пришел не поджатый, а озабоченный, и сразу:

– М. И., вы должны правильно понять меня с этим рассказом Софьи Евгеньевны, как до сих пор меня правильно во всем понимали.

– Володя! Разве я вам объясняла З<авад>ского? Есть такая сказка – норвежская, кажется, – «Что старик делает – все хорошо». А старик непрерывно делает глупости: променивает слиток золота на лошадь, лошадь на козу, и так далее, и, в конце концов, кошку на катушку, а катушку на иголку, а иголку теряет у самого дома, когда перелезает через плетень – потому что не догадался пойти в калитку. Так будем друг для друга тем стариком, то есть: лишь бы ему – хорошо! и лишь бы цел вернулся! – тем более что я сама способна три минуты глядеть на танцовщицу – только бы она не говорила.

Володя! А как бы противно было, если бы сказку пустить – наоборот, то есть – иголку на катушку, катушку на овцу, и, наконец, лошадь на золото? Ох, паршивый бы старик!

– Поганый бы старик, М. И.! Такими «стариками» сейчас вся Москва полна. От них-то я и…

– …Нет, М. И., я на нее не «заглядывался». Я на нее – задумался. Вот, мир рухнул, от старого не осталось ничего, а это – вечно: стол – и на нем танцующая пустота, танцующая – вопреки всему, пустота – вопреки всему: всему – уроку.

– Говорят, – таких любят…

– Я, если когда-нибудь женюсь, – то только на сестре милосердия. Чтобы в детях моих текла – человеческая кровь.

* * *

– Марина, если бы вы знали, как Володя целует, – так крепко! так крепко (с лукавой усмешкой) – точно я стена! У меня сегодня весь день лицо горит.

* * *

К радости своей скажу, что у него никогда не было попытки объяснить мне свои отношения с Сонечкой, Он знал, что я знаю, что это – последний ему данный шаг ко мне, что это

— сближение, а не разлука, что, ее целуя, он и меня целует, что он нас всех — себя, ее, меня — нас всех втроем и всю весну 19-го года — целует — в ее лице — на ее личике — целует.

Всякая попытка словами — была бы унижение и конец. А — Сонечка? Она лепетала и щебетала, склоняя, спрягая, складывая, множа и сея Володю вдоль и поперек всей своей речи, она просто ему — радовалась, невинно — как в первый день земли.

* * *

Сидели — так: слева Володя, справа я, посредине — Сонечка, мы оба — с Сонечкой посредине, мы взрослые — с ребенком посредине, мы, любящие — с любовью посредине. Обнявшись, конечно: мы — руки друг другу через плечи, она — в нас, в нашем далеком объятии, розня нас и сближая, дав каждому по одной руке и каждому по всей себе, всей любви. Своим маленьким телом уничтожая всю ту бывшую нашу с Володей разлучную версту.

Сонечка в нас сидела, как в кресле — с живой спинкой, в плетеном кресле из наших сплетенных рук. Сонечка в нас лежала, как в колыбели, как Моисей в плетеной корзине на во́дах Нила.

А граммофон, из темного угла вытягивая к нам свое вишневое деревянное певчее горло, пел и играл нам — все, что умел, все, что «умели» — мы: нашу молодость, нашу любовь, нашу тоску, нашу разлуку.

И когда я, потом, перед отъездом из России, продала его татарину, я часть своей души продала — и всю свою молодость.

* * *

…Блаженная весна, которой
нет на свете…

Так и сказались, на нас троих, стихи Павлика, когда-то — уже вечность назад! — услышанные мною в темном вагоне — от уже давно убитого и зарытого:

Блаженная весна — которой нет
на свете!
Которую несут — Моцарт или
Россети…
Игрушка — болтовня — цветок —
анахронизм, —
Бесцельная весна — чье имя —
Романтизм.

* * *

Сколько это длилось, эти наши бессонные совместные ночи? По чувству — вечность, но по тому же чувству: одну-единую бесконечную быстротечную ночь, и странно: не черную, не лунную — хотя наверное было черно, или наверное была луна — и не синюю от фонаря, который не горел, потому что с весной погасло все электричество, а какую-то серебряную, рассеянную, сновиденную, рассветную, сплошь — рассветную, с нашими мерцающими во мгле лицами, а может быть, она в памяти осталась такой — по слову Сонечки:

— Марина! Я поняла, да ведь это — Белые Ночи! Потому что я сейчас тоже люблю — двоих. Но почему же мне так хорошо? А вам, Марина?

— Потому, что не двоих, а — обоих, Сонечка! И я тоже — обоих. И мне тоже «так хорошо». А вам, Володя?

— Мне (с глубоким вздохом) хорошо. Марина Ивановна!

* * *

— Сонечка, почему вы никогда не носите бус?
— Потому что у меня их нет, Марина.
— А я думала — не любите...
— О, Марина! Я бы душу отдала за ожерелье — коралловое.
— А сказку про коралловое ожерелье — хотите? Ну, слушайте. Ее звали Ундина, а его Гульдбранд, и он был рыцарь, и его загнал поток к ним в хижину, где она жила со стариком и старухой. А поток был ее дядя — дядя Струй, который нарочно разлился так широко, чтобы рыцаря загнать в хижину, а хижину сделать островом, с которого ему не выбраться. И тот же поток загнал к ним старого патера, и он их обвенчал, и она получила живую душу. И сразу переменилась: из бездушной, то есть счастливой, сделалась несчастной, то есть любящей — и я убеждена, что он тут же стал меньше любить ее, хотя в сказке этого не сказано. И потом он увез ее в свой замок — и стал любить ее все меньше и меньше — и влюбился в дочь герцога — Бертальду. И вот они все втроем поехали в Вену, водою, Дунаем, и Бертальда с лодки играла в воде своим жемчужным ожерельем — вдруг из воды рука и с дьявольским хохотом — цап ожерелье! И вся вода вокруг покрылась харями, и лодка чуть не перевернулась. Тогда Рыцарь страшно рассердился, и Ундина зажала ему рукою рот, умоляя его не бранить ее на воде, потому что на воде сильна ее родня. И Рыцарь утихомирился, а Ундина наклонилась к воде и что-то льстиво и долго ей говорила — и

вдруг вынула – вот это вот!

– О, Марина! Что это?

– Кораллы, Сонечка, Ундинино ожерелье. Эти кораллы мне накануне принес в подарок мой брат Андрей.

– Марина! Смотри, что я тебе принес!

Из его руки на стол и через край его – двойной водопад огромных, темно-вишнево-винных, полированных как детские губы, продолговатых – бочоночком – каменных виноградин.

– В одном доме продавали, и я взял для тебя, – хотя ты и блондинка, но все равно носи, таких вторых не достанешь.

– Но что это за камень?

– Кораллы.

– Да разве такие – бывают?

Оказалось – бывают. Но одно тоже оказалось – сразу: такое – моим не бывает. Целый вечер я их держала в руках, взвешивала, перебирая, перетирая, водя ими вдоль щеки и вдоль них – губами, – губами пересчитывала, перечитывала как четки, – целый вечер я с ними прощалась, зная, что если есть под луною рожденный владелец этой роскоши, то этот владелец –

– О, Марина! Эти – кораллы? Такие громадные? Такие темные? Это – ваши?

– Нет.

– Какая жалость! Чьи же?

– Ваши, Сонечка. – Вам.

И… не переспросив, так и не сомкнув полураскрытых изумлением губ – в слово, окаменев, все на свете – даже меня! – забыв, обеими руками, сосредоточенно, истово, сразу – надевает.

Так Козетта некогда взяла у Жана Вальжана куклу: немота от полноты.

– О, Марина! Да ведь они мне – до колен!

– Погодите, состаритесь – до земли будут!

– Я лучше не состарюсь, Марина, потому что разве старухе можно носить – такое?

Марина! Я никогда не понимала слово счастие. Тонким пером круг – во весь небосвод, и внутри – ничего. Теперь я сама – счастие. Я плюс кораллы – знак равенства – счастие. И – решена задача.

Сжав их в горсть – точно их сожмешь в такой горсти, вмещающей ровно четыре бусины, залитая и заваленная ими, безумно их: пьет? ест? – целует.

* * *

И, словом страшным именно в такую минуту:

– Марина! Я ведь знаю, что я – в последний раз живу.

* * *

Что кораллы были для Сонечки – Сонечка была для меня.

* * *

– А что же с тем ожерельем – Ундининым?
– Она его подала Бертальде – взамен того ожерелья, а Рыцарь вырвал его у Бертальды и бросил в воду и проклял Ундину и всю ее родню… и Ундина уже не смогла оставаться в лодке… Нет, слишком грустный конец, Сонечка, плакать будете… Но знайте, что это ожерелье – то самое, дунайское, из Дуная взятое и в Дунай вернувшееся, ожерелье переборотой ревности и посмертной верности, Сонечка… мужской благодарности…

* * *

С этих кораллов началось прощание. Эти кораллы уже сами были – прощание. Не дарите любимым слишком прекрасного, потому что рука подавшая и рука принявшая неминуемо расстанутся, как уже расстались – в самом жесте и дара и принятия, жесте разъединяющем, а не сводящем: рук пустых – одних и полных других – рук. Неминуемо расстанутся, и в щель, образуемую самим жестом дара и взятия, взойдет все пространство.

Из руки в руку – разлуку передаете, льете такими кораллами! Ведь мы такие «кораллы» дарим – вместо себя, от невозможности подарить – себя, в возмещение за себя, которых мы этими кораллами у другого – отбираем. В таком подарке есть предательство, и недаром вещие сердцем их – боятся: «Что ты у меня возьмешь – что мне такое даришь?» Такие кораллы – откуп: так умирающему приносят ананас, чтобы не идти с ним в черную яму. Так каторжанину приносят розы, чтобы не идти с ним в Сибирь.

– Марина! Я еду со Студией.
– Да? На сколько дней? Куда-нибудь играть?
– Далёко, Марина, на все лето.

«Все лето», когда любишь – вся жизнь.

Оттого, что такие подарки всегда дарились на прощание:

в отъезд, на свадьбу, на день рождения (то есть на то же прощание: с данным годом любимого, с данным годом любви) – они, нагруженные им, стали собой – разлуку – вызывать: из сопровождения его постепенно стали его символом, потом сигналом, а потом и вызовом его к жизни: им самим.

Может быть – не подари я Сонечке кораллов…

* * *

Пятнадцать лет спустя, идя в Париже по Rue du Bac, где-то в угловой, нишей, витрине антиквара – я их увидела. Это был удар – прямо в сердце: ибо из них, с бархатного нагрудника, на котором они были расположены – внезапный стебелек шеи и маленькое темно-розовое темноглазое лицо, с губами – в цвет: темно-вишнево-винным, с теми же полосами света, что на камнях.

Это было – секундное видение. Гляжу – опять темно-зеленый бархат нагрудника с подвешенным ярлыком: цифрой в четыре знака.

* * *

Вслед за кораллами потекли платья, фаевое и атласное. Было так. Мы шли темным коридоров к выходу, и вдруг меня осенило:

– Сонечка, стойте, не двигайтесь!

Ныряю себе под ноги в черноту огромного гардероба и сразу попадаю в семьдесят лет – и семь лет назад, не в семьдесят семь, а в семьдесят – и семь, в семьдесят – и в семь. Нащупываю – сновиденно-непогрешимым знанием – нечто давно и заведомо от тяжести свалившееся, оплывшее, осевшее, разлегшееся, разлившееся – целую оловянную ложу шелка и заливаюсь ею до плеч.

– Сонечка! Держите!
– Ой, что это, Марина?
– Стойте, стойте!

И новый нырок на черное дно, и опять рука в луже, но уже не оловянной, а ртутной – с водой убегающей, играющей из-под рук, несобираемой в горсть, разбегающейся, разлетающейся из-под гребущих пальцев, ибо если первое – от тяжести – осело, второе – от легкости – слетело: с вешалки – как с ветки.

И за первым, осевшим, коричневым, фаевым – прабабушки графини Ледоховской – прабабушкой графиней Ледоховской – несшитым, ее дочерью – моей бабушкой – Марией Лукиничной Бернацкой – несшитым, ее дочерью – моей матерью – Марией Александровной Мейн – несшитым, сшитым правнучкой – первой Мариной в нашем польском роду – мною, моим, семь лет назад, девичеством, но по крою – прабабушки: лиф как мыс, а юбка как море –

– А теперь, Сонечка, держитесь!

И на уже погнувшейся, подавшейся под тяжестью четырех

женских поколений Сонечке – поверх коричневого – синее: синее с алым, лазурное и безумное, турецкое, купецкое, аленько-цветочкинское, само – цветок.

– Марина! – Сонечка, пошатнувшись, а главное ничего не видя и не понимая, ни синевы второго, ни конского каштана первого, ибо гардероб – грот, а коридор – гроб... (О, темные места всех моих домов – бывших, сущих, будущих... О, темные дома!.. Не от вас ли мои стихотворные «темно́ты?» – Ich glaube an Nächte![193])

Проталкиваю перед собой, как статую бы на роликах, остолбенелую, совсем исчезнувшую под платьями Сонечку полной тьмой коридора в полутьму столовой: освещавший ее «верхний свет» уже два года как не чищен и перешел в тот свет – из столовой, очередным черным коридором – черным ущельем сундуков и черным морем рояля – в Алину детскую – свет! – наконец-то!

Ставлю ее, шатающуюся и одуренную темными местами, как гроб молчащую – перед огромным подпотолочным зеркалом:

– Мерьте!

Жмурится, как спросонья, быстро-быстро мерцает черными ресницами, неизвестно – рассмеется или заплачет...

– Это – платья. Мерьте, Сонечка!

И вот – секундное видение – белизны и бедности: белого выреза и бедных кружев: оборка юбки, вставка рубашки – секундное полное исчезновение под огромным колоколом юбки – и – в зеленоватой воде рассветного зеркала: в двойной зелени рассвета и зеркала – другое видение: девушки, прабабушки сто лет назад.

Стоит, сосредоточенно застегивает на все подробности его двенадцати пуговок обтяжной лиф, расправляет, оправляет мельчайшие сборки пояса, провожает их рукой до огромных волн подола...

Ловлю в ее глазах – счастье, счастья – нет, есть страшный, детский смертный серьез – девушки перед зеркалом. Взгляд – глубочайшей пытливости, проверки всех данных (и неданных!), взгляд Колумба, Архимеда, Нансена. Взгляд, длящийся – час?

И, наконец:

– Чу-десно, Марина! Только длинно́ немножко.

(Длинно́ – очень, тех злосчастных «битюгов» – и носов не видать!)

Стоит, уже счастливая, горячо-пылающая, кланяется себе в зеркале, себе – в зеркало, и, отойдя на три шага, чуть приподняв бока стоящей от тяжести робы – глубокий

---

[193] Я верю ночам! (нем.).

девический прабабушкин реверанс.

— Да ведь это платье – бал, Марина! Я – уже плыву! Я и не двигаюсь, а оно уже плывет! Оно – вальс танцует, Марина! Нет – менуэт! И вы мне его дадите надеть?

— А как вы думаете?

— Дадите, дадите! И я в нем буду стоять за спинкой моего стула – какие мы с тем стулом были бедные, Марина! – но и оно не богатое, оно только – благородное, это то, в котором Настенька ходила на «Севильского цирюльника»! еще ее бабушки! (нужно будет вставить!) На сегодня дадите, Марина? Потому что мне нужно будет еще успеть подшить подол.

— На сегодня – и на завтра – и насовсем.

— Что-о? Это – мне? Но ведь это же рай, Марина, это просто во сне снится – такие вещи. Вы не поверите, Марина, но это мое первое шелковое платье: раньше была молода, потом папочка умер, потом – Революция... Блузки были, а платья – никогда. (Пауза.) Марина! Когда я умру, вы в этом меня положите. Потому что это было – первое такое счастие... Я всегда думала, что люблю белое, но теперь вижу, что это была бездарность. И бедность. Потому что другого не было. Это же – мне в цвет, мне в масть, как вы говорите. Точно меня бросили в котел, всю: с глазами, с волосами, со щеками, и я вскипела, и получилось – это. А как вы думаете, Марина, если бы я например в провинции этим летом вышла замуж – я знаю, что я не выйду, но если – можно мне было бы венчаться – в синем? Потому что – мне рассказывали – теперь даже в солдатском венчаются – невесты, то есть. Будто бы одна даже венчалась в галифе. То есть – хотела венчаться, но батюшка отказался, тогда она отказалась – от церковного брака.

Решено, Марина! Венчаюсь – в синем, а в гробу лежу – в шоколадном!

* * *

После платьев настал – желтый сундук.

Узнав, что она едет, я с нею уже почти не расставалась – брала с утра к ней Алю и присутствовала при всей ее остающейся жизни. (И откуда-то, из слуховых глубин слово: règne.[194] Канада, где по сей день вместо vie[195] говорят règne, о самой бедной невидной человеческой жизни, о жизни дроворуба и плотогона – règne. Mon règne. Ton règne.[196] Так, на

---

[194] Царство (фр.).

[195] Жизнь (фр.).

французском канадском эта Сонечкина остающаяся жизнь, в порядке всех остальных, была бы règne, la fin de son règne.[197] И меня бы не обвиняли – в гиперболе.

Великий народ, так называющий – жизнь.)

– Ну, Марина, нынче я укладываюсь!

Сижу на подоконнике. Зеленое кресло – пустое: Сонечка раскладывается и укладывается, переносит, с места на место, как кошка котят, какие-то тряпочки, бумажечки, коробочки... Открывает желтый сундук. Подхожу и я – наконец посмотреть приданое.

Желтый сундук – пуст: на дне желтого сундука только новые ослепительно-рыжие детские башмаки.

– Сонечка? Где же приданое?

Она, держа в каждой руке по огромному башмаку, еще огромнейшему – от руки:

– Вот! Сама купила – у нас в Студии продавались по случаю, чьей-то сестры или брата. И я купила, убедив себя, что это очень практично, потому что такие толстые... Но нет, Марина, не могу: слишком жёсткие, и опять с мордами, с наглыми мордами, новыми мордами, сияющими мордами! И на всю жизнь! До гробовой доски! Теперь я их продаю.

Через несколько дней:

– Ну, как, Сонечка, продали ботинки?

– Нет, Марина, мне сказали, что очень просто: прийти и встать – и сразу с руками оторвут. Рвать-то рвали, и очень даже с руками, но, Марина, это такая мука: такие глупые шутки, и такие наглые бабы, и мрачные мужики, и сразу начинают ругать, что подметки картонные, или что не кожа, а какое-то там их «сырье»... Я заплакала – и ушла – и никогда больше не буду продавать на Смоленском.

А еще день спустя, на тот же мой вопрос:

– О, Марина! Как я счастлива! Я только что их подарила. Хозяйской девчонке – вот радость была! Ей двенадцать лет и ей как раз. Я думала Алечке – но Алечке еще целых шесть лет ждать – таких морд, от которых она еще будет плакать! А хозяйская Манька – счастлива, потому что у нее и ноги такие – мордами.

* * *

В один из ее предотъездных дней я застала у нее

---

[196] Мое царство. Твое царство (фр.).

[197] Царством, окончанием ее мира (фр.).

громадного молодого солдата, деликатно присевшего с краю пикейного одеяла, разложив по защитным коленям огромные руки: раки.

— А это, Марина, мой ученик — Сеня. Я его учу читать.
— И хорошо идет?
— Отлично, он страшно понятливый, — да, Сеня?
— Как сказать, Софья Евгеньевна...
— Уже по складам, или пока только буквы?
— Сеня! (Сонечка заливаясь) Марина Ивановна — потому что эту гражданку зовут Марина Ивановна, она знаменитая писательница — Марина Цветаева. Сеня, запомните, пожалуйста! — Марина Ивановна думала, что я вас читать учу, азбуке! Я его читке учу, выразительному чтению... А мы с ним давно-о грамотные, правда, Сеня?
— Второй год, Софья Евгеньевна. Никогда не забуду тот взгляд глубочайшего обожания, которым солдат отметил это «мы с ним»...
— «Товарищ, товарищ»... А вот меня на улице никто не зовет товарищ, и почти никогда — гражданка, всегда — гражданочка — и сразу всякое такое в рифму. Гражданочка-смугляночка (хотя я вовсе не смуглая, это меня только румянец темнит) — или там: миляночка, а один даже целый стих сочинил:

Гражданочка, гражданочка,
Присядь ко мне на лавочку,
Поешь со мной бараночку! —

а я ему: «А где бараночка? Обещал — так давай!» — «А я это только так, гражданочка, для складу, и никакой, к сожалению, бараночки у меня нету, потому что Колчак, сволочь, оголодил, а ежели бы время другое — не только бараночку, а целое стадо бы баранов вам пригнал — для-ради ваших прекрасных глазок. Потому что глазки у вас, гражданочка...» И всё эти глаза, эти глаза. Разве они уж правда — такие особенные? И почему я только солдатам нравлюсь, и вообще швейцарам, и еще старикам, и никогда, никогда — интеллигентам?

* * *

Я много раз давала ее протяжное: «Марина... (О, Мари-ина... Ах, Мари-ина!)» Но было у нее другое Марина, отрывистое, каким-то вздрагиванием верхней губы, и неизбежно предшествующее чему-нибудь смешному: «М'р'н'а (вроде французского Marne) — а вы замтили, как он, когда вы сказали...» Мое имя бывшее уже дрожанием смеха, уже входившее в смех, так сказать открывавшее руладу, с буквами – пузырящимися под губой.

Моим именем она пела, жаловалась, каялась, томилась, им же – смеялась.

* * *

Накануне отъезда она принесла Але свой подарок: «Детство и отрочество» в красном переплете, свое, детское, с синими глазами Сережи Ивина и разбитой коленкой его, и целой страницей ласкательных имен.

– О, Марина! Как я хотела подарить вам мою «Неточку Незванову», но у меня ее украли: взяли и не вернули. Марина! Если когда-нибудь увидите – купите себе ее от меня на память, в ней все мое к вам, потому что это повесть о нас с вами, и повесть тоже не окончена – как наша...

* * *

Потом был последний вечер, последний граммофон, последнее втроем, последний уход – в последний рассвет.

* * *

Пустынная площадь – перед каким вокзалом? Мнится мне – перед Богом-забытым, не знаю – Брянским? наверное – деревянным. Мужики, мешки. Бабы, мешки. Солдаты, мешки. А все же – пусто. Отвесное солнце, лазурь – сине́е того платья.

Стоим – Сонечка, тот солдат, я.

– А это, Марина, моя ученица!

На нас – заглатывая ногами по дюжине булыжников зараз – женский колосс, девический колосс, с русой косой в кулак, в синей юбке до колен, от которых до земли еще добрых полсажни, со щеками красного лаку, такого красного и такого лаку, что Сонечкины кажутся бледными.

И Сонечка, в ответ на мой изумленный взгляд:

– Да, и нам всего шестнадцать лет. И мы первый год как из деревни. На сцену хотим. Вот какие у нас на Руси бывают чудеса!

И, приподнявшись на цыпочки, с любовью поглаживает. Ученица, вопреки всякому правдоподобию еще покраснев, могучим басом:

– Софья Евгеньевна, я вам продовольствия принесла на дорогу. (Вынимая могучий мешок.) Цельный месяц – сыты будете.

Перрон. Сонечка уже внутри. Плачет – из вагона прямо на

перрон.

– Марина! Марина! Марина! Марина!

Я, уже не зная чем утешить:

– Сонечка! Река будет! Орехи будут!

– Да чтó вы меня, Марина, за бездушную белку принимаете? (Плача.) – Без вас, Марина, мне и орех не в орех!.. Алечку – поцелуйте!.. Мой граммофон – поцелуйте!.. Володечку – поцелуйте!

* * *
<1>

Бесценная моя Марина!

Все же не могла – и плакала, идя по такой светлой Поварской в сегодняшнее утро, – будет, будет, и увижу вас не раз и буду плакать не раз, – но так – никогда, никогда –

Бесконечно благодарю вас за каждую минуту, что я была с вами, и жалею за те, что отдавала другим – сериозно, очень прошу прощения за то, что я раз сказала Володе – что он самый дорогой.

Самая дорогая – вы, моя Марина. Если я не умру и захочу снова – осени, сезона, театра, – это только вашей любовью, и без нее умру – вернее без вас. Потому что знать, что вы – есть, знать, что Смерти – нет. А Володя своими сильными руками сможет вырвать меня у Смерти?

Целую тысячу раз ваши руки, которые должны быть только целуемы – а они двигают шкафы и поднимают тяжести – как безмерно люблю их за это.

Я не знаю, что сказать еще – у меня тысяча слов – надо уходить. Прощайте, Марина, – помните меня – я знаю, что мне придется все лето терзать себя воспоминаниями о вас, – Марина, Марина, дорогое имя, – кому его скажу?

Ваша в вечном и бесконечном Пути – ваша Соня Голлидэй (люблю свою фамилию – из-за Ирины, девочки моей).

2

Вещи уложены. «Жизнь моя, прощайте!» Сколько утр встречала я на зеленом кресле – одна с мыслями о вас. Люблю все здесь – потому что вы здесь были.

Ухожу с болью – потому же.

– Марина – моя милая, прекрасная – я писать не умею, и я так глупо плачу.

Сердце мое – прощайте.

Ваша Соня.

(Але)

– Целую тебя, маленькие тоненькие ручки, которые обнимали меня – целую, – до свидания, моя Аля – ведь увидимся?

Наколдуй счастие и Большую Любовь – мне, маленькой и не очень счастливой.

Твоя Соня.

4

20 июня (7-го старого стиля) 1919 года.

Моя дорогая Марина – сердце мое – я живу в безмерной суматохе – все свистят, поют, визжат, хихикают – я не могу собраться с мыслями – но сердцем знаю о своей любви к вам, с которой я хожу мои дни и ночи.

Мне худо сейчас, Марина, я не радуюсь чудесному воздуху, лесу и жаворонкам, – Марина, я тогда все это знаю, чувствую, понимаю, когда со мной – вы, Володя, мой Юрочка – даже граммофон – я не говорю о Шопене и «Двенадцатой рапсодии», когда со мной Тот, которого я не знаю еще – и которого никогда не встречу.

Я могу жить с биением пульса 150 даже после мимолетной встречи глазами (им нельзя запретить улыбнуться!) – а тут я одна – меня обожают деревенские девчонки – но я же одинока, как телеграфные столбы на линии железной дороги. Я вчера долго шла одна по направлению к Москве и думала: как они тоскуют, одинокие, – ведь даже телеграммы не ходят! – Марина, напишу вам пустой случай, но вы посмеетесь и поймете – почему я сегодня в тоске.

Вчера сижу у Евгения Багратионовича и веду шутя следующий диалог с бабой:

Баба: – Красавица, кому папиросы набиваешь? Муженьку?
Соня: – Да.
Баба: – Тот, что в белых брюках?
Соня: – Да.
Баба: – А что же ты с ним не в одной избе живешь?
Соня: – Да он меня прогнал. Говорит, больно подурнела, – а вот папиросы набивать велит – за тем и хожу только, а он другую взял.

* * *

Вечер того же дня. Баба ловит Вахтангова и говорит:
– Что ж ты жену бросил, на кого променял? Ведь жена-то

красавица, – а кого взял? Не совестно? Живи с женой!

Ночь того же дня.

Я мою лицо в сенях. Входит Вахтангов:

– Софья Евгеньевна, чтó вы – ребенок или авантюристка? – и – рассказ бабы.

Убегаю от Вахтангова и безумно жалею, что не с ним.

Это пустое все. Марина, пишите, радость моя – пишите. С завтрашнего дня я въезжаю в отдельную комнату и буду писать дневник для вас, моя дорогая. Пишите, умоляю, я не понимаю, как живу без вас. Письма к Г-ру – и пусть Володя тоже. Что он?

Марина, увозят вещи – надо отнести письмо – не забывайте меня. Прошу, умоляю – пишите.

О, как я плакала, читая ваше последнее письмо, как я люблю вас. Целую ваши бесценные руки, ваши длинные строгие глаза и – если б можно было поцеловать – ваш обворожительно-легкий голос.

Я живу ожиданием ваших писем. Алечку и Ирину целую. Мой граммофон, – где все это?

Ваша С.

5
(Последнее)

1 июля (20 июня старого стиля) 1919 года.

Заштатный городок Шишкеев.

– Марина, – вы чувствуете по названию – где я?! – Заштатный город Шишкеев – убогие дома, избы, бедно и грязно, а лес где-то так безбожно-далёко, что я за две недели ни разу не дошла до него. – Грустно, а по вечерам душа разрывается от тоски, и мне всегда кажется, что до утра я не доживу.

По ночам я писала дневник, но теперь у меня кончилась свеча, и я подолгу сижу в темноте и думаю о вас, моя дорогая, Марина. Тихая нежданная радость – ваше письмо. Боже мой, я плакала и целовала его и целую ваши дорогие руки, написавшие его.

– Марина, когда я умру, на моем кресте напишите эти ваши стихи:

…И кончалось все припевом:
Моя маленькая!

– Такое изумительное стихотворение. –

– Марина, сердце мое, я так несвязно пишу. Сейчас день самый синий и жаркий, – так все шумит, что я не могу думать. – Я пишу, безумно торопясь, так как Вахтанг Леванович едет в Москву – и мне сроку полчаса. – Марина, умоляю вас, мое сердце, моя Жизнь – Марина! – не уезжайте в Крым пока, до 1-го августа. Я к 1-му приеду, я умру, если не увижу вас, – мне будет нечем жить, если я еще не увижу вас.

– Марина, моя любимая, моя золотая, не уезжайте – я не знаю, что еще сказать.

Люблю вас больше всех и всего и – что бы я ни говорила – через все это.

– Марина, милая, нежная, дорогая, целую вас, ваши глаза, руки, целую Алечку и ее ручки за письмо, – презираю отца, сына и его бездарную любовь к «некоей замужней княгине», – огорчена, что Володя не пишет, по-настоящему огорчена. – Сердце мое, Марина, не забывайте меня.

Ваша Соня.

Дневник пишу для вас.

По дороге в Рузаевку я дала на одной из станций телеграмму Володе:

Целую вас – через сотни

Разъединяющих верст!

Даю телеграфисту, а он не берет срочно подобную телеграмму, – говорит, это не дело. Еле умолила. Целую Молюсь за вас.

P.S. Против моего дома церковь, я хожу к утрене и плачу.

Соня

* * *

После Сонечкиного отъезда я малодушно пошла собирать ее по следам. Мне вдруг показалось – я вдруг приказала себе поверить, что – ничего особенного, что в ее окружении – все такие.

Но, к своему удивлению, я вскоре обнаружила, что Сонечки все-таки – как будто – нет, совершенно так же, как за неимением папиросы машинально суешь себе в рот – что попало длинного: карандаш – или зубную щетку – и некоторое время успокаиваешься, а потом, по прежнему недомоганию, замечаешь, что – не то взял.

Студийцы меня принимали, по следу Сонечкиной любви, отлично, сердечно, одна студийка даже предложила мне, когда Ирина вернется из деревни, взять ее с собой – в какую-то другую деревню... мы несколько раз с ней встретились – но – она была русая и голубоглазая – и вскоре обнаружилось, что Сонечка совсем ни при чем. Это была – моя знакомая. Моя чужая новая знакомая.

Как в книге – «продолжение следует», здесь продолжения – не следовало.

* * *

Продолжение следовало – с Володей, наше продолжение, продолжение прежних нас, до-Сонечкиных, не разъединенных и не сближенных ею. Казалось бы – естественно: после исчезновения между нами ее крохотного физического присутствия, нам это крохотное физическое отсутствие, чуть подавшись друг другу, восполнить, восполнить – собою, то есть просто сесть рядом, оказаться рядом. Но нет – как по уговору – без уговору – мы с ее исчезновением между нами – отсели, он – в свой далекий угол, я – на свой далекий край, на целую добрую полуторную Сонечкину длину друг от друга. Исчезнувшая между нами маленькая черная головка наших голов не сблизила. Как если бы то, с Сонечкой, нам только снилось и возможно было только с ней: только во сне.

Но тут должно прозвучать имя: Мартин Идеи. – Это – больше, чем можно сказать: и вещь, и герой, и автор. Больше, чем мне можно сказать... Когда-нибудь, когда расстанемся... – Марина Ивановна, прочтите Мартина Идена, и когда дойдете до места, где белокурый всадник на белом коне – вспомните и поймите – меня.

Девятнадцать лет спустя, девятнадцать с половиной лет спустя, в ноябре 1937 года, иду в дождь, в Париже, по незнакомой улочке, с русским спутником Колей – чуть постарше тогдашнего Володи.

– Марина Ивановна! А вот книжки старые – под дождем – может быть хотите посмотреть?

Приоткрываю брезент: на меня глазами глядит Мартин Иден.

Теперь – пояснение. Дико было бы подумать обо мне, живущей только мечтой и памятью, что я то Володино завещание – забыла.

Но – так просто войти в лавку и спросить Мартина Идена?

Как Володя когда-то пришел в мою жизнь – сам, как все большое в моей жизни приходило само – или вовсе не приходило, так и Мартин Иден должен был прийти сам.

Так и пришел – ныне, под дождем, по случайному слову спутника.

Так и предстал.

Мне оставалось – только протянуть руку: ему, утопающему под дождем и погибающему от равнодушия прохожих. (Вспомним конец Мартина Идена и самого Джека Лондона!)

В благополучной лавке – нового неразрезанного Мартина Идена, любого Мартина Идена, очередной экземпляр Мартина Идена – было бы предательством самого Володи, тройным предательством: Джека Лондона, Мартина Идена и Володи. Торжеством той la Chose Etablie,[198] биясь об которую они все трое жизнь отдали.

А та́к – под дождем – из-под брезента – в последнюю минуту перед закрытием – из рук равнодушной торговки – та́к это просто было спасением: Мартина Идена и памяти самого Володи. Здесь Мартин Иден во мне нуждался, здесь я ему протягивала руку помощи, здесь я его, действительно, рукой – выручила.

И вот, в конце этой бессмертной книги – о, я того белокурого всадника тоже не искала, и даже не ждала, зная, что предстанет – в свой срок на своей строке! – в конце этого гимна одинокому труду и росту, этого гимна одиночеству в уже двенадцатый его час в мире...

– видение белого, но не всадника: гребца, пловца, тихоокеанского белолицего дикаря стойком на щепке, в котором я того белокурого всадника (никогда не бывшего, бывшего только в моей памяти) – узнала.

Девятнадцать лет спустя Мартин Иден мне Володю – подтвердил.

***

Однажды я читала ему из своей записной книжки – З<авад>ского, Павлика, Сонечку, себя, разговоры в очередях, мысли, прочее – и он, с некоторой шутливой горечью:

– М. И., а мне все-таки обидно – почему обо мне ничего нет? о – нас? о – нашем?

...Вы понимаете, я в мире внешнем, в жизни, вас ни к чему не ревную, но в мире мысли и – как бы еще сказать? Я сам никогда ничего не записываю – у меня и почерк детский – я знаю, что все – вечно, во мне – вечно, что все останется и в нужный час – встанет, все, каждое наше с вами слово, у меня даже чувство, что я, записывая, что-то – оскорбил бы, умалил бы... Но вы – другое, вы – писательница...

– А вы это когда-нибудь, хоть раз за всю нашу дружбу, заметили, Володя? Он, усмехнувшись:

– Другие – говорили...

– Стойте, Володя! А у меня есть про вас – две строки, конец стихов, никогда не написанных:

Если бы царем вас Бог поставил,
Дали б вам прозвание – Тишайший.

Глазами вижу, как спускает стих себе в грудь и там его слушает. И, с началом усмешки:

– М. И. Это я только с вами – такой – тихий.

---

198 Установленного порядка (фр.).

* * *

Я еще нигде не сказала об его улыбке: редкой, короткой, смущенной, себя – стыдящейся, из-под неизменно-опущенных глаз – тех – снисходительных и даже снисходящих, которыми он смотрел, вернее, не-смотрел на меня, когда я заводила о З<авад>ском. Улыбка с почти насильственным сведением расходящихся губ, приведением их на прежнее место – несмеха. Странно, но верно, и прошу проверить: такая улыбка бывает у двухгодовалых, еще мало говорящих детей, с неизменным отводом, а иногда и зажатием – глаз. Да, у Володи была детская улыбка, если отказаться от всех общих мест, которые с детским связаны.

И еще – такая улыбка (скрытого торжества и явного смущения) бывает на лицах очень молодых отцов – над первенцем: непременно – сыном. Если в с трудом сводимых губах было смущение, то в глазах было – превосходство.

Володя, Володя, когда я где-нибудь, на чьем-нибудь лице – двухгодовалого ребенка ли в сквере, сорокалетнего ли английского капитана в фильме – вижу начало этой улыбки – ни сквера, ни фильма, ни ребенка, ни капитана – то кончается эта улыбка вашей.

И все – как тогда.

* * *

Мы с ним никогда не говорили про Сонечку. Я знала, что он ее по-другому любит, чем я, и она его по-другому, чем меня, что мы с ним на ней не споемся, что для него она – меньше, чем есть, потому что была с ним – меньше, чем есть, потому что всем, что есть – была со мною, а сразу с двумя порознь нельзя быть всем, можно только с двумя вместе, то есть втроем, как оно в нашем втроем и было, а оно – кончилось.

Я даже не знаю, писал ли он ей.

Наша беседа о ней непременно была бы спором, я чувствовала, что у него к ней – нет ключа, – и чтобы все сказать: он для нее был слишком молод, слишком молод для ее ребячества, под которым он в свои двадцать лет не мог прочувствовать всей беды и судьбы. Для него любить было – молиться, как молиться – такому маленькому, которого, и встав на колени, неизбежно окажешься – и выше, и старше?

Смолк и наш граммофон, оказавшийся только Сонечкиным голосом, тем вторым одновременным голосом, на отсутствие которого у себя в груди она так часто и горячо жаловалась.

Сонечка, с граммофоном, с зеленым креслом, с рыжими

непроданными башмаками, с ее Юрой, с ее Володей, и даже с ее мною, со всем своим и всей собой, вся переселялась в мою грудь, и я – с нею в груди – вся переселилась в будущее, в день нашей встречи с ней, в который я твердо верила.

Все эти дни без нее – я точно простояла, точно застясь рукой от солнца, как баба в поле – не идет ли? Или проспала, как девочка, которой обещали новую куклу – и вот она все спит, спит, спит, и встает – спит, и ложится – спит, – лишь бы только время прошло! Или – как арестант, ежедневно зачеркивающий на стене еще одну палочку. Как навстречу идут – так я жила ей навстречу, шла ей навстречу – каждым шагом ноги и каждым мигом дня и помыслом лба – совсем как она, тогда, по шпалам, по направлению к Москве, то есть – ко мне.

О, я совсем по ней не скучала – для этого я слишком ей радовалась!

Вот ее отзвуки – в моей записной книжке тех дней:

«Сейчас передо мной Алины колени и длинные ноги. Она лежит на крыше, спустив ноги на подоконник: – Марина! Вот облако плывет, – может быть, это душа вашей матери? – Марина, может быть, сейчас к нашему дому подходит Русалочка, – та, которой было триста лет? (И крестится, заслышав с улицы музыку.) – Марина! Марина! Марина! Как дым летит. Боже мой! Ведь этот дым летит всюду, всюду! Марина, может быть, это дым от поезда, в котором едет Сонечка? – Марина, может быть, это дым от костра Иоанны? А сколько душ в этой вышине, правда?»

* * *

«…О женщинах не скажу, потому что всех вспоминаю с благодарностью, но люблю только Сонечку Голлидэй».

* * *

«Когда я думаю о приезде Сонечки Голлидэй, я не верю: такого счастья не бывает.

Думаю о ней – опускаю главное – и как о новом кольце, как о розовом платье, – пусть это смешно звучит: с вожделением.

Потому что это не Сонечка приедет – а вся Любовь».

* * *

«Мечтаю о Сонечке Голлидэй, как о куске сахара: верная – сладость».

* * *

(Пусть вся моя повесть – как кусок сахара, мне по крайней мере сладко было ее писать!)

* * *

– Марина Ивановна! Сегодня наш последний вечер. Я завтра уезжаю на юг.

– Последний… завтра… Но почему же вы, как вы могли мне раньше…

– Марина Ивановна! – голос настолько серьезный, что даже – остерегающий. – Не заставляйте меня говорить того, что не нужно: мне – говорить, вам – слышать. Но будьте уверены, что у меня на то были – серьезные причины.

– Скрыть от меня – конец? Ходить как ни в чем не бывало, а самому – знать? одному знать?

– Нну, если вы уж решительно хотите…

– Ни решительно, ни нерешительно, а просто – ничего не хочу. Бог с вами совсем! Мне просто – все это – приснилось, ну – лишний раз – все приснилось!

– М. И.! Вы все-таки – человек, и я – человек, а человеком быть – это чувствовать боль. Зачем же мне, которому вы дали столько радости, только радость, было причинять вам эту боль – до сроку? Достаточно было – моей.

– Володя, вы твердо решили?

– Уже чемодан уложен.

– Вы один едете?

– Нет, нас несколько. Несколько – студийцев. Потом я от них отделюсь.

– Я вас правильно понимаю?

– Да.

– А – родители?

– Они думают – играть. Все думают – играть. Только – вы. М. И., мне здесь больше делать нечего. Здесь – не жизнь. Мне здесь – не жизнь. Я не могу играть жизнь, когда другие – живут. Играть, когда другие – умирают. Я не актер.

– Я это – всегда знала.

– А теперь забудем и будем проводить вечер как всегда. И вечер прошел – как всегда. И прошел – как всегда, всякий.

* * *

В какую-то его минуту, я – как завеса с глаз!

– А Ангел-то были – вы, Володечка!

– Что? (И, поняв, смущенно:) – Ах, вы об этом… (И уже –

твердо.) – Нет, М. И., я – не ангел: моя самая большая мечта когда-нибудь стать человеком.

Потом тем самым, не своим: Сонечкиным, сонным, спящим, самому себе, не мне – голосом:

– Я, может быть, был слишком честным… И, еще спустя:

– Карл Великий – а может быть и не Карл Великий – сказал:

«С Богом надо говорить по-латыни, с врагом – по-немецки, с женщиной – по-французски…» (Молчание.) И вот – мне иногда кажется – что я с женщинами говорю по-латыни…

* * *

(Если я его тогда не обняла… но он не этого хотел от меня – и не этого от себя со мною…)

* * *

Перед самым его уходом, но еще в комнате – уже почти светлой:

– М. И., вам всегда нравился мой перстень. Возьмите его! Я с первой минуты хотел вам его подарить, и с тех пор – чуть ли не каждую нашу встречу, но все – чего-то – ждал. Теперь оно настало. Это не подарок, М. И., это – дань.

– Володя! Это, кажется, первое кольцо, которое мне дарят, всегда – я, и (сняла и держу) если я до сих пор вам не подарила – этого, то только потому, что уже дарила и Ю. З., и Павлику, а скольким – до них! Я не хотела, я не могла, чтобы вы этим – как-то – стали в ряд.

– А как я им завидовал! Теперь могу сказать. И Павлику, и З<авад>скому – что с вашей руки – и такие прочные! Прямо (смеясь – сгорал от зависти! Нет, М. И., вы мне его непременно дадите, и я этим – не стану в ряд, в Студии – стал бы в ряд, но там, куда я еду… А если бы даже – в том ряду стоять не обидно.

Любуясь:

– И щиток – пустой. Для имени. Я так привык его видеть на вашей руке, что теперь моя собственная мне будет казаться вашей. (Держа на отлете.) – А у З<авад>ского – меньше. У З<авад>ского – с китаянки, а у меня – с китайца, с китайского мудреца.

– Самого простого кули, Володечка.

– А если он еще вдобавок и кули… весь социальный вопрос разрешен!

Шутим, шутим, а тоска все растет, растет…

– Володя, знаете, для чего существуют поэты? Для того, чтобы не стыдно было говорить – самые большие вещи:

И сохранят всегда мои дороги —
Твою печать.

Стоим под моими тополями, когда-то еле-зелеными, сейчас — серебряными, и до того серебряными, что ни веток, ни ствола не видно.

— Нет, нет, М. И., вы не думайте, это еще не последний раз, я еще завтра, то есть — уже сегодня, я еще раз сегодня приду — за карточками детей — и совсем проститься.

* * *

Когда он «на следующий день» пришел, и я, впервые после той нашей, уже век назад, первой и единственной дневной прогулки, увидела его при свете и даже — на солнце, я просто обмерла:

— Володя! Да что же это такое? Да вы же совсем не черный! Вы же — русый!

— И даже светло-русый, М. И.

— Господи, а я-то целые полтора года продружила с черным!

— Вы, может быть, еще скажете, что у меня глаза — черные? — он, с немножким грусти.

— Нет, сине-серые, это я всегда знала, и с серыми — дружила… Но эти волосы — сон какой-то!

— М. И., боюсь, — в голосе под слоем шутки явная горечь, — что вы и все остальное мое видели по-своему! Всего меня, а не только (презрительный жест к волосам) — это!

— А если — разве плохо видела?

— Нет, М. И., хорошо, даже слишком хорошо, потому и боюсь с вами — дневного света. Вот я уже оказался — русым, а завтра бы оказался — скучным. Может быть — хорошо, что я еду?

— Володя! Не выводите меня из себя, из моего последнего с вами терпения, из нашего последнего с вами терпения! Потому что сами не обрадуетесь — и еще, может быть, не уедете! У меня полон рот, понимаете, полон рот — и я сейчас всем этим — задохнусь!

— Не надо, Марина Ивановна.

* * *

Сидим теперь в той чердачной комнате, откуда Аля лезла мне навстречу на крышу.

— Алечка! У меня к тебе просьба: почитай мне мамины стихи!

— Сейчас, Володечка!

Прибегает с малиновой книжкой, которая у нее в кухне

под подушкой.

> Серый ослик твой ступает прямо,
> Не страшны ему ни бездна, ни река…
> Милая Рождественская Дама,
> Увези меня с собою в облака!
> Я для ослиха достану хлеба…

Голосок журчит…

* * *

– М. И., я вам подарок принес! Мою любимую книгу – про Жанну д'Арк – вы не знаете? Марка Твена – замечательную. Раскрываю: надпись. Не читая – закрываю.

– М. И., я всегда хвастался – что у меня свой оружейный склад – свой музей – и своя библиотека – и никому не показывал, потому что у меня были ровным счетом: гишпанская пиштоль, перстень и две книги: Мартин Иден – и эта. Теперь у вас – весь мой арсенал – весь мой музей – и вся моя библиотека. Я – чист.

– Марина! (Алин голос.) А мне можно подарить Володе мой «Волшебный фонарь»? Чтобы он читал в вагоне, если уж очень будут ругаться солдаты. Чтобы он им читал, потому что они тогда от удивления усмирятся, а потом заснут. Потому что деревенские, от стихов, всегда засыпают. Я, когда Наде читала стихи, она всегда спала.

Володя, целуя ручку и в ней книжку:

– Я не с солдатами еду, Алечка, а с сумасшедшими, говорят – тихими, но сейчас тихих нет, сейчас – все буйные. Ну, они уж от Марининых стихов – не заснут!

* * *

– Володя, а мы с Мариной вам письма написали на дорогу, как когда-то писали папе, чтобы читал в вагоне. Это – наши прощальные голоса.

* * *

Когда ваш поезд?
Скоро. Мне уже идти нужно.
А проводить?..
Нет, М. И., я хочу с вами проститься – здесь.

* * *

– Теперь посидим перед дорогой. Садимся в ряд, на узкий диван красного дерева. Аля вслух молится:

– Дай, Господи, Володе счастливо доехать и найти на Юге то, что ищет. И потом вернуться в Москву – на белом коне. И чтобы мы еще были живы, и чтобы наш дом еще стоял. Аминь.

Крестимся, встаем, сходим по узкой мезонинной лестнице в вечную тьму коридора. На мое извечное движение – идти с ним дальше:

– Не провожайте дальше. Трудно будет идти.

Последняя минута. Скажу или нет? Скажет или –

Просто, как если бы всю жизнь только это и делал, обнимает меня за голову, прижимает к груди, целует в голову, целует в лоб, целует в губы.

Потом трижды крещу, творю над его лбом, плечами, грудью тот основной † крест его лица.

Отступил: уже за порогом. И через порог, уже без руки:

– Прощайте, Марина (и гору глотнув) – Ивановна.

* * *

Милый Володя!

Желаю, чтобы в вагоне не было душно, чтобы вас там кормили, хорошо обращались, никто к вам не приставал бы, дали бы вам открытое окно. Хочу, чтобы вся дорога была так хороша и восторженна, как раньше. Вы уезжаете, наш последний настоящий друг.

Володя! Я сейчас подняла голову и была готова заплакать. Я очень грущу. Вы последний по-настоящему любили нас, были так нежны с нами, так хорошо слушали стихи. У вас есть Маринина детская книга. Вы ее будете читать и вспоминать, как читала вам – я. Скоро опять кто-нибудь поедет в Киев и мы опять вам напишем письма.

Володя. Мне кажется неправдой, что скоро вас не будет. О, Господи! Эти вагоны не подожгут, потому что все пассажиры невинные. Постарайтесь быть незаметным и придумайте себе хорошую болезнь. Может случиться ужасно...

Эти напутственные Алины ужасы – не уцелели, потому что тут же послышался Володин прощальный стух, и письма ее себе в тетрадку я дописать не успела. Думаю, что следовало описание водворения Володи на Киевском вокзале из сумасшедшего вагона – в фургон, как самого опасного из сумасшедших.

* * *

На книге о Жанне д'Арк было надписано:
«Мы с вами любим – одно».

* * *

Потом было письмо, одно-единственное, в несколько строк. Письмо кончалось:
– Твердо надеюсь, что мы с вами еще встретимся. Этой верой буду жить.
Потом началось – молчание.

* * *

Стук в дверь. Открываю – Сонечка.
Радость? Нет. Удар – такой силы, что еле устаиваю на ногах.
А в ушах – родной поток: «Марина…» – и что-то еще, и еще, и еще, и опять: «Мар-рина…» – и только постепенно встают из потока слова: «Только час, только час, только час. У меня только час… У меня с вами только час. Я только что приехала и сейчас опять уезжаю… У нас с вами только час! Я только для вас приехала. Только час!»
На лестнице сталкиваемся с квартирантами, спускающимися.
Сонечка:
– Я – Софья Евгеньевна Голлидэй, мне вам нужно сказать два слова.
Отец и сын покорно сворачивают обратно вверх. Стоим все на лестничной площадке.
– Гадкие люди! Как вы можете так эксплуатировать женщину, одну, без мужа, с двумя маленькими детьми?!
– Да мы… да мы…
– Вы вламываетесь в кухню, когда она спит, чтобы мыться (фыркая, как три кошки)… под струёй! Точно вы от этого чище! Вы продаете ее часы и не даете ей денег! Вы в ее комнате, где ее книги и тетради, развешиваете свое поганое грязное белье!
– Но – позвольте… Софья Евгеньевна? – молодой, обидчиво. – Мы только мокрое чистое развешиваем!
– Ну, чистое – все равно поганое. Потому что есть чердак, с балками, но вам лень туда лезть.
– Но там пол проваливается, балки на голову падают…
– И чудесно, если проваливается… и чудесно, если падают…
– И, в конце концов, М. И. нам эту комнату – сдала.

— Но вы ей ни разу не заплатили.

— Это потому, что у нас сейчас нет денег: мы не отказываемся…

— Словом, это – бездарно, все ваше поведение с Мариной, без-дарно. И даже преступно. Вы, когда весь двор был полон солдатами – не разбудили ее среди ночи? Не просунули ей в щель какие-то идиотские мемуары и портреты – и целую мальтийскую шпагу?

— Но М. И. сама говорила, что если в случае…

— Я знаю, что – сама. А вы – пользуетесь. А если бы ее – расстреляли?

(Отец молчит и тяжело сопит, внутренне со всем согласный.)

— Словом, помните: я сейчас уезжаю. Но я вернусь. И если я узнаю, что вы – вы меня поняли? я наведу на вас беду – болезнь – и тиф, и чесотку, и что угодно – я вас просто прокляну.

(Нужно сказать, что после этого поляки присмирели, а впрочем, с первыми холодами – съехали. Прибавлю, что они были неплохие люди, а я – большая дура.)

* * *

Сидим наверху, на диване Володиного прощания. Комната вся в косых лучах – слез.

— Марина, я очень странно себя чувствую – точно я уже умерла и посещаю места… – Марина, а граммофон – еще играет?

— С тех пор не заводила, Сонечка.

— И Володечки нет. Не то, что нет – его ведь часто не было – а вот то, что не войдет… Только неделя, как уехал? Жаль…

…Если бы я знала, что все так будет ужасно, я бы, может быть, не пришла к вам в первый раз?

Это сюда кот к вам лазил, в дыру в окне? Каждую ночь – в котором часу? Марина, может быть, это моя смерть была – он ведь валерьянкой пах? – когда умирают, ведь тоже пахнет эфиром… Потому что за чем ему было лазить, раз нечего было есть? Он за мной приходил, Марина, за нашей смертью, за концом этого всего… Такой светло-светло-серый, почти совсем невидный – как рассвет? И весь в слюнях? О, какая гадость, Марина, какая гадость! Ну, конечно, это был не-кот, Марина – уже по вашей покорности… А я в эти часы не спала и плакала, ужасно плакала, Марина, по вас, по мне…

…Марина, если вы когда-нибудь узнаете, что у меня есть подруги, подруга, – не верьте: все тот же мой вечный страх одиночества, моя страшная слабость, которую вы никогда не хотели во мне признать.

И – мужчина – не верьте. Потому что это всегда туман – или жалость – вообще самозабвение.

Вас же я любила в здравом уме и твердой памяти и все-таки любила – безумно.

Это, Марина, мое завещание.

* * *

…Завещаю вам Юру, он не такой ничтожный, какой даже нам кажется, не такой бездушный… Я не знаю, в городе ли он сейчас, у меня был только час, и этот час – ваш – и я не смею просить вас… Марина! Я не смею вас просить, но я буду вас умолять: не оставьте Юру! Вы иногда о нем с добротой – хоть думайте… А если зимой встретите (я, конечно, осенью вернусь), скажите ему, но только не прямо – он этого не любит – ну, вы – сумеете! – что если я даже выйду замуж, он из ангелов все-таки мой любимый…

А Володю бы я всю жизнь так любила, всю жизнь любила, но он не мог меня любить – только целовать – да и то (чуть рассмеявшись) как-то нехотя, с надсадом. Оттого и целовал так крепко.

У вас чувство – он когда-нибудь вернется?

* * *

…И Алечки моей нет… Передайте ей, когда вернется из своего Крылатского (какое название чудесное!), что я бы такую дочку хотела, такую дочку – хотя я знаю, что у меня их никогда не будет.

Почему, Марина, мне все ваше пришлось полюбить, все до последней паутины в доме, до последней трещины на доме? Чтобы все – потерять?

…Который час? Ах, это у вас – в «Приключении» – она все спрашивает: который час? И потом опять: который час? И никогда не слышит ответа, потому что это не «который час», а: когда – смерть? Марина, нельзя все вернуть назад, взять и повернуть – руками – как реку? Пустить – обратно? Чтобы опять была зима – и та сцена – и вы читаете «Метель». Чтобы был не последний раз, а – первый раз?

О, если бы мне тогда сказали, что все это так кончится! Я бы не только не пришла к вам в первый раз, я бы на свет прийти – отказалась…

Но все-таки – который час, Марина? Это уже я – серьезно. Потому что меня к вам – не хотели пускать, я еле умолила, дала честное слово, что ровно в четыре буду на вокзале…

Марина, зачем я еду? Ведь я никого не убью – если не поеду? Ведь – никто не умрет? Марина, можете ли вы меня понять? Я сейчас уезжаю от вас, которая для меня – все – потому что дала слово в четыре быть на вокзале. А на вокзале – для чего? Кто это все сделал?

– Нет, Марина, не сто́ит рассказывать – и времени уже нет. (Который час, Марина?) Было – как везде и всегда было и будет без вас: – не было, я не была, ничего не было. Я сейчас (навзрыд плачет) в первый раз за весь этот месяц – живу, последний час перед смертью – живу, и сколько бы мне еще ни осталось жить, Марина – это был мой последний час.

Встали, идем. Останавливаемся на пороге кухни:

– И моей Ирины нет. Я знала, что ее нет, но как-то не ждала пустой кроватки... (Сама себе, потерянно:) Галли-да̀, Галли-да̀...

– Марина, я хочу пройти к вам – с фонарем проститься, с граммофоном... Ах, я забыла – там теперь поляки и «мокрое чистое» белье...

– Марина! Не провожайте меня! Даже на лестницу! Пусть будет так, как в первый раз, когда я к вам пришла: я – по ту сторону порога, вы – по эту, и ваше любимое лицо – во тьме коридора.

Я ведь еду с «второй партией» (смеясь сквозь слезы) – как каторжанка! Сонька-каторжанка и есть. Я не могу после вас – остаться с ними! Я их убью или сама из окна выброшусь! (Тихо, почти шепотом:)

От лихой любовной думки
Как поеду по чугунке,
Распыхтится паровоз,
И под гул его угрюмый
Буду думать, буду думать,
Что сам черт меня унес...

Марина! Как ужасно сбывается! Потому что это сам черт меня уносит от вас...

Последние ее слова в моих ушах:

– Марина! Я осенью вернусь! Я осенью вернусь!

* * *

– Ну что, видели вашу Сонечку?
– Сонечку? Когда.
– То есть как – когда? Вчера, конечно, раз она вчера же уехала. Неужели она к вам не зашла? Так вот она какая неверная.

«Не знаю отчего, мне вдруг представилось, что комната моя постарела… Стены и полы облиняли, все потускнело; паутины развелось еще больше. Не знаю отчего, когда я взглянул в окно, мне показалось, что дом, стоящий напротив, тоже одряхлел и потускнел в свою очередь, что штукатурка на колоннах облупилась и осыпалась, что карнизы почернели и растрескались и стены из темно-желтого цвета стали пегие.

Или луч солнца, внезапно выглянув из-за тучи, опять спрятался под дождевое облако, и все опять потускнело в глазах моих, или, может быть, передо мною мелькнула так неприветно и грустно вся перспектива моего будущего, и я увидел себя таким, какой я теперь, ровно через пятнадцать лет, постаревшим, в той же комнате, так же одиноким…»

* * *

После первого удара, на который я ответила камнем всей подставленной груди, смертным холодом сердца, бессмертным холодом лба – цезаревым (смеяться нечего!) «И ты, Брут?», в котором я слышу не укор, а – сожаление, а – снисхождение: точно Брут – лежит, а Цезарь над ним – клонится…

Но сократим и скажем просто: я не поняла, но приняла – именно как принимаю удар: потому что ты – тело, и это тело было по дороге.

До моего отъезда из России – в апреле 1922 года, то есть целых три года, я не сделала ни одной попытки разыскать Сонечку, три года сосуществования с нею в одной стране я думала о ней, как об умершей: минувшей. И это – с первой минуты вести, с последнего слога фразы: «Была и уехала».

«Но, чтобы я помнил обиду мою, Настенька?»

Обиды не было.

Я знала, что ее неприход – видимость, отсутствие – мнимость, может ли не прийти тот, кто тебе сопутствует, как кровь в жилах, отсутствовать – тот, кто не раньше увидит свет, чем твоя сердечная кровь?

И если я вначале как бы сердилась и негодовала, то только на поверхности – на поверхность поступка, надеясь этим своим негодованием обратить все в обычное: отвратить – роковое. (Если я на Сонечку рассержусь и обижусь – то значит она – есть.)

Но ни секунды я в глубине своей души не поверила, что она – почему-нибудь не пришла, та́к – не пришла, не пришла.

И чем больше мне люди – сочувствовали: «неблагодарность, легкомыслие, непостоянство» – тем одиноче и глубже я – знала.

Я знала, что мы должны расстаться. Если бы я была

мужчиной – это была бы самая счастливая любовь – а так – мы неизбежно должны были расстаться, ибо любовь ко мне неизбежно помешала бы ей – и уже мешала – любить другого, всегда бывшего бы тенью, которую она всегда бы со мною предавала, как неизбежно предавала и Юру и Володю.

Ей неизбежно было от меня оторваться – с мясом души, ее и моей.

* * *

Сонечка от меня ушла – в свою женскую судьбу. Ее неприход ко мне был только ее послушанием своему женскому назначению: любить мужчину – в конце концов все равно какого – и любить его одного до смерти.

Ни в одну из заповедей – я, моя к ней любовь, ее ко мне любовь, наша с ней любовь – не входила. О нас с ней в церкви не пели и в Евангелии не писали.

Ее уход от меня был простым и честным исполнением слова Апостола: «И оставит человек отца своего и мать свою…» Я для нее была больше отца и матери и, без сомнения, больше любимого, но она была обязана его, неведомого, предпочесть. Потому что так, творя мир, положил Бог.

Мы же обе шли только против «людей»: никогда против Бога и никогда против человека.

* * *

Но как же согласовать то чувство радостной собственности, Сонечкиной, для меня, вещественности и неотъемлемости, то чувство кольца на пальце – с этими отпущенными, отпустившими, опустившимися руками?

А – вот: так владев – можно было только так потерять. Читатель, помнишь? – «или уж вместе с пальцем…» Сонечку у меня оторвали – вместе с сердцем.

* * *

Умный зверь, когда наступает смерть, сразу знает: то самое! – и не лечится травками. Так и я, умный зверь, сразу свою смерть – узнала и, брезгуя всеми травками и поправками, ее приняла. Не: Сонечка для меня умерла, и не любовь умерла, – Сонечка из моей жизни умерла, то есть вся ушла внутрь, в ту гору, в ту пещеру, в которой она так провидчески боялась – пропасть.

Ведь все мое чудо с нею было – что она была снаружи меня, а не внутри, не проекцией моей мечты и тоски, а самостоятельной вещью, вне моего вымысла, вне моего домысла, что я ее не намечтала, не напела, что она не в моем сердце, а в моей комнате – была. Что раз в жизни я не только ничего не добавила, а – еле совладала, то есть получила в полную меру – всего охвата и отдачи.

* * *

Сонечка была мне дана – на подержание – в ладонях. В объятьях. Оттого, что я ребенка подержала в руках, он не стал – мой. И руки мои после него так же пусты.

Каждого подержанного ребенка у нас отбирает – мать. У Сонечки была мать – судьба.

* * *

Обида? Измена?

Сонечкин неприход ко мне в последний раз был тот же Володин приход ко мне – в последний раз, – вещь того же веса: всего существа. И значил он совершенно то же самое.

Так, как Володя – пришел, она – не пришла, так же всем существом не пришла, как он – пришел.

Сонечкин неприход ко мне был – любовь.

Это был первый шаг ее отсутствия из моей жизни, первый час ее безмолвного потустороннего во мне присутствия, в меня – вселения.

Сонечка не пришла ко мне, потому что бы – умерла, просто изошла бы слезами, от всей Сонечки – только бы лужица. Или сердце бы стало на последнем слоге моего имени.

Володя пришел, потому что не мог расстаться не простясь, Сонечка не пришла – потому что проститься не могла.

Но и по еще одному-другому – не пришла: Сонечка не пришла – потому что уже умерла.

Так не приходят – только умершие, потому что не могут, потому что земля держит. И я долго-долго чувствовала ее возле себя, почти что в досягаемости моей руки, совершенно так же, как чувствуешь умершего, на руке которого не смыкаешь руки только потому, что этого – не должно, потому что это опрокинуло бы все ведомые нам законы: от равного страха: встретить пустоту – и встретить руку.

Сонечки, в конце концов, мне стало только не слышно и не видно.

* * *

«Хлеб наш насущный даждь нам днесь…»

Нет, она никогда мне не была – хлебом насущным: кто – я, чтобы такое мне могло быть – хлебом насущным? Этого никогда бы не допустила моя humilité.[199] Не насущным хлебом, а – чудом, а такой молитвы нет: «Чудо насущное даждь нам днесь». В ней не было ни тяжести насущного хлеба, ни его железной необходимости, ни нашей на него обреченности, ничего от «в поте лица твоего…» Разве Сонечку можно – заработать? Даже трудом всей жизни? Нет, такое дарится только в подарок.

Как Корделия, в моем детском Шекспире, про Короля Лира – о соли, так я про Сонечку – о сахаре, и с той же скромностью: она мне была необходима – как сахар. Как всем известно, сахар – не необходим, и жить без него можно, и четыре года Революции мы без него жили, заменяя – кто патокой, кто – тертой свеклой, кто – сахарином, кто – вовсе ничем. Пили пустой чай. От этого не умирают. Но и не живут.

Без соли делается цинга, без сахару – тоска.

Живым белым целым куском сахара – вот чем для меня была Сонечка.

Грубо? Грубо – как Корделия: «Я вас люблю, как соль, не больше, не меньше». Старого короля можно любить, как соль, но… маленькую девочку? Нет, довольно соли. Пусть раз в мире это будет сказано: я ее любила, как сахар – в Революцию. И – всё тут.

* * *

> Kannst Du dem Augenblicke
> sagen:
> – Verweile noch! Du bist – so
> schön…[200]

Нет, этого у меня с нею не было. Было другое, обратное и бо́льшее:

> Behüt Dich Gott! – es wär zu
> schön gewesen,
> Behüt Dich Gott! – es hat nicht
> sollen sein.[201]

---

[199] Смиренность (фр.).

[200] Тогда бы мог воскликнуть я: «Мгновенье! О, как прекрасно ты, повремени!» (нем.).

[201] Храни Господь! Прекрасно это было,

Было великое поэтическое сослагательное: бы, единственное поэтическое владение: бы.

Была – судьба. Было русское «не-судьба».

* * *

Вспомним слово царя Давида:

– Человеку от Бога положено семьдесят лет, а что свыше – уже Божья милость.

Нам с Сонечкой было положено три месяца, нет! – вся Сонечка, вся трехмесячная вечность с нею уже были этим свыше – человеческого века и сердца.

* * *

Мария… Миранда… Мирэй… – ей достаточно было быть собой, чтобы быть – всеми…

Так сбылось на ней пророческое слово забывчивого Павлика:

Единая под множеством имен…

Для меня – сбылось. Но не только имена обрели лицо.

Вся мужская лирика, доселе безобъектная, или с обратным объектом – самого поэта – ибо быть ею всей поэтовой любви, вставить в нее – себя: свое лицо как в зеркало, я не могла, ибо сама хотела любить и сама была поэт – вся мужская лирика для меня обрела лицо: Сонечкино. Все эти пустоты (ты, она – на всех языках), имеющие дать и дающие только переполненность поэтова сердца и полноту его я, вдруг – ожили, наполнились ее лицом. В овальной пустоте, в круглом нуле всякого женского образа в стихах поэта – Сонечкино лицо оказалось как в медальоне.

Но нет, у Ленау лучше – шире!

> Es braust der Wald, am Himmel ziehn
> Das sturmes Donnerfluge,
> Da mal'ich in die Wetter hin –
> O Mädchen! deine Züge.[202]

Храни Господь! Так быть и не должно! (нем.).

[202] Взъерошен лес, плывут над землей
Грозы громовые распевы.
Я этот мир дорисую тобой,
Твоими чертами, о дева! (нем.) (пер. Е. И. Маркович).

Все песни всех народов – о Сонечке, всякий дикарь под луной – о Сонечке, и киргиз – о Сонечке, и таитянин – о Сонечке, весь Гёте, весь Ленау, вся тоска всех поэтов – о Сонечке, все руки – к Сонечке, все разлуки – от Сонечки...

Нужно ли прибавлять, что я уже ни одного женского существа после нее не любила, и уже, конечно, не полюблю, потому что люблю все меньше и меньше, весь остающийся жар бережа для тех – кого он уже не может согреть.

* * *

Зима 1919–1920 года. В дверь уже не стучат – потому что больше не закрывается: кто-то сломал замок. Итак, вместо стука в дверь – стук сапог, отряхающих снег, и голос изнизу:

– Здесь живет Марина Ивановна Цветаева?

– Здесь. Подымитесь, пожалуйста, по лестнице. Входит. Чужой. Молодой. Знаю: этого человека я никогда не видала. Еще знаю: вошел – враг.

– Я А<лексее>в, брат Володи А<лексее>ва. У вас нет вестей от брата?

– Были. Давно. Одно письмо. Тогда же.

– У нас – никогда – ничего.

– Всего несколько слов: что надеется на встречу, здоров...

– А с тех пор?

– Ничего.

– Вы мне разрешите вам поставить один вопрос? И заранее меня за него извините. Какие отношения у вас были с братом? Я вас спрашиваю, потому что – мы были с ним очень дружны, все, вся семья – он тогда, на последнюю Пасху – ушел, пошел к вам, и (с трудом, по-Володиному сглатывая) свой последний вечер провел – с вами... Дружба? Роман? Связь?

– Любовь.

– Как вы это сказали! Как это понять?

– Так, как сказано. И – ни слова не прибавлю. (Молчит. Не сводит глаз, не подымаю своих.)

Я:

– Дайте адрес, чтобы в случае, если...

– Вы не знаете нашего адреса?

– Нет, Володя всегда ко мне приходил, а я ему не писала...

– И вы ничего не знали о нас, отце и матери, братьях?

– Я знала, что есть семья. И что он ее любит.

– Так что же это за отношение такое... нечеловеческое?

(Молчим)

— Значит — вы его никогда не любили — как я и думал — потому что от любимой женщины не уезжают — от — любящей...

— Думайте, что хотите, но знайте одно — и родителям скажите: я ему зла не сделала — никакого — никогда.

— Странно это все, странно, впрочем, он — актер, а вы — писательница... Вы меня пожалуйста простите. Я был резок, я плохо собой владел, я не того ждал... Я знаю, что так с женщинами не разговаривают, вы были очень добры ко мне, вы бы просто могли меня выбросить за дверь. Но если бы вы знали, какое дома — горе. Как вы думаете — он жив?

— Жив.

— Но почему же он не пишет? Даже вам не пишет?

— Он — пишет, и вам писал, и много раз — но письма не доходят.

— А вы не думаете, что он — погиб?

— Сохрани Бог! — нет.

— Я так и родителям передам. Что вы уверены, что он — слава Богу! (широкий жест) — жив — и что пишет — и что... А теперь я пойду. Вы меня простили?

— Обиды не было

Уже у выхода:

— Как вы так живете — не запираясь? И ночью не запираетесь? И какая у вас странная квартира: темная и огромная, и все какие-то переходы... Вы разрешите мне изредка вас навещать?

— Я вам сердечно буду рада.

— Ну, дай вам Бог!

— Дай — нам Бог!

* * *

Не пришел никогда.

* * *

Чтобы закончить о Юрии З. Перед самым моим отъездом из России, уже в апреле 1922 года, в каком-то учреждении, куда я ходила из-за бумаг, на большой широкой каменной лестнице я его встретила в последний раз. Он спускался, я подымалась. Секундная задержка, заминка — я гляжу и молчу — как тогда, как всегда: снизу вверх, и опять — лестница! Лицо — как пойманное, весь — как пойманный, забился как большая птица:

— Вы, вы не думайте, вы не поняли, вы не так поняли... Все это так сложно... так далеко́-не-просто...

— Да, да, конечно, я знаю, я — давно знаю... Прощайте, Ю. А., совсем прощайте, я на днях уезжаю совсем — уезжаю... И —

вверх, а он – вниз. И – врозь.

* * *

О действующих лицах этой повести, вкратце:
Павлик А. – женат, две дочери (из которых одна – не в память ли Сонечки? – красавица), печатается. Юрий З. – женат, сын, играет.
Сестра Верочка, с которой я потом встретилась в Париже и о которой – отдельная повесть, умерла в 1930 году, от туберкулеза, в Ялте, за день до смерти написав мне свою последнюю открытку карандашом:
– Марина! Моя тоска по Вас такая огромная, как этот слон.
…Они были брат и сестра, и у них было одно сердце на двоих, и все его получила сестра…
Володя А. пропал бе́з вести на Юге – тем же летом 1919 года. Ирина, певшая Галлиду́, умерла в 1920 году в детском приюте.
Евгений Багратионович Вахтангов давно умер в России. Вахтанг Леванович Мчеделов давно умер в России. Юра С. (давший Але пирожок) умер здесь, в Париже, достигнув славы.
Другой Юра – Н. (с которым мы лазили на крышу) – не знаю. Аля в 1937 году уехала в Москву, художница. Дом в Борисоглебском – стоит. Из двух моих тополей один – стоит.
Я сказала: «действующие лица». По существу же действующих лиц в моей повести не было. Была любовь. Она и действовала – лицами.

* * *

Чем больше я вас оживляю, тем больше сама умираю, отмираю для жизни, – к вам, в вас – умираю. Чем больше вы – здесь, тем больше я – там. Точно уже снят барьер между живыми и мертвыми, и те и другие свободно ходят во времени и в пространстве – и в их обратном. Моя смерть – плата за вашу жизнь. Чтобы оживить Аидовы тени, нужно было напоить их живою кровью. Но я дальше пошла Одиссея, я пою вас – своей.

* * *

29 апреля 1922 года, русского апреля – как я тогда простонародно говорила и писала. Через час – еду за границу. Всё.
Стук в дверь. На пороге – Павлик А., которого я не видала – год?

Расширенные ужасом, еще огромнейшие, торжественные глаза. Соответствующим голосом (голос у него был огромный, странный – в таком маленьком теле), но на этот раз огромнейшим возможного: целым голосовым аидовым коридором:

– Я... узнал... Мне Е. Я. сказала, что вы... нынче... едете за границу?

– Да, Павлик.

– М. И., можно?..

– Нет. У меня до отъезда – час. Я должна... собраться с мыслями, проститься с местами...

– Но – на одну минуту?

– Она уже прошла, Павлик.

– Но я вам все-таки скажу, я должен вам сказать (глубокий глоток – Марина, я бесконечно жалею о каждой минуте этих лет, проведенной не с вами...

(У меня – волосы дыбом: слова из Сонечкиного письма... Значит, это она со мной сейчас, устами своего поэта – прощается?!)

– Павлик, времени уже нет, только одно: если вы меня когда-нибудь – хоть чу-точку! – любили, разыщите мне мою Сонечку Голлидэй.

Он, сдавленным оскорблением голосом:

– Обещаю.

***

Теперь – длинное тире. Тире – длиной в три тысячи верст и в семь лет: в две тысячи пятьсот пятьдесят пять дней.

Я гуляю со своим двухлетним сыном по беллевюскому парку – Observatoire. Рядом со мной, по другую мою руку, в шаг моему двухлетнему сыну, идет Павлик А., приехавший со студией Вахтангова. У него уже две дочери и (кажется?) сын.

– А... моя Сонечка?

– Голлидэй замужем и играет в провинции.

– Счастлива?

– Этого я вам сказать не могу.

***

И это – всё.

Еще тире – и еще подлиннее: в целых десять лет. 14-е мая 1937 года, пятница. Спускаемся с Муром, тем, двухгодовалым, ныне двенадцатилетним, к нашему метро Mairie d'Issy и приблизительно у лавки Provence он – мне, верней – себе:

– A American Sunday это ведь ихнее Dimanche Illustré!

— А что значит – Holyday?

— Свободный день, вообще – каникулы.

— Это значит – праздник. Так звали женщину, которую я больше всех женщин на свете любила. А может быть – больше всех. Я думаю – больше всего. Сонечка Голлидэй. Вот, Мур, тебе бы такую жену!

Он, возмущенно:

— Ма-ама!

— Я не говорю: эту жену, она уже теперь немолодая, она была года на три моложе меня.

— Я не хочу жениться на старухе! Я вообще не хочу жениться.

— Дурак. Я не говорю: на Сонечке Голлидэй, а на такой, как Сонечка. Впрочем – таких нет, так что ты можешь успокоиться – и вообще никто ее недостоин.

— Мама! Я ведь ее не знаю, вы говорите о чем-то, что вы знаете, – вы, конечно, можете мне рассказать…

— Но тебе ведь – неинтересно…

(Он, думая о ждущем его на углу бульвара Raspail газетном киоске с американскими Микэями:)

— Нет, очень интересно…

— Мур, она была маленькая девочка, и, – ища слова, – и настоящий чертенок! У нее были две длинных, длинных темных косы… (У Мура – невольная гримаса: «au temps des cheveux et des chevaux!»[204])… и она была такая маленькая… куда меньше тебя (гримаса увеличивается) – потому что ты уже больше меня… (соблазняя) и такая храбрая: она обед носила юнкерам под выстрелами в Храм Христа Спасителя…

— А почему эти юнкера в церкви обедали?

— Неважно. Важно, что под выстрелами. Ей я на прощанье сказала: «Сонечка, что бы со мной ни было, пока вы есть – все хорошо». Она была самое красивое, что я когда-либо в жизни видела, самое сладкое, что я когда-либо в жизни ела… (Мур: «Фу, мама!») Она мне писала письма, и в одном письме, последнем: «Марина! Как я люблю ваши руки, которые должны быть только целуемы, а они двигают шкафы и подымают пуды…»

— Ну, это уж – романтизм! Почему – целуемы?

— Потому что… потому что… (prenant l'offensive[205]) – а

---

[203] Иллюстрированный воскресный выпуск (фр.).

[204] Во времена кос и лошадей! (фр.).

[205] Принимая наступательный тон (фр.).

что ты имеешь на это возразить?

– Ничего, но если бы она, например, написала (запинка, ищет)… которые должны только нюхать цветы… И поняв, сам первый смущенно смеется.

– Да, да, Мур, на каждом пальце по две ноздри! Сколько всего будет ноздрей, Мур??

(Смеемся оба. Я, дальше:)

– И еще одно она мне сказала: «Марина! Знать, что выесть – знать, что смерти – нет».

– Ну, это, конечно, для вас flatteur.[206]

– При чем?! Просто она сказала то, что есть, то, что тогда было, ибо от меня шла такая сила жизни – и сейчас шла бы… и сейчас идет, да только никто не берет!

– Да, да, конечно, я понимаю, но все-таки…

– Я непременно напишу Але, чтобы ее разыскала, потому что мне необходимо, чтобы она знала, что я никого, никогда за всю жизнь так…

Мы у метро, и разговор кончен.

* * *

Маленькое тире – только всего в один день:
15-е мая 1937 года, суббота. Письмо из России – авионом – тяжелое. Открываю – и первое, что вижу, совсем в конце: Сонечка Голлидэй – и уже знаю.

А вот что я – уже знаю:
«Мама! Забыла Вам написать! Я разыскала следы Сонечки Голлидэй, Вашей Сонечки, – но слишком поздно. Она умерла в прошлом году от рака печени – без страданий. Не знала, что у нее рак. Она была одна из лучших чтиц в провинции и всего года два тому назад приехала в Москву. Говорят, что она была совершенно невероятно талантлива…»

* * *

А вот – вторая весть, уже распространенная: рассказ сестры одной Сонечкиной подруги – Але, Алей записанный и мне посланный: «Она вышла замуж за директора провинциального театра, он ее очень любил и был очень преданный. Все эти годы – с 1924 года до смерти – Соня провела в провинции, но приезжала в Москву довольно часто. Мы все ее уговаривали устроиться и работать в Москве, но она как-то не умела. Конечно, если бы Вахтангов остался в живых, Соня жила бы иначе, вся бы ее жизнь иначе пошла. Ее очень любил

---

[206] Лестно (фр.).

К<ачало>в, он вообще мягкий и добрый человек, но помочь ей никак не сумел. Кроме того, у него очень ревнивая семья, и Соне трудно было бывать у них. Тяжело… С З<авад>ским она почти не виделась. Редко, редко. С<еров>? Одно время он очень увлекался ею, её даром, но его увлечения длятся недолго.

Ей надо было заниматься только читкой, но она так была связана с театром! Разбрасывалась. А в театре, конечно – труднее. В провинциальных театральных коллективах она была ну… ну как алмаз! Но ей редко попадались хорошие роли. Если бы она занималась читкой – она одна на сцене – представляете себе? Да, она была маленькая – маленькая. Она часто играла детей. Как она любила театр! А если бы вы знали, как она играла, – нет, не только в смысле игры (я-то ее мало видела, она работала главным образом в провинции) – но она была настоящим героем. Несколько лет тому назад у нее начались ужаснейшие желудочные боли. И вот она сидела за кулисами с грелкой вот тут, потом выходила на сцену, играла, а потом, чуть занавес, опять за грелку.

– Но как же тогда, когда начались эти боли, она не пошла, ее не повели к доктору?

– Она приехала в Москву и пошла к очень хорошему гомеопату. Он ей дал лекарства, и боли как рукой сняло. Потом она только к этому гомеопату и ходила. Так она прожила года четыре и все время себя хорошо чувствовала. В последний раз, когда она приехала в Москву, я нашла, что она страшно похудела, одни глаза, а все лицо – очень стало маленьким. Она очень изменилась, но этого не знала, и даже когда смотрелась в зеркало – не видела. Потом ее муж мне сказал, что она ничего не может есть. Мы позвали доктора, а он сказал, что надо позвать хирурга. Хирург ее внимательно осмотрел и спросил, нет ли у нее в семье раковых заболеваний. Она сказала, что нет. Тогда он сказал, что ей нужно лечь в больницу. Мы от нее, конечно, скрывали, что у нее. Но ей ужасно не хотелось в больницу, и она все время плакала и говорила: „Это ехать в гроб! Это – гроб!" Но в больнице она успокоилась и повеселела и начала строить всякие планы. Ей сделали операцию. Когда ее вскрыли, то увидели, что слишком поздно. Доктора сказали, что жить ей осталось несколько дней.

К ней все время приходили ее муж и моя сестра. Она не знала, что умирает. Она все время говорила о том, как будет жить и работать дальше. Сестра у нее была в день ее смерти, и муж, и еще кто-то. Софья Евгеньевна любила порядок, попросила сестру все прибрать в палате (она лежала в отдельной палате). Ей принесли много цветов, и сестра их поставила в воду, убрала все. Соня сказала: „А теперь я буду спать". Повернулась, устроилась в кровати и уснула. Так во сне и умерла.

Я не помню часа и числа, когда она умерла. Меня не было в Москве. Сестра, наверное, помнит. Мне кажется – под вечер. Когда же это было? Летом, да, летом. Тогда прилетели челюскинцы.

Она так, так часто вспоминала вашу маму, так часто рассказывала нам про нее и про вас, так часто читала нам ее стихи. Нет, она никогда, никогда ее не забывала».

…После ее смерти ее муж куда-то уехал, пропал. Где он сейчас – неизвестно.

Соню – сожгли.

* * *

«Когда прилетели челюскинцы…» Значит – летом 1934 года. Значит – не год назад, а целых три. Но год – или три – или три дня – я ее больше не увижу, чтó – всегда знала, – и она никогда не узнает, как…

Нет! она навсегда – знала.

* * *

«Когда прилетели челюскинцы» – это звучит почти как: «Когда прилетели ласточки»… явлением природы звучит, и не лучше ли, в просторе, и в простоте, и даже в простонародности своей, это неопределенное обозначение – точного часа и даты?

Ведь и начало наше с нею не – такого-то числа, а «в пору первых зеленых листиков…»

Да, меня жжет, что Сонечку – сожгли, что нет креста – написать на нем – как она просила:

И кончалось все припевом:

Моя маленькая!

Но – вижу ее в огне, не вижу ее – в земле! В ней совсем не было той покорности и того терпения, одинаково требующихся от отжившего тела и от нежившего зерна. В ней ничего не было от зерна, все в ней было:

> Ja! ich weiss woher ich stamme:
> Unersättlich wie die Flamme,
> Nähr ich und verzehr ich mich!
> Glut wird alles, was ich fasse,
> Kohle – alles, was ich lasse, –
> Flammes bin ich sicherlich!
> Знаю я – откуда родом!
> Точно огнь – ненасытимый,
> Сам себе я корм и смерть.

> Жар – все то, что я хватаю,
> Уголь – все, что я бросаю,
> Я воистину огонь!

Жжет, конечно, что некуда будет – если это будет – прийти постоять. Не над чем. Что Сонечки нет – совсем. Даже ее косточек. Но Сонечка – и косточки… нет!

Инфанта, знай: я на любой костер готов взойти…

Первое, что я о ней услышала, было: костер, последнее: сожгли. Первое, что я о ней услышала, было: костер, и последнее: костер.

Но как странно, как наоборот сбылись эти строки Павлика:

…Лишь только бы мне знать, что будут на меня глядеть –
Твои глаза…

– Ведь Инфанту – жгли, а Карлик – глядел: на нее, вечно-молодую, сжигаемую, несгораемую – поседевший, поумневший Карлик Инфанты!

Моя бы воля – взяла бы ее пепел и развеяла бы его с вершины самой (мне еще суждённой) высокой горы – на все концы земного шара – ко всем любимым: небывшим и будущим. Пусть даже – с Воробьевых гор (на которые мы с ней так и не собрались: у меня – дети, очереди… у нее – любовь…)

Но вдруг я – это делаю? Это – делаю? Ни с какой горы, ни даже холма: с ладони океанской ланды рассеиваю пепел – вам всем в любовь, небывшие и будущие?

* * *

…А теперь – прощай, Сонечка!

«Да будешь ты благословенна за минуту блаженства и счастия, которое ты дала другому, одинокому, благодарному сердцу!

Боже мой! Целая минута блаженства! Да разве этого мало хоть бы и на всю жизнь человеческую?..»

Lacanau-Ocèan, лето 1937

Printed in Poland
by Amazon Fulfillment
Poland Sp. z o.o., Wrocław